STADTBUCH

NORBERT STEIDL

WIEN

Besten Dank für Mithilfe bei Recherchen und Redaktion an
GERT BALDAUF und ANDY DRESSLER

Ganz herzlichen Dank insbesondere auch an Frau
ROSMARIE RUDOLFI,
die den Kunstgeschichtlichen Rundgang 1. Bezirk sowie
Schwarzenbergplatz, - Kirche und Belvedere schrieb

VERLAG
MARTIN
VELBINGER

Erhältlich gegen Voreinsendung von 24,8o DM auf das Postscheckkonto München - Nr. 2o 65 6o - 8o8 , oder gegen Verrechnungsscheck im Brief

VERLAG MARTIN VELBINGER - Bahnhofstr. 1o6 - D 8o32 Gräfelfing/München

STADTBUCH-WIEN

INHALT

Anreise

Blick über Grenzen

Klima

Verkehr

Sightseeing

Unterkunft

Sport

<u>Gebrauchsanweisung zur ORIENTIERUNG</u> beim Stadtrundgang:

A *- markanten Punkt herausgreifen (Gebäudekomplex, Park, etc. - siehe obige Karte)*

B *- zugehörige Bezirksnummer ablesen*

C *- zugehörige Seitenanzahl der nebenstehenden Tabelle entnehmen*

D *- Text mit dieser Seitenanzahl aufschlagen :*

Man hat seinen Bezirk gefunden - mit den nützlichen Informationen unseres Stadtbuches.

Oder noch schneller: Buch zwischen den Fingern durchlaufen lassen und auf die Bezirksnummern achten (oben rechts neben der Seitenzahl!)

★ "WIEN ENTDECKEN " - ob man Wiens Kulturstätten aufspüren will, der Wiener Szene auf den Grund gehen oder einfach das Donaumetropolen-Flair zwischen Lust an der Morbidität und schmäh- tandelnder Seligkeit einfangen will : seinen fahrbaren Untersatz an geeigneter Stelle deponieren (z. B. Parkgaragen, siehe " Praktische Tips ", 1. Bezirk) und Wien ZU FUSS erwandern. Denn: die City besteht zu einem großen Teil aus Fußgänger-Zonen, und ist - wie fast alle europäischen Metropolen - eher " unpassierbar " für ortsfremde Autofahrer.

★ Als " Handwerkszeug " für den unerfahrenen Wien-Besucher sind anzuraten :

* handlicher STADTPLAN (z.B. Freytag & Berndt-Buchplan),

Unsere Bezirkskarten im 2. Teil des Stadtbuches können natürlich einen ausführlichn Stadtplan nicht ersetzen, - sie sind vielmehr als "Strukturpläne " zu verstehen, um das Wesentliche eines Bezirks dem Leser schnell vor Augen zu führen.

* mindestens eine der Wiener STADT-ZEITSCHRIFTEN : "Falter" oder "Wiener" (erscheint alle 14 Tage bzw. jeden Monat) oder "WOHIN".

* aktuelles PROSPEKT-MATERIAL der Tourist-Infostellen.

★ **Stadtstruktur von Wien:** Wien ist verwaltungsmäßig in 23 BEZIRKE unterteilt., die sich mit größer werdenden Bezirksnummern spiralförmig vom ZENTRUM = 1. Bezirk entfernen.

In Wien dominieren 2 Ringstraßen : * RING und * GÜRTEL, - sie legen nützliche Orientierungs- Schneisen durch die Stadt.

GROBSCHEMA : - innerhalb des Rings: 1. Bezirk
innerhalb des Gürtels: 3. bis 9. Bezirk
außerhalb des Gürtels: 10. bis 23. Bezirk

Die Hausnummern gehen bei Radialstraßen - also z. B. Ring, Richtung Gürtel - von der Stadtmitte aus, bei Ringstraßen funktionierts im Uhrzeigersinn.

Außerdem ist an den Straßenschildern in der Regel auch die Nummer des Bezirks angegeben. Ebenso bei den Adressen:
1, Stephansplatz 9 bedeutet: 1. Bezirk, Stephansplatz, Hausnummer 9

Unterm Strich ein simples und sehr praktisches System! Auch in den ★ Postleitzahlen haben die Wiener viel Sinn für Praktisches bewiesen! Sie sind vierstellig, die erste 1 für Wien als wichtigste Stadt Österreichs. Aus der weiteren Nummer kann man sehen, in welchem Bezirk der Adressat wohnt:
Bezirk 1 - 9: Postleitzahl 1o1o bis 1o9o
Bezirk 1o - 23: Postleitzahl 111o bis 123o

★ **Tourist INFO** gibts **außerhalb von Österreich** in: Berlin - Hamburg - Köln - Frankfurt - Stuttgart - München - Zürich. Nicht ohne Grund sind die meisten Büros in Deutschland, - denn für die Deutschen ist Österreich (neben Italien und Spanien) das Ferienland Nr. 1.

Was den Info- Fundus betrifft, gibt man sich schick und macht auf modern. Wien ist halt "in", und mit den Größen wie Heller, Qualtinger und Ambros wird kräftig kokettiert. Warum auch nicht.

Tourist- Info in Wien: gibts für Autofahrer am Ende der Westautobahn/ "Auhof" und an der Südautobahn/Abfahrt Zentrum, - für Zugfahrer im West- und Südbahnhof, - für Flugtouristen im Flughafen Wien-Schwechart und für Schiffstouristen in der DDSG- Schiffsstation Wien Reichsbrücke. Details zu den Öffnungszeiten siehe Seite 2o3!

Im Zentrum: Opernpassage, offen 9 - 19 Uhr

ZUM EINSTIMMEN

Karl Kraus : " Die letzten Tage der Menschheit " oder die Gesamtausgabe der Fackel (Reprint). Café-Literaten - Alfred Polgar, Egon Friedell, Peter Altenberg
Robert Musil "Der Mann ohne Eigenschaften " - Ein Monsterschinken, den jeder kennt und keiner gelesen hat.
Friedrich Torberg, " Tante Jolesch- oder der Untergang des Abendlandes in Anekdoten "
Heimito von Doderer" Strudelhofstiege ", Nestroy, Kafka, Zweig- ebenfalls Fettaugen auf der Wiensuppe.
Egon Erwin Kisch" Der rasende Reporter ". Abolutes " must " in Buch und Platten
Helmut Qualtinger " Der Herr Karl ".

Für interessante, anekdoten-geschmückte geschichtliche Background-Stories sind die Bücher von Siegfried Weyr zu empfehlen : "Magie der

Inneren Stadt" und "Zauber der Vorstadt" (Zsolnay - Verlag). Mehrere gute Essay- Büchlein von Jörg Mauthe - ein recht umfangreiches Wiener Wortschatzbuch von Wehle.

Ansonsten gibt es natürlich jede Menge an Spezialbüchern über die ...Kaisergruft... die Habsburger... den Wein... So gibts zum Beispiel eine spezielle Goldmann "Austrica"-Reihe (Taschenbücher).

Tips für Gourmets:
Hilton Küchenchef Werner Matts Buch " Die neue Wiener Küche " (Trauner-Verlag)
(Adressen gängiger und gutsortierter Buchhandlungen im Wiener Zentrum siehe Faktenfundgrube : "Buchhandlungen")

Film : "Der Dritte Mann" gilt als Wien- Standardfilm - und der liebkitschige "Sissy"- Schmalz hat nicht nur Romy Schneider, sondern auch die k & k- Metropole ins "rechte Licht" gerückt.
Unbedingt erlebenswert: Hans-Moser-Filme im Bellaria-Kino (Museumsstraße 3, gleich hinterm Naturhistorischen Museum am Ring). Moderne Austro-Produktion gibts natürlich auch, z.B. Filme von Patzak oder Valie Export.

Szenesatire : "Malaria" von Niki List.
Kottan ermittelt - (Zenker / Patzak). Der tiefe Einblick ins Wiener Sicherheitsbüro *(siehe auch Kapital " Kino")*

Platten-Tips

Andre Heller :	"Abendland"
Heli Deinbröck:	"Kralleluja" (Wiener Stadtblues)
Schmetterlinge :	"Proletenpassion"
Heller/Qualtinger:	"Geschichten aus dem Wienerwald"
Wolfgang Ambros:	"Augustin"
	"Zentralfriedhof"
	"Wie im Schlaf" (Wiener Dylanversionen)
	"Wie wird des weitergehen" (1983)
	"Der Sinn des Lebens " (1984)
Peter Schleicher:	"Hart auf Hart" (Wiener Stonesversionen)
Drahdiwaberl:	"Psychoterror"
Georg Danzer:	"Traurig aber wahr"
Falco:	"Falco III"
Ludwig Hirsch :	"Dunkelgraue Lieder"
Sigi Maron :	" 5 vor 12"

Neo-Wien-Musik mit internationalem Erfolg : Falco ("Der Kommissar", "Amadeus" etc.) Lokaler Liebling: Rainhard Fendrich (" Haben Sie Wien schon bei Nacht gesehn ...").

Traditionelles in neuer Verpackung: Neuwirth-Schrammeln (echt wienerisch!) Wien-Blödel: Manfred Tauchen & Joesie Prokopetz.

Avantgardetips: Ronnie Urini und die letzten Poeten
Ostbahn- Kurti
David Oder

WIEN

STADTBUCH-WIEN

1. TEIL

ANREISE
GESCHICHTE
★
DIE STADT

1. Per Auto:

1.) AUS DEUTSCHLAND
Region München

Ab München über durchgehende Autobahn ("WEST-AUTOBAHN") und 42o km bis Wien. Fahrzeit knapp 5 Stunden, da ab österreischer Grenze die Maximal-geschwindigkeit von 130 km/h. gilt. Achtung: häufig Radarkontrollen und harte Geldstrafen - auch für Ausländer.

Bis kurz vor der Grenze bei Salzburg gehts relativ flott. Autobahngrenz-Übergang ist der "WALSERBERG " und während der Sommermonate (besonders zu den Ferienstoßzeiten) berühmt- berüchtigt für lange Wartezeiten. Abklären, wo das Benzin billiger ist, BRD oder Österreich. Und dann volltanken. Kann u.U. bereits den Kaufpreis dieses Buches einsparen!

ALTERNATIVEN, um den Grenzstau zu umgehen: Das deutsche Bundesministerium für Verkehr empfiehlt als Umgehung die Autobahn-Ausfahrt "Traunstein- Siegsdorf" und weiter auf der Bundestraße 304 zum Grenzübergang Freilassing/Salzburg.

Alternative 2 und fast noch schöner: bereits die Ausfahrt "Achenmühle" nehmen (kurz nach Rosenheim) und entlang des Simsees (schöne Wirtschaft oberhalb des Sees/Westseite). Weiter durchs landschaftlich schöne Chiemgau nach Gstad/Nordseite des Chiemsees. Eventuell noch Abstecher ab Gstad mit dem Boot nach Herrenchiemsee (König Ludwig- Schloss) oder Frauenchiemsee (gute Fischrestaurants) einbauen. Dann auf der Bundesstraße 3o4 siehe oben nach Freilassing. Beide Alternativen gegenüber dem Autobahn- Grenzübergang kaum kilometermäßig länger.

Die 3. Alternative zum Autobahn- Grenzübergang lohnt sich sehr wegen schöner Landschaft, braucht aber etwas Zeit zum Einbauen der Sightseeings: Autobahnausfahrt "Traunstein/Siegsdorf" nehmen und über die Bundesstraße 3o6 nach Berchdesgaden. Sehr lohnend dort die Abstecher zum Königssee, der tief eingeklemmt und fast wie ein enger Fjord zwischen Bergriesen liegt. Wer das Boot über den See nicht nimmt (wäre schade!): es gibt ab Parkplatz und Seebeginn einen schönen Wanderweg von ca. 3o Min., der nicht nur gratis ist, sondern auch an seinem Ende tieferen Einblick auf den See bringt.

Lohnend auch ab Berchdesgaden die Fahrt rauf nach Obersalzberg (Hitler- Domizil) und der Besuch des Salzbergwerkes. - Ab Berchdesgaden dann über die Landstraße 3o5 rüber nach Salzburg. Interessanter Stop auf der österr. Seite bis Salzburg: das Schloß Hallein

Wien um 1675 — Kupferstich nach Georg Matthias Vischer.

(an der Verbindungsstraße Berchdesgaden - Salzburg, ausgeschildert).

An Kilometern ist die Alternative 3 runde 3o km länger als die Direktstrecke via Autobahn. Alternative 2 kann mit 3 verknüpft werden, indem man bei Traunstein die Autobahn unterquert.

ZWISCHENSTOPS AUF DER ÖSTERREICHISCHEN SEITE:

unbedingt und in jedem Fall: **SALZBURG** . Was die Architektur der Altstadt betrifft, mit ihren Flachdächern und engen Gassen, - was Kunst und Kultur betrifft: sicher die schönste Stadt Österreichs! Kunstkleinod und Geburtsstadt von Wolfgang Amadeus Mozart , gemütliche Cafes und jede Menge an Flair. Von der Festung Hohensalzburg im Winter märchenhafter Blick über schlafende Dächer. Durch die Getreidegasse schlängeln sich kamerabewaffnete Touristen mit Fremdendenführern vornedran - in der Gasse selbst Eissalons und kleine "Bosna" - Läden (= curryduftender Balkan - Hot Dog).

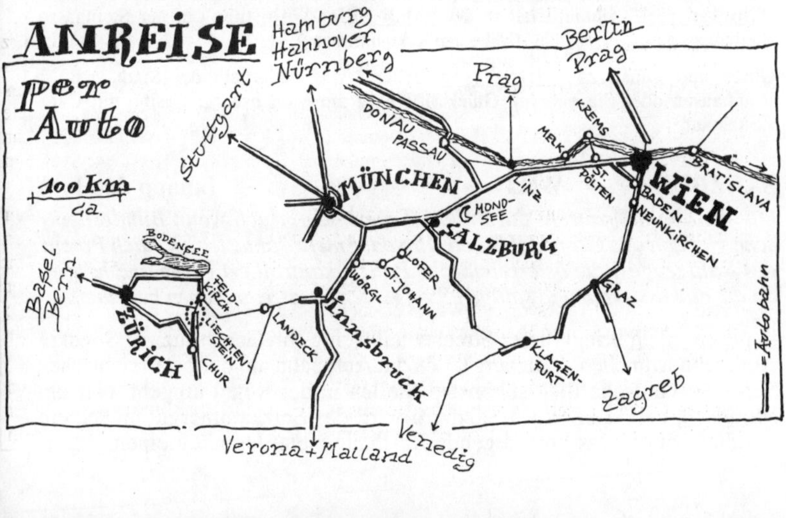

Von den Hauptgassen: seitlichen Passagen, wo`s schön kühl wird, und zwischendrin halbbegrünte Mini-Höfe, - mit Juweliergeschäften drinnen und manchmal auch ein kleines Café oder ein Blumengeschäft mit Gewürzsträußchen.

Wenn man bei der Uni grad von einem "Schnürlregen" überascht wird, geht man Richtung ALTER MARKT, - dort findet man das Traditionscafé "Tomaselli". Im 1. Stock schlagen die Schulschwänzer sich die Vormittage tot. (Anmerkung der Red.: der Autor ist in Salzburg aufgewachsen!)

Oder einen Abstecher ins Café "Mozart" in der Getreidegasse, dort wird Schach gespielt. Vielleicht noch Mozart-Kugeln in den Rucksack oder Koffer packen (übrigens: der Mann auf der Mozartkugel drauf ist nicht Mozart! Soll irgendein Adeliger sein). - Unbedingt lohnend: Schloß Mirabell mit seinem wunderschön gepflegten Garten und Blick auf den Schloßberg. Die Raffael Donner- Stiege (Treppenaufgang) im Inneren des Schlosses mit ihren Putten gehören zum künstlerisch Hochwertigsten, was Österreich im Bereich der Treppenarchitektur hervorgebracht hat!

Zu sommerlichen Abendstunden auf den Makartsteg in Salzach schauen, wo sich die Lichter der umliegenden Häuser im Wasser spiegeln, oder auf den Schloßberg raufsteigen! Abends jede Menge gemütlicher Restaurants im Altstadtbereich!

Tourist Info mit Zimmervermittlung am Bahnhof und am Mozartplatz. Da Salzburg touristisch Hochkarätig ist, gibt es ein breites Angebot an Hotels und Privatzimmern. Preiswerter übernachtet man aber außerhalb. - Billig übernachten in der Jugendherberge in der Josef-Preis-Allee oder in der Herberge weiter draußen in Wals.

Anspieltips für Nachtschwärmer: das chice "Flip" in der Gstättengasse,- schräg gegenüber der Schwitztempel "Half Moon" (von Discobesuchern, die die Gesichtskontrolle überstehen, "Haferl" genannt), - das "in"-nige "Bazillus" (Nähe Hotel Stein, Staatsbrücke) oder das "Daimlers" (ebendort). Auf den Spuren von Peter Handke im "Glockenspiel". Gemütlicher in der "Andi-Hofer-Weinstube" in der Steingasse. Bierhallenflair im "Braustübl" (Nähe Landeskrankenhaus).

Gutes und günstiges **Mittagessen** lieber etwas außerhalb der Stadt, z.B. in Viehhausen oder Siezenheim. Glücksritterburg am Mönchsberg: Casino mit Café-Restaurant.

SALZBURG ⟶ WIEN (knapp 3oo km)

Die Autobahn "rauscht durch" bei Tempo 13o. Auch wenn Bundesdeutsche vielfach das Gaspedal bis ca. 15o oder mehr "antasten" je nach Potenz des Fahrzeuges: die österreichische Polizei kontrolliert gerne und häufig, da die einkassierten und saftigen Strafgelder Zusatzeinnahmen bedeuten.

Landschaftlich bringt dieser Streckenteil wenig (im Gegensatz zur Strecke/ Autobahn München - Salzburg), - da die Autobahn auf der österreichischen Seite die landschaftlich schönsten Stellen in der Regel umgeht. Nur am Mondsee, ca. 34 km nach Salzburg wird das Salzkammergut an seinem Rande berührt. Das dort liegende Rasthaus bietet lediglich einen "Mini-

Einblick" ins SK-Gut, gilt aber in seiner Küche als guter und lohnender Stop auf dem Trip via Autobahn nach Wien.

ALTERNATIVEN: ab Salzburg via Landstraße 158 und an Kilometern nur wenig länger als die Autobahn. Am Mondsee oder bei Gmünden wieder auf die Autobahn.

Als Strecke landschaftlich super. Zunächst durch Hügelland zum großartig gelegenen Fuschlsee; auf einer Landzunge und oberhalb des Sees ein feudales Luxushotel in Schloßgebäude mit Superblick von der Terasse auf den See. Küche excellent. Am Ostende des Sees beim Ort Fuschl eine Sommer- Rodelbahn, die uns viel Spaß gemacht hat; eine von vielen in Österreich. U- förmige Alubleche sind durchs Gras bergab gelegt, und im Spezialrodel gehts in sausender Fahrt bergab, wobei man die Kiste durch Bremsen und Körperverlagerung steuern kann.

Über die Berge rüber von Fuschl nach St. Gilgen am Wolfgangssee zwischen steilen Bergen. Entweder rüber zum Mondsee und Attersee, - oder via Südufer des Wolfgangsees zum Traunsee, dem landschaftlich schönsten des Salzkammerguts! Traumhaft schön; wenns irgendwie geht, eine Nacht am Ufer übernachten. Zelt und Schlafsack mitnehmen. Am Fuß des Traunsteins, genauer "unterm Stoan" ist eine Übernachtungsmöglichkeit an der Ansetz gegeben. Man kann dort mit dem Drahtesel, dem Motorrad oder dem Auto reinfahren. Retour auf die Autobahn via Ausfahrt "REGAU".

8o Kilometer vor Wien: kurzer Abstecher nach STIFT MELK,– es lohnt sich, barockes Stift. Durch's "Wachauer landl" (Heimatfilme haben so schön "Mariandl" draufgereimt) geht's weiter das Donautal entlang nach KREMS. Händel mit dem Handel hatten hier die Raubritter,– auch sie haben ein Andenken zurückgelassen: Aggstein, wo sich ein über 3oo Meter hoher Felsen neben der Donau in die Höhe schraubt (makabrer Raubritterspaß: Turmspringen für Gäste).

In SPITZ an der Donau wuchern die Reben fast über die Straße (nicht ganz!) - Weinberge jedenfalls, ein Schiffahrtsmuseum (lohnende Sache übrigens, wenn man mit der Bahn von Wien hierherfährt und dann mit dem "Kahn" donauabwärts - im Frühling während der Marillenblüte). Schon lockt DÜRNSTEIN: Die Burg, auf der der anhängliche Sänger Blondl sein Herrchen, den König Löwenherz wieder gefunden hat (war ja vom Babenberger Leopold gekidnapped und gegen fettes Lösegeld freigelassen worden). Über Krems an der Donau (schon bedeutend, als Wien noch ein Kaff war), die Kremser Donaubrücke, Stift Göttweig und bei St. Pölten wieder auf die Westautobahn..

2.) AUS DEUTSCHLAND
(Region nördl. München)

Wer München umfahren möchte, wählt die Autobahn ab Nürnberg via Regensburg/Passau nach Linz und trifft hier auf die oben beschriebene "WEST- AUTOBAHN" nach Wien. Pluspunkt: kaum Stau- gefährdet. An Kilometern kürzer und zwischenzeitlich durchgehend als Autobahn fertiggestellt! - Nachteil: landschaftlich langweilig und klammert den schönen Streckenteil entlang der Alpenketten aus.

Andreas Batna schickte uns als Alternative zur durchgehenden Autobahn A 3 (siehe oben!) folgenden Routentip: "meine Lieblingsroute: bei Passau- Nord runter von der Autobahn. Ab da folgt man der Hauptstraße bis Passau und von dort der Beschilderung "Linz-Donautal" bzw. "Engelhartszell. Grenzübergang bei Achleiten.

Die nächsten 5o Kilometer bis Linz sind landschaftlich reizvoll (Kloster, Wildschweinfreigehege). Über Eferding nach Linz. Richtung Ausschilderung "Wien" zur A 7 und über den Autobahnknoten Linz auf die Westautobahn. Von dort sinds nur noch 174 km bis Wien.

3.) AB BERLIN:

Die schnelleste und direkteste Route geht via DDR (durchgehende Autobahn bis Dresden, 194 Km, allerdings Geschwindigkeitsbeschränkung 1oo km/h und scharfe Kontrollen!). Dann Landstraße bis Prag/Tschecheslowakei und ab hier Autobahn bis kurz vor Wien. Die letzten 63 km per Landstraße. Dauert inkl. Grenzformalitäten rund 8 Stunden. Bei Superbonbons wie Zwischenstop Prag.

4.) AUS DER SCHWEIZ:

Je nach Stadt verschieden, meist jedoch über FELDKIRCH, Grenze Schweiz- Österreich/Arlberg. Kleiner Abstecher ins Fürstentum Lichtenstein und weiter bis BLUDENZ (ca. 25 Kilometer), Landstraße, Arlbergpaß oder Tunnel (im Winter können beide gesperrt sein!) und rüber nach INNSBRUCK, - eine landschaftlich sehr reizvolle Strecke. Die Autobahn beginnt ca. 25 Kilometer vor Innsbruck (Telfs), führt ab Innsbruck über Kufstein, Rosenheim, Salzburg bis Wien (Westautobahn). Ab Innsbruck knappe 6 Stunden bis Wien.

Alternative: ab Wörgl von der Autobahn ab, gut ausgebaute Landstraße von St. Johann nach Lofer. Teilweise stark kurvenreich, besonders ab Lofer hinüber nach Salzburg. Zeitlich langsamer als die Autobahn - jedoch beachten: im Winter über Deutschland Spikes nicht erlaubt.

5.) AUS DEM SÜDEN
(Kärnten, Italien, Jugoslawien)

Dem Reisenden aus dem Süden steht die SÜDAUTOBAHN zur Verfügung, direkter und guter Verkehrsanschluß bis hinauf nach Wien. Interessante Reiseunterbrechungen kurz vorm Zielort Wien: BADEN - die einzig wirklich sehenswerte Stadt entlang der Autobahn. Kurstadt und Thermalbad. Wer zuviel Urlaubsgeld mitgenommen hat, kann sein Glück im Casino versuchen.

Die Südautobahn ist von Wien bis Graz fertig; die letzten rund 5o Km allerdings nur einspurig. Befinden sich in Ausbau, - wie auch der Streckenabschnitt Graz - Klagenfurt. Ab Graz ebenfalls fertiggestellte Autobahn bis an die Grenze/Jugoslawien bei Maribor.

INS ZENTRUM:

Autobahn- Westeinfahrt – vorbei an Schloß Schönbrunn – Schönbrunnerstraße – rechte Wienzeile – Karlsplatz –.

Parkmöglichkeiten in der City sehr begrenzt ! Parkgaragen: siehe 1. Bezirk unter "Nützliches & Praktisches".

Am Ende der Westautobahn ("Auhof"). Möglichkeit, Zimmer zu buchen. ①

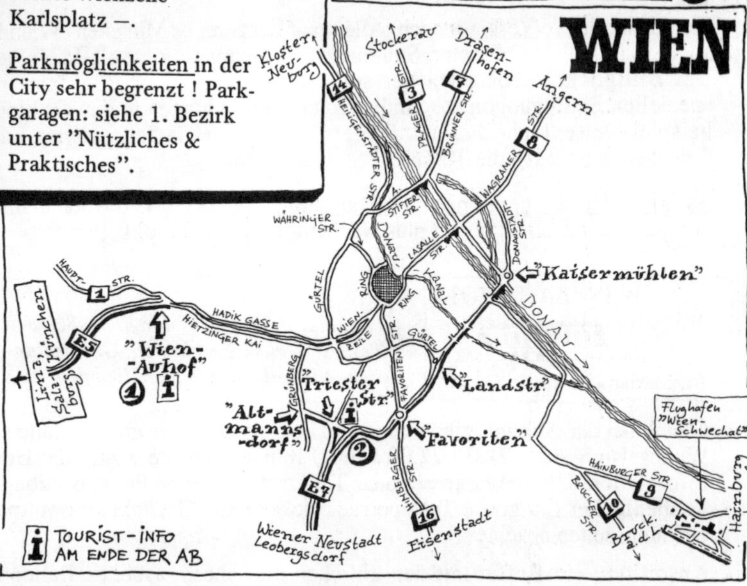

Autobahnen + Hauptverkehrsstraßen

SÜD–AUTOBAHN: ②

Tourist- InfoSüd, Triester Straße 149 (ARBÖ- Center angeschlossen !)

Wer's nicht draufanlegt, in verkehrschaotische Blechlawinen zu geraten, sollte unbedingt die regen Ausflugsaktivitäten der Stadt-Wiener ins Kalkül ziehen! KLARTEXT: wenn irgendwie möglich, nicht spätnachmittags oder bei Sonn- oder Feiertagen am frühen Abend in Wien eintrudeln!

Außerdem Ferienbeginn und -ende beachten! So z.B. die Schulferien an Ostern oder die großen Sommerferien in der ersten Juliwoche.

Preiswerte Alternative zum Auto und keine schlechte Idee! Zudem ist die Anreise per Zug weniger stressig, - und in Wien ist das eigene Auto eher lästig wegen fehlender Parkmöglichkeiten.

WIEN ist Drehkreuz im Eisenbahnverkehr zwischen Westeuropa und dem Balkan, sowie Osteuropa.

Von daher dichte Verbindungen. Allein auf der Strecke München- Wien bis zu 1o mal täglich, Fahrzeit 5 Std. direkt, Kostenpunkt ca. 8o DM einfach. Bei Billigticketbüros etwa der selbe Preis für Hin & Rückfahrt bei speziellen Bedingungen. Ebenfalls dichte Verbindungen in den Ostblock, beispielsweise Tschechei und Ungarn, aber auch via Jugoslawien nach Griechenland und in die Türkei.

Es gibt keinen gemeinsamen Bahnhof, - sondern 4, die nach ihren europäischen Zielrichtungen plus Nachumgebung aufgesplittet sind:

WESTBAHNHOF

15., Mariahilferstraße/Gürtel

Terminal für Züge aus der BRD, Schweiz, Westösterreich, Frankreich, Großbritannien, Niederlanden + Skandinavien.

Gleich bei der Ankunft gibt`s oben und linkerhand in der großen Halle eine Wechselstube (tgl. 7.00 - 22.00 Uhr). Ein paar Schritte weiter die Hotel-Information. Um die Ecke ein paar Telefonzellen, eine Polizeistation und Schließfächer (zu große Tramperrucksäcke in die Gepäckaufbewahrung, Öffnungszeiten beachten!).

Ansonsten: ein Buffet mit den üblichen und eher horrenden Bahnhofspreisen, Tabak- und Zeitschriftenhändler und ein Friseurladen. Vom Bahnsteig rechts trudelt man unweigerlich ins größte Wiener Postamt vorbei (2.ooo Bedienstete, dem Bahnhof direkt angeschlossen). Hat rund um die Uhr geöffnet. Unten: Verkehrsbüro.

In die Innenstadt: Linie 52 und 58 (Richtung "Burgring").

SÜDBAHNHOF

1o., Ecke Arsenalstraße/Gürtel

Terminal für Züge aus den Balkanländern, Südösterreich, Italien und Ostblock (z.B. Polen).

Während der Nachtstunden wird das Bahnhofsgebäude zum Gastarbeitertreff. Und weil nicht alle Züge nach Rom fahren: 1 mal am Tag rattern die "Chopin"- Waggons gen Osten in die Länder der aufgehenden Sonne (Polen, UDSSR). Kiosk, Wechselstube des Verkehrsbüros im Erdgeschoß, etwas abseits gelegen. Warnung an Durstige: Sauteures

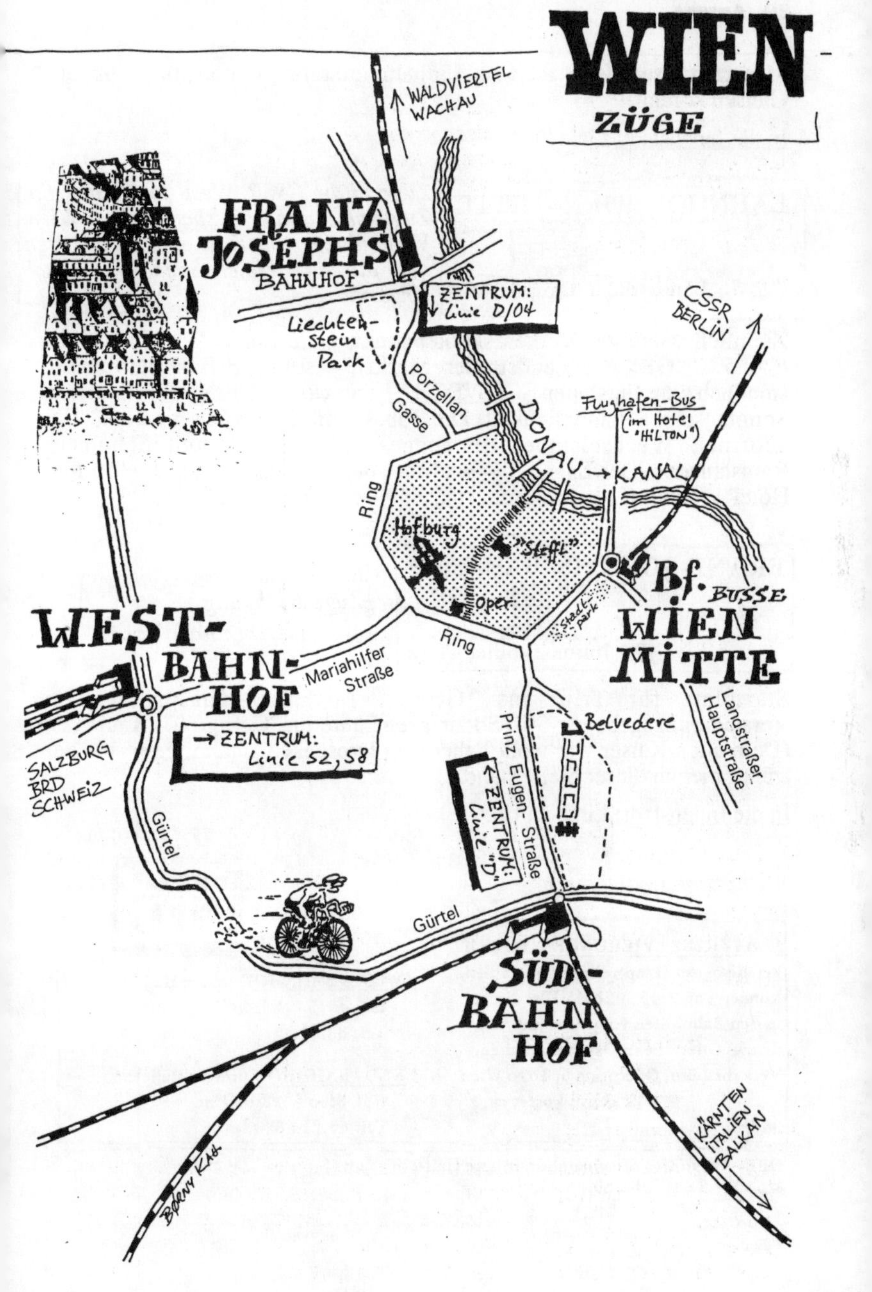
WIEN
ZÜGE
WALDVIERTEL
WACHAU
FRANZ JOSEPHS BAHNHOF
ZENTRUM:
Linie D/04
Liechtenstein Park
Porzellan Gasse
CSSR
BERLIN
Flughafen-Bus
(im Hotel "HILTON")
DONAU → KANAL
Ring
Hofburg
"Steffl"
Oper
Stadtpark
Bf. WIEN MITTE
BUSSE
WEST-BAHNHOF
Mariahilfer Straße
→ ZENTRUM:
Linie 52, 58
SALZBURG
BRD
SCHWEIZ
Gürtel
Prinz Eugen-Straße
Belvedere
← ZENTRUM:
Linie "D"
Landstraßer Hauptstraße
SÜD-BAHNHOF
KÄRNTEN
ITALIEN
BALKAN

Mineralwasser beim rechten Südbahnhofskiosk (wenn man von den Gleisen kommt)!

In die Innenstadt: Linie D

BAHNHOF WIEN–MITTE

3., Landstraßer Hauptstraße

Züge in die CSSR, West- und Ostberlin. Zugleich zentraler Busbahnhof von Wien. Verbindungen mit Post- und Bahnbussen quer durch Östereich. Sonderbusse nach Ungarn.

Ziemlich wichtiger Verkehrsknotenpunkt. Gute Einkaufsmöglichkeiten ("AEZ", "GEKA", Landstraßer Markt), - sowie S-Bahnverbindung stündlich zum Flughafen SCHWECHAT ab ca. 7 Uhr , - Postamt und Sonntagseinkaufsmöglichkeit. Die Tabaktrafik ist täglich bis 21.00 Uhr geöffnet. Wechselstube, Blumengeschäft, Uhren- und Schmuck-Ramschladen. Der Bahnhof Wien/Mitte liegt fast vis- a- vis zum "Hilton-Hotel", - und ins Stadtzentrum sinds nur ca. 5 Min. zu Fuß.

FRANZ- JOSEPHS- BAHNHOF

9., Julius Tandler Platz

Züge Richtung Waldviertel und Wachau.

Startplatz für Trips ins "Grüne". Moderner Glaspalazzo im Versicherungsgebäude-Stil. Sonntagseinkäufe im "Gerngroß"- Kaufhaus. (Dem alten Kaiser wär wohl lieber sein Droschkenbahnhof gewesen, der früher hier an dieser Stelle stand...).

In die Innenstadt: Linie D, U4.

ZÜGE

Tourist INFO

PLATZRESERVIERUNGEN, die sich gerade in der Hauptreisezeit auszahlen, können von 7:45 – 2o:45 Uhr direkt in den Bahnhöfen vorgenommen werden. – Oder: beim Österreichischen Verkehrsbüro, Opernring 5, 1o1o Wien Platzkarte kostet ca. 3o ÖS.

* WEST–BAHNHOF (obere Halle): tägl. 6:15 – 23:oo Uhr, Tel: 83.51.85

* SÜD–BAHNHOF (untere Halle): tägl. 6:3o – 22:00 Uhr. Tel: 65.21.68

ÖBB- Auskunft: Westbahnhof, untere Halle: Mo - Fr: 8 - 19 Uhr, Sa: 8 - 13 h.

Der Wiener Flughafen "WIEN-SCHWECHAT", klein, aber fein: Amerikatouristen glauben regelmäßig, daß sie in den Ostblock entführt worden sind.

Entfernung AIRPORT-CITY: ca. 20 Km. Lage: östlich des Stadtzentrums.

WIEN- SCHWECHAT wird von mehr als 3o Fluggesellschaften angeflogen. Die wichtigsten Strecken nach Zürich - München - Frankfurt - Amsterdam - London - Koppenhagen - Paris - Athen - Rom und Budapest.

ANREISE WIEN per Flugzeug:
läuft in der Regel über die normalen Linienflugtickets, - bzw. die (etwas) preiswerteren "Weekendtickets": retour z.B. ab München knapp 3oo DM. - Weiterhin im Angebot: preisgünstige Pauschaltrips, beispielsweise mit "Airtours", die Flug & Hotel zu vergünstigten Preisen anbieten.

Berücksichtigt man die Transferzeiten von und zum Airport, die Zeiten zum Einchecken und die Warterei nach Ankunft auf's Gepäck, - so liegt man z.B. ab München nach Wien zeitlich nur knapp günstiger per Flug als per Zug.

Anders bei Wien- Trips ab beispielsweise Zürich oder Frankfurt bzw. nördliche BRD, wo sich der Flug zeitlich gegenüber Zug/Auto lohnt. - Preislich liegt man (ausgenommen der IT- Pauschalangebote wie "Airtours" etc.) in der Regel per Zug oder Auto billiger.

FLUGVERKEHR INNER- ÖSTERREICH:
bedient von Jets der "AUA" (Austrian Airlines), die auch internat. Verbindungen ab Österreich unterhält. - So werden Graz - Klagenfurt - Linz - Salzburg und Innsbruck per Direktverbindung angeflogen. Abgesehen vom nicht grade billigen Flugpreis kaum eine Zeitersparnis: z.B. Wien - Salzburg per Flug 1 Std., - per Zug rund 3 Std. Wobei der Zug ab/bis Stadtzentrum fährt und die Eincheckzeiten entfallen...

INTERNAT. VERBINDUNGEN AB WIEN:
Dichtes Flugnetz Inner- Europa (West/Ost), sowie Balkan, Griechenland etc. Neben der AUA hat sich der Rennfahrer Nicki Lauda mit seiner "Lauda Airlines" etabliert, die u.a. griechische Destinationen wie Paros anfliegt, seit 1985 jedoch ohne Lauda, der wieder Rennfahrer wurde.

Preiswerte internat. Tickets in Wien über ÖKISTA/Türkenstraße 4, - 1o9o Wien, Tel.: 34 75 26 0.

Flugreservierungen AUA-Schwechat	68 00
Flughafen Wien-Schwechat	77 70 0
Ankunft & Abfluginformationen	77 70 / 2231 oder 32
Stadtbüro (1, Kärnter Ring 18)	65 57 57 0
Für Inlandsflüge: Austrian Air Services (10, Fontanastraße 1)	68 35 11 0

TRANSFER SCHWECHAT - STADT:

* Expreßbus: Abfahrt von der Ankunftshalle, alle 20 bis 30 Minuten. Fährt direkt zum City-Air-Terminal beim Hilton (Wien-Mitte). Abends von jeder Kursmaschine. Tel. Auskunft: 72 35 34. Fahrzeit je nach Verkehrslage zwischen 25 und 40 Minuten.

* Schnellbahnzüge: die günstigste Möglichkeit, in die Stadt zu kommen. Zug fährt allerding nur einmal in der Stunde (zwischen ca. 7.30 bis 20.30 Uhr). Entweder bis Wien-Mitte (Nähe Stadtpark) oder bis Wien-Nord (Praterstern.).

* Shuttle Service: Kleinbusse zwischen Flughafen und Hotel und umgekehrt. Können bei Hotelportier, Fluglinie oder Flughafen gebucht werden. Vom Hotel zum Flughafen: 63 60 190.

* Taxi: teuer! Da nicht mehr in Wien gelegen, gelten andere Tarife. Es gelten Richtpreise, die bei ca. 37o ÖS liegen.

Tip für Wiener: will man von Wien aus längere Strecken buchen, kommt es oft günstiger, wenn man einen Umweg nach Budapest in Kauf nimmt und dort das Ticket bucht. Dann "Aeroflot" - Feeling (kann man allerdings auch von Wien aus haben: Reisedienst der österreich-sowjetischen Gesellschaft 65 38 12/13).

4. Per Schiff

Mit der "DDSG" (Donaudampfschiffahrtsgesellschaft) von Passau donauabwärts nach Wien. Schöne Möglichkeit, bei klarem Wetter an sehenswerten Uferlandschaften vorbeizugondeln und wellenumschäumt in die österreichische Bundeshauptstadt anzulegen. -

LINIENVERKEHR von Anfang Mai bis Ende September. 300 Kilometer mit Übernachtung in Linz. Abfahrt in Passau: täglich 15.00 Uhr. Fahrzeit ca. 30 Stunden. Wer preiswert mit dem "Austria- Ticket" (siehe unten!) nach Wien fährt: kann als Variante heißer Anreisetip nach Wien sein!!

FAHRPLAN: ab Passau 15 Uhr, - an Linz 2o Uhr - weiter nächster Morgen/1o Uhr, - an Wien 21 Uhr.

Kinder von 6 bis 15 Jahren bekommen 50% Ermäßigung. In Linz: Übernachtungsmöglichkeit in Schiffskabinen (vorher Deck- oder Unterdeckkabine bestellen). Weitere Ermäßigung für Reisegesellschaften mit mind. 10 Personen, 25% Nachlaß für die einfache Fahrt, aber spätestens drei Wochen vorher anmelden! Schulklassen haben an Werktagen bei Anmeldung 50% Nachlaß.

Außerdem gibt`s die Möglichkeit mit einem Bahnticket, das z.B. von der BRD nach Wien glöst wurde, auf`s Schiff umzusteigen (gegen Aufzahlung als Tarifausgleich). Wer ein Austria-Ticket in der Tasche hat (mit einem Austria - Ticket kann man preiswert per Bahn nach Österreich gondeln) kann gratis die Linienfahrten der DDSG mitmachen.

Weitere Infos

in Deutschland: über die "DDSG- Schiffsstation", 839o Passau, Postfach 1424, Tel.: (o851) - 33 o35

in Österreich: über die "DDSG- Reisedienst", Handelskai 265, - A-1o2o Wien, Tel.: (0222) - 26 65 36

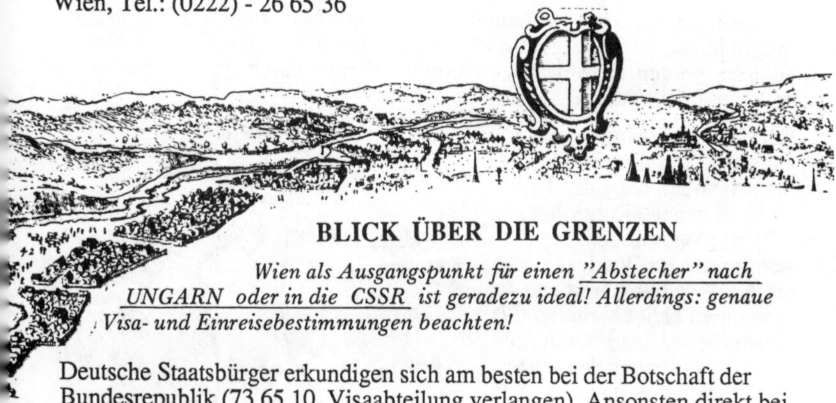

BLICK ÜBER DIE GRENZEN

Wien als Ausgangspunkt für einen "Abstecher" nach UNGARN oder in die CSSR ist geradezu ideal! Allerdings: genaue Visa- und Einreisebestimmungen beachten!

Deutsche Staatsbürger erkundigen sich am besten bei der Botschaft der Bundesrepublik (73 65 10, Visaabteilung verlangen). Ansonsten direkt bei den Visastellen von Ungarn oder der CSSR.

Ungarische Botschaft: 1, Bankgasse 4-6, Tel.: 63 26 31.

Für BRD-Bürger: gültiger Reisepaß und zwei Fotos. Ansonsten recht problemlos. Für Österreicher überhaupt: seit einigen Jahren kein Visum mehr (nur Zettel ausfüllen an der Grenze).

Botschaft der CSSR: 14, Penzinger Str. 11-13, Tel. 82 34 57. Reisepaß, 2 Fotos. Gleich ganz in der Früh dort sein (geöffnet Mo.-Fr. 8.00 -11.00 Uhr) um die 1-2 Stunden Wartezeit zu verkürzen. Achtung: Pflichtumtausch pro Person und Tag!

✶✶ UNGARN - ROUTEN

Es gibt zwei größere GRENZÜBERGÄNGE, und die Straßen aus Wien raus Richtung Osten und Südosten sind gut beschildert, - kann eigentlich nichts schiefgehen. Straßen durchs Burgenland, ländlich-flach und kleingeduckte Häuser in abseits gelegenen Mini- Dörfern. Mit dem Auto nach Budapest: rund 4- 5 Stunden.

1 NICKELSDORF (der nördlichere Grenzübergang): für Budapest-, Belgrad-, Sofiafahrer. Moderner Großgrenzübergang, dahinter ungarischer Stacheldraht, Militärkontrolle etc.- lange Wartezeiten. Ab Grenze ca. 200 km nach Budapest.

2 SOPRON (Ödenburg): der südlichere , am unteren Ende des Neusiedler Sees: für Plattensee-Besucher. Etwas ruhiger und angenehmer als "Nickelsdorf", schätzungsweise nur 3/4 der Nickelsdorfer Wartezeit. Sopron als Stadt sehr schön, interessanter Abstecher auf der weiteren Route nach Budapest das Esterhazy- Schloß.

★★ CSSR - ROUTEN

Nach erledigten Visa-Formalitäten (vorab in Wien) sind drei Hauptrouten möglich: die kürzeste geht 65 km von Wien nach BRATISLAVA, - die anderen beiden teilweise ins Weinviertel rauf durch malerische unverbrauchte Landstriche.

Bei Grenzübergängen selbst haben wir die skurrilsten Sachen erlebt; auf jeden Fall peinlich genaue Kontrollen, oft lange Wartezeiten. Man steht mitten im Wald, kein anderes Auto weit und breit und der Schranken bleibt herunten (!?). Schwerbewaffnete "Grenzsoldaten", die dann in der ganzen CSSR wieder auftauchen (z.B. "Volkspolizei" in Prag). Kaum zu glauben, wie eng "zwei Welten" nebeneinander liegen können, "drüben" scheint alles zu flüstern, der "Prager Frühling" wirkt eiszeitlich. Trotzdem liebenswert: schöne Kulturstätten, das "alte" Prag.

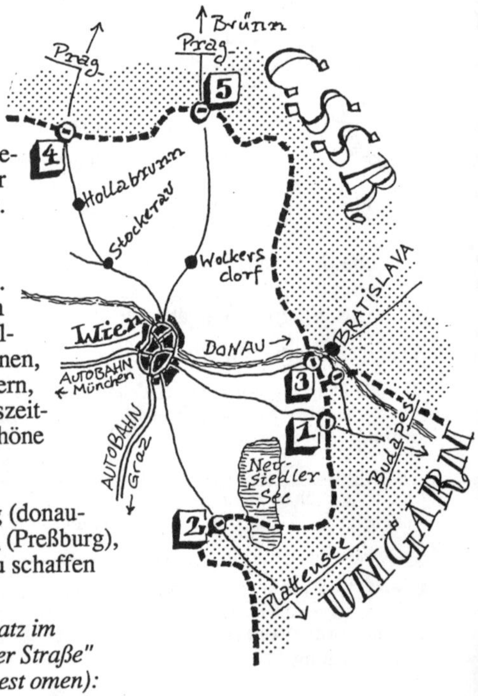

3 Bundesstraße 9 über Hainburg (donauabwärts) nach BRATISLAVA (Preßburg), "Oststrecke", in 1 bis 2 Std. zu schaffen (siehe auch "Schiff").

Über Florisdorfer Spitz, ein Platz im 21. Bezirk: Gabelung in "Prager Straße" und "Brünner Straße" (nomen est omen):

4 Prager Straße (Bundesstraße 2) über Stockerau, Hollabrunn, Grenzübergang Kleinhaugsdorf/Jaroslavice Richtung PRAG. (ca. 300 km).

5 In Hollabrunn (Hauptort des Weinviertels) sehenswerte Pfarrkirche St. Ulrich, klassische Hochburgen des Rebensaftes rundum, lohnender Umweg. Bei Haugsdorf links abbiegen nach Retz: alte Stadtmauern mit Wehrgang (das ganze Stadtgebiet bis 20 m unter der Erde von Weinkellergängen durchzogen).

Brünner Straße, dann Bundesstraße 7, über Wolkersdorf, Poysdorf, Grenzstation Mikulov (Nikolsburg) nach BRÜNN: Wien- Brünn rund 130 Kilometer, fast ein "Abstecher", wenn das ganze Drumherum und die Visakomplikationen nicht wären!

Ostblock-Trips auf der DONAU

★ WIEN-BUDAPEST-WIEN

Täglich außer Sonntag von Mitte April bis Mitte September. Abfahrt: 14.30 Uhr ab Wien-Reichsbrücke (2. Bezirk, beim Mexikoplatz). Fahrzeit ca. 5 1/2 Stunden.

Ziemlich lohnend, Budapest einmal ein bißchen zu erforschen (in diversen Buchhandlungen enorm billige deutschsprachige Bücher, besonders Partituren, auch Fotopapier, Medikamente u.ä.) - auch von der Architektur viel Interessantes: links und rechts von der Donau, die hier Zentrumscharakter hat, schöne alte Häuser. Auf der Buda- Seite blickt die Burg vom Hügel runter, über den Donaustrom beugen sich zahllose Brücken. Im "Burg-Viertel": Fischerbastei und Mathiaskirche (Krönungskirche). Gutes Essen, oft halber Preis von österreichischen Verhältnissen - dafür lauwarmes Bier. Die Bootsfahrt selbst ist nicht recht aufregend.

Kostenpunkt für Hin- und Rückfahrt : ca. 1000 ÖS (Kinder günstiger). Für Bürger der Bundesrepublik: Reisepaß und Visum. Österreicher kein Visum! (Buchung DDSG-Reisedienst).

RADDAMPFER- NOSTALGIE auf der Donau: "seinen Spitznamen hat er schon weg", wie der PR- Dienst der Österreichischen Fremdenverkehrszentrale schreibt, - "der ehrwürdige Schaufelraddampfer "DFS Schönbrunn".

Dieser letzte Raddampfer auf der Donau aus dem Jahre 1912 wurde für die romantische Reise in die Vergangenheit mit viel Aufwand renoviert. Viel Mahagoni und Messing an Bord, - aber auch Musikanten, Wein und gute Küche.

Fahrzeit 12 Std., vorbei an Burgen und Weinbergen, durch die malerischen unberührten Aulandschaften am Donauknie. In Budapest Stadtrundfahrten, Hotelübernachtung und Rückflug nach Wien im Preis inklusiv.

Zu buchen bei Mondial Reisen, Börsendorferstraße 4, A-1010 Wien, Tel.: 0043 / 222 / 65 37 110. Kostenpunkt pro Person zwischen 330 und 560 DM.

★ 3-LÄNDER-FAHRT (Österreich - CSSR - Ungarn):

Täglich außer Montag von Ende April bis Ende September. Abfahrt: 10 Uhr ab DDSG-Schiffstation Wien Reichsbrücke, Mexikoplatz (2. Bezirk), Rückkehr gegen 20.00 Uhr. abends.

Beliebte Eintages- Ausflugsfahrt, vorbei an der Lobau, über Deutsch-Altenburg und Hainburg, die Burgtürme von Bratislava (Preßburg) grüßen herab und Rajka (tschechoslowakisch/ungarische Grenzstation) zeigt sich. Zollfreie Waren an Bord ("dreibuttiger Tokajer Ausbruch", Sekt, Parfums). Gefahren werden die rund 160 Kilometer mit dem ungarischen Motorschiff "Tancsics", während der Fahrt fidelt ungarische Zigeunermusik.

Fahrpreis: ca. 300 ÖS. (Kinder die Hälfte), gültiger Reisepaß notwendig (kein Visum). Jeder Mitreisende über 17 Jahre kann zollfrei einkaufen: 200 Stück Zigaretten oder 50 Stück Zigarren, 2 Liter Wein oder 2 Flaschen Sekt und 1 Liter Spirituosen. 1/4 Liter Toilettewasser und ein geringe Menge Parfüm.

★ WIEN - BRATISLAVA - WIEN

Täglich von Ende April bis Ende September. Abfahrt: 9.00 Uhr ab Wien-Reichsbrücke, Rückkehr: 18.15 Uhr.

Fahrt mit flachen Tragflügelbooten der Tschechoslowakischen Donauschiffahrt Gesellschaft (Schnitt 60 km/h), ein flottes Gemeinschafts Surf-Vergnügen, und in einer Stunde ist man am Ziel. Drei Flitzer sind im Einsatz: "Raketa", "Vozchod" und "Meteor". Zollfreie Waren (siehe oben). Mittagessen und Fremdenführerbetreuung sind im Preis inkludiert.

Kostenpunkt: ca. 500 ÖS (Kinder zahlen die Hälfte), Reisepaß und 1 Foto für kostenloses Kurzvisum mitnehmen!

Einige Wiener Büros sind für BILLIGREISE-ANGEBOTE bekannt. Von Fernreisen bis zu Bahnfahrten zu Diskontpreisen ist dort (fast) alles zu haben.

ÖKISTA,
9, Türkenstraße 4. Tel. 34 75 26 0.

BfStR (Büro für Studentenreisen)
1, Schreyvogelgasse 2,
Tel. 63 35 89.

(Beide Büros sind in Uni-Nähe und von dort aus zu Fuß leicht zu erreichen; das Büro für Studentenreisen fast direkt gegenüber vom Haupteingang des alten Universitätsgebäudes am Lueger-Ring).

Supertramp
Reisebüro des Österreichischen Jugendherbergswerkes
1, Freyung 6/1, Tel. 63 51 36
Auf junges Publikum abgestimmtes Programm.

Österreichisches Verkehrsbüro
1, Opernring 3-5 Tel. 58 80 00 oder 56 00 0
Allround! Auch Vorverkauf von Platzkarten.

Atlantis,
6, Theobaldgasse 14, Tel. 56 51 01 oder 58 61 301. Weltreise-Spezialist, günstige Fernflüge.

Transalpino,
1, Opernring 7, Tel. 57 44 95. Bahn-Diskonter.

Normaltarif der Österreichischen Bundesbahn :
Bis 600 km ein Reisekilometer runde 1 ÖS (bezogen auf 2. Klasse). Gültigkeit der Fahrkarte: Unter 70 km 1 Tag, ab 71 km 2 Monate.

Jugendgruppen: ab 10 Personen bekommen bei der Bahn ca. 70 Prozent Ermäßigung.

Austria Ticket: (Jugendliche bis zum vollendeten 26. Lebensjahr) Kreuz und quer durch Österreich - 9 Tage 950 ÖS / 16 Tage 1350 ÖS (Gilt auch für Busse von Bahn und Post und die DDSG). Familienermäßigung und Gruppentarife am jeweiligen Fahrkartenschalter erfragen.

Für Bücherwürmer: jeden Montag und Donnerstag 17.09 . Der "rollende Bibliothekswagen" von Wien nach Amstetten.

Fahrrad am Bahnhof: Anfang April bis Ende Oktober, in fast allen größeren Bahnhöfen. Tagespreis: 70 Schilling, wenn man mit der Bahn gekommen ist, die Hälfte.

REISE -ZEIT

"Wien hat immer Saison", versprechen buntbebilderte Werbebroschüren - wir haben uns für "Frühjahr und Herbst" entschieden. Nicht, weil's im Sommer und im Winter hier nicht schön wär', aber das "gewisse Etwas" - na ja . . .

Frühjahr: Kastanien blühen und die Gärten wiegen sich in weiß-gelb-rosa Düften. Die Winterschläfer kriechen hinter den Öfen hervor, klassisches Kulturprogramm und Festwochen reichen sich die Hände, während die Maronibrater ihre "Standln" mit Tüteneiswagerln vertauschen. Die Lipizzaner hopsen kunstvoll durch die Gegend, die Sängerknaben lassen ihre goldenen Kehlköpfe tanzen, die Philharmoniker locken mit viel Harmonie, das Stadtfest beweist, daß es in Wien auch "Ausgeflippte" gibt. Auf alle Fälle lohnend!

Sommer: Juli und August - das Klassik-Kulturprogramm macht Pause, die Sängerknaben machen Ferien und die Lipizzaner schnappen nach Luft. Fast Steppenklima brütet über den grauen Pflastern, der 'Musikalische Sommer' bricht an. Viele Wiener sind weg, die Fremden sind unter sich. Schöne Gelegenheit, den ruhenden Kulturstätten Beachtung zu schenken und selbst Programm zu machen. (Vorteil auch: Saisonhotels, Jugendherbergen und Campingplätze bieten Quartiermöglichkeiten). Abstecher zu den Strandbädern, eine kleine Donaufahrt oder mit dem Bus zum Neusiedlersee.

Herbst: D i e S a i s o n ! Das Wienerwaldblätterwerk taucht sich ins bunte Farbenkleid, Waldmüller zückt Pinsel und Leinwand, die Reben kommen in die Presse. Die Kulturstadt lebt wieder auf, in den Klassiktempeln läuft volles Programm. Angenehm-laue Luft, typische Wien-Atmosphäre, Gassenflair zwischen stolz-traurigen Fassaden. Typisch: Wien blüht, wenn alles welkt!

Winter: "Der weiß-graue Tod". Wien entfaltet Morbid-Flair, trübes Licht gießt sich über die Dächer, kalter Wind bläst ins Gesicht. An schönen Wintertagen: verzaubert-überzuckerte Kulisse und am Abend tanzen leise Schneeflocken vor den Laternen. Christkindlmarkt vor dem Rathaus, Sylvester mit Pummerin-Bimmeln und Sektglas-Zerscherbeln und das Neujahrskonzert mit dem Walzer "An der schönen blauen Donau". Trotzdem: Wien verschmilzt mit dem Zentralfriedhof Prädikat: dunkelgrau.

WETTER KLIMA

Wie so manches andere in Wien bewegen sich auch die TEMPERATUREN und die klimatischen Verhältnisse in gemäßigten Bahnen. Die Jahresdurchschnittstemperatur pendelt sich bei etwa 10 Grad ein, wobei's im Jänner mit – 1 Grad und im Juli mit + 20 Grad weder extrem kalt, noch extrem heiß wird. Immerhin scheint sonnige Wärme 1800 Stunden im Jahr, dafür bläst auch bisweilen der West-(oder Nordwest-) wind recht kräftig übcr die Dächer.

Da kann man sich leicht eine Andenken -Grippe nach Hause mitnehmen- wenn man nicht aufpaßt. Obwohl man eigentlich froh über die Frischluftzufuhr aus dem Wienerwald sein sollte: so wird Wien smogfrei gehalten, - die fast obligate "Großstadtdunstglocke" gibt's hier nicht! Den Sibirien-Pelzmantel und die Sonnencreme "Schutzfaktor 7" oder mehr kann man zu Hause lassen!

[Übrigens: Die Wetterwerte kommen von der Zentralanstalt für Metereologie und Geodynamik auf der Hohen Warte.]

(° C) DURCHSCHNITTS–TEMPERATUREN

Januar	Februar	März	April	Mai	Juni
–1	1	5	1o	15	18
Juli	**August**	**September**	**Oktober**	**November**	**Dezember**
2o	19	16	1o	5	1

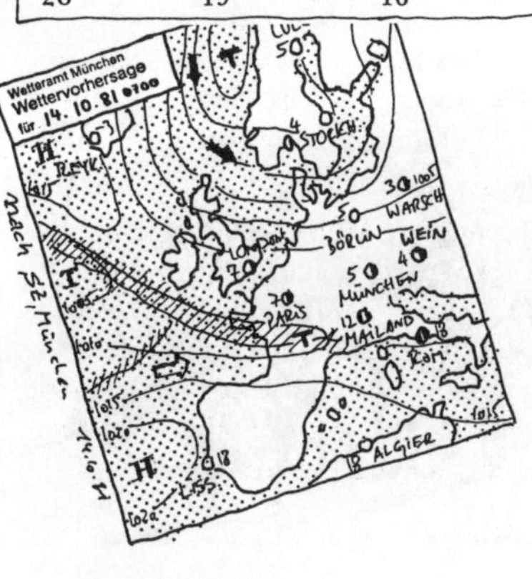

Zum Vergleich:

Januar	Juli	
3	17	LONDON
–11	19	MOSKAU

Die SCHLAGBRÜCKE
um 1780.
(Radierung
von
J. Ziegler)

Ca. 1780 ←

Der Verkehr

<u>Mit dem Auto</u> kommt man zwar rasch nach Wien - in Wien selbst kann man damit alledings den großen Frust erleben: viel Stau, wenig Parkplätze und viele Fußgängerzonen (z.B. große Teile der Innenstadt).

Mit den <u>öffentlichen Verkehrsmitteln</u> (U-Bahn, S-Bahn, Straßenbahn, Bus) oder zu Fuß kann man Wien besser und bequemer entdecken.

Auto

VERKEHRSVORSCHRIFTEN

Keine wesentlichen Unterschiede zu BRD-Verhältnissen

Höchstgeschwindigkeit:	Stadtverkehr	50 km/h*
	Bundesstraße	100 km/h
	Stadtautobahn	130 km/h

Strafe bei Übertretungen: zwischen 100 und 3.000 ÖS, - je nach "Ermessen" des Amtshandelnden!

Außerdem: HUPVERBOT in ganz Wien.

*Effektive Kfz-Reisegeschwindigkeit in den Innenbezirken von Wien: tagsüber 15 bis 30 km/h, Berufsverkehr: 1 bis 20 km/h(!)

<u>Halten & Parken</u>: besondes in den inneren Bezirken muß man mit einer mindestens 15-minütigen Parkplatzsuche rechnen!

<u>PS</u>: im Parkverbot darf man nur 10 Minuten halten!

<u>Kurzparkzonen:</u>
Parkscheine kaufen (bei Vorverkaufsstellen der Wiener Verkehrs-betriebe, in Tabaktrafiken, bei vielen Tankstellen und einigen Geldinstituten) und bis zu 1 1/2 Stunden in der Kurzparkzone parken (gilt nur zwischen 8 und 18 Uhr).

Parkscheine

rot (halbe Stunde)	4 Schilling
blau (eine Stunde)	8 Schilling
grün (90 Minuten)	12 Schilling

Der Parkschein wird entwertet, indem man Jahr, Monat, Tag und Zeit des Parkbeginns ankreuzt. Schein aufs Armaturenbrett legen. Parkscheine können auch kombiniert verwendet werden, allerdings darf die maximale Parkdauer von 90 Minuten nicht überschritten werden.

Wer Pech hat und sich grad vor eine Ausfahrt geparkt hat, wird gnadenlos "kostenpflichtig" abgeschleppt!

Parkgaragen

siehe 1. Bezirk unter "Nützliches & Praktisches"

Aktuelle Verkehrsdurchsagen:

"Ö 3" und Telefon: 1590

Öffentliche Verkehrsmittel

"Fahren wir mit der Bim?" - "Bim", so wird Wiens öffentliches Verkehrsmittel par excellence, die Straßenbahn, genannt. Auf Schienen quietschen und quetschen sich die meist grell rot gestrichenen Wagenschlangen durch die Straßen der Donaustadt. Seit ein paar Jahren sind etliche "Bims" mit Werbeslogans über und über bemalt oder beklebt - zwecks Aufbesserung des Riesendefizits.

Ja, nicht umsonst zählt Straßenbahnschaffner zu den beliebtesten Kinderberufswünschen und nicht umsonst hat Liedermachen Wolf-gang Ambros mit seiner LP "Schaffnerlos" dem (aussterbenden) Stand ein musikalisches Denkmal gesetezt.

Nichtsdestotrotz leeren die Wiener Stadtväter die Taschen der Fahrgäste beträchtlich (praktisch jährlich Fahrpreiserhöhungen).

Womit fährt man eigentlich?

★ **Strassenbahn und Autobus**

Zum Großteil schaffnerloser Betrieb, leicht erkennbar an der blauen Aufschrift "Schaffnerlos, bitte vorne einsteigen". Verkehrsmotto: "Stau mal wieder" - oft gibts sagenhafte Verkehrsverstopfungen (in der "Bim" und draußen).

★ **Bim**: dichtes Netz im Innenstadt-Bereich; fahren alle 2 bis 12 Minuten (je nach Linie), ab 20 h alle 15 Min.. Linien mit Buchstaben-Bezeichnung

(D, J etc.) oder Ziffern-Bezeichnung (6, 58, 31 etc.)

★ **AUTOBUS**: diese Linien vervollständigen das dichte Liniennetz. Die einzelnen Liniennummern sind mit den Zusätzen "A" oder "B" versehen (z.B. 54 B, 14 A).

SONDERKLEINBUSSE: 3 Linien davon sind in der Innenstadt eingesetzt, Kennzeichnung: "1 S", "2 S" und "3 S".

HALTESTELLEN: es gibt 2 verschiedene Arten: Farbe "rot" bedeutet, daß die Bims oder Busse hier immer halten. Farbe "blau": = Bedarfs-Haltestelle! Also lieber vorher kräftig winken, als nacher kräftig fluchen.

★ **STADTBAHN**

"Straßenbahn" des Untergrunds, zuckelnd, keuchend und erstaunlicher-weise immer noch halbwegs fit. Die U-Bahn macht ihr allmählich ernstzunehmende Konkurrenz; außer am Gürtel hat dieses Verkehrs-Oldy den Kampf fast überall schon aufgegeben. Linien "G", "GD" (Meidlinger Hauptstraße - Heiligenstadt/Friedensbrücke).

★ **SCHNELLBAHN**

Die schnellste Verbindung zu den Rand- und Außenbezirken. Extra-Tickets und Entwerten: siehe Punkt "Fahrscheine". Linien: Meidling - Floridsdorf, Meidling - Liesing, Südbahnhof - Aspern etc.

★ **U-BAHN**

Was in Städten wie Moskau und Paris bereits zum längst alltäglichen Vekehrsbild zählt, erfreut die Wiener erst seit ein paar Jahren: quer durch die unterirdische Stadt sausen chromblitzende Silberpfeile. Wiens Untergrundnetz erfreut sich ständig zunehmender Beliebtheit. Als schnellstes, ästhetischstes (?) und bequemstes Großstadt-Verkehrsmittel stehen Wiens Stadtväter vor der erfreulichen Tatsache, daß ihnen endlich ein bevölkerungsfreundlicher Clou gelungen ist: die Fahrgast-Frequenz steigt von Monat zu Monat. Auf den Linien "U 1" und "U 2" werden bereits mehr als doppelt so viele Fahrgäste gezählt als auf den früheren Straßen-bahnlinien in diesem Bereich.

Der Ausbau des unterirdischen Silberpfeilnetzes wird weiterhin zügig vorangetrieben: am 25. Februar 1978 wurde das U 1-Grundnetz mit der Strecke Karlsplatz - Reumannplatz eröffnet.

Im September 1980 nahm die U 2 ihren Betrieb auf, August 1981 fuhr die U 4 schon bis nach Hietzing. Das gesamte U-Bahn-Grundnetz war im Herbst 1982 fertiggestellt. Aber: Wien buddelt weiter. Eine U 6 und die U 3 stehen in Bau. Über "wildgewordene Baugruben" sollte man sich deshalb nicht wundern. Teilweise wird auch mit der sogenannten "Neuen Österreichischen Tunnelbaumethode" gearbeitet. 1991 wird jedenfalls die U 3 von Erdberg bis zum Volkstheater fahren.

Zukunftsutopie am Rande: Wiener Wissenschaftler hatten den Einfall, die im U-Bahn-Tunnel enthaltene Wärmemenge wirtschaftlich zu nutzen: Für die Bewohner der Städtischen Wohnhausanlagen "Scala-Gründe" (Ecke Favoritenstraße - Paulanergasse) wird die U-Bahn außer als "rasender Roland" auch noch als Warmwasserlieferant für die Zentralheizung dienen.

"Wenn sich das U-Bahn-Heizsystem bewährt", spielt man in Wien die Zukunftstrompete, "können in Zukunft ganze Kinderfreibäder von der Abwärme aus der Tunnelluft profitieren".

U 1

Kennfarbe "rot"
Nord-Süd-Verbindungen durchs Wiener Zentrum ("Karlsplatz", "Stephansplatz")
Endstationen: "Zentrum Kagran" und "Reumannplatz"

U 2

Kennfarbe "violett"
Entlang westlicher Ringstraße ("Mariahilferstraße", "Rathaus")
Endstationen: "Karlsplatz" und "Schottenring"

U 4

Kennfarbe "grün"
Westliche Bezirke - östliche Ringstraße - entlang Donaukanal nach Norden ("Schönbrunn", "Karlsplatz" , "Schottenring"
Endstationen: "Hütteldorf" und "Heiligenstadt"

✱ Fahrscheine

Nur nicht verwirren lassen! Ein einheitlicher Fahrtarif für alle öffentlichen Vekehrsmittel erleichert die Sache etwas.

✱ Wo kauft man Fahrkarten?

Am billigsten sind sie im VORVERKAUF: Bei Tabak-Trafiken oder bei anderen Vorverkaufsstellen (Aufschrift: "Wiener Verkehrsbetrieb").

Die Vorverkaufsscheine werden in Blöcken zu je 5 Stück oder einem Vielfachen davon verschachert.
Wenn man sein Einzel-Ticket erst im Wagen kauft, wirds etwas teurer.

PREISE: zum halben Normalpreis fahren Kinder, Pensionäre, Zivildiener und Hund, bzw. für Kurzstrecken.

Auch Zeitkarten sind erhältlich: a) pro Jahr, - b) pro Monat und c) das sogenannte "Umweltticket" (8 Tage/8 Streifen), - d) 3- Tage- Netzkarte.

Kompliziert wird es dann, wenn man Fahrten innerhalb dieser "Kernzone" (des eigentlichen Stadtgebietes) auf eine oder mehrere Außenzonen ausdehnen möchte - Wochenwertmarke Kernzone +1 Außenzone, Wochenwertmarke Kernzone + 7 Außenzonen, Wochenwertmarke Gesamtnetz, Wochenwertmarke alle Außenzonen, Wochenwertmarken für Lehrlinge 4 Außenzonen, Monatswertmarke für Schüler (Schülertarif IV) Kernzone + 5 Außenzonen - der Kombinationen gibt es einige, sie füllen ganze Tabellen.

Seit Herbst 1984 gibt es nämlich VOR: die Wiener Stadtwerke-Verkehrsbetriebe, die Bundesbahnen, Badner Bahn etc. haben sich zusammengeschlossen, so daß man jetzt theoretisch mit 5 Straßenbahnfahrscheinen nach St. Pölten fahren kann, oder in die andere Richtung bis zur Grenze. Für zahlreiche Pendler bedeutet das wahrscheinlich tatsächlich eine Vereinfachung, jedenfalls sorgt die Umstellung für die Auslastung der neu installierten Informationsstellen der Verkehrsbetriebe.

★ Am günstigsten fährt man als Kurzbesucher wohl mit der 3-Tage-Netzkarte für rund 1oo ÖS.

★ Einen genauen Verkehrsplan (mit den aufgelisteten U-Bahn-, Stadtbahn-Straßenbahn- und S-Bahnlinien, plus Autobussen und Wiener Lokalbahn, außerdem genaue Termine für 1. und letzte Fahrt) gibts bei den Informationsstellen der Verkehrsbetriebe:

* Opernpassage
  (im unterirdischen Fußgänger-Bereich
  bei der Staatsoper)
* Praterstern-Infostelle (2. Bezirk)

Alle Tickets außer den Zeitkarten gelten für 1 Fahrt ohne Fahrtunterbrechung auf der für die Erreichung des Fahrtzieles kürzesten Fahrtstrecke.

Alle Fahrkarten sind übertragbar, mit Ausnahme der Kurzstreckenfahrscheine, Letzterer gilt nur auf streng limitierten Kurzstrecken und zwar an Werktagen zwischen 8 Uhr und Betriebsschluß und Sa./So. ab Betriebsbeginn.

Kinder bis 15 Jahre fahren an allen Sonn- und Feiertagen und während der Schulferien gratis. Im Zweifelsfall wird Altersnachweis verlangt (Ausweis).

Achtung Schwarzfahrer: Das "erhöhte Beförderungsgeld" hat sich seit der letzten Ausgabe dieses Buches verdoppelt und beläuft sich derzeit auf amtliche 320 öS (inkl. Mwst.) + 18 öS für einen Fahrschein!

★ Wie entwertet man Fahrkarten?

Straßenbahnfahrscheine werden in Entwertern (blau) markiert (hineinstecken und fertig). In Wagen, in denen noch ein Schaffner hinter seiner Minitheke thront, nehmen die blaubemützten "Bimbeamten" selbst die Zwickzange zur Hand.

Für Nachtschwärmer ein ewiges Verhängnis: Ab etwa 12 Uhr nachts ist im gesamten öffentlichen Verkehr der Ofen aus. Also entweder teures

U-Bahn

Auf der U-Bahn und Stadtbahn:
2 Haltestellen (ohne Umsteigen) = eine Kurzstrecke

- Bundesbahn und BB-Bus
- Postautobus
- Schnellbahn
- Lokalbahn Wien - Baden
- Informationsstelle der Wiener Verkehrsbetriebe

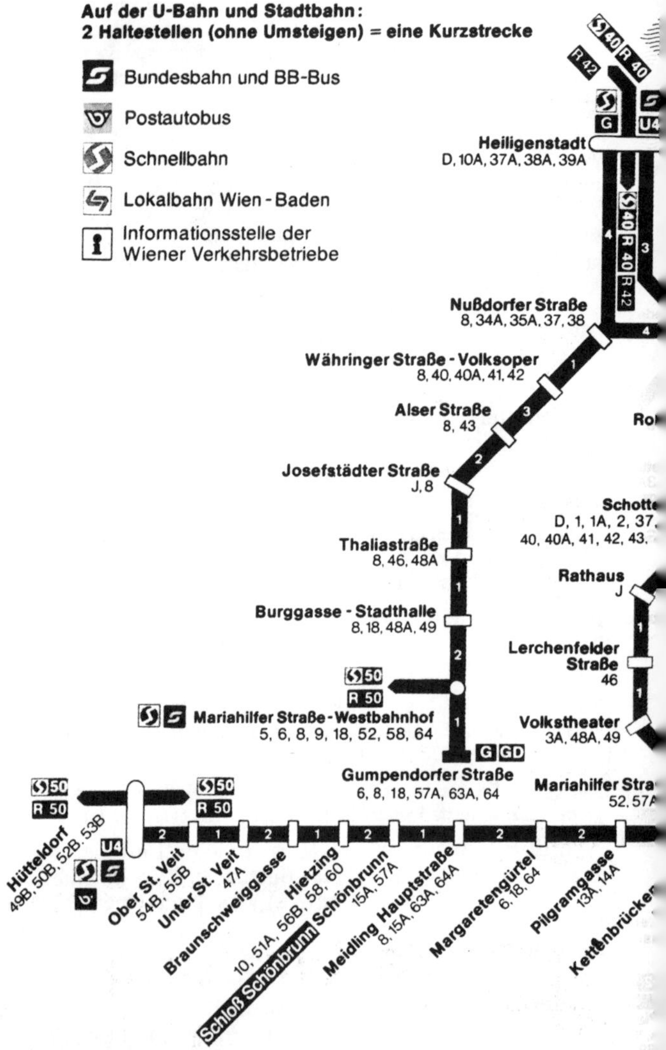

Zahlen zwischen den Stationen
geben die Fahrtdauer in Minuten an.

Stadtbahn S

Schnelle Verbindungen in Wien

R 50 = Linienbezeichnung Regionalbahn

Taxi bezahlen oder bis zum frühen Morgen durchhalten: ab etwa 5 Uhr läuft der Verkehr wieder.

Und noch zwei Haken:

* 1. Mai ... erst ab 14 Uhr Straßenbahnverkehr wegen Ringaufmarsch der "Arbeiterbewegung", mit der sich schon aus Tradition vor allem die Bim-Fahrer identifizieren.
* Silvesternacht: Teurere Tickets!

Ein Schmankerl für größere Reisegruppen haben die Verkehrsbetriebe anzubieten: Tramways können für Rundfahrten, Ausflüge etc. gemietet werden (inkl. Fahrer - kein do-it-yourself). Auskunft darüber erteilt das Fahrplanbüro der Verkehrsbetriebe, Tel. 65 9 30 - 0.

Noch lustiger: Im Straßenbahn-Oldtimer durch die Stadt. Ein Verein vermietet die alten Tramways (die nicht mehr im Linienverkehr eingesetzt sind). Pro Fahrstunde blättert man für einen Triebwagenzug (24 Sitzplätze) 1.908,--ÖS auf den Tisch, pro Wartestunde 696,-- öS. Ein 5-Stunden-Nachmittagsausflug (1Stunde Fahrt, 4 Stunden warten) käme bei voller Besetzung auf nicht ganz 200 öS pro Person. Anmeldung: im Tramwaymuseum, Tel. 95 45 53.

*** Außerdem haben die Verkehrsbetriebe auch einen alten Zug im Angebot, um rund 1.800,-- öS die Stunde. Siehe obige Nummer.***

Fahrten mit historischen Straßenbahnwagen gibt's auch regulär Samstag 14.30 Uhr, bzw. Sonn- und Feiertags 9 Uhr ab Karlsplatz während der Monate Mai - Oktober. Aber sicherheitshalber nochmals mit den Wiener Verkehrsbetrieben bzw. beim Tourist Office abklären.

✶ TAXIS

Ein relativ teurer Spaß in Wien! Fahrt vom Westbahnhof in die Innenstadt ca. 70,-- ÖS. Gepäck extra. Zu mehreren Personen aber nicht uninteressant (vor allem auch, wenn die letzte "Bim" schon ins Bett ist).

Eine Vielzahl von Taxistandplätzen, rund um die Uhr besetzt. Vielgefragt, recht gut im Rennen und in der Regel schnell da:

FUNK TAXIS: Tel. 31 30, 43 69
oder 62 82.

FIAKER

Doppeldeutig: 1. "Pferdedroschke"
2. "Kutscher"

"Die Fiaker" - (so beschreibt der Paradefiaker Rudi Glück, der so aussieht, wie der Kaiser Franz Joseph höchstpersönlich) seine Kollegen, seien eine Mischung aus Strawanzern, Pülcher und "guten Menschen". 36 Wiener Originale "fiakern" noch durch die Stadt und lassen dem Wien-Besucher pferdige Düfte vor die Nase wehen. Kurioses: Taxi und Fiaker haben eine gemeinsame Interessenvertretung.

Für Wiener selbst gibts vor allem zwei Anlässe, durch die Stadt zu kutschieren: Die Firmung und die Fahrt in den Hafen der Ehe. Daß Wien ein eigenes Fiaker-Museum hat und daß Pferdehufeisen (besonders, wenn sie von einem Fiakerpferd stammen) zu den begehrtesten Wien-Souvenirs zählen, soll hier nicht unerwähnt bleiben.

Standplätze am Stephansdom, am Heldenplatz (Hofburg) und am Albertinaplatz (vor der Albetina).

Fahrpreis pro Wagen:	Kleine Tour (1/2 Stunde)	300 ÖS
	Große Tour (3/4 Stunde)	500 ÖS

FAHRRAD-VERLEIH

siehe 2. Bezirk "Prater"

PS: in Wien gibt's kaum separate Fahrradwege oder - spuren !

★ SIGHTSEEING - TOUREN

"Wien zum Drüberstreuen" - für Leut', die "alles mal gesehen haben müssen", sich im Souvenirladen mit einem Miniatur-Steffl beglücken und sich wundern, warum sich der Kaiser nicht mehr blicken läßt. Oder: Gute Möglichkeit, bei Zeitmangel Wien im Überblick kennenzulernen.

Preise ab 200 ÖS aufwärts.

Vienna Sightseeing Tours
3, Stelzhammergasse 4
Tel.: 72 46 83

Autobus-Rundfahrten in Variationen.
BUCHUNGEN über:
- Austrobus: 1, Dr. Karl Lueger-Ring 8
- City: 1, Stephansplatz 10
- Cosmos: 1, Kärntner Ring 15
- Intropa: 1, Kärntner Ring 38
- Österr. Verkehrsbüro:1, Opernring 1
1, Schottenring 30

ABFAHRT:
* Autobus-Bahnhof: 3, Landstraßer Hauptstraße 1 b (beim "Hilton")
* Staatsoper
* Auf Wunsch Hotelabholung

Cityrama Sightseeing Tours
1, Börsegasse 1
Tel.: 63 66 190
"Tourt" mit Autos und Kleinbussen durch die Stadt.
BUCHUNGEN über die Reisebüros und den Wiener Verkehrsverein (1, Opernpassage)

ABFAHRT: 1, Johannesgasse (beim Stadtpark, Nähe "Intercontinental")

Donau-Rundfahrt (per Schiff).
mit der DDSG (Donaudampfschiffahrtgesellschaft) Tel. 26 65 36 - 0.

Ein "plätscherndes Erlebnis", - und wenn grad die Sonne runterbrennt, kann man sich an Deck den Fahrtwind um die Ohren blasen lassen. Ein bißchen Ufergrün rundum. Zwei "Kähne" sind im Einsatz: Die "Vindobona" und die "Maria", der sogenannte "Donaubus".

ABFAHRT: Der "Donaubus" fährt täglich um 10, 13, 15 und 17 Uhr von der Reichsbrücke (Kosten: 60.-- ÖS); die "Vindobona" um 13 Uhr und 16.30 Uhr von der Schwedenbrücke (100.-- ÖS). Kinder zahlen die Hälfte.

Rundfahrten "Modernes Wien"
Für Touristen oder auch Wiener, die die eigene Stadt und die Glanzstücke der Stadtplaner kennenlernen wollen. Die Route ändert sich von Zeit zu Zeit, daher am besten telefonisch erfragen. Preis: ca. 50.-- ÖS, für Kinder und Pensionisten die Hälfte.

Kartenverkauf: Rathaus-Rundfahrtenbüro, Mo. - Fr.: 8 - 15 Uhr, Tel.: 42 800 - 29 50.

★STADTRUNDFLÜGE

Bei sonnenklarem Himmel herrliche Möglichkeit, Wien und Umgebung von oben zu genießen. Abflug von Wien-Schwechat. Bei 6 Personen günstiger Gruppentarif.

Stadtrundflug dauert 15 - 20 Minuten. Stephansdom und Riesenrad verschwinden zu kleinen Punkten.
Pro Person: 440 ÖS, Gruppentarif (6 Personen: 1.800,-- ÖS)

Info-Stelle: Donauflugbedarfsfluggesellschaft (sic!) Tel. 85 35 81.

Burgenlandrundflug
Dauert rund 35 Minuten. Viel Grün, kleine Dörfer und der Neusiedlersee.
Pro Person: 660 ÖS, Gruppentarif: 2.600,-- ÖS

Kleiner Alpenrundflug
Etwa 45 Minuten schwebt man in luftigen Höhen. Blick auch auf felsiges Gelände - Schneeberg.
Pro Person: 880 ÖS.

Österreich-Rundflug
Fünf Stunden, Zwischenlandung in St. Johann oder Salzburg eingeschossen. Riesiges Alpenpanorama mit Großvenediger und Großglockner.
Pro Person: 3.300 ÖS, Gruppentarif: 11.500 ÖS

Großer Alpenrundflug
Eine ganze Stunde über ein ganz schönes Stück Österreich - bis über den Wallfahrsort Mariazell.
Pro Person: 1.210 ÖS

Abflugzeiten: ab 4 Personen kurzfristige telefonische Anmeldung. Bei Einzelpersonen Terminvereinbarungen (v.a. am Wochenende). Im Mai und Juni größerer Andrang, also rechtzeitig reservieren!

Flugzeug: Piper Cherokee Six, ein amerikanischer Mini-Reiseclipper. Für splendide Geschäftsleute gibts einen eigenen Taxi-Flugservice (36 Flugplätze in ganz Österreich können angeflogen werden).

Start: ab dem "General Aviation Center" am Flughafen Wien-Schwechat. Für Autofahrer: erste Flughafen-Einfahrt aus Richtung Wien nehmen.

Für Prospektbestellungen: Donauflugbedarfsfluggesellschaft, 12, Darnautgasse 13.

Was der Herrgott sich gedacht hat, als er den Wiener Raum erschuf, ist nicht bekannt, obwohl historische Exkurse natürlich die bedauerliche Eigenschaft haben, bei Adam und Eva zu beginnen. Solange braucht man aber gar nicht zurückzugreifen ......

Ende der letzten EISZEIT,– die sich heute nur mehr in Whiskygläsern niederschlägt –, hat es schon Mammutjäger in Heiligenstadt gegeben, allerdings sind sie noch nicht beim Heurigen gesessen. In ihrer Freizeit haben die wilden Eiszeitburschen des Donauraums dafür Zeit gehabt, eine gar häßliche Skulptur, die "Venus von Willendorf" (heute im Naturhistorischen Nationalmuseum zu bewundern) anzufertigen. Würde niemanden interessieren, wenn es nicht eine der ältesten Steinskulpturen der Welt wäre.

Nach diesem kulturellen Höheflug war vorerst einmal Sendepause. Langsam, wie die Wiener nun einmal sind, haben sie es den Ägyptern zum Beispiel überlassen, die Pyramiden zu bauen, und man hat sich solcherart um manch touristische Sensation gebracht. Als die Cheopspyramide schon 700 Jahre stand, hat man in Wien erst von der Existenz eines Metalles namens Kupfer erfahren.

Aus der Bronze- und Eisenzeit sind einige Relikte aufgetaucht, da die Menschen dieser Zeit die für Archäologen angenehme Eigenschaft besessen haben, nützliche Gegenstände als Grabbeigaben zu verbuddeln. Das KELTISCHE GROSSREICH erstreckte sich auch über den Wiener Raum, der allerdings schnell von den beiden römischen Augustusstiefsöhnen Drusus und Tiberius kampflos übernommen worden ist.

GESCHICHTE

"Schedelsche Chronik" (1493), Historisches Museum

Um 5o n. Chr. hatten sich die RÖMER (für Geschichte- Freaks: es war die XV. Legion) schon ganz schön breit gemacht, und 1oo n.Chr. hat es schon ein schönes, befestigtes Römerlager mit dem Namen VINDOBONA gegeben. Kramergasse – Rotgasse – Salzgries – Tiefer Graben – Graben Naglergasse und Hoher Markt sind die Grenzen. Die traurigen Grenzen der einstigen Römerherrlichkeit kann man heute noch besichtigen, (Hoher Markt 3). Historiker schließen die Anwesenheit von Asterix und Obelix, Weltreisende in Sachen Römer , für den Wiener Raum allerdings ziemlich aus.

180 nach Chr. verläßt Kaiser Marc Aurel in Vindobona die irdische Welt und schon im Jahre 433 geben es die Römer überhaupt auf, in Wien zu sterben.Sie überlassen es, nebst Weinkultur und einem Touch von Christentum, den HUNNEN. Diese legen allerdings keinen Dokumentationseifer an den Tag und vertreiben sich die Zeit, indem sie mit anderen Völkern wandern. (Beispielhaft, wenn man die Wiener Beamtenmentalität kennt.)

Langobarden, Awaren, Slawen, bayerische Siedler und Ungarn treiben nun abwechselnd oder hintereinander ihren Schabernack auf Wiener Boden, vermeiden es aber in weiser Voraussicht, sich dauerhaft anzusiedeln.

Der Name Wien kommt aus dem Keltischen: Vedunia, also "Waldbach" hat der heutige Wienfluß und das dazugehörige Örtchen geheißen. Ab 881 nach Chr. können die Historiker wieder lachen, denn da gibt es eine urkundliche Erwähnung, "daß man auf die Ungarn zuerst zu

Wenia gestoßen sei". Die UNGARN haben dieses Gemetzel für sich entscheiden könnnen, denn sonst hätte ihr König Etzel keine 17tägige Hochzeit mit "Krimhilden zu Wiene" halten können, wie es das Nibelungenlied beschreibt. Gefeiert hat man in Wien also immer schon gerne. Ab 976 nach Chr. nehmen die BABENBERGER die Geschichte Österreichs und damit auch Wiens in die Hand. Um 1140 nach Chr. verlagern sie sogar ihren Hof nach Wien, womit der Grundstein zum Wasserkopfdasein gelegt ist.

Während Walther von der Vogelweide sich am wonniglichen Hof zu Wien im "Singen und Sagen" übt, saniert Leopold V. seine Finanzen, indem er den englischen König und Kreuzfahrer Richard Löwenherz in Erdberg (3. Bezirk) festnehmen läßt, was dessen Sänger Blondel zu treuschnulzigem Verhalten veranlaßt und dem Babenbergerpoldi ein fettes Lösegeld bringt. Unter Leopold VI., dem Glorreichen, wird Wien zur Stadt, so richtig mit Urkunde und allen Drum und Dran, und dehnt sich bis zur heutigen Ringstraße aus.

Nachdem die Babenberger unter Friedrich II. am 15. Juni 1246 beschlossen hatten, auszusterben, machen sich unter dem Böhmenkönig Ottokar Przemysl (sprich: Pschemisl) die Tschechen breit. Damit der Austria-Klassiker Friedrich Grillparzer sein Drama "König Ottokars Glück und Ende" schreiben kann, kommen jedoch die HABSBURGER, die – so nebenbei gesagt – für Wien und Österreich noch recht wichtig wurden.

Rudolf IV., der Stifter, pfuscht um 1360 nach Chr. noch immer am Stephansdom, und gründet 1365 die Wiener Universität. Der spätere Papst Pius II. sieht das um 1450 ca. so: "Die Studenten frönen dem Vergnügen: nach Wein und Speise sind sie lüstern. Wenige gehen als Gelehrte aus ihnen hervor... Dazu lenkt noch der Weiber Lüsternheit ihren Sinn ab." Andere Beamte als die Ratsherrn, Richter, Bürgermeister und Weinsteuerkassierer gibt es nicht.

Ein Volk der Säufer und Streithähne, darüber sind sich die Chronisten einig. Nachdem man 1421 nach Chr. über 200 Juden verbrannt hat und die restlichen ausgewiesen wurden, beendet man rund 10 Jahre später ganz christlich den Bau des Stephansturmes. Friedrich III. wird 1461 nach Chr. von den Wienern belagert und 1485 huldigen diese sogar dem ungarischen König Matthias Corvinius.

Um 1500 nach Chr. ist Wien eine wirtschaftlich abgehalfterte Stadt und die Adeligen, allen voran Ferdinand I., entziehen Wien das Selbstverwaltungsrecht und setzen den Absolutismus auf den verfassungsmäßigen Speisezettel, ein Zustand, der 300 Jahre beibehalten werden sollte.

1529 nach Chr. führt Sultan Soliman II. 300 000 TÜRKEN vor die Tore Wiens, um dort ein Picknick abzuhalten und so nebenbei die Stadt zu erobern. Ca. 20 000 Söldner und waffentragende Wiener

sind aber nicht bereit, türkische Gastarbeiter in Wien zu dulden und so ziehen die Osmanen nach viermaliger, gewaltsamer Vorsprache schließlich ab. Endlich hat der KAISER Zeit, sich wieder mit seinen Wiener Untertanen wohlwollend zu beschäftigen. Die waren nämlich sehr religiös geworden, aber nicht, wie man sich das dachte, katholisch, sondern zu vier Fünftel evangelisch, was den Kaiser sehr verdroß, weil er doch ganz genau wußte, was seine Untertanen zu wollen hatten. Da die katholischen Geistlichen keineswegs ein Vorbild in christlichem Lebenswandel sind, muß er erst zur Gegenreformation blasen.

Zuerst inszeniert man aber noch schnell den Bruderzwist im Hause Habsburg, wo sich zwei Habsburger-Brüder, -damit der Grillparzer wieder Stoff für ein Drama bekommt-, um die Kaiserkrone prügeln. 1619 nach Chr. stehen die Böhmen mit einem Ständeheer vor Wien, doch die evangelischen Wiener halten zum Kaiser, der sie zum Dank dafür aus der Stadt vertreibt. Während des 30-jährigen Krieges kommen noch die Schweden auf einem ergebnislosen Blitzbesuch. Obwohl im "Westfälischen Frieden" Toleranz in Glaubensangelegenheiten vereinbart worden ist, gibt Ferdinand III. im Reformationspatent Bestimmungen gegen die Protestanten heraus. Nachdem man die Evangelischen mundtot gemacht hat, kann man sich auch wieder um die Juden kümmern, die Leopold I. nicht persönlich, sondern per Edikt aus der Stadt wirft,–dann muß er selbst aus der Stadt fliehen.

Die PEST nimmt ohne einen Schuß Pulver Wien im Handstreich. Während der Hof 600 Eimer Wein, die er mitgenommen hat,in Prag versäuft, sterben in Wien tausende Bürger. Nachdem weder kurpfuscherische Ärzte, Gott oder Gebete helfen, erfindet man die Sage vom lieben Augustin, der besoffen und gröhlend in eine Pestgrube fällt und so den schwarzen Tod aus Wien vertreibt. Am Graben baut man zum Dank eine Pestsäule und alles scheint wieder in Butter.

Aber 4 Jahre später, 1683 nach Chr., fassen die Türken wieder den Entschluß, den Halbmond auf den Stephansdom zu pflanzen. Der Sultan bleibt, aus der Erfahrung seiner Vorgänger klug geworden, gleich zu Hause und schickt nur seinen Großwesir Kara Mustapha, dem er allerdings noch 200 000 Mann mitgibt. 16 000 Wehrfähige stehen den Belagerern gegenüber. Kaiser Leopold und sein Hof bleiben ihrer Pesttaktik treu. Sie setzen sich ab, diesmal nach Passau. Die Dreckarbeit darf Graf Rüdiger von Starhemberg für sie erledigen. Vom Stephansturm aus (Starhembergbankerl) koordiniert er die Aktionen der Verteidiger und kann die Stadt 6 Monate lang, trotz Bränden, Seuchen und Hungersnot halten, bis der Polenkönig Sobiesky und Karl von Lothringen mit einem Ersatzheer Kara Mustapha plus türkische Begleiter in die Flucht schlagen. Der unglückliche Großwesir darf sich an einer seidenen Schnur erhängen, die Wiener backen Kipferl und lernen den Kaffee kennen. Kurz und gut: Das Abendland ist gerettet.

Vom Krieg hat man vorläufig genug und da die anderen Völker, abgesehen von den ungarischen Kuruzzen, auch mitspielen, kann man sich dem BAROCK widmen. Vor allem Fischer von Erlach kann sich jetzt ungehindert austoben. Schönbrunn, Böhmische Hofkanzlei und die Nationalbibliothek sowie die Karlskirche entstehen. Lukas von Hildebrandt baut mittlerweile das Belvedere des Türkenbekämpfers Prinz Eugen und das heutige Bundeskanzleramt. Die Vorstädte werden in die Stadt eingegliedert, die Grenze bildet ein Linienwall, der mit dem heutigen Gürtel ziemlich identisch ist.

1740 nach Chr. besteigt MARIA THERESIA den Thron, was sofort in den Erbfolgekrieg ausartet. Auch um den siebenjährigen Krieg muß sie sich noch kümmern und nebenbei 16 Kinder in die Welt setzen, außerdem bleibt ihr noch Zeit um Wunderkinder wie Mozart zu empfangen. Als sie merkt, daß ihr eigener Mann fremdgeht, gründet sie die Keuschheitskommission, um wenigstens außerhalb es Palastes für Sitte zu sorgen. Casanova läßt sich in seinem Tagebuch ganz bestürzt über die Wiener Zustände aus.

nach Martin Meytens, 1744
B.v.H.
Maria Theresia, 1744

Ab 1780 nach Chr. leitet ihr Sohn Joseph II.,der Reformkaiser, die Amtsgeschäfte. Er gründet das Allgemeine Krankenhaus, was damals noch skandallos geschehen konnte, und legt damit den Grundstein zur berühmten Wiener medizinischen Schule. Im Toleranzedikt werden ab jetzt die Protestanten zumindest geduldet, was sogar den Papst nach Wien führt. Die Macht der Kirche ist aber Joseph II. sowieso ein Dorn im Auge und deshalb kassiert er gleich den Besitz der beschaulichen Klöster. Er hebt die Leibeigenschaft auf, und führt dafür die Schulpflicht ein, schafft aber gleichzeitig die Folter ab. Er öffnet dem Volk den Prater und den Augarten ("Wenn ich immer unter meinesgleichen sein wollte, dürfte ich ausschließlich in der Kapuzinergruft promenieren") Er war etwas, was man in Wien nie sein kann und darf: fortschrittlich. Die nachfolgenden Kaiser haben diesen Fehler nach bestem Wissen und Gewissen wieder ausgebessert.

In Frankreich bastelt man an der Revolution. Ludwig XVI. und Maria Antoinette, eine Tochter Maria Theresiens, werden geköpft. In Wien will man solche Zustände gar nicht erst aufkommen lassen und errichtet einen Spitzel- und Polizeistaat. Franz II. legt die deutsche Kaiserkrone nieder und nennt sich ab jetzt nur mehr Kaiser von Österreich. Haydn komponiert die Kaiserhymne (die jetzt die Deutsche Bundeshymne ist, was manchem Wiener jetzt noch sauer aufstößt) und Napoleon, dem das alles wurscht ist, besetzt Wien. Weils ihm in Wien so gut gefallen hat, ist er vier Jahre später (1809) schon wieder da, bezieht aber zum ersten Mal in seinem Leben auf dem Schlachtfeld Prügel. Geschehen zu Aspern in der Lobau - ausgebessert ist das Resultat vom kleinen "Größten Kaiser der Franzosen" jedoch in Wagram. (Schulkinder in Wien lernen aber heute noch solche Chauvi-Sprüche wie z.B. diesen: die Wiener hätten zum ersten Mal gezeigt, daß Napoleon nicht unbesiegbar gewesen wäre).

1811 nach Chr. kommt es zum Staatsbankrott, da man die unangenehme Gepflogenheit hatte, Kriege erst nach ihrer Beendigung zu bezahlen. Wie Staatskanzler METTERNICH Napoleon aus Wien entfernt hat, sei

auch noch verraten: er hat die Tochter des Kaisers - Marie Loise - mit dem wildgewordenen Korsen verkuppelt. (Die Rechnung "andere mögen Kriege führen, du glückliches Österreich heirate" ist wieder einmal voll aufgegangen.)

1814 nach Chr. bis 1815 tanzt in Wien der Kongress. Die Neuordnung Europas soll beginnen. In Wirklichkeit wird zäh um den Europakuchen gefeilscht und um seine möglichst ungerechte Aufteilung zugunsten des eigenen Landes. Während die Neuordnung auf sich warten läßt, bleibt in Wien alles beim Alten. Kaiser Franz sowie Staatskanzler und Hoffaktotum Metternich haben ganz eigene Ansichten über Zensur, Pressefreiheit, Toleranz und Polizeistaat. Sie gründen die "Bewegung Vormärz", eine Unterdrückungspolitik, der sich die Wiener durch das Biedermeier zu entziehen versuchen.

Schubert komponiert und wird arm, Beethoven komponiert und wird taub, Johann Strauß-Vater und sein Gesinnungsgenosse Josef Lanner erfinden mit dem Walzer den Hit des Jahrhunderts. Ferdinand Raimund läßt seine Stücke in der Feenwelt spielen, Franz Grillparzer arbeitet die österreichische Geschichte auf, nur Johann Nestroy ist versteckt bösartig-zeitkritisch und er befindet sich zumindest mit einem Fuß immer im Gefängnis. Waldmüller pinselt malerisch-kitschige Wienerwaldposter. Die Wiener ziehen sich in ihre Familien zurück.

Die INDUSTRIALISIERUNG beginnt und das ländliche Proletariat pilgert in die Stadt, um dort ein städtisches zu werden. Umwälzende Neuerungen und Erfindungen schießen aus dem Boden. 1837: Die erste Dampfeisenbahn zwischen Florisdorf und Deutsch Wagram, die Gasbeleuchtung, die Schiffsschraube von Ressel, die Schreibmaschine von Madersperger und das Zündholz, das in Wien erfunden wird. Langsam beginnt es zu gären. Die sozialen Mißstände verschlimmern sich, die Arbeiter hungern und die Bürger wollen mehr Rechte.

1848 kommt es zur REVOLUTION. Ferdinand I., der Gütige, schon leicht "seniler" Kaiser, hat für die Vorgänge nur einen typisch Habsburgerschen Ausspruch parat: "Eine Revolution machen's. Ja derfen's denn das? " Metternich dankt ab und setzt sich nach England ab. Der Kaiser verspricht die Wünsche des Volkes zu erfüllen.

"O Bürger O Bürger hörest du nicht
Was Erlkönig in der Zeitung verspricht?
Sei ruhig o Volk du betrogenes Kind
in dürren Blättern säuselt der Wind"–

ätzt ein Kritiker in der Zeitschrift "der Humorist". Er sollte recht behalten. Ende August kommt es wieder zu Aufständen und der Kriegsminister Latour wird aufgehängt. Im Oktober besetzt Fürst Windischgrätz die Stadt. Erschiessungen, Standrecht - die Revolution ertrinkt im Blut.

Erst 1853 wird der Belagerungszustand aufgehoben. Zensur, Polizei- und Spitzelwesen waren ärger als jemals zuvor. Einziges positives Resultat der Revolution: die Aufhebung der Leibeigenschaft der Bauern. Ab 1848 übernimmt Kaiser Franz Joseph I. die Amtsgeschäfte, immer zwischen seinen Lieblingssprüchen "Es war sehr schön", "es hat mich sehr gefreut" und "mir bleibt auch nichts erspart" hin und herpendelnd. 1860 werden die Mauern und Basteien der inneren Stadt geschliffen und 1865 wird die Ringstraße eröffnet. 1850 gibt es 430 000 Wiener, 1870: 615 000. – 1859 wird irgendwo in Italien wieder einmal ein Krieg verloren. Das war der Beginn des LIBERALISMUS, der sich in Wien bis 1895 halten konnte. Neben den Ringstraßenbauten fällt auch die Entstehung der Wiener Hochquellwasserleitung und die Regulierung der Donau in diesen Zeitabschnitt.

Wien öffnet auch die Judenghettos und Juden aus allen Teilen des Reiches kommen in die Hauptstadt. 1880 ist ihr Anteil an der Gesamtbevölkerung fast neun Prozent. Die Wiener Medizin ist in ihrer Hochblüte und Sigmung FREUD entdeckt seinen Ödipuskomplex.Es kommt zu zahlreichen Betriebsgründungen ("Gründerzeit"). Die Wirtschaft floriert. Die Weltausstellung im Wiener Prater findet 1873 statt. Wie in Paris im Zeichen einer monumental-sinnlosen Stahlkonstruktion. Hie Eiffelturm - da Riesenrad. Daß es kurz danach zu einem Börsenkrach kommt, bei dem Tausende in Armut stürzen ist eine traurige Nebenerscheinung. Die Wirtschaft braucht allerding einige Jahre,um sich von diesem Schlag wieder zu erholen. Trotz allem wirtschaftlichem Aufschwung bleibt die Lage der Arbeiter eher trist. Vor allem die Wohnungsnot ist eines der größten Probleme in Wien. (Es hat wirklich Betten gegeben, die im 8 Stunden-Rythmus von drei Personen benutzt worden sind.)

Johann Strauß-Sohn ist unumschränkter Walzermusikmonopolist, mit den Schrammeln wird die Volksmusik belebt und auch der struppig-chaotische Brahms werkt zu dieser Zeit. 1889: dem Kaiser bleibt wieder einmal nichts erspart. Kronprinz Rudolf – ein äußerst liberaler und aufgeschlossener Mensch - zu dem der gestrenge, aber wenig sensible Kaiser aber nie so richtig Zugang gefunden hat, gibt sich in Mayerling die Kugel, mit ihm seine 17jährige Geliebte Mary Vetsera. Eine Tatsache, die die Amerikaner noch heute zu Begeisterungsstürmen hinreißt.

1888 kommt es zur Gründung der christlich-sozialen Partei unter Dr. Lueger, die bis 1911 auch an der Regierung ist. 1917 wird das

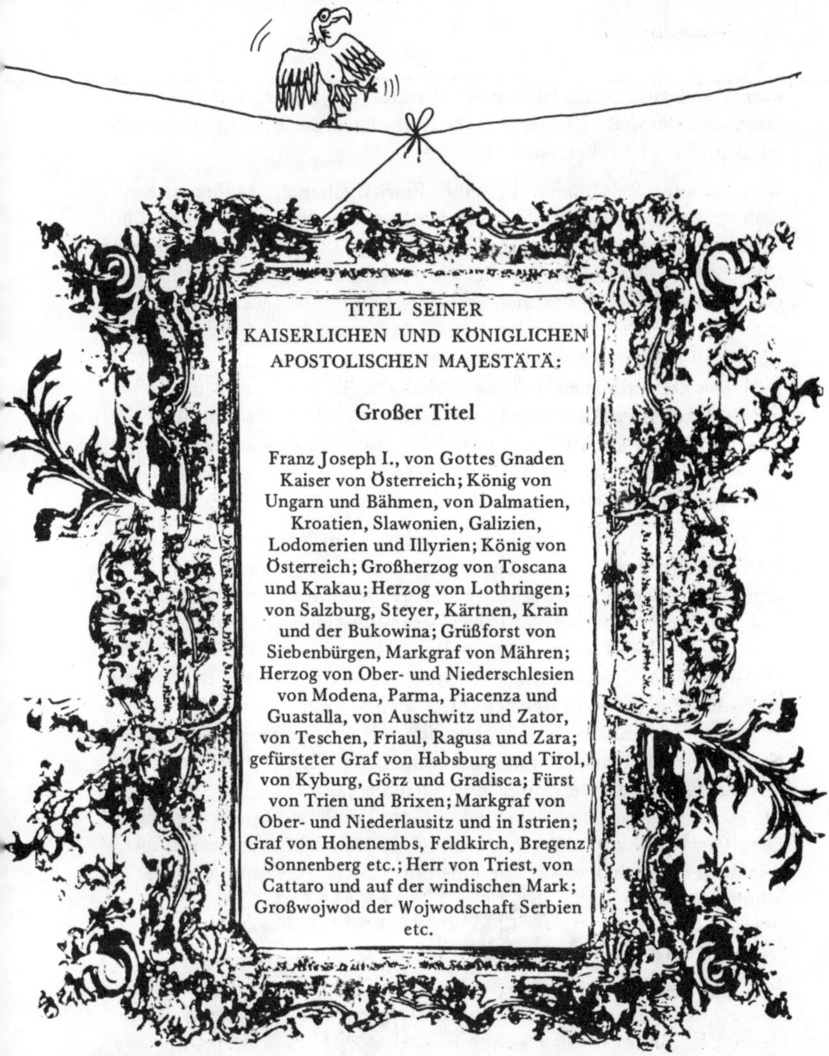

TITEL SEINER
KAISERLICHEN UND KÖNIGLICHEN
APOSTOLISCHEN MAJESTÄTÄ:

Großer Titel

Franz Joseph I., von Gottes Gnaden
Kaiser von Österreich; König von
Ungarn und Bähmen, von Dalmatien,
Kroatien, Slawonien, Galizien,
Lodomerien und Illyrien; König von
Österreich; Großherzog von Toscana
und Krakau; Herzog von Lothringen;
von Salzburg, Steyer, Kärtnen, Krain
und der Bukowina; Grüßforst von
Siebenbürgen, Markgraf von Mähren;
Herzog von Ober- und Niederschlesien
von Modena, Parma, Piacenza und
Guastalla, von Auschwitz und Zator,
von Teschen, Friaul, Ragusa und Zara;
gefürsteter Graf von Habsburg und Tirol,
von Kyburg, Görz und Gradisca; Fürst
von Trien und Brixen; Markgraf von
Ober- und Niederlausitz und in Istrien;
Graf von Hohenembs, Feldkirch, Bregenz
Sonnenberg etc.; Herr von Triest, von
Cattaro und auf der windischen Mark;
Großwojwod der Wojwodschaft Serbien
etc.

Kurienwahlrecht von dem geheimen + allgemeinen Wahlrecht abgelöst und das ist auch die Stunde der österreichischen Sozialdemokraten. Mit der Sezession, einer neuen Stilrichtung, die sich als Gegenpol zu dem pompösen Ringstraßengigantismus versteht–(auch Jugendstil genannt)–kommt noch einmal eine neue Sachlichkeit in die Kunst. Wohlgemerkt nur in der Kunst. In der Politik regiert die Unsachlichkeit. Das Nationalitätenproblem wird immer akuter. 1908 findet die Annexion von Bosnien und Herzegowina statt. Die Serben träumen von einem Balkangroßreich unter ihrer Herrschaft, die Ungarn sind unzufrieden, die Tschechen sowieso.

Wien ist auf dem Höhepunkt seiner Pracht. Über 2,2 Millionen Einwohner zählt die Kaiserstadt. Die Kaffeehauskultur ist in voller Blüte, Kraus, Hofmannsthal, Polgar, Schnitzler entfalten ihre ganze morbide Geniehaftigkeit in einer Zeit der Götterdämmerung. In traditionellen Geschichtswerken findet man an dieser Stelle mit trauriger Regelmäßigkeit die Zeile:"Aber in dem 52 Millionen-Reich gärt es." Wir wollen aber stilistisch doch eher eine Annäherung an die großen Geister jener Zeit erreichen und sagen deshalb:"Es war, als ob man bemerkte, daß zu viel Paprika in der Sachertorte war, als man den Kaiserschmarrn kochte". Oder trivial gesagt: Die Gegensätze des Riesenreiches waren einfach nicht mehr unter einen Hut zu bringen,–auch nicht unter eine Krone.

Im Juni (1914) passiert das Attentat in Sarajevo. Dem Kaiser bleibt wieder einmal nichts erspart, sein Thronfolger und Sohn Franz Ferdinand und seine Gattin werden ermordet (genaueres kann man im Arsenal,Heeresgeschichtliches Museum, 3.Bezirk, besichtigen und erfahren). Der Kaiser stellt Serbien ein unannehmbares Ultimatum, erklärt den Krieg. Die Bündnismechanik beginnt zu arbeiten und mit naiver Begeisterung zieht die Monarchie in den KRIEG. "Serbien muß sterbien" (K. Kraus). 1916 stirbt der Kaiser. Karl I. kann den verfahrenen Monarchieschubkarren nicht mehr aus dem Kriegsmorast ziehen. Der Krieg ist verloren und 1918 dankt der letzte Kaiser ab. (Wichtige Jahreszahl für Amerikaner, die es noch immer nicht glauben wollen. Der letzte Sproß der Linie Otto von Habsburg treibt vornehmlich in Deutschland mit Springer sein Wesen und hat sowas wie eine europäische Gesamtpartei gegründet.)

Österreich ist mittlerweile REPUBLIK geworden. In Wien finden Gemeinderatswahlen statt, die zugunsten der Sozialdemokraten entschieden werden. Es beginnt eine Aufbauphase, in der vor allem der kommunale Wohnbau forciert wird. Die großen Gemeindebauten Karl-Marx-Hof, Karl-Seitz-Hof und andere entstehen. Die stabile Schillingwährung wird eingeführt, die gleich den Beinamen "Alpendollar" erhält. Der friedliche Aufbau hält nicht lange an. 1927 kommt es zum Brand des Justizpalastes. Die Weltwirtschaftskrise schlägt auch in Wien zu. Fazit: 434 000 Arbeitslose und 100 000 Ausgesteuerte.

1933 schaltet sich das Parlament selbst aus und es kommt zum österreichischen Ständestaat. 1934 ist Bürgerkrieg. Der sozialdemokratische Schutzbund und die christlich-soziale Heimwehr sowie die Armee liefern sich Straßenschlachten. Die Sozialdemokratische Partei wird verboten und Engelbert Dollfuß stellt den Austrofaschismus als neues Regierungsmodell vor, was die Nazis allerdings nicht daran hindert, ihn in einem kasperltheaterreifen Putsch zu ermorden. Die braune Soße war nicht mehr aufzuhalten, "Gott schütze Österreich" konnte Kanzler Schuschnig in seiner letzten Radioansprache gerade noch sagen, bevor Adolf Hitler diese Funktion übernahm. "Der Perle Wiens" wollte er eine Fassung verleihen, die ihrer würdig ist. Naja. Er hat's uns gezeigt, der Adi.

Nach dem Zusammenbruch des 1000jährigen Reiches,– etwas, was nicht einmal die Habsburger ganz geschafft hatten, geschweige denn ein Braunauer namens Schickelgruber (Hitler's Geburtsname), durfte Wien sich glücklich schätzen, seine Befreier noch zehn Jahre am Befreien zu wissen. Am 15.Mai 1955 erhält Österreich im Wiener Belvedere den Staatsvertrag. Die ZWEITE REPUBLIK kann beginnen.

Stadtgeschichte Wien siehe Seite 213

TIP FERNSEHSENDUNG
"ÖSTERREICH II"
von Hugo Portisch
und Sepp Riff
Viele Bilddokumente

TIP FÜR GESCHICHTSFANS:
"Reden die Österreich bewegen" -
Tondokumente ab 19oo
(Kaiser, Hitler, Figl etc.)

DER WIENER

Charmant, freundlich, ein bißerl "Küß die Hand", ein bißerl Schmäh und ein Schuß Rebensaftvertilger Hans Moser'scher Prägung,– so sieht man den Wiener und so sieht er sich auch selbst, wenn er nicht gerade nuschelnd, nörgelnd seiner Existenzkrise durch Querulieren Herr zu werden versucht.

"Ein echter Wiener geht nicht unter" war der Titel einer beliebt- berüchtigten Fernsehsendung. Die Selbstmordstatistik spricht eine andere Sprache. Der Wiener legt sogar aktiven Untergangswillen an den Tag, denn er regiert da im Spitzenfeld. Und viele, die nicht gleich untergehen, versuchen sich langfristig zu ertränken – im Alkohol nämlich – , auch das sagt die Statistik. Statistisch ist der Wiener allerdings genauso wenig erfaßbar, wie durch nebulöse Eigenschaftswörter. Ein Näheverhältnis zum Tod ist allerdings schon durch die Altersstruktur gegeben.

Da der Tod aber eine Gaudi ist und der Wiener sowieso bei jeder Hetz (=Spaß) dabei ist, wird aus dem sensenschwingenden Knochenmann ein guter Kumpel, dem man seine Lieder und Geschichten widmen kann. Vom lieben Augustin, der seinen Vollrausch in der Pestgrube ausschläft und so die Pest aus Wien vertreibt, bis zu den Wienerliedern spannt sich da der Bogen. "Es wird Wein sein und wir wer'n nimmer sein", heißt's da zum Beispiel und da klingt weniger Angst vor dem Tode durch, als Angst, "drüben" vielleicht kein Vierterl mehr zu bekommen. "Verkauft's mei Gwand, i foahr in Himmel" heißt ein anderes,–Todeshumor gepaart mit Realitätssinn. In diesem Punkt halten sich auch die modernen Liedermacher an historische Vorlagen. "Heit dra i mi ham" singt Wolfgang Ambros und "Es lebe der Zentralfriedhof und alle seine Totn",– während Ludwig Hirsch fast verliebt die Begegnung mit den ihn im Grab fressenden Würmern schildert.

Vielleicht ist es auch dieses Denken, das dem Wiener das Attribut "gemütlich" eingebracht hat. Nur net aufregen, morgen ist auch wieder ein Tag und wenn wir uns aufregen, dann nur über die lächerlichsten Kleinigkeiten, großen Ereignissen kann man eh nur ohnmächtig gegenüber stehen. Darum haben zum Beispiel einige Millionen fehlinvestierter Steuerschillinge nie die Resonanz, die der Hund der Frau Svoboda hat, wenn er wieder auf das Stiegengeländer pinkelt. Verbunden mit diesem laissez-faire-Denken auch das Schnorrertum, die Bohemiens, die Lebenskünstler, die immer gut zu leben wissen, ohne daß man je erfährt, wie sie das machen.

Das sind aber bereits wieder die Auffälligkeiten, die der Durchschnittswiener auf das Schärfste zurückweisen würde, die trotzdem prägend auf den Charakter einer Stadt sind. Einer Stadt wohlgemerkt, keiner Metropole. Um das wirklich zu werden, müßte man jenen kleinbürgerlichen Chauvinismus ablegen, der von der sogenannten Gemütlichkeit nur oberflächlich überlagert wird. Wien bleibt Wien und "das ist die fürchterlichste aller Drohungen", schreibt Karl Kraus. Die Wiener sind allerdings noch stolz auf dieses Beharrungsvermögen. Da Wien eben Wien bleibt, tun sich viele Wiener sogar schon schwer, sich überhaupt erst als Österreicher zu fühlen. Ab Stammersdorf beginnt die Provinz, da leben die "Gscherten"(früher hatten die Bauern kurzgeschorene Köpfe), jenes bedauernswerte Häufchen der Restösterreicher, die, falls sie sich in die Bundeshauptstadt wagen sollten, bestenfalls müde Verachtung ernten und die einem dann aus plumper Rache, beim Schiurlaub in den Bergen, wiederum Ablehnung entgegen bringen.

Dieselbe mehr als kritische Distanz, die schon die eigenen "Bergvölker" erleben müssen, schlägt mitunter auch dem Fremden, dem Touristen entgegen. Offensichtlich führt einem dieser erst wieder die eigene fremdländische Abstammung aus irgendwelchen Teilen des Habsburger- Imperiums vor Augen. Schonungslos enthüllt das Telefonbuch den Grund der latenten Fremdenfeindlichkeit. "i haß Kolaric, du haßt Kolaric.

WIENER

Europas einziger "Typenpark",– immer brandaktuell! Hinkommen: ca. 2 Stunden im Esterhazy- Keller verbringen, dann auftauchen und seiner Nase/ Augen folgen. Man findet bestimmt hin, ganz automatisch.

TYPEN-PARK

Zeichnungen: Anda Pecher
Idee & Lay- out: Børny Kah

Warum sagn's zu Dir Tschusch? " - stand auf einem preisgekrönten Plakat, das entworfen worden ist, um die Gastarbeiterfeindlichkeit abzubauen. Ob es etwas geholfen hat? Kaum. Wien bleibt halt Wien. Deshalb bleibt es auch nur dem Wiener vorbehalten, an seiner Stadt Kritik zu üben. Selbst wenn ein Wiener einem Besucher noch so sehr über diese Stadt vorjammert, empfiehlt es sich für diesen, Wien gegenüber dem Wiener in Schutz zu nehmen. Gut über die Donau-Fast-Metropole sprechen eigentlich nur die politischen Parteien, aber die werden sowieso nicht ernst genommen. Die wahre Liebe zu ihrer Heimatstadt entdecken die Wiener erst wieder im Ausland, wenn es kein Wiener Schnitzel gibt und keinen Schweinsbraten.

"In Wien muaßt erst sterben, damit's dich hochleben lassen", lautet ein geflügeltes Wort, das den einheimischen Künstlern bestens bekannt ist. Oder: "Muß man denn hier immer erst tot sein, damit's einen leben lassen? ", sagte Gustav Mahler. Einzige Ausnahme vielleicht Adolf Hitler. Aber das war auch kein Künstler, er hielt sich nur für einen. Einziger Ausweg für einen Kulturschaffenden in Wien gefeiert zu werden, ohne das zeitliche gesegnet zu haben: im Ausland bekannt zu werden (siehe ebenfalls Adolf). Mit offenen Armen wird man dann den berühmten Sohn auch in Wien empfangen. Dienstbeflissen-kniefällig hat auch er dann Huldigungen zu erwarten. Ein trauriges Relikt habsburgerscher Beamtenstaats- Mentalität, das sich hier offenbart. In Wien wird man eben etwas durch Dienen und nicht durch Genie. Wien bleibt halt Wien, und "Wenn der Herrgott net will, nutzt des gar nix".
[Es wird trotzdem nicht ausgeschlossen, daß der Wiener ganz anders ist.]

Lange Zeit wichtiger als Geld,– und auch heute noch grassiert die .... TITELSUCHT.... Mehrere Hundert hat es einst gegeben und erst in letzter Zeit ist es etwas gelungen, die phantasievolle Flut einzudämmen. Denn vom Hofrat bis Oberparkwächter war da alles vertreten. Die Frau eines Betitelten erwirbt per Ehering das Recht, mit dem Titel ihres Mannes angesprochen zu werden (pervertierte Form: "Frau Hofrätin"). – Natürlich muß der oft ellenlange Bandwurm der Ober- und Unterzwischenmittelüberkanzleiratsvorsteherstellvertretererer auch mit auf den Grabstein, auf dem der Name dann fast keinen Platz mehr hat. Es gibt keine Hackordnung durch Leistung, sondern eine Titelhierarchie! – Gewiefte Reporter führen ellenlange Listen mit sich, um Interviewpartner durch Anrede mit richtigem, vollem Titel gesprächsbereiter zu machen.

Unterkunft

Wiener Spezialität : "Klassische" Hotels mit K+K Tradition und großer Geschichte. "Imperial", "Bristol", "Sacher" oder das Hotel im "Palais Schwarzenberg". Bringen viel Flair, dies allerdings bei Preisen pro Person um 1.3oo ÖS. Außerdem die Retortenhotels mit großzügigen Service- Einrichtungen à la "Intercontinental" oder "Hilton".

Empfehlenswert in der Preiswert- Klasse und Tip für "Wien-Entdecker": Pensionen der 1-Stern, bzw. der 2-Stern Kategorie (bescheiden bis einfach, pro Person im Doppelzimmer ca. 2oo ÖS). Bieten zwar nicht den Hyperkomfort, sind aber durchaus in Ordnung.

Billige Unterkunft findet sich ebenfalls in Studentenheimen, die zur Zeit der Uni- Ferien (Anfang Juli bis Ende September) als sogenannte Saisonhotels geführt werden (auch hier empfiehlt sich nur die 1- Stern, bzw. 2- Stern Kategorie als günstig).

Ein wahrer Preishammer sind Privatquartiere, deren es zwar in Wien nicht allzu viele gibt, die aber hauptsächlich am untersten Rand der Preisskala angesiedelt sind.

Jugendherbergsplätze gibt`s vorläufig noch viel zu wenig in Wien. Zwar preisgünstig, aber oft nur mit viel Glück ein Bett zu bekommen.

Für "mobile Geister", die mit Auto, oder "heißem Eisen" unterwegs sind: 5 Campingplätze (im Westen und Süden der Stadt aufgeteilt) - siehe Camping.

Zwei prinzipielle Überlegungen, die uns bezüglich Übernachten in Wien wichtig erscheinen:

1. Zu welcher Jahreszeit will man in Wien sein ?

Das ist deshalb wichtig, weil die Unterkunfstmöglichkeiten bisweilen an Überfüllung leiden, - und dann der Urlaub nur mehr halb so viel Freude macht, wenn man sich sinnlos um sein Dach über dem Kopf herumschlagen muß.

"Dicht besiedelt" ist Wien in den Monaten Mai/Juni und September/Oktober. Logisch, weil`s in diesen Zeiten auch am schönsten ist. Das heißt, wer zu diesen Monaten in Wien Quartier braucht, soll sich - sicherheitshalber und wenn was Bestimmtes gewünscht wird - früh genug drum kümmern, also bevor er dort irgendwo am Bahnhof eintrudelt. Unsere Grunderfahrung : "Irgendwas bekommt man immer !" - mit mehr oder weniger herumfragen.

2. Was will man in Wien erleben ?

Kultur oder "Szene" (oder beides), Wien Umgebung oder das K&K-Flair, in 3 Tagen alles sehen oder eine Woche lang herumstreifen. Das historische Ur-Wien sitzt in der "Innenstadt" (I. Bezirk) und wenn man da keine langen Anfahrtswege in Kauf nehmen will, sollte man das auch bei der Quartierwahl ins Kalkül ziehen.

Fußgängerfreundliche, zentrumsnahe Quartiere sind im 3. Bezirk, im 4. Bezirk, und im 6. Bezirk, im 7. Bezirk, im 8. Bezirk, im 9. Bezirk, zu bekommen (evtl. auch im 2. Bezirk). Für Reise-Teens und -Twens sind vom sonstigen Angebot her (Lokale, Geschäfte, Cafés, Märkte, Treffs etc.) besonders im 7.,8. und 9. Bezirk interessant! "Grüner" gehts im 13., 14., 17., 18., 19. und 23. Bezirk zu . Dafür weniger Infrastruktur, längere Anfahrtswege ins Zentrum.

Tourist INFO Informationsträchtiger Hotel-Prospekt (Auflistung aller Hotels und Pensionen mit Service- und Preisangaben) bei den "TouristInformationsstellen".

Hotelpreise:

Offizielle Kategorien:		Doppelzimmer und zwar pro Person:
*****	: Luxusklasse	7oo - 2.1oo ÖS (meist aber im Bereich 1.5oo ÖS)
****	: Erstklassig	5oo - 1.1oo ÖS (meist Bereich: 6oo - 7oo ÖS)
***	: Bürgerlich	25o - 5oo ÖS (meist Bereich: 4oo ÖS)
**	: Einfach	2oo - 4oo ÖS (meist Bereich: 3oo ÖS)
*	: Bescheiden	15o - 4oo ÖS (meist Bereich: 25o ÖS)

Pensionen sind billiger: **** 33o - 7oo ÖS, - *** 2oo - 55o ÖS, - ** 18o - 45o ÖS, - * 13o - 25o ÖS (Preise für Doppelzimmer/ Person)

WICHTIGE INFORMATIONSSSTELLEN BEIM ANKOMMEN

Auto: Tourist-Info an der Westautobahn (Ausfahrt "Auhof"), ganzjährig und täglich Jänner bis April 9 - 19 Uhr, Mai bis Oktober 8 - 22 Uhr, Nov. bis Dez. 9 - 19 Uhr.

Tourist-Info an der Südautobahn (Ausfahrt Triester Straße) ACHTUNG ! Nur Juli, Aug. 8 - 22 Uhr tgl. , und Juni , Sept. 9 - 19 Uhr tgl.

Flughafen: Tourist-Info in der Ankunftshalle. Juni bis Sept. 8.30 - 23 Uhr tgl., Okt.bis Mai 8.30 - 22 Uhr tgl.

Bahn: Info-Stelle Westbahnhof (oben, gleich links in der Halle) 6.15 - 23.00 Uhr tgl., Info-Stelle Süd-bahnhof (untere Halle) 6.30 - 22.00 Uhr tgl.

In der Stadt: Tourist-Info, I, Opernpassage, 9 - 19 Uhr tgl.
Tourist-Info Fremdenverkehrsverband für Wien, 9, Kinderspitalgasse 5, Mo.-Fr. 8 - 16 Uhr.

Bei all den obengenannten Infos kann man Zimmer buchen (erspart zeitraubende Herumsucherei). Sofern es freie Zimmer gibt, vermittelt man - ganz nach Wunsch - von Luxushütten bis zu Saisonhotels und Privatquartieren - alles. Die erste Nacht muß plus Vermittlungsgebühr (minimal!) im voraus bezahlt werden. Die restlichen Nächte in der Unterkunft. Stornomöglichkeit besteht (dann die Zahlungsbestätigung nicht in der Unterkunft lassen!).

Dennoch empfiehlt es sich in der Hauptreisezeit im voraus zu reservieren, da Wien zeitweise komplett "voll" ist.
Vollständige Hotellisten gibt`s :

für Wien:
Fremdenverkehrsverband für Wien
9, Kinderspitalgasse 5
Tel.: 43 16 08
Mo.- Fr. 8 - 16 Uhr

fürs lauschige Grün um Wien, bzw. für die Anfahrt:
Österreich Information
4, Margarethenstraße I
(an der Ecke Wiedner Hauptsraße)
Tel.: 575 714
Mo. - Fr. 9 - 17 Uhr

Zimmerbuchungen über Fremdenverkehrsverband oder Österreich Info sind nicht möglich, da sie keine Reisebürotätigkeit ausüben. (Reisebüro kontaktieren!). Senden nur Info-Material

HOTELS & PENSIONEN

Hier einen kleine Auszug günstiger Pensionen - und Hotels in Wien. Preise unterscheiden sich nicht nur kategoriebedingt sondern auch lagebedingt. Preise im ersten Bezirk etwas höher.

Brieftaschenschonend zeigen sich ein-Stern bzw. zwei-Stern-Pensionen in Bezirken,die rund um das Zentrum angeordnet sind (Bezirke 2 bis 9).

Billigquartiere sind oft ausgebucht. Vorbestellen empfiehlt sich! Hotel- und Pensionsliste (mit Preisangaben, etc....) bekommt man beim Fremdenverkehrsverband für Wien, 1095 Wien, Kinderspitalgasse 5, Tel. 43 16 08, Mo. - Fr. 8.00 - 16.00 Uhr. Wird außerhalb von Wien rasch verschickt. In Wien gibt`s das Informationsmaterial an allen Tourist-Infos.

Unterkunfts-"Schmankerln" sind bezirksweise in Hotel- und Pensionskategorien angeführt. Der Hotel- Prospekt des Fremdenverkehrsamtes enthält zugleich einen Stadtplan, wo die einzelnen Hotels und Pensionen in ihrer Lage eingezeichnet sind.

1.BEZIRK

Hier bezahlt man in erster Linie dafür, daß man im Zentrum wohnen kann. Preis und Leistung klaffen oft weit auseinander. Mit ca. 250 ÖS pro Person und Nacht muß mindestens gerechnet werden.

HOTELS

Wiens traditionsreiche "Renommieredelhütten" à la Sacher, Imperial etc. befinden sich in der Inneren Stadt. Sie seien der Tradition halber angeführt. Außerdem: Neo-Hotel-Boom (SAS, Marriott, Grand Hotel).

(***)

Hotel Wandl
1, Petersplatz 9
Tel. 63 63 17
Mittelgroßes Hotel in Stephansdom-Nähe. Gleich hinter der Peterskirche. Gesamteindruck: eher nonkomfortabel. Einige Zimmer etwas düster, Frühstücksraum mit Stuckdecke. Das Gebäude stammt noch aus der Zeit, als man gerade die Stadtmauern dem Erdboden gleichmachte (um 1860) . U-Bahn-Station Stephansplatz in unmittelbarer Nähe.

(****)

Hotel Tigra
1, Tiefer Graben 14
Tel. 63 96 41
Zwei-Häuser-Hotel mit rund 100 Betten. Burgtheater und Stephansdom sind bequem per pedes zu erreichen. Internationales Publikum drängt sich in recht geräumigen Zimmern. Modern möbliert. Gemütlicher Frühstücksraum.

Hotel Royal
1, Singerstraße 3
Tel. 52 46 31
Einen Steinwurf weit vom Steffl entfernt. Total zentral. Teilweise komfortables Stilmobiliar. Von der Dachterrasse Blick auf Wien. Im Parterre des 9-stöckigen Baus kann man à la carte essen, da befindet sich das Restaurant. Die U-Bahn Stephansplatz 50 Gehsekunden entfernt!.

Hotel Kaiserin Elisabeth
1, Weihburggasse 3
Tel. 52 26 26
Restaurierte Fassade und ein bißl altmodisches Flair. Kein Wunder: der Hausbau selbst geht bis ins 14. Jahrhundert zurück, seit 1849 floriert der Hotelbetrieb. Stephansdom, Oper und Karlsplatz in näherer Nähe. Zimmer recht unterschiedlich in puncto Komfort. Vom "Nur-Waschbecken" bis zu Stilmöbeln mit Bad/WC. Im Frühstücksraum recht gemütlich mit Spiegel und Kronleuchter.

Hotel Mailbergerhof
1, Annagasse 7
Tel. 52 06 410
Kleinhotel in illustrer Umgebung, gleich an der Kärntnerstraße, unweit der Oper. Das Neo-Hotel ist in einem Gebäude aus dem 17. Jahrhundert untergebracht. Zimmer: gemütlich-komfortabel. Frühstück wird ans Bett serviert. Nicht ganz ohne Grund: einzige Aufenthaltsmöglichkeit sind ein paar Polstersitzgruppen. Hauptsächlich Geschäftsreisende, auch Künstler.

Hotel am Stephansplatz
1, Stephansplatz 9
Tel. 63 56 05
Verschlafenen Auges blickt man dem Steffl ins Angesicht. Oper und Hofburg sind nicht weit. Recht komfortables Touristenhotel mit Aufenthaltsräumen und Café-Restaurant.

Hotel Römischer Kaiser
1, Annagasse 16
Tel. 52 77 51
Die Annagasse ist wahrscheinlich die einzige wirklich alte Wiener Gasse, die fast unversehrt erhalten geblieben ist. Hier hat sich in einem Ex- Palais in 46 Betten der "römische Kaiser" ausgebreitet. Nähe Kärntner Straße, Oper, Stephansdom, gelegen. Romantic-Flair.

Hotel Astoria
1 Kärnter Straße 32
Tel. 52 65 85
Ecke Führichgasse, Kärntnerstraße gelegen. Albertina, Oper, Hofburg, Stephansdom in Minutennähe. Zimmer mit gutem Komfort. Schöner Salon mit dekorativem Mobiliar.

Hotel Europa
1, Neuer Markt 3
Tel. 52 15 94
9-stöckiges 150-Betten-Hotel. Schöne, zentrale Lage mit dem Donnerbrunnen gleich davor. Stephansdom, Oper ,Burgtheater, Hofburg in Minutenfußmärschen zu erwandern. Ein drittel Dutzend Konferenzräume, Bar, Restaurant, Café.

(*****)

Imperial
1, Kärntner Ring 16
Tel. 65 17 65
Ehemaliges Stadtpalais, seit 1873 (zum Anlaß der Wiener Weltausstellung) Hotel. Bald danach k.u.k. Hofhotel von Kaiser Franz Joseph. Fürstliche Atmospähre, die Kronleuchter hängen schwer von der Decke, breite Stiegenaufgänge, Extra-Fürstenappartements zu Extra-Preisen (auf

Staatsbesuche

König Hussein, Queen Elizabeth, Nikita Chruschtschow, PLO-Chef Arafat, Königin Beatrix, Colonel Ghadafi...

Das ist nur eine kleine Auswahl der erlauchten Persönlichkeiten, denen Wiens Prachthotel IMPERIAL bisher als Unterkunft bei ihren Staatsbesuchen gedient hat.

Die Imperial- Staatsgäste bewohnen meist die 7-Zimmer-Suite im ersten Stock.Bietet auch dem "Normalsterblichen" Besonderes, nämlich fast unmittelbare Tuchfühlung mit den "Großen der Welt", nirgends sonst kommt man ihnen so nahe.

Darum: sollten Ihnen beim Portal uniformierte Polizisten oder unauffällig herumstehende Herren mit den üblichen Utensilien - Trenchcoat und Sonnenbrille - auffallen, warten Sie ein bißchen, es könnte sich lohnen.

Vielleicht sehen Sie sogar das berühmte und viel belächelte "James-Bond-Auto", - eine riesige altersschwache amerikanische Limousine aus den frühen Sechzigern mit Trittbrettern, Griffleisten und sonst noch allerlei ausgestattet, mit dem die Wiener Staatspolizei schon seit Jahrzehnten jeden hochgradig gefährdeten Staatsgast auf Schritt und Tritt verfolgt.

Anfrage). Wir haben eine der Luxus-Suiten besichtigt; ein echtes Erlebnis! Stuckdecken, beheizte Fliesenböden im Bad, Café, Bar, Restaurant.

Hotel Bristol
1 Kärtnerring 1
Tel. 52 95 52
Während des 1. Weltkriegs erbaut. Unmittelbar neben der Oper, Absteige von hohen "Staatstieren" und Leuten, die geschäftlich unterwegs sind. Zimmer teilweise mit Jugendstilmöbeln ausgestattet. Gefrühstückt wird im "Blauen Salon", am Abend kann man sichs in der kleinen Bar gemütlich machen, wo vielleicht grad der Pianist in die Tasten schlägt. Mehrere Salons und Riesenfestsaal. Restaurant. Exzellentes Essen!

Hotel Sacher
1, Philharmonikerstraße 2
Tel. 52 55 75
Das Hotel von der Torte! Anna Sachers traditionsreicher Übernachtungstempel (gleich hinter der Staatsoper) war schon seit jeher Tummelplatz der internationalen "Haute volée". Unverblaßte Exclusivität in verwinkelten Gängen, wo sich Bilder aus einer der größten Privatsammlungen Österreichs aneinanderreihen. Das Stück Sachertorte, das jeder Gast auf seinem Zimmer antrifft, gehört zum Image.

Konglomerat aus 3 Gebäuden: Blaue Bar, roter Salon, Marmorsaal. In "kaiserlichen Zeiten" kamen die Kaisergäste nach dem spärlichen Buffet gern ins Sacher, um sich den Magen doch noch vollzuschlagen.

Hotel Ambassador
1, Neuer Markt
Tel. 52 75 11
Kategorie A1. Geschichtsträchtiges Hotel der Luxusklasse . Zentral gelegen. Riesen-zimmer mit Stilmöbeln rundherum. Prunkige Atmosphäre im Restaurant beim Menü unter Stuckdecke und Kristallüster. Bar. Konferenzräume.

PENSIONEN

(**)

Aclon
1, Dorotheergasse 6-8
Tel. 52 54 73
54-Betten Pension, Wird auch von der "International Student Travel Conference" empfohlen.

(***)

Nossek
1, Graben 17
Tel. 52 45 91
49-Betten Pension! Sehr zentral.

Schweizer Pension Solderer
1, Heinrichgsgasse 2
Tel. 63 81 56
Bescheiden-kleine 20-Betten Pen-sion.

Suzanne
1, Walfischgasse 4
Tel. 53 25 07

Sacher Anekdote

Keine Tradition ohne Geschichteln. Eines aus der Zeit Kaiser Franz Josephs: Nach dem kärglichen Mahl an der Tafel des grkrönten Hauptes versammelt sich der Hof regelmäßig im Sacher,um Versäumtes nachzuholen. Enfant Terrible jener Zeit: Frau Anna Sacher. Dicke Zigarren rauchend, immer mit zwei dicken Möpsen unterwegs - einfach "shocking". Außerdem war sie eine begeisterte Autogramm-sammlerin. Auf einem Damasttischtuch haben sich Prominente und gekrönte Häupter verewigt. Die Unterschriften hat Anna Sacher dann nachgestickt und der Nobelfetzen hängt heut noch in einem Gang.

Geissler
1 Postgasse 14
Tel. 63 28 03
Gutes Service-Angebot.

(****)
Neuer Markt
1, Seilergasse 9
Tel. 52 23 16

Pertschy
1, Habsburgergasse 5
Tel. 52 38 67
Größere Pension beim Graben.

2. BEZIRK

Nur Hotels, jedoch in jeder Preisklasse

HOTELS

(*)
Franzenshof
2, Große Stadtgutgasse 19
Tel. 24 22 37

(**)
Wilhelmshof
2, Kleine Stadtgutgasse 4
Tel. 24 55 21

(***)
Nordbahn
2, Praterstraße 72
Tel. 24 54 33
Sehr günstig gelegen, gleich neben Prater. Verkehrsknotenpunkt öffentlicher Ver-kehrsmittel (U-Bahn, S-Bahn, Tram...).

(****)
Cristall
2, Franzensbrückenstraße 9
Tel. 26 81 42

3. BEZIRK

HOTELS

(**)
Hotel Gabriel
3, Landstraßer Hauptstraße 165
Tel. 72 67 54
Rund 70-Betten-Hotel. An der Ecke Landstraßer Hauptstraße / Schlachthausgasse. ISTC-Empfehlung.

Urania
3, Obere Weißgerberstraße 7
Tel. 73 17 11
Beliebtes 33-Zimmer-Hotel. Noch zen-trumsnahe.

(***)
Hotel Roter Hahn
3, Landstraßer Hauptstraße 40
Tel. 73 25 68
Rund 100-Betten-Hotel, schönes Haus mit alter Fassade. Gutes Serviceangebot, zentrumsnah.

(*****)
Hotel Hilton Wien
3, Am Stadtpark
Tel. 75 26 52
Sehr gut gelegenes 18-Stock-Hotel aus der Hilton-Retorte... Vom Friseur bis zum Heurigen ist alles im Haus. Zimmer recht komfortabel. Im letzten Stock: Luxussuiten. rotgoldene "Klimt-Bar" mit Spiegel an der Decke. Restaurant, Café, Vindobona-Keller. Säle, Sauna und TU WAS - Club im Haus. Außerdem: "City Air Terminal" mit Direktverbindung zum Flughafen.

Hotel Inter-Continental
2 , Johannesgasse 28
Tel. 7505
Service total! Das 1000-Betten-Hochhaushotel mit Konferenzbetrieb wurde in den letzten Jahren vom amerikanisierten Inter-Conti- Stil auf "wienerisch" getrimmt: Zimmer mit einheitlicher Durchschnittsgröße sind mit "Biedermeier nachempfundenen" Möbeln ausgestattet worden, auch in

den einzelnen Stöcken selbst Bemühen um Non-Steril-Stil! Gemälde moderner, österreichischer Künstler in den Gängen und Zimmern. echnische Gustostückerl (z.B. über hauseigene Video-Anlage Konferenzschaltungen möglich). Gute Idee: Ein Extra Nichtraucherstock (6. Stock).

Lakaien in nachgemachten Lobkowitz-Uniformen à la 1850. Spiegelgarten, Bar, Restaurant, Ballsäle, mit Säulen bestückter Riesenaufenthaltsraum, Sauna. (Menü, öffentlich von 12.00 - 15.00 Uhr, für ca. 35o ÖS kann man unbegrenzt viel essen!)

Im Palais Schwarzenberg
3, Schwarzenbergplatz 9
Tel.: 78 45 15
Nobelherberge im feudalen Schwarzenberg Palais. Besitzer ist Karl Johannes Fürst Schwarzenberg

PENSIONEN

(***)

Kirschbichler
3, Landstraßer Hauptstraße 33
Tel.: 72 11 68

Bosch
3, Keilgasse 13
Tel. 78 61 69

(****)

Barich
3, Barichgasse 3
Tel. 72 12 73

4./5. BEZIRK

Es sind keine ausgesprochenen "Beherbergungsviertel". Rund um den Südbahnhof finden sich mehrere Hotels der unteren Kategorien. Nachteil: durch die Nähe zum Gürtel (Hauptverkehrsader in Wien !!!) eher laut.

6. BEZIRK

HOTELS

(**)

Westend
6, Fügergasse 3
Tel. 57 67 23
Westbahnhofnähe, an der Einkaufsstraße Wiens.

(***)

Münchnerhof
6, Mariahilferstraße 81
Tel. 57 95 25

Beethoven
6, Millöckergasse 6
Tel. 57 44 82

(****)

Apollo
6, Kaunitzgasse 4
Tel. 57 83 34
Jahrhundertwendehotel in Parknähe, recht komfortabel, Zimmer modern eingerichtet. Von den oberen Stockwerken schöner Blick über Wien.

PENSIONEN

(*)

Esterhazy
6,Nelkengasse 3
Tel. 57 51 59

(**)

Mozart
6, Theobaldgasse 1
Tel. 57 85 05

(***)

Kraml
6, Brauergasse 5
Tel. 57 85 88

(****)

Mariahilf
6, Mariahilferstraße 49
Tel. 56 17 81

7. Bezirk

HOTELS

(*)

Hospiz
7, Kenyongasse 15
Tel. 93 13 04
Das BILLIGANGEBOT!

(**)

Kugel
7, Siebensterngasse 43
Tel. 93 33 55

(***)

Wimberger
7, Neubaugürtel 35
Tel. 93 76 36

(****)

Dorkahof
7, Breitegasse 9
Tel. 93 63 88 - 0

PENSIONEN

(**)

Reimer
7, Kirchengasse 18
Tel. 93 61 62

Lindenhof
7, Lindengasse 4,
Tel. 93 04 98

Bellaria
7, Kirchengase 41
Tel. 93 63 81

(***)

Rose
7, Zieglergasse 27
Tel. 93 84 16

(****)

Museum
7, Museumstraße 3
Tel. 93 51 27

8. Bezirk

HOTELS

(**)

Rathaus
8, Lange Gasse 13
Tel. 43 43 02

(***)

Graf Stadion
8, Buchfeldgasse 5
Tel. 42 52 84

(****)

Weißer Hahn
8, Josefstädter Straße 22
Tel. 42 36 48

PENSIONEN

(*)

Merlingen
8, Zeltgasse 3/13
Tel. 42 19 413
Kleine, sehr billige 12 - Betten-Pension.

(**)

Columbia
8, Kochgasse 9
Tel. 42 67 57

Baltic
8, Skodagasse 15
Tel. 42 62 66

Edelweiß
8, Lange Gasse 61
Tel. 42 28 06

(***)

Amon
8, Daungasse 1
Tel. 42 01 94
Mini-Pension mit knapp zwei Dutzend Betten in einem I. Weltkrieg-Haus. Frühstücksraum auf Jägerstüberl getrimmt.

Andreas
8 , Schlösselgasse 11
Tel. 42 34 88
Einfache Pension in Uni-, Rathaus und Parlamentsnähe. Nonkomfortable Absteige für bescheidene Ansprüchsvolle.

Zipser
8, Lange Gasse 49
Tel. 42 02 28
90 Betten Pension für bürgerliche Ansprüche, meist mit Amis überschwemmt.

9. Bezirk

HOTELS

(*)

Zum goldenen Bären
9, Türkenstraße 27
Tel. 34 51 11

(**)

Eden
9, Spittelauer Lände 3
Tel. 34 91 65
Mit Blick auf den Donaukanal, leider an einer Hauptverkehrsader, etwas lauter, ausgezeichnete U-Bahn-Verbindungen.

(***)

Mozart
9, Julius Tandler Platz 4
Tel. 34 15 37
Amadeus konnte hier noch nicht absteigen, gleich beim Franz-Josefs Bahn-hof.

(****)

Albatros
9, Liechtensteinstraße 89
Tel. 34 35 08
140 Betten - Hotel mit Sauna- Hallenbad, Solarium, Zimmer modern möbliert, gemütliche Gemeinschaftsräume.

Alpha
9, Boltzmangasse 8
Tel. 31 16 46
Mitten im Universitätsviertel gelegen. Freundliche, moderne Zimmer, teilweise Balkon. Terrrasse. Das Frühstück kann man auf Thonet Stilmöbeln einnehmen.

Strudlhof
9, Pasteurgasse 1
Tel. 31 25 22
Gleich bei der "Stiege" mit Park beim Palais Strudlhof, durchaus komfortabel. In der Nähe: Palais Liechtenstein mit Museum Moderner Kunst.

PENSIONEN

(**)

Austria
9, Garnisongasse 15
Tel. 42 21 36
Einen "Katzensprung" von der Uni, und gleich um`s Eck vom alten allgemeinen Krankenhaus.

Vera
9, Alser Straße 18
Tel. 43 25 95

Auer
9, Lazarettgasse 3

(***)

Franz
9, Währinger Straße 12
Tel. 43 36 37

Falstaff
9, Müllnergasse 5
Tel. 34 91 27

Der **10. , 11. und 12. Bezirk** gehören zu den klassischen Arbeiter- und Wohnvierteln von Wien, da sie für den "Normaltouristen" nichts Sehenswertes bieten, haben sie auch eine mehr als nur dürftige Infrastruktur an Pensionen und Hotels.

13. Bezirk

Für alle die, die sich an "Schönbrunner Deutsch" gewöhnen wollen, und die etwas mehr Kleingeld zur Verfügung haben.

Parkhotel Schönbrunn
13, Hietzinger Hauptstraße 10-14
Tel. 82 26 76
Großhotel mit mehreren Trakten. Kombination von Modernem mit Jahrhundertwendestil. Publikum aus aller Welt tummelt sich in "Kronprinz Rudolfs Jägerstüberl", im "Zigeunerkeller", im "Maria Theresiensalon" oder im Hallenbad. Ballsaal mit Marmor und Kristall.

14. Bezirk

HOTELS

(**)

Rustler
14, Linzer Straße 43 - 45
Tel. 92 01 68

Waldandacht
14, Wurzbachtalgasse
Tel. 97 16 50

(***)

Sanfter Heinrich
14, Hüttelbergstraße 57
Tel. 94 13 97

PENSIONEN

(**)

Gloria
14, Phillipsgasse 4

Vogt
14, Hauptstraße IIIA
Tel. 97 21 87

(***)

Kreiner
14, Hadersdorf Hauptstraße 31
Tel. 97 11 31

15. Bezirk

HOTELS

(**)

Zur Stadthalle
15, Hackengasse 20
Tel. 92 41 05

PENSIONEN

(**)

Holzwarth
15, Lichtgasse 2-4
Tel. 83 16 67
Gleich beim Westbahnhof!.

Kindler
15, Meiselstraße 45
Tel. 92 43 25

(***)

Strodl
15, Pelzgasse 6
Tel. 95 12 26

In den **Bezirken 16 - 23** finden sich noch einige Pensionen und Hotels der mittleren bis gehobenen Preisklasse. Möchte man sich dort einquartieren, muß man allerdings etwas längere Anfahrtszeiten ins Zentrum in Kauf nehmen. Vollständige Aufzählung: siehe offizielle Hotelliste!

Privatzimmer in Wien

Für diejenigen, die mindesten 4 Tage vorhaben in Wien zu bleiben, empfiehlt sich ein billiges Privatzimmer (auch First Class Appartements werden vermietet). Da es in Wien keine offizielle Privatzimmerliste gibt - Adressen und Telefonnummern lassen sich telefonisch im Fremdenverkehrsverband für Wien erheben : 43 16 08 - Zimmernachweis verlangen! - finden sich hintan einige ausgewählte Adressen. Diese Aufstellung ist sicher nicht vollständig, da sich sowohl Anzahl der Privatzimmer als auch die Preise häufig ändern.

Deswegen unbedingt vor Ankunft Preise telefonisch überprüfen. Privatzimmer werden auch an den Touristinfos vermittelt (gehen weg, wie die warmen Semmeln!). Mit ca. 2oo - 3oo ÖS/Person und Nacht rechnen.

1. Bezirk

Haselmayr, Theresia
Schottenring 19/3/12
Tel. 34 40 732

Bilzer Lotte
Domonikanerbastei 21/3/27
Tel. 63 29 21

Darvis Gabor
Jasomirgottstraße 2/3/14 im Hause Meinl Bank, Stephansplatz
Tel. 63 74 14
Garconiere für 1 - 2 Pers. Vorz. , Bad, WC, kleine Küche, WohnSchlafzimmer, neu , sehr gute Ausstattung, Blick auf den Stephansplatz

u.v.a.

2. Bezirk

Buhlheller Maria
Glockengasse 1/1/1
Tel. 24 51 11
Bärenapotheke - Herrn oder Fra. Buhlheller verlangen. (ab 3 Tage).

Schopf Hedwig
Rembrandstraße 26/2/9
Tel. 33 40 563

Sedlacek Helga
Lilienbrunngasse 3
Tel. 24 69 262

Bursa Christl
Praterstr. 50/V/1.Stock
Tel. 24 28 503, oder 97 21 22, 974406
Wohnung für 4-6 Per-son.,

102 qm Küche, Bad, 4 Zimmer.

3. BEZIRK

Arthold Maria
Hintzerstr. 1/M/9a
Tel. 73 95002
einfach, mit Fließwasser.

Kaller Antonia
Uchatiusg. 5/1/15
Tel. 72 30 022

Matauschka Gertrud
Uchatiusgasse 5/15
Tel. 72 48 132
einfach, ruhig.

Nosratia Mohsen
Landstraßer Gürtel 43 Tür 2
Tel. 67 78 234
Küche, Bad WC, bei längerem Aufenthalt Preis nach Verein-barung.

Schubert, Josefine
Jaquingasse 2/1/14
Tel. 78 42 872

Sigl Hermine
Seidlgasse 33/9
Tel. 73 28 584
Appart. für 2-4 Pers. Heizkosten-zuschlag S 50.- pro Tag. Schöne und gepflegte Woh-nung.

Slattery Elisabeth
Landstraße. Hauptstr. 58/20
Tel. 72 52 61
4. Stock, Lift. 2 große Zimmer für 2-3 Pers. Sehr schön, modern eingerichtet, Badezim-mermitbenützung für 2 Pers.

Stumvoll Hermine
Weyrgasse 7/8
Tel. 73 19 105

4. BEZIRK

Duneitz Emmy
Gußhausstr. 14/2/7
Tel. 65 91 84

Gajdos Renate
Pressgasse 28/M/7
Tel. 57 74 16

Wolf Hilde
Schleifmühlgasse 7/M/9
Tel. 57 49 094

Polly Elisabeth
Schwindgasse 15/2
Tel. 65 53 50

Posch Mathilde
Südtirolerplatz 9/4/21
Tel. 65 90 513

5. BEZIRK

Jassy Arnold
Wehrgasse 32/3/19
Tel. 57 02 46
mit Bad und Küchen-benützung.

Lober Grete oder Preis
Margaretenstraße 147/2/8
Tel. 67 45 83 oder 55 62 433
1 Appartement für 2-5 Pers., 1 Appartement für 2-4 Pers.

6. BEZIRK

Kern Maria
Köstlergasse 6/II/1/19
Tel. 57 68 882

Kobalt Johanna
Anilingasse 2/10
Tel. 57 45 99
App. 1/2 - 4 BettSchlafzimmer u. 1 Wohnung mit Doppel-couch für 2 Pers. Wohnküche, Bad , WC.

Koller Barbara
Schmalzhofgasse 11/1/3
Tel. 57 18 003

Schubert Franz
Esterhazygasse 32/1/4
Tel. 56 85 31
Basdezimmermitbenützung.

7. BEZIRK

Rössler Helene
Burggasse 28-32/M
Tel. 93 23 61

Seda Mirko
Westbahnstraße 18/III/13
Tel. 93 88 112
Appart. für 2 Pers. , (einfach), tschechisch, polnisch.

Lauria Irmgard
Kaiserstr. 77/3. Stock, Tür 8
Tel. 93 41 52 tagsüber, 96 31 53 abends
1/2 Dusche und Schlaf-möglichkeit für 1-2 Kinder 1/2 Bad, Zimmer können ver-bunden werden. mo-dern, sehr nett eingerichtet. Jedes mit passivem Telefon.

8. BEZIRK

Grubits Linda
Blindengasse 28/6/21
Tel. 48 10 395, Büro 22 15 64
kleine Küchenbenützung.

9. BEZIRK

Decker, Grete
Thurngasse 8/2/11
Tel. 34 48 503

Banaletti Irma
Wasagasse 24/3 /Ecke Thurngasse)
Tel. 34 08 172.

Fr. Fairy
Widerhoferplatz 4/5/34
Tel. 34 31 05, Tochter Tel. 47 59 753
Balkon Schwimmbecken, Sauna, pers. engl. russ., franz..

10. BEZIRK

Tichy Theresia
Scheugasse 17/1
Tel. 64 22 02

Rusticafe Herr Hofer
Unterlaaerstr. 28
Tel. 68 55 69

Ribisch, Johann
Bahnlände 51
Tel. 68 56 622

Dr. Wieser Sofie
Quellenstraße 117/2/7
Tel. 88 47 474 (früh und abends), Tel. 62 72 04
Wohnung für 4 Pers. Bei längerem Aufenthalt Preis nach Verein-barung.

Szalai Anna
Alxingerg. 48/1
Tel. 64 63 432
ruhig. Abholung vom Bahnhof.

12. BEZIRK

Feigl Gasthaus
Schöpfwerk, Tschertteg. 21
Tel. 67 64 642

Nemetcky
Anna - Pension Schönbrunn, Schönbrunner Schloßstraße 30/1/6
Tel. 83 45 89

Riede Gasthaus
Niedenhofstraße 18
Tel. 83 85 76
Sehr nett, gute Ausstattung.

13. BEZIRK

Allerzhammer Ruth
Stuweckengasse 19
Tel. 84 87 58
Garten, ruhig.

Soherr Fritz
Maxingstr. 12/II
Tel. 82 34 21

Dr. Königsgarten, Helga
Jagdschloßgasse 8/M
Tel. 84 72 603
Appartement für 2-4 Pers., große Räume, ältere Einrichtung, Garten.

14. BEZIRK

Koch, Elfriede
Steinböckeng. 49
Tel. 94 81 35
Aufent-haltsraum mit Fernseher, ital., türkische Sprachkenntnisse.

Knöll Dietrich
Anzengruberstr. 59 (bei Westauto-bahn)
Tel. 97 22 14
Einfamilienhaus, sehr nett.

Pillmeier Gerhard
Sofienalpenstr. 11
Tel. 97 21 83 oder 65 44 96 (Büro)
schönes Haus, ruhig, Zimmer mit Balkon.

15. BEZIRK

Landschützer Alfred
Neubergenstr. 8/1/4
Tel. 92 56 14
Kochmöglichkeit, Dusche, ruhig, Terrasse.

16. BEZIRK

Hauner Emmy
Sonnentalgasse 21
Tel. 46 28 874
1/2 (Doppelcouch) 1 Wohnzimmer mit Couch, Bad/WC, sehr schöne, gediegene Ausstattung.

17. BEZIRK

Kern Stefanie
Szartoryskigasse 219a
Tel. 47 16 594

19. BEZIRK

Bellian Alice
Langackerg. 19/11
Tel. 32 30 31
1/2-3-4 D/WC, Küchenbenützung, Garage.

Böhm Berta
Vegagasse 21/2/9
Tel. 34 11 98

Gruber, Maria
Hardtgasse 27/HP/17
Tel. 36 48 534
möglichst ältere Leute.

Miksch Gertrud

Jessengasse 9
Tel. 32 22 81
wenn möglich für längere Zeit.

21.BEZIRK

Klein Herta
Gerasdorferstr. 118
Tel.39 29 732
Garten.

Suschitz Herta
Blumenbindergasse 9/Villa
Tel. 23 67 20

Wanderer Franz
Donizettigasse 50/Villa
Tel. 23 95 72

Werner Elisabeth
Wagramerstr. 18
Tel. 23 57 12

22.BEZIRK

Rothauer Maria
Lessiakgasse 6
Tel. 22 14 17, Büro 32 39 93
Appartement für 1-3 Pers., 40 qm über 2 Geschosse, gartenseitig, modern ausgestattet, Tel., Fernsehen.

Werner Elisabeth
Kagranerplatz 43
Tel. 23 16 815
Appartement für 2-4 Pers. Garten.

23.BEZIRK

Agnezy Elisabeth
Boliesgasse 14
Tel. 67 16 59
4/2 und 2/1 Fließw., Aufenthaltsraum.

Klima Helene
Johann Gottekgasse 12, (Steinsee-Inzersdorf)
Tel. 67 51 97

Sanz Hans
Neu Erlaa, Krobotgasse 6-8
Frau Sanz Büro Tel.63 67 61/248, 67 19 282
Haus im Garten für 2-5 Pers.,

Müllner Adelheid
Dessoffgasse 4
Tel. 67 17 775

"Saison-Hotels"

Studentenheime als Übernachtungsmöglichkeiten (1.7. - 30.9.)

Zieht es den Studenten im Sommer weg von der heimeligen Stätte seines Werken und Lernens, so wird seine Schlafstatt zu Geld gemacht. Ein Großteil der Wiener Studentenheime wird zur Zeit der Sommer-Uni-Ferien (Anfang Juli bis Ende September) als "Saisonhotels" geführt.

Offizielle Definition: "Saisonhotels sind baulich und ausstattungsmäßig der Stundentenbeherbung gewidmete Häuser mit zweckbestimmter

Konzeption. In den Ferienmonaten werden sie als Beherbergungsbetrieb geführt. Die gastronomische Versorgung sowie die dem Gast gebotenen übrigen Serviceleistungen sind gelegentlich weniger individuell geprägt und werden meistens von Studenten erbracht". D.h. : Die Zimmer sind relativ klein, anonyme Kleinstbetonburgen, Speisesäle in Mensagestaltung.

Vorteil: liegen großteils sehr zentrumsnah (Uni-nah), Saisonhotels bekommen genauso ihre Sternchen wie gewöhnliche Hotels und Pensionen, was auch preismäßig seinen Niederschlag findet. Ein-Stern bis zwei-Stern stechen als Billigunterkunft besonders ins Auge.

Preise fürs Doppelzimmer und pro Person			● = unser Tip
*	=	2oo - 25o ÖS (meist jedoch um 22o ÖS)	Ähnlich wie bei
**	=	2oo - 3oo ÖS (meist jedoch um 25o ÖS)	Hotels/Pensionen
***	=	25o - 4oo ÖS (meist jedoch um 3oo ÖS)	Frühstück meist
****	=	25o - 5oo ÖS (meist jedoch um 35o ÖS)	im Preis inkl.

1 Stern

Auge Gottes ●
9 Nußdorfer Straße 75
Tel. 34 25 85
Spartanisches Quartierangebot. Trotzdem interessante Infrastruktur: Disco und Nachtclub im Haus. Ab Westbahnhof: Stadtbahn (GD) bis Nußdorferstraße!

2-Stern

Auersperg ●
8, Auerspergstraße 9
Tel: 43 25 49
Parlament - Justizpalastnähe.135 Betten. Durchgangsverkehr.Ab Westbahnhof: Linie 52, 58 (Bim) bis Messeplatz, dann U 2 bis Lerchenfelder Straße.

Don Bosco ●
3, Hagenmüllergasse 33
Tel: 72 22 03
Rund 1000 Betten Betrieb Ab Westbahnhof: Linie 18 bis Endstation Stadionbrücke, dann ein paar 100 Meter zu Fuß.

Josefstadt ●
8, Buchfeldgasse 16
Tel: 43 52 11 . Nur wenige Gehminuten zum Rathaus, zum Parlament und zur Burg. 70 Betten und vierzig Duschen,. Gute Jung-Lokale gleich in der Nähe (siehe Lage Gasse und Florianigasse). Ab Westbahnhof: Linie 52,58 (Bim) bis Ring, dann Linie J bis Landes-gerichtsstraße.

Haus Starkfried ●
18, Starkfriedgasse 15
Tel. 47 15 28. Ab Westbahnhof: Stadtbahn (G oder GD) bis Volksoper, dann 41 (Bim) bis eine Station vor der Endstelle.

Kolpingfamilie Wien-Zentral ●
6, Gumpendorfer Straße 39
Tel: 57 56 31
100 Betten und halb so viele Duschen stehen zur Verfügung. Nähe Naschmarkt, Esterhazypark, Mariahilfer Straße. Recht komfortables Angebot. Ab Westbahnhof: Linie 52,58 (Bim) bis Stiftgasse.

Alsergrund
8, Alser Straße 33
Tel: 43 32 31, 52 74 93

Aquila
8, Pfeilgasse Ia
Tel: 43 16 61/77

Haus Dr.Schärf
20, Lorenz-Müller Gasse 1
Tel: 33 81 710

3-Stern

Höhere Preiskategorie, die sich für schmale Brieftaschen nicht unbedingt empfiehlt.

Atlas
7, Lerchenfelder Straße 1-3

Tel: 43 16 61/77

Avis
8, Pfeilgasse 4-6
Tel: 43 16 61/77

Haus Döbling
19, Gymnasiumstr. 85
Tel: 34 76 31

Haus Margareten
4, Margaretenstr. 30
Tel: 56 12 15

Haus Technik
4, Schäffergasse 2
Tel: 57 65 60, 52 74 93

Rosenhof Burgenland 1
9, Wilhelm-Exner-Gasse 4
Tel: 43 91 22

Rosenhof Burgenland 2
6, Mittelgasse 18
Tel: 56 12 47

Rosenhof Burgenland 3
6, Bürgerspitalgasse. 17
Tel: 57 94 75

Rosenhotel Niederösterreich
2, Untere Augartenstraße 31
Tel: 35 35 26

4-Stern

erstklassige Anonymbauten mit Reisegruppenflair.

Academia
8, Pfeilgasse 3a
Tel: 43 16 61/77

Panorama
20,Brigittenauer - Lände 224 - 228
Tel: 35 15 410

Nicht kategorisierte Saisonhotels

Europahaus Wien ●
14, Linzer Straße 429
Tel: 97 25 38
Ganzjähriges und Saisonhotel. Im Grünen, gleich beim Ferdinand Wolf Park gelegen. Etwa 100 Betten (im Sommer 200) Frühstück inklusive. Ab Westbahnhof: 52 (Bim) bis Endstation, dann 49 (Bim) dann eine Station mit 49 B (Bus) bis Wolferberg-gasse

Österreichische Studentenförderungsstiftung ●
8, Alser Straße 33
Tel: 43 32 31
Dusche und Frühstück sind mit dabei. Fernsehraum vorhanden. Uni-Nähe. Ab Westbahnhof: Stadtbahn (G oder GD) bis Alser Straße dann Linie 43 oder 44 (Bim) 2 Stationen stadteinwärts.

Jugendherbergen

Die Jugendherbergen sind durchwegs o.k. und über "Basic Standard", auch für ausgehungerte Brieftaschen noch akzeptabel, nicht zentrumsnah (auch gute Verkehrsverbindungen). Vor allem: Zur Zeit nur etwa 800

Schlafplätze (und das in einer Millionenstadt!). Dementsprechend das Gerangel. Lieber auf "Nummer sicher" gehen und entweder rechtzeitig schriftlich die Unterkunftswünsche mitteilen (wann, wie lang und wieviel Personen) oder zumindest zwei Tage vorher telefonisch Erkundigungen einziehen.

Österreichischer Jugendherbergsverband
I, Gonzagagasse 22, Tel 63 53 53.

Österreichisches Jugendherbergswerk
I, Freyung 6, Stiege 12
Tel. 63 18 33 - 0.

Beide Jugendherbergsorganisationen stellen Ausweise aus, haben Infos über die diversen Herbergen parat und können bei der Vermittlung weiterhelfen!

Warum`s zwei Organisationen gibt? Das "Werk" steht der Volkspartei nahe, der "Verband" den Sozialisten.

Unbedingt: Jugendherbergsausweis!

Achtung: Jugendherbergen nur wenige Monate im Jahr geöffnet! (siehe unten). 3 Tage Begrenzung für `s Bleiben. Preise: zwischen 8o und 12o ÖS pro Nacht und Person.

Jugendgästehaus Wien 20
Brigittenau, 20, Friedrich-Engels-Platz 24
Tel. 33 82 94 o

(ganzjährig geöffnet). 282 Betten, 2-, 3- und 4- Bettzimmer. Ab Westbahnhof: Linie 52 oder 58 bis Getreidemarkt, dann U 2 bis Endstelle Schottenring, weiter mit Bim Linie 31 oder 32 bis Friedrich-Engels-Platz.

Jugendherberge Wien 7
Neubau, 7, Myrthengasse 7
Tel. 93 63 16, 93 24 29

(ganzjährig geöffnet). 123 Betten, Behinderte möglich! Ab Westbahnhof: eine Station mit der Stadtbahn bis Stadthalle, weiter mit Bus 48 A bis Neubaugasse. Liegt strategisch günstig im Lokalviertel, wo Wiener Eß-, Sub- und Alternativkultur mit "No-Future"-Gruß einander die Hand reichen.

Jugendgästehaus der Stadt Wien
Hütteldorf-Hacking, 13, Schloßberggasse 8 - Tel. 82 15 01

(ganzjährig geöffnet). 273 Betten, 4-, 6- und 8-Bettzimmer. Halb- und Vollpension möglich. Ab Westbahnhof: Stadtbahn bis Meidling, dann U4 bis Hütteldorf, einige Minuten Fuß-weg.

Kolpingfamilie
Wien-Meidling, 12, Bendlgasse 10-12
Tel. 83 54 87

(1. Juli - 9. Sept.) Wird das ganze Jahr über als Beherbergungsbetrieb für Gruppen (Schulklassen etc.) geführt. Rechtzeitig reservieren oder nach Restplätzen fragen. (abhängig davon, ob Unterkunft im Schlafsaal oder in Zimmern). Ab Westbahnhof: Linie 8 bis Tivoligasse.

Turmherberge "Don Bosco"
3, Lechnerstraße 12
Tel. 73 14 94

(März - November) Nur für junge

Männer! 52 Betten, Ab Westbahnhof : "Bim" 52 oder 58 bis Getreidemarkt, U2 bis Karlsplatz, U4 bis Wien Mitte, dann mit Autobus 75 A bis Stadionbrücke. Recht originell - wie der Name schon sagt - in einem Turm untergebracht. 8-Bettzimmer und Schlafsäle.

<u>Hostel Zöhrer</u>

8, Skodagasse 26
Tel. 43 07 30

(ganzjährig geöffnet). 29 Betten. Unterkünfte für Frauen und Männer. Küchenbenützung. Ab Westbahnhof: "Bim" Linie 5.

<u>Gästehaus Ruthensteiner</u>

15, Robert Hamerling-Gasse 24
Tel. 83 46 93

Rund 80 Betten, Vorteil: in unmittelbarer Westbahnhofnähe. Nicht nur deshalb bei jungen Leuten sehr beliebt. Auch Platz für Familien! Ganzjährig geöffnet, wegen der geringen Bettenzahl und günstigen Lage aber oft voll. Ab Westbahnhof: Zu Fuß Mariahilfer Straße stadtaus wärts, erste Quergasse links !

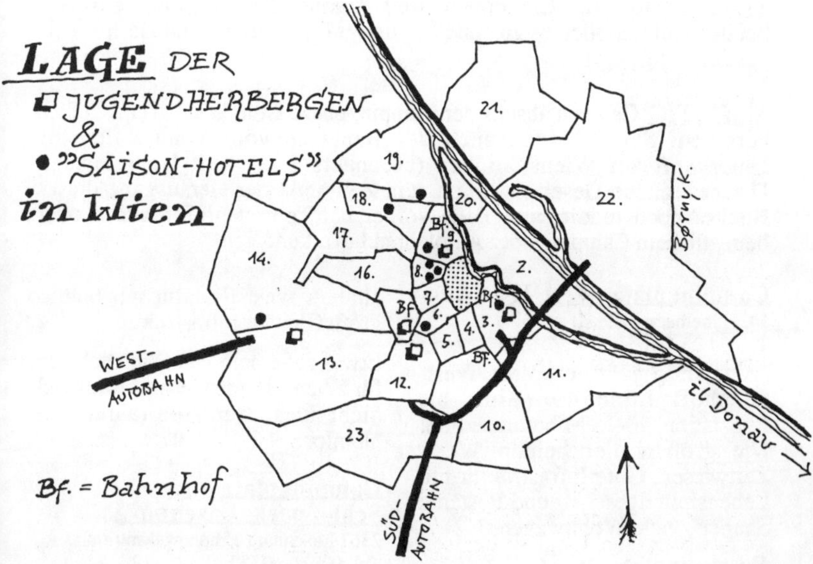

CAMPING

5 CAMPINGPLÄTZE UM WIEN

Alle Camping-Plätze zwischen 6 und 15 Kilometer vom Zentrum. Zwei West-Campingplätze mit Wienerwald rundum, zwei Süd-Campingplätze und etwas außerhalb von Wien - der Campingplatz Schloßpark Laxenburg. Durchwegs Tip-top-Bedingungen, was Hygiene anbelangt, Öffnungszeiträume beachten!

Für Westbahnhofankömmlinge sind die öffentlichen Verkehrsverbindungen zu den West-Plätzen am angenehmsten. Rodaun: längere Anfahrzeit, dafür Strandbad ! Für Südbahnhofankömmlinge: Campingplatz Wien Süd in der Breitenfurter Straße.

TIP: Internationaler Campingausweis (Carnet-Camping-International), bei den Automobilclubs zu erstehen, bringt Preisvorteile und Haftpflichtversicherung.

WICHTIG: Campen abseits der Campingplätze ist in Wien grundsätzlich verboten. Seit 1984 ist auch das Benützen von Wohmobilen als Unterkunft auf Wiens Straßen (besonders Innenstadt !!) untersagt. Diesbezügliche Gesetze werden zum Zeitpunkt der Herausgabe dieses Buches noch modifiziert. Bitte vorher bei Touristeninformation oder heimatlichem Camping oder Autofahrerclub erkundigen!

Campingplatz West II (A)

14, Hüttelbergstraße 80
Tel. 94 23 14

(ganzjährig geöffnet) Vom Westbahnhof: Linie 49 (Bim) bis Endstation, 10-15 Minuten zu Fuß. Die größere der beiden West-Zeltwiesen. Gute Infrastruktur mit Lebensmittelgeschäft und Postamt. Sauber , viele Wohnwägen.

Campingplatz West I (B)

14, Hüttelbergstr. 40
Tel. 94 14 49

(Mitte Mai bis Mitte September). Vom Westbahnhof: Linie 49 (Bim) bis Endstation, 10-15 Minuten zu Fuß. Camp Fläche ähnlich West II, dafür nur halb so groß. Gleiche Infrastruktur .

Etwas außerhalb von Wien gelegen: für Wien - Entdecker mit Rucksack nicht ideal, für Autofahrer problemlos.

Campingplatz Schloßpark Laxenburg

2361 Laxenburg-Erholungszentrum
Tel. 02236 - 7333

(Ende März bis 26. Oktober).

ZELTVERLEIH

Sport Corso

9, Währingerstraße 65,

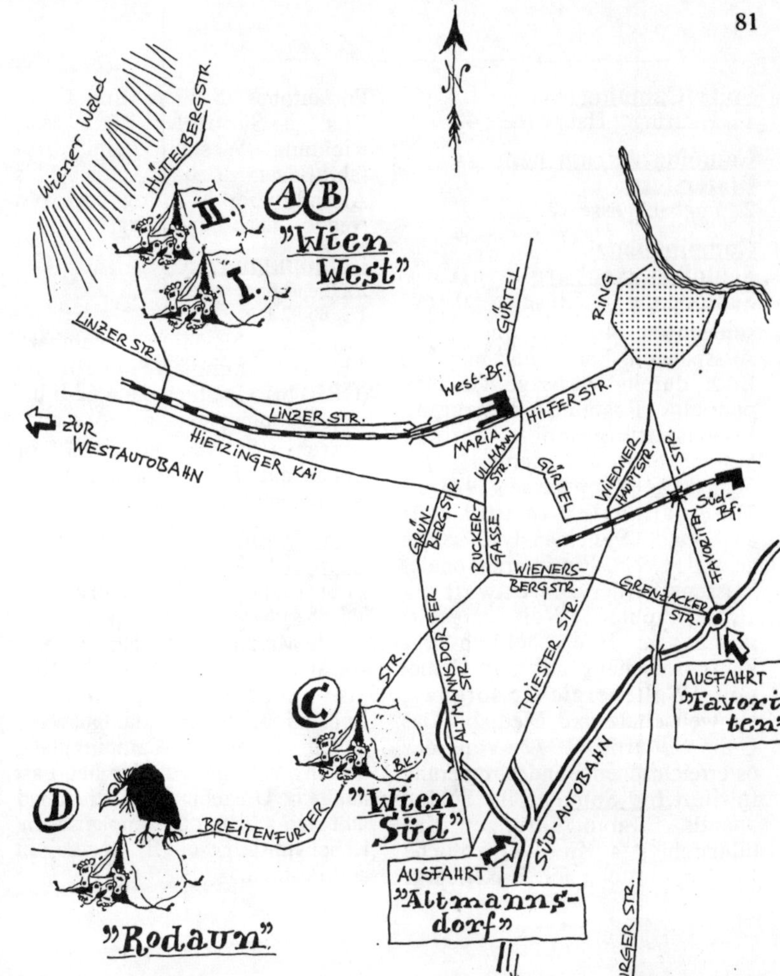

Etwas außerhalb von Wien gelegen: für Wien- Entdecker mit Rucksack nicht ideal, für Autofahrer problemlos.

Campingplatz Schloßpark Laxenburg

2361 Laxenburg-Erholungszentrum
Tel.: (02236) 73 33
(Ende März bis 26. Oktober)

(Forts. nächste Seite)

Spitz Camping
13. Hietzinger Hauptstraße 42,

Campingzentrum beim Praterstern
2., Fugbachgasse 12.

Campingplatz Schloß Laxenburg (E)
Schloßpark - Riesenareal mit schlichten 40.000 qm · Zum Ausspannen, Baden und mit dem Boot durchs wässrige Gelände paddeln. Postamt, Restaurant, Lebensmittelgeschäft obligat. Schön: Schloß Laxenburg. Im Schloß Laxenburg hat seit 1973 das "Internationale Institut für angewandte Systemanalyse" seinen zentralen Sitz. Ein internationales Wissenschaftlerteam entwirft mit Großcomputern Welt-Langzeit-prognosen. Hauptsächlich Zukunfts-forschung auf dem Gebiet von Weltenergiever sorgung, Umweltschutz und Medizin. Das Ganze wurde 1972 von der österreichischen Bundes regierung initiiert. Im Sommer im Schloß abends Filmvorführungen des Filmarchivs (s. Kino). Öffentliche Verkehrsmittel nach Laxenburg: Postautobus ab Wien-Mitte, ÖBB-Bus ab Südtiroler Platz. Aus Richtung "Westauto bahn": Abfahrt Baden-Mödling, Autobahn bis Alland, über Mödling und Wr. Neudorf nach Laxenburg.

Campingplatz Wien-Süd (C)
23, Breitenfurtersraße 269
Tel. 86 92 18
(Mitte Mai bis Mitte September). Ab Südbahnhof: Schnellbahn (ÖBB) bis Meidling, dann 62 B bis zum Campingplatz. "Eingezwängt" zwischen Straßen und viel Lärm. Lebensmittel und Postamt. Keine Kleinbungalows.

Campingplatz "Schwimmbad Camping Rodaun" (D)
23, Strandbad Rodau / An der Au 2
Tel. 88 41 54
(Mitte März bis Mitte November) . Ab Westbahnhof: Linie 58 (Bim) bis Kennedybrücke, Linie 60 Endstation, 10 Min. stadtauswärts gehen . Ruhigerer Campingplatz, der uns recht gut gefallen hat. Fast ländliche Umgebung, im Strandbad läßt sich`s ganz gut rumplanschen. Lebensmittelgeschäft, Restaurant und Postamt.

Die Wiener Küche

Man nehme: Zutaten aus dem böhmisch-ungarischen Raum, verrühre sie mit einem Schuß italienischem Einfluß, verrühre das Ganze mit einer Vielfalt an Mehlspeisen. – Garzeit des Eintopfes: die ganze Habsburgerzeit. Als etwaige Beilagen empfehlen sich Kreationen der neuen Mac Donald- Couisine. Das Ganze mit viel Alkohol herunterspülen und einen Kaffee zum Nachtisch bestellen.

Es ist gar nicht so wichtig, was man ißt, wenn es nur möglichst viel und möglichst vertraut ist. Das ist die eigentliche Kurzformel der Wiener Eßkultur. Wenn's nach dem Brecht-Sprichwort "Erst kommt das Essen und dann die Moral" gehen würde, müßten di e Wiener ein ziemlich unmoralischer Haufen sein, denn sie scheinen im ersten Teil des Sprichwortes steckengeblieben zu sein. Dick sein ist in Wien keine Schande. Im Gegenteil. Das schon mehr als Rundliche steht für gemütlich und gesund - eine kollektive Bewußtseinstrübung aus der Zeit, als Wien noch eine Hochburg der Tuberkulose war.

Beginnen wir die Durchforstung der kulinarischen Landschaft mit dem FRÜHSTÜCK. Hier wäre gleich einmal das Wort kulinarisch ersatzlos zu streichen. Landschaftsmäßig ist der Begriff Karstgebiet fast schon eine gutgemeinte schlemmerische Übertreibung. Zwei Semmeln, Kipferl oder Mohnweckerl mit Butter und Marmelade sind so ziemlich das äußerste der Gefühle. Dazu obligat: Ein oder mehrere Schalen Kaffee. Fazit: Gar nicht erst aufstehn, gleich das Gabelfrühstück abwarten. Endlich eine Gelegenheit, etwas Handfestes zwischen die Zähne oder den Zahnersatz zu bekommen.

Eine "Haße" am WÜRSTELSTAND zum Beispiel. Eine Wurstsemmel

vom Fleischhauer mit einer Salzgurke oder ein kleines Gulasch mit Bier. Mit dem Mittagessen ist der Gipfelpunkt der kulinarischen Tagesereignisse erreicht. Ring frei für SCHNITZEL, SCHWEINSBRATEN, BAUERNSCHMAUS sowie einen üppigen Nachtisch. An FLEISCHGERICHTEN besonders zu erwähnen: der Tafelspitz, gekochtes Rindfleisch von den besten Teilen des Rindes mit Röstkartoffeln (geröstete Erdäpfel), Apfelkren und/oder Schnittlauchsauce. Empfehlenswert auch die verschiedenen Gulaschs. Das normale Gulasch, in großen oder kleinen Portionen serviert, dazu Gebäck, Nockerl oder Erdäpfel; das Szegedinergulasch mit Sauerkraut und Rahm; das Bauern- oder Fiakergulasch mit Gurkerl, Würstel und Spiegelei. In einigen Lokalen wird auch Kesselgulasch angeboten und im Herbst gibt es vereinzelt auch noch Schwammerlgulasch mit Semmelknödel.

Typisch wienerisch vielleicht auch noch die Vorliebe für Innereien. Wen der Gedanke daran nicht gleich erschreckt, sollte sicherlich einmal Kutteltfleck (Rindermagen), Hirn mit Ei oder ein Beuschel (Kälberlunge) probieren. Im Herbst können Wildliebhaber besonders gut auf ihre Rechnung kommen. In vielen Lokalen werden Wildwochen veranstaltet. Um Fischgerichte sollte man eher einen Bogen machen, nicht weil der muntere Wasserbewohner vom Kopfe stinkt, sondern weil die Zubereitungsart zum Himmel stinkt. Meistens sind des Meeresfischfilets, die da armselig paniert mit dem Gast gemeinsam ihren traurigen Zustand beklagen. Wenn man aber irgendwo einheimische Fische entdeckt, sollte man ohne weiteres zugreifen. Für Barsche, Zander, Hechte, Karpfen oder Forellen gibt es herrliche Rezepte, man muß nur ein Lokal ausfindig machen, in dem noch die Kochkunst regiert und nicht der Panier- und Brat-Vandalismus.

Den goldenen Knödel mit Eichn-, pardon: Schnittlauchlaub, gilt's jetzt auch zu verleihen für die weniger goldenen, aber dafür umso eßbareren KNÖDEL, egal ob sie als Beilage oder als Süßspeise serviert werden. Semmelknödel, Serviettenknödel, Fleisch-, Wurst- und Speckknödel, Kartoffelknödel, Grammelknödel, Leberknödel. Da sag einer noch, die Monarchie wäre etwas schlechtes gewesen! Und dann erst die süßen Knödel! Zwetschken (Pflaumen-)knödel, Marillen- oder Erdbeerknödel, Topfenknödel oder Germknödel mit Powidel (Pflaumenmus) gefüllt und mit Zucker und Mohn bestäubt. Nicht umsonst heißen die Hauswirtschaftschulen in Österreich Knödelakademien.

Das Kapitel MEHLSPEISEN sollten all diejenigen, die sich mit der Absicht tragen, ihre schlanke Linie beizubehalten, gar nicht erst zu lesen beginnen. Auf keinen Fall sollten Kalorienasketen denken, daß Wien ein Platz für Enthaltsamkeit wäre. Die Versuchung ist einfach zu groß. Stürzen wir uns gleich in den Strudel. Apfelstrudel (ein deutsches Wort, das selbst Amerikaner können), Kirschenstrudel, Topfenstrudel, Millirahmstrudel (Milchrahmstrudel) stellen nur die Spitze des Mehlspeis-Eisberges dar. Powideltatschkerln, Palatschinken (Pfannkuchen) mit Schokolade, Topfen (Quark), Marmelade oder Nüssen gefüllt, Mohnnudeln, Germknödel, Topfengolatschen, Guglhupf (Kuchen), Buchteln mit Vanillesauce bringen selbst die Herzen von hartgesottenen Nicht-Wienern in walzer-seligen Dreivierteltakt.

Statt vieler Worte eine TORTE. Am besten eine Sachertorte, denn sie gilt immer noch als eine der typischsten Süßspeisen Wiens. Doch verachtet auch die anderen nicht.

REZEPTVORSCHLAG: Durchkosten,– auch wenn es eine Lebensaufgabe ist:

Fiakergulasch

"A Gulasch und a Seidl Bier, des is a Lebenselexier, bei mir . . ." singt Georg Danzer. Um niemandem dieses lebenserhaltende Gericht vorzuenthalten, hier das Rezept (für 2 Personen). Man nehme:

350 gr.	GULASCHFLEISCH (Wadschinken, hinteres Ausgelöstes), würfelig geschnitten
50 gr.	SCHMALZ (Schweinefett)
300 gr.	ZWIEBELN, grob geschnitten
15 gr.	PAPRIKA (edelsüß)
1	FRANKFURTER (Wiener Würstel)
2	EIER
	Knoblauch (zerdrückt), Majoran, Essig, Pfeffer, Salz
	2 Essiggurken, etwas Pußtasalat.

b.w.→

Zwiebeln in Schweinefett goldgelb rösten. Unter ständigem Weinen dauern umrühren, dann Paprika hinzugeben. Nach dem Durchrösten mit Wasser und einem Schuß Essig ablöschen. Das Fleisch beigeben, sowie Salz, Knoblauch und Majoran. Im eigenen Saft dünsten lassen und nur gelegentlich Wasser oder Rindssuppe beigeben.

Sobald das Fleisch kernweich ist, mit Wasser oder Rindssuppe aufgießen, bis der Inhalt des Topfes mit Flüssigkeit bedeckt ist. Anschließend noch 1o bis 15 Minuten kochen lassen.

Mittlerweile Spiegeleier anfertigen und Fächergurken präparieren, sowie das Würstchen an den Enden einschneiden und grillen. Gulasch auf einem Teller anrichten, Würstchen und Spiegeleier darüberlegen. Gurkerl und Pußta- oder Paprikasalat auf dem Tellerrand drapieren ("dekoratives Element"). Messer und Gabel nicht vergessen! Dazu ein kühles Bier. Wein verrät in diesem Fall den kulinarischen Analphabeten.

Kaiserschmarrn

25o gr.	MEHL	Rum-Rosinen,
4o gr.	ZUCKER	Puderzucker,
15o gr.	BUTTER	Salz,
6	EIER	Kompott.
1/4 Ltr.	MILCH	

Mehl und Milch zu einem dickflüssigen Teig verrühren, dann 6 Eidotter, 5o gr. zerlassene Butter, 1 Prise Salz und das steifgeschlagene Eiklar (Eiweiß) mit dem Zucker einrühren.

In einer Pfanne 1oo gr. Butter erhitzen, den Teig eingießen (ca. 3 cm hoch), die in Rum gelegten Rosinen darüberstreuen. Dazwischen Teig einmal wenden. Zuletzt mit 2 Gabeln in kleine Stücke zerreißen.

Mit Staubzucker überpudern und mit Kompott servieren.

WIEN
Essen und Trinken

Detailinfos zu Wien " Beiseln " und anderen Eß- und Trikstätten sind in den Bezirkskapiteln zu finden. Wir haben dabei folgende Einteilung gewählt :

* BEISELN
* GASTHÄUSER UND RESTAURANTS
* AUSLÄNDISCHE LOKALE (italienisch, griechisch, indisch etc.)
* KAFFEEHÄUSER (klassische und weniger klassische)
* SZENE-MIX (originelle Treff-Musik-Drunter- und Drüber- Flairlokale)

1 DAS BEISEL

Neben dem Heurigen: die größte Brutstätte der Wiener Gemütlichkeit,– obwohl diese Gemütlichkeit schon äußerst bedroht ist durch Linoleumfußboden Neonleuchten und vorallem durch Spielautomaten, die aus jedem Wirt einen drei- armigen Banditen machen.

Was ein echtes Beisel ist, ist alt, wirkt schon lange benutzt,- ein Effekt, den ein neugegründetes Gasthaus selbst durch den Erwerb stilecht abgenützter Sesseln nicht erreichen kann. Dominierend in jedem Beisel die meist hölzerne Theke an der man sich über Fußballereignisse unterhält oder sich nur schnell "ein Achterl in's Hirn haut." Wer länger verweilen will, benützt einen der Tische, mit Ausnahme des Stammtisches,- ein Sakrileg bei dem sich schon viele Unwissende Todfeindschaften zugezogen haben. Wer Platz genommen hat, muß aber noch lange nicht die Speisekarte auswendig lernen und ein opulentes Mahl bestellen. Ein Vierterl tut's auch oder ein Seidl (1/3 Liter Bier).

★ Für den, der seinem Magen jedoch auch etwas Nahrhaftes zuführen will, für den ist ebenfalls gesorgt. Billige Mittagsmenüs schonen die Brieftasche und ansonsten gibt es Schnitzel und Schweinsbraten, gute Hausmannskost eben. Kulinarische Experimente wird es in einem Beisl kaum geben, denn die Besucher sind hauptsächlich Wiener reinrassigster Art. Erkenntlich ist das Beisl durch ein Schild mit dem Namen Gasthaus, darüber ist meist der Hausname und der des Besitzers gesetzt. Daß es sich trotzdem nicht um ein Gasthaus, sondern um ein Beisl handelt, ist daraus ersichtlich, daß man nicht mit Traveller Schecks oder American Express zahlen kann.

Ansonsten einen Einheimischen nach seinem Beisel fragen. Sie werden gar nicht glauben, wieviele "beste" Beisels von Wien es gibt. Im Sommer sofort nachfragen, ob es einen Schanigarten, einen Gastgarten gibt. Das ist sogar in sehr verbauten Gegenden oft der Fall. Ansonsten wohlfühlen, Schnorrer entweder abwimmeln oder auf ein Achtel einladen, einen Gespritzten (Mischung aus halb Wein halb Soda) trinken, plaudern und gute Hausmannskost zu sich nehmen.

Kaum eines der "echten" Beisel hat länger als 23/24 Uhr geöffnet, oft auch Sonntag Ruhetag.

② WÜRSTELSTAND

Was dem Amerikaner sein Hot Dog, dem Engländer Fish and Chips, das ist dem Wiener seine "Haße" (heiße Wurst) am Würstelstand. Während in den anglikanischen Ländern eher sterile Freßstationen für das leibliche Wohl (wäre vielleicht etwas zu viel gesagt) der Hungernden sorgen, hat der Wiener dafür eine Institution entwickelt: den Würstelstand.

Zwar ist die Holzbuden- und Petroleumlampenromantik auch schon elektrischem Licht und Aluminiumverkleidung zum Opfer gefallen, aber immer noch wird die Burenwurst (auch Burenhäutl genannt) nicht nur mit Brot und Senf, sondern auch mit Schmäh gereicht. Friedlich vereint kauen Generaldirektoren, Polizisten, Schüler, Straßenarbeiter, Spießer und Revolutionäre ihr Wurstzeug und unterziehen mitunter Gott und die Welt einer genauen Analyse. Schnell geht's, billig ist es und viele Würstelstände sind noch geöffnet, wenn die kulinarische Landschaft der Donaumetropole eher Symptome des Zentralfriedhofes zeigt. Leberkäse, Burenwurst, Knoblauchwurst, Bratwurst, Debreziner sind die gängigsten Wursthits.

Die 100-Gramm Preise liegen zwischen 8-16 Schilling, je nach Sorte und Standort. Ein Dauerbrenner auch die Frankfurter, die in Deutschland und in der Schweiz Wiener heißen. Preis für ein Paar ca. 18 Schilling. Dazu

gibts dann noch Senf und Gebäck, zumeist Brot und für Zivilisationsgeschädigte auch Ketchup. Einige Würstelstände beginnen in letzter Zeit allerdings auch auf der Hot Dog- und Hamburgerwelle mitzuschwimmen ein traditionsbewußter Wiener geht da allerdings lieber unter. Das Menü kann man dann noch durch Essig- und Salzgurken, scharfen oder milden Pfefferoni oder Perlzwiebeln abrunden. Hartgekochte Eier, Brötchen, Schokolade, Schnitten und Kaugummi sind in derRegel ebenfalls vorhanden.

Zum Hinunterspülen nimmt man dann Cola, Apfelsaft oder Bier. Wein ist in den meisten Fällen zwar vorhanden, der Würstelstand ist aber einer der raren Plätze in Wien, wo er nicht verlangt wird. Noch ein Tip für diejenigen, die vergessen haben, am Samstag-Vormittag einen Laib oder Wecken Brot einzukaufen. Wenn man ein bißchen an das goldene Wienerherz des Würstelmannes appelliert und sein Vorrat ausreichend ist, überläßt er einem meist einen Wecken gegen einen relativ geringen Aufpreis.

③ KaffeeHaus

"Wien entdecken" heißt auch, auf den Spuren höchst eigenwilliger Geselligkeitsformen zu wandeln, die für die Donaustadt so typisch sind. Eine davon ist sicher das Caféhaus. "Man ist nicht zu Hause und doch nicht an der frischen Luft", hat einmal jemand das Entscheidende am Cafe genannt, das sich gerade in Wien so fest mit der Stadtgeschichte verbindet.

Ideen für große Romane und Theaterstücke sind in Caféhäusern gezeugt worden, der Gedankenaustausch in Kunst, Wissenschaft und Politik hat bei einer "Melange" oder einem "kleinen Braunen" seine Entfaltung gefunden. Café als Lebensform –

Als sich der Halbmond wieder einmal über Wien stürzen wollte, sprich: die 2. Türkenbelagerung zu Ende ging, erfuhren die braven Wiener das erste Mal von der Existenz eines braunen, schwarzen (je nachdem) Getränks, das den Osmanen schon lange Freund und Freude war. Die TÜRKEN mußten Hals über Kopf ihre Lager aufgeben und so blieb reiche Kriegsbeute zurück. Darunter auch Säcke voll mit Kaffeebohnen, die die Wiener für Kamelfutter ansahen. Erst ein gewisser Kolschitzky (auch: kulczycki) machte die Bohne salonfähig und servierte das belebende Gebräu in seiner Schenke "Zum roten Kreuz". "Man soll dieses Gebräu mehr als Kuriosität, denn als Genußmittel in des Wortes besserer Bedeutung zu sich genommen haben", ätzten die "Wiener Neuesten Nachrichten" im

Jahr 1932. Wobei wir jetzt noch darauf hinweisen müßen, daß nach neuesten kaffeegeschichtlichen Erkenntnissen gar nicht Kolschitzky (dem auch eine Gasse im 4. Bezirk gewidmet ist), sondern ein Armenier namens Diadato der erste Siedemeister gewesen sein soll. Er hat in der heutigen Rotenthurmstraße seinen Kaffee ausgeschenkt.

Zu voller Blüte gelangte das Café um die Jahrhundertwende. Man konnte stundenlang in Ruhe Zeitung lesen oder Schach spielen oder Billard. Oder man diskutierte, hörte zu, konnte Neues erfahren. Das Café "Central" in der Herrengasse gilt als "Urbild und Krone aller Wiener Kaffeehäuser im ersten Drittel unseres Jahrhunderts" (Hans Weigel). Hier "werkten" Peter Altenberg und Alfred Polgar, der einmal gemeint hat, ins Kaffeehaus gingen die, die "allein sein wollen, aber dazu die Gesellschaft brauchen." Im Café "Central" zog auch ein gewisser Bronstein mit Bauern und Pferden gegen den feindlichen König, - beim Schachspiel versteht sich. Er ging später als Leo Trotzki in die Geschicht ein.

Gleich neben dem Café "Central" befand sich das Café "HERRENHOF", das sich besonders in den zwanziger und dreißiger Jahren zum Zentrum des progressiven Geisteslebens avencierte. Hier teilte sich die damalige "Szene" in Logen, wo man stundenlang im plüschernen Mobiliar versank, um den Gralshütern der Literatur, der Künste und der Wissenschaften zu lauschen. Alfred Adler, der Begründer der Individualpsychologie, war dort anzutreffen. Der Romancier Leo Perutz gab sich die Ehre, der Soziologe Lazarsfeld, Alfred Polgar und der Schauspieler Rudolf Forster, der Maler-Schriftsteller Albert Paris Gütersloh, Heimito von Doderer oder der spätere Hollywood-Regiestar Billy Wilder, der damals grad dem Piaristengymnasium entschlüpft war und sich als Boulevardjournalist die ersten Sporen verdiente. Der Schriftsteller Josef Roth ("Radetzkymarsch") ging gern ins "Herrenhof", Robert Musil ("Der Mann ohne Eigenschaften") war häufiger Gast. Last but not least ließ sich Friedrich Torberg hier inspirieren, der in der "Tante Jolesch" ein Bild dieser Zeit gezeichnet hat.

"Ein Kaffeehausliterat ist ein Mensch, der Zeit hat, im Kaffeehaus über das nachzudenken, was die anderen draußen nicht erleben", meinte "Herrenhof"- Stammgast Anton Kuh. Ein typischer "Café-Schreiber" - wenn man so will - war Karl Kraus. Er schrieb in und über Cafés. Er kämpfte für "sein" Café "Griensteidl", das wohl das berühmteste Literatencafe war. Mit Genies und Halbgenies wie Hugo von Hofmannsthal, Arthur Schnitzler und Hermann Bahr. Kraus soll einmal zu Sigismund von Radecki gemeint haben: "Sollte ich jemals einen Roman schreiben, so würde der in zwei nebeneinanderliegenden Kaffeehauszimmern spielen und einen Zeitraum von zwanzig Jahren umspannen." "Und die Handlung", fragte Radecki? " "Und die Handlung würde darin bestehen, daß sich ein Kaffeehausgast von einem Zimmer ins andere setzt." Im Café "MUSEUM", einem der wenigen

Anno-dazumal-Treffs, die's noch gibt, gaben sich Klimt und Schiele ein Stelldichein.

Ja - und die anderen alten Cafés? Das "Tirolerhof", das "Prückel", das "Landtmann" auch - das "Eiles" in der Josefsstadt, das verpopperte "Dommayer" in Hietzing, das "Sperl", das "Schwarzenberg" oder - wer kennt's noch nicht? - das "Hawelka". Viel von damals ist nicht übriggeblieben. Die Kulisse ist oft verstaubt wie die Stimmung manchmal. Aber man darf Geschichte atmen, während der Kellner "Die Presse" bringt, das Glas Wasser, die Melange,– nur das Flair fehlt, das Fluidum, die Atmosphäre. Für Momente läßt er sich manchmal einfangen: der alte Wiener Kaffeehaus- Geist, – man sollte ihn nicht versäumen!

Kaffee "Krugerhof" (A. Pecher)

"WHICH IS WHICH ?" – oder: wer kennt sich aus beim Wiener Kaffee ?

Großer Brauner...........	große Tasse schwarzer Kaffee mit einem Schuß Milch
Kleiner Brauner.........	kleine Tasse scharzer Kaffee mit einem Schuß Milch
Großer Schwarzer........	große Tasse schwarzer Kaffee

Kleiner Schwarzer	kleine Tasse schwarzer Kaffee
Melange	Milchkaffee (mit weißem Milchschaum obendrauf, manchmal auch mit Schlagobers)
Verlängerter Brauner	normaler Brauner mit etwas mehr Wasser
Verlängerter Schwarzer	verdünnter Schwarzer
Einspänner	ein Schwarzer im Glas mit Schlagobers
Kapuziner	ein Schwarzer mit einem Schuß Obers
Kaffee verkehrt	mehr Milch als Kaffee
Mazagran	kalter Kaffee mit Rum und Eiswürfeln, den man mit einem Halm schlürft
Türkischer Kaffee	eine heiß servierte Kaffeespezialität im Kupferkännchen
Kaisermelange	Kaffee mit Eidotter plus Alkohol – eine geheimnisvolle Mischung.

(4) DER HEURIGE

WIEN und WEIN.– die Untrennbarkeit dieser Einheit liegt schon im Wortstamm und manchmal mutet das Wort "Wien" eher wie eine schlechtgelungene Tarnung des Rebensaftes an. Dementsprechende Auslastung erfährt auch die Alkoholentziehungsstation Kalksburg, in der auch namhafte Persönlichkeiten aus Politik und Wirtschaft ein "Einzelzimmer reserviert" haben. Aber der Staat verdient, dem Wiener schmeckt's,– "Es wird ein

Wein sein und wir wer'n nimmer sein" – na also: warum gegen das Schicksal ankämpfen.

Und überall dort, wo der grüne FÖHRENBUSCHEN über dem Hauseingang hängt, kann man mit seinem Schicksal hadern, es mit ein paar Vierteln hinunterspülen, um sich dann weinselig mit unbekannten Gesinnungsgenossen zu verbrüdern oder einfach nur fröhlich und ausgelassen sein. Der Föhrenbuschen ist Signal dafür, daß hier ein Heuriger floriert, eine Buschenschank, in der der Wein aus dem eigenen Weingarten ausgeschenkt wird."Ja wenn der Regen lauter Gumpoldskirchner wär" heißt es in einem Wienerlied, ja dann bräuchte man nur einen Eimer vor die Tür stellen, so aber ist die Institution des Heurigen vielleicht das einzige Wirtschaftsunternehmen, das gegen die Inflation gefeit ist.

Vor allem im SOMMER und HERBST lohnt sich ein Besuch. Im Sommer, weil man bis spät in die Nacht hinein im Garten sitzen kann und von dort meist einen herrlichen Ausblick über das beleuchtete Wien hat, (Insektenmittel mitnehmen!). Im Herbst deswegen, weil man die herrlich vielfältige Verfärbung des Wienerwaldes bewundern kann, einen Most oder Sturm (Federweißer) trinkt und so gleich Rückschlüsse auf die Qualität des neuen Weines gewinnt und Vorfreude tankt. Gewarnt wird vor den sogenannten Nobelheurigen, zumeist in Grinzing befindliche, eigens für Touristen entwickelte, pseudogemütliche Trinkhallen, die es darauf angelegt haben, gutgläubige Fremde zu schröpfen. Da sie meist keinen eigenen Wein verkaufen, haben sie auch nicht "ausgesteckt", das heißt der Föhrenbusch fehlt.

Ein echter Heuriger darf nur KALTES BUFFET führen. Um eine gute Unterlage zu haben, empfehlen sich vorallem Schmalz-, Speck- und Bratenfettbrote ("Bratlfettnbrote"). Aber auch Gurkerl, Pfefferoni, Wurst, Schinken, Käse oder Liptauer (paprizierter Quarkaufstrich) gehören zum Heurigenmenü. Bei Erwerb einer Sonderkonzession dürfen auch warme Speisen angeboten werden. Der echte Wiener wird kaum an einer Stelze (Schweinshaxe) vorbeigehen können, aber auch Schweins- und Surbraten erfreuen sich großer Beliebtheit.

Noch ein TIP: bei fast allen Heurigen darf man sein Essen selbst mitbringen,– gekauft werden muß nur der Wein.

Bestellt wird der Wein hauptsächlich in VIERTELN (0,25 ltr.) – das ist auch die Einheit, in der man sich am nächsten Tag brüstet, wieviel man getrunken hat. Ein Achtel oder ACHTERL ist die Hälfte von einem Viertel (logisch!). Ein DOPPLER ist eine 2-Liter-Flasche. 1-Liter-Flaschen gibt es selten, dafür wieder BOUTELLEN = 0,75 ltr. Ein GESPRITZTER ist ein Achterl Wein mit Soda auf 1/4 aufgespritzt, die relativ seltene Mischung ist dasselbe mit Mineralwasser. Relativ unbedeutend in Wien: das

STIFTERL, das ist ein Vierterl in eine kleine Flasche abgefüllt.

Was zu einem Heurigen noch dazu gehört, ist MUSIK! Viele Heurige haben noch immer ihre Hausmusiker. Geige, Quetschn (Ziehharmonika) und Gitarre sind die verbreitesten Instrumente. Liedthemen: Wien, Wein, Weib und der Tod. Kitschig, schön, ergreifend pathetisch ist es sicher nur am Anfang. Es kommt der Punkt, wo alle lauthals mitgrölen. Wenn's gefällt, Trinkgeld geben! Lokale an der schönen blauen Donau, in denen man sich fragt, warum es am Rhein so schön ist, sind zu meiden.

Die Anreise zum Heurigen unternimmt man am besten mit dem öffentlichen Verkehrsmittel,- es sei denn Fahrzeuglenker können sich mit Apfelsaft anfreunden. Die Wiener Weine sind durchwegs kräftig und es haben schon relativ trinkfeste Menschen über die Wirkung des Wiener Weines gestaunt. Außerdem führt die Polizei in den Heurigenorten sehr strenge Verkehrskontrollen durch und selbst für Einheimische, die vielleicht auch die Schleichwege nach Hause kennen, zahlt es sich nicht aus, den Führerschein durch Trunkenheit am Steuer loszuwerden. Bei der Rückfahrt am besten ein Taxi rufen lassen!

"Umsteiger" vor Wien
(vergleiche Seite 44)

Als die Römer den Wein in die Wiener Gegend brachten, haben sie den Barbaren ein Stück Kultur mitgebracht. Heute macht der Wein mitunter aus oberflächlich kultivierten Menschen wieder Barbaren.

Der Ambros- Liedtext "wem heut net schlecht is, des kann kein Guter sein" hat nicht unbedingt absolute Gültigkeit. Wenn man also auf Karl Kraus-geistig etwas minder bemittelte Erben stößt, die zu laut oder anlassig (lästig) sind: Lokal sofort wechseln.—

Ca. 90 % des Wiener Weins ist WEISS–WEIN, - und das ist auch der Wein, den man beim Heurigen trinkt. Rotwein vielleicht gerade noch, aber um Himmelswillen kein Bier. Eine Entweihung der wichtigsten Wiener Kulturstätte !

Der "Glykol- Weinskandal", der in Österreich seinen Ausgang nahm, ist Thema für sich. Die Geldgeilheit einiger weniger Krimineller hat nicht nur wirtschaftlich die seriösen Weinbauern Österreichs geschädigt, sondern auch den Ruf Österreichs als eines der wichtigsten Wein- Länder Europas! Österreich hat Besserung versprochen mit scharfen Kontrollen!

WEINSTECKBRIEF

MOST: süßer Traubensaft, noch unvergoren (nicht zu verwechseln mit dem Most in den Bundesländern, z.B. Oberösterreich, der aus Birnen gepreßt wird und promillehaltig ist!)

STURM: (Federweißer). Einige Tage alter Traubensaft, schon in Gärung begriffen. Vorsicht: schmeckt ausgezeichnet, hat aber heimtückische Wirkung (Durchfallgefahr!).

HEURIGER: 1.) Lokal, in dem eigener Wein ausgeschenkt wird, "Buschenschank".
2.) Wein des heurigen Jahres. Ab Martini (11. November) avanciert er zum "Alten".

1 WEISS- WEINE:

Grüner Veltliner: Inbegriff des Wiener Weins. Von Wein- Ignoranten meist als zu sauer bezeichnet. Ideal zum Mischen mit Sodawasser gegen den Durst.

Brünnerstraßler: besonders saure Form des Veltliners. Trifft meist nur den Geschmack der Einheimischen, andere bezeichnen ihn als Sauerampfer.

Traminer: Bukettreicher, würziger Wein (Gewürztraminer). Es lacht das Herz und das Hirn schlägt Kapriolen.

Rheinriesling: fruchtig- spritzig, länger lagerfähig. Ruhig einen 77-er probieren, Trokkenbeeren sogar 73-er.

Neuburger: mild, feinwürzig aber vollmundig.

Müller–Thurgau: zartes Muskatbukett, blumig mild, aber meist doch nur als Tischwein zu gebrauchen.

Rotgipfler: Anbauflächen auf Gumpoldskirchen beschränkt. Vollmundig, kräftiger Wein mit frischer, angenehmer Säure.

DIE WICHTIGSTEN WEINORTE WIENS:

★ *"Rechts von der Donau":*
(= 19. Bezirk)

Grinzing, Sievering, Nußdorf, Neustift am Walde, Heiligenstadt, Kahlenbergerdorf, Salmannsdorf.

★ *"Links von der Donau":*
(= 21. Bezirk)

Jedlersdorf, Stammersdorf, Strebersdorf.

★ *Nähere Umgebung von Wien:*

Nördlich: Korneuburg, Bisamberg, Hagenbrunn, Langenzersdorf, Klosterneuburg; Westlich: Purkersdorf; Südlich: Gumpoldskirchen, Pfaffstätten.

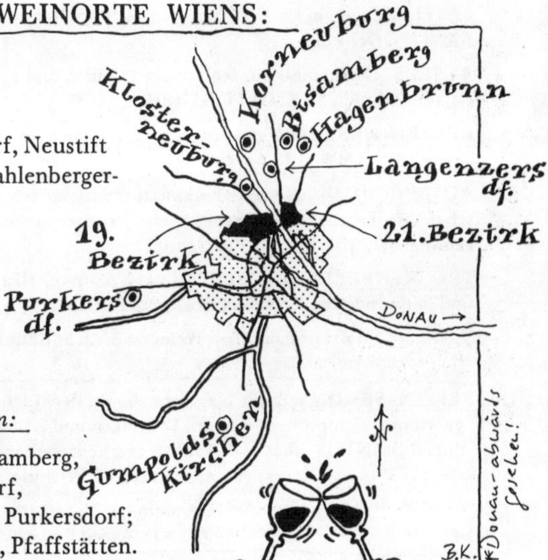

Welschriesling: fruchtig, feine Würze, ein rasanter Aufmunterer.

Weißer Burgunder: aromatisch, vollmundig mit pikanter Säure.

Muskat–Ottonel: eine Austria- Spezialität, mild, goldfarben, mit starkem Muskataroma. Was für späte, verliebte Stunden.

② ROT- WEINE:

Blaufränkisch: beliebtester Austro- Rotwein. Gehaltvoll, fruchtig, mit zarter Säure.

Blauer Portugieser: fruchtiger süffiger Tischwein.

St. Laurant: herb- trockener, aber mundiger Burgunder.

③ DIE QUAL DER WAHL DES QUALITÄTS- WEINS:

Tisch- oder Tafelweine: Weine, die keinen Qualitätsanspruch haben, sondern nur den Mindestanforderungen des österreichischen Weingesetzes entsprechen.

Qualitäts- Weine: kommen aus einem gesetzlich festgelegten Weinbaugebiet und die Trauben müssen von einer Qualitätsrebensorte stammen. Mostgewicht 15° KMW (Klosterneuburger Most- Waage), = 73,o Öchsle. Alkoholgehalt mindestens 1o,5 %.

Kabinettweine: unverzuckerter Qualitätswein mit 17° KMW (83,5 Öchsle).

④ Die besonderen Qualitätsweine:

SPÄTLESE: Wein aus dem Saft der nach der Hauptlesezeit geernteten Trauben. 19° KMW (96 Öchsle).

AUSLESE: alle unreifen, fehlerhaften, faulen und kranken Trauben werden sorgfältig aussortiert. 21° KMW (1o6 Öchsle).

BEEREN- AUSLESE: gewonnen aus edelfaulen, überreifen Beeren, hoher Restzuckergehalt. 25° KMW (123,5 Öchsle).

AUSBRUCH: aus überreifen und naturgetrockneten Beeren wird durch Zugabe von frischem Most derselben Beerensorte der Traubenzucker und andere Bestandteile herausgebrochen. 27° KMW (13o,5 Öchsle).

TROCKENBEEREN- AUSLESE: das Non- plus- Ultra der Qualitätsweine: Verwendung finden nur edelfaule, naturgetrocknete Beeren.

(Eiswein: im österreichischen Weingesetz nicht definiert).–

FERIEN- SEMINARE für Weinliebhaber in der Wachau und im Burgenland. Uriges Angebot mit Weinproben, Filmen, Vorträgen und Lehrwanderungen (klingt vielversprechend !) INFOS über:

* Fremdenverkehrsverband Wachau- Nibelungengau
  Körnermarkt 13, A- 35oo Krems
* Weinseminar Neusiedler See
  A- 7o82 Donnerskirchen.–

WIEN für NACHT SCHWÄRMER

WIEN RUND UM DIE UHR: was auch in anderen, westlichen Großstädten zum Problem werden kann, gerät in Wien schnell zum Ärgernis. Bis vor wenigen Jahren gab es in Wien praktisch kaum Möglichkeiten, "richtig durchzumachen".

Erst ab Mitte der 8o-er Jahre entstanden zusehens "Lokale bis 4 Uhr". Deshalb - für Nachtvögel - die folgende Übersicht:

A) Lokale bis 4 Uhr B) Lokale ab 4 Uhr

HINWEIS: die interessantesten Lokale sind in unseren einzelnen Bezirks-Kapiteln kurz beschrieben (also siehe dort!) - und: die RUHETAGE der Lokale sind ziemlich verschieden! - Aktuelles siehe Stadtzeitungen.

A.

1. Zahl = Bezirk

Blini
1, Drahtgasse 3

Die Bar
1, Sonnenfelsgasse 9

Mardi Gras
1, Seilergasse 16

Roter Engel
1, Rabensteig 5

Salzamt
1, Ruprechtsplatz 1

Tram Bar
1, Krugerstraße 6

Extrablatt
1, Johannesgasse 14

1900
1, Fichtengasse 1

Zum Kuchldragoner
1, Seitenstettengasse 3

Gittis Jazzclub
1, Seilerstätte 3a

Amerikan Loos Bar
(Architektur)
1, Kärntner Straße 10

Grünwald
1, Bauernmarkt 10

Wolke
1, Akademiestraße

Beatrixstüberl
3, Ungargasse 8

Beorgrad
4, Mühlgasse 15
Sonntags nur bis 3 Uhr!

Objektiv
5, Arbeitergasse 46

Motto
5, Schönbrunner Straße 30/ Rüdigergasse

Ambiente
6, Garbergasse 11

Europa
7, Zollergasse 8

Wiener
7, Hermanngasse 27

Verde
7, Gardegasse 3

Victoria
7, Burggasse 100

Coconut
7, Andreasgasse 4

Cafe Hallo tschi
7, Urban-Loritz-Platz 5

Cafe-Bar-Lichtblick
8, Pfeilgasse 18

Gastro Club
8, Lerchenfelder Straße 60

Jonathan Seagull
8, Stolzenthalergasse 14

Kantine
9, Porzellangasse 19

Salvador
14, Goldschlagstraße 138

Lord Ship
15, Sechshauser Straße 28

Jazzleit
16, Habichergasse 15

Ritterstuben
21, Rußbergstraße 6

B.

C-Privee
4, Rechte Wienzeile 23

Cafe Drechsler
6, Linke Wienzeile 22

Daneben gibt`s noch eine Reihe von Bars, Discos und einschlägigen Nachtlokalen, die ebenfalls bis 4 Uhr und länger geöffnet haben. In einigen von uns hier aufgeführten Lokalen gibt`s auch noch zu mitternächtlicher Stunde zu essen (z.B. "Blini", "Wiener" oder "Beatrixstüberl" und "Beograd").

Rund 35 Discotheken hat Wien anzubieten. Die Qual der Wahl fällt schwer: Viele Wiener "flüchten" auf`s Land (z.B. Disco "NOVA" in Brck/Leitha).

Queen Anne
1, Johannesgasse 12
Bis 5 Uhr geöffnet.

Sowieso
1, Grashofgasse 1

Take five
1, Annagasse 3a

Tenne
1, Annagasse 3
Rustikal-teenige Milieustudie.

Artrium
4, Schwindgasse /Ecke Schwarzenbergplatz

In einem Kellerlaybrinth befindet sich Wiens älteste Disco.

Wurlitzer
4, Schwarzenbergplatz 10
Da leben die 50er und 60er wieder auf. Juke-Box-Dancing.

Move
Daungasse 1
Viele Stundenten zu 70er-Musik mit aktuellen Aufgüssen.

Exil
9, Nußdorfer Straße 6

Palme
9, Währinger Straße 68

U 4
12, Schönbrunner Straße 222
(im U 4 Parkshop Meidling)
Wiens wavige In-Disco mit Live-Auftritten auch ausländischer Stars. Nummer 1-Disco mit Türsteher-syndrom.

MUSIK STADT WIEN

"Ein Himmel voller Geigen . . . . ."

Eine Stadt, in der "der Himmel voller Geigen hängt", womit in der Wiener Fremdenverkehrswerbung ausdrücklich kokketiert wird. Und wenn sich dann jemand mit einem Instrument auf die Straße wagt, darf der Strafe zahlen - reichlich paradox!

Als "FUSSGÄNGERZONEN-SYNDROM" haben es Spötter bezeichnet, als sich in Wiens verkehrsfreien Innenstadtzonen plötzlich singende, flötende oder Gitarre spielende Jugendliche niederließen, um der vermeintlichen "Musikstadt" durch ihr Tun Inhalt zu geben. Aber was in Deutschland oder in der Schweiz schon lange selbstverständlich ist, störte hierzulande Gemüter, die über "Ruhe- und Geschäftsstörung" klagten. "Heut` spielen sie wieder, Gott sei Dank!" könnte man frei nach Wilhelm Busch ausrufen.

"Am Hof", am Schwedenplatz und am Karlsplatz ist das Musizieren in Gruppen bis zu drei Leuten in der Zeit von 11 bis 20 Uhr erlaubt, auf der Kärntner Straße, am Michaelerplatz und am Graben zwischen 17 und 21 Uhr.

(A. Pecher)

Verstärker, Podeste, Stühle oder Ahnliches dürfen nicht verwendet werden, von Häuserfronten, Passagen, Verkehrsplätzen und Stiegen ist ein Abstand von mindestens fünf Metern einzuhalten; weder mit Gesten noch mit einer Schale darf man zum Geldspenden...

Genaue Informationen erhält man im Rathaus, ein Flugblatt mit allen notwendigen Angaben liegt hier ebenfalls auf.
8, Friedrich Schmidt-Platz 5, Tel: 42 8 00

Übrigens: nicht nur in der Innenstadt ist neuerdings das Musizieren erlaubt, sondern auch in Fußgängerzonen im 10., 12. und 7. Bezirk. Informationen: siehe Kasten!

Was das Beispiel zeigen soll: in Wien braucht es Zeit, bis etwas Neues toleriert wird, - dann zur Gewohnheit wird,- um schlußendlich zur TRADITION zu werden, die dann nicht mehr wegzudenken ist!

ÖFFENTLICHE MUSIZIERPLÄTZE

- 1, Am Hof, Verkehrsinsel, 11.00 - 20.00 Uhr
- 1, Graben (von Jungfernstiege bis Seilergasse) 17.00 - 21.00 Uhr
- 1, Kärntner Straße (von Singerstraße bis Philharmonikerstr.) 17.00 - 21.00 Uhr
- 1, Michaelerplatz (Gehsteigflächen vor Hofburg) 17.00 - 21.00 Uhr
- 1, Schwedenplatz 11.00 - 20.00 Uhr
- 4, Karlsplatz 11.00 - 20.00 Uhr
- 7, Spittelberggasse 17.00 - 21.00 Uhr
- 10, Alandergasse 11.00 - 20.00 Uhr
- 10, Favoritenstraße und Romanplatz 11.00 - 20.00 Uhr
- 12, Meidlinger Hauptstraße 11.00 - 20.00 Uhr

Tatsächlich sind die Wiener unschlagbar, wenn es um große musikalische Traditionen geht. Man nehme das Beispiel "OPER", der Kulturtempel Ende der Kärntnerstraße, wo 1945 tausende Wiener standen und leidend Anteil nahmen, wie "ihre" Oper nach einem Bombenangriff in Flammen stand. So innig ist das Verhältnis des Wieners zu seinen berühmten Kulturstätten. Die Oper ist wieder aufgebaut und es darf wieder genörgelt werden, wie seit eh und je: wieviel die Oper kostet, was gespielt wird, wieviel die Karten kosten und vorallem, was Karajan in diesem Jahr wieder kassieren wird (besonders in diesem Punkt ist einer besser informiert als der andere).

Bitte, aber wie gesagt: "nörgeln" darf man, - nur "kritisieren" sollte man nicht! Denn Kritik wäre was Ernsthaftes und Kritik könnte Schlechtes mit Fakten belegen. Und da könnte ja ein dahergelaufener Kritiker auf die Idee kommen, die Abschaffung der Oper zu fordern. Wehe ihm! Die, - zumindest verbale Lynchjustitz des Pöbels wäre ihm sicher. Aber nichts gegen die Oper. Sie ist gute Tradition, und die darf auch was kosten.

KULTURFRAGEN können hierzulande zum Tagesgespräch werden. Mit Wonne erinnert man sich an die Zeit, als Karajan noch Generaldirektor war: als ihm die Gewerkschaft nicht einen bestimmten Souffleur, den er verlangt hatte, bewilligen wollte, entfachte das in Wien Entrüstungsstürme.

Das Volk teilte sich in 2 feindliche Lager. Die einen empörten sich über Karajans Anmaßung, - während die anderen nicht verstehen konnten, daß die "böse Gewerkschaft" dem berühmten Maestro seinen Assistenten nicht zugestand.

Bei anderer Gelegenheit befand sich die Stadt in so intensiver Diskussion über den Abgang eines Operndirektors, daß sogar der Unterrichtsminister demissionieren mußte!

Es geht hierbei wohlgemerkt nicht um Verwaltungsfragen! Dem waschechten Wiener liegt die Musik im Blut (sagt man zumindest) und ist ihm ein Lebensinhalt. Beispiel "WIENER PHILHARMONIKER", ein von der ganzen Welt bewunderter Klangkörper, der zugleich auch fast einzige Institution war, die nach dem Krieg sofort wieder funktionierte. Die Philharmoniker mußten einfach spielen, denn über die Musik vergißt man hierzulande seine Schwierigkeiten.

Musik muß aus vielerlei Anlässen gespielt werden: aus höchster Ausgelassenheit, wie zu Neujahr beim, in alle Welt übertragenen Neujahrskonzert, - oder dann, wenn sich wieder einmal der von Grund melancholische Charakter der Wiener Seele offenbart. Und damit wären wir dort, wo man eigentlich ansetzen sollte: beim Wienerlied.

Große Musik, die von Wienern gemacht wurde, nimmt der Bodenständige billigend und geradezu herablassend als Selbstverständlichkeit hin: JOHANN STRAUSS (übrigens auch ein typischer Wiener, - eigentlich Melancholiker und tieftraurig), - schrieb die hinreißenste Tanzmusik, die sich denken läßt. Aber auch Musikgenies wie FRANZ SCHUBERT bringen den bodenständigen Wiener nicht aus der Fassung. Daß ein Wiener, wenn er Musik macht, gute Musik macht, ist hier gar nicht der Diskussion wert.

Stolz ist man auf die "Wiener Klassiker": MOZART, HAYDN und BEETHOVEN. Auch wenn sie keine echten Wiener waren: auf die hat man als Wiener Recht, stolz zu sein! Ein Salzburger, ein Burgenländer und einer gar aus Bonn!
Diese drei, aus völlig verschiedenen Windrichtungen nach Wien gekommen - waren von der urmusikalische Stimmung dieser Stadt so in ihren Bann gezogen, daß sie zum Inbegriff der Wiener Klassik verschmolzen. Vereinigung völlig konträrer Mentalitäten im "Geist der Musik" - das gibt`s nur hier!

MUSIKALISCHE GEDENKSTÄTTEN

Wo Ludwig von Beeethoven seinen "Fidelio" schrieb und Schubert in der Wiege lag, wo Haydn sein Genie dem Paradies empfahl und Strauß den weltbekannten Donauwalzer komponierte, laden heute kleine Museen dazu ein, dem Leben großer Musiker nachzuspüren.

BEETHOVEN´S kreativer Arbeitsplatz zum Beispiel ist heute noch an der Mölkerbastei 8 zu entdecken im sogenannten Pasqualatihaus. Der Maestro soll dort seinem "Fidelo" musikalische Geburtshilfe geleistet haben.

Weit weniger fidel erging es JOSEF HAYDN in der Nähe der Mariahilferstraße: Das Sterbe- und Geburtshaus des bekannten Wiener Komponisten steht- wie könnte es anders sein- natürlich in der Haydngasse. Hausnummer 19.

WOLFGANG AMADEUS MOZART hingegen soll seine glücklichsten Jahre im Figarohaus, gleich hinter dem Stephansdom (Domgasse 5) verbracht haben. Endresultat seiner beschwingten Wiener-Zeit - "Die Hochzeit des Figaro".

Originalgetreu restauriert, auch das FRANZ SCHUBERT- Geburtshaus in der Nußdorferstraße 54. Sein Sterbehaus n der Kettenbrückengasse 6 im 4. Bezirk, nicht weit vom Flohmarkt.

"WALZERKÖNIG" JOHANN STRAUSS wohnte einige Jahre in der Praterstraße 5. Hier auch das Johann Strauss Museum.

GEDENKSTÄTTEN

In allen Gedenkstätten Eintritt frei .

Pasqualatihaus
1, Mölkerbastei 8
Tel. 63 70 665
Di-So 10.00 - 12.15,
13.00 - 16.30 Uhr

Beethovenwohnung
6, Laimgrubengasse 22
Mai-September So 10.00 - 12.00 Uhr

Heiligenstädter Testament-Haus
19, Probusgasse 6
Tel. 42 804
(Kulturamt der Stadt Wien)

Eroica-Haus
19, Döblinger Hauptstraße 92
Tel. 42 804
geöffnet wie Pasqualatihaus

Haydn Museum
(mit Brahms Gedenkraum)
6, Haydngasse 19
Tel. 56 13 07
Di-So 10.00 - 12.15,
13.00 - 16.30 Uhr

Schubert Gedenkstätten
Schubert Museum: 9
Nußdorferstraße 54
Tel. 34 59 924
Di-So 10.00 - 12.15,
13.00 - 16.30 Uhr

Schubert-Sterbezimmer
4, Kettenbrückengasse 6
Tel. 57 39 072
Di-So 10.00 - 12.15,
13.00 - 16.30 Uhr

Johann-Strauß-Wohnung
2, Praterstraße 54
Tel. 24 01 21
Di-So 10.00 - 12.15,
13.00 - 16.30 Uhr

Mozart-Wohnung
Im Figarohaus
1, Domgasse 5
Tel. 52 40 722
Di-So 10.00 - 12.15,
13.00 - 16.30 Uhr

Genauere DETAILS in den einzelnen Bezirkskapiteln!!

Wien gilt als Metropole der Musik ,- und das nicht zu Unrecht. Die Facette der Möglichkeiten und Unmöglichkeiten ist so buntgesprenkelt, wie die von Tauben verdreckte und trotzdem charmant aufzugeigen scheinende Johann-Strauß-Statue im Stadtpark - eigentlich grau in grau, aber das in unzähligen Nuancen und feinsten Abstufungen.

Der "Kultur Hochsommer" in Wien spielt sich grad dann ab, wenn der Spätfrühling aus dem Land zieht. Mai und Juni sind absolute Top-Tips.

Die "WIENER FESTWOCHEN" finden statt, im "Theater an der Wien" hat die Oper Quartier bezogen. Zum Wochenende kann man problemlos - vorausgesetzt man hat sich rechtzeitig Karten besorgt - ein tagfüllendes Monsterprogramm absolvieren. Vorschlag: 11.00 Uhr Konzert, 15.00 Uhr Nachmittagsvorstellung im Theater in der Josefsstadt und wenn man sich beeilt, kommt man gleich noch zurecht zur abendlichen Opernaufführung.

Juli und August haben alle großen Theater und Konzerthäuser geschlossen. Als Ausweichprogramm läuft der "MUSIKALISCHE SOMMER". Die reizvollen Arkadenhofkonzerte im Hof des Rathauses bringen so manches Besucherherz zum Schwelgen!

Ein würdiger Rahmen umgibt auch die "SCHÖNBRUNNER SCHLOSSKONZERTE". Und im November locken die Schubert-Tage, die gleich im Dezember vom "ADVENT IN WIEN" - Konzerte in Konzertsälen und Wiener Kirchen - abgelöst werden.

Weniger Klassisches verirrt sich in die Stadthalle oder ins Konzerthaus oder oder geht gleich im "Metropol" , in der "Arena" oder in den Musiklokalen über die Bühne.

Information : Siehe "Theater". Prospekte auch
* Wiener Festwochen, Lehargasse 11, 1060 Wien
* Kulturamt der Stadt Wien, Friedrich Schmidt Platz 5, 1082 Wien

Karten : siehe "Theater". Wegen Konzertabonnements erkundigen!

MUSIKVEREIN

1, Bösendorferstraße 20, Tel. 65 81 90 (Tageskasse)

Ob Beethovens "Neunte" in der Wiener-Philharmoniker-Interpretation auf dem Programm steht, ein Bach-Abend oder das Prager Kammerorchester gastiert : höchstes Niveau ist garantiert. Besonderes "Schmankerl" ist der 10 Konzerte umfassende jährliche Zyklus der Philharmoniker, der entsprechend voll belegt ist. Chancen, "so" zu einer Karte zu kommen, sind gleich Null. Wagemutige sollen`s trotzdem geschafft haben: eine halbe Stunde vor Beginn (10.30 Uhr Sonntags) im Foyer bei der geschlossenen Kasse auf Leute warten, die - aus welchem Grund auch immer - ihre Karte loswerden wollen. - Phänomenale Akustik!
Normalerweise sind Stehplätze zu 20 ÖS zu bekommen, Sitzplätze zwischen 80 und 350 ÖS:

KONZERTHAUS

3, Lothringerstraße 20, Tel. 72 12 11 (Tageskasse)

Hier "rockt`s" auch gelegentlich. Drei Säle sind im opern- und hiltonnahen Jugendstilbau untergebracht (Mozart- und Schubertsaal), der die Wiener Symphoniker "beheimatet". Richard Clayderman, Ella Fitzgerald, Hermann Prey - nur einige Namen von Künstlern, die in letzter Zeit im Konzerthaus aufgetreten sind.
Seit der Renovierung keine Stehplätze mehr!

ALLROUNDBÜHNE : STADTHALLE

15, Vogelweidplatz/Hütteldorfer Straße

Tel. 95 49-0
Zirkus, Kongresse, Winnetou, sportliche Veranstaltungen, Opern und Popkonzerte - der 17.000 Personen-Mehrzweckbau hat schon alles gesehen! Ein Unterhaltungsriese für Showlustigkeit verschiedener Prägung vor allem. Ein 16-jähriger Stadthallenbesucher in Ehrfurcht erstarrend: "Do ham jo scho die Stone gschbüt!" Womit bewiesen wäre, daß auch die Stadthallte trotz ihrer kurzen Geschichte ,-sie wurde in den 50-er Jahren aus dem Boden gestampft, - Tradition hat!

FUNKHAUS

4, Argentinierstraße 30 a

Kartenbüro Mo-Fr. ab 16.00
Tel. 65 95-881
Konzerte aller Art, Programmheft am besten im Oktober anfordern. Eintritt billig oder frei.

SOPHIENSÄLE

3, Ecke Marxergasse/Blattgasse

Bemerkenswertes "Splish Splash" im ansonsten eher lauen Wiener Sommer Kulturbadewasser. Als gelungen können die Versuche, die Kunst-saison in den Sommer hinein zu verlängern, betrachtet werden - keine Bezirksveranstaltungen, Theatervorstellungen in den Außen-bezirken, Gartenkonzerte und viel Stimmung neben traditionellen Kulturereignissen von Oper, Burg und all den anderen Kunst-Renommees.

Termine: Mitte Mai bis ca. Ende Juni
(siehe auch "Opernball" und "Kaiserball")

WIENER FESTWOCHEN

JAZZ · ROCK · BLUES · POP

Abgesehen von Klassischen Musik (wie Mozart oder Schubert) und Operetten- und Walzerseeligkeit a la "An der schönen, blauen Donau",- entwickelte sich in Wien eine eigenständige Szene der modernen Musik, die von den "Liedermacher-Klassikern" wie AMBROS, DANZER und HELLER über Jazz und Austro-Rock bis zur Avantgarde reicht.

Der Wiener- Boden ist ungemein kreativ und fruchtbar, - nicht nur im literarischen Sektor siehe Handke etc. Mal die Austro- Exportschlager des "Soft & sowieso-Sektors" (wie Udo Jürgens und Peter Alexander) ausgeklammert, - es waren Ende der 6o-er die Wiener Pop- und Liedermacher- Poeten, die das Deutsch im vormals rein englisch geprägten Popsektor einführten! Und der ORF, der damals noch mit 1 Min.- Pause (zum Plattenwechseln) die Dinger Richtung Bayern ausstrahlte.

Dies bei Supertexten; Sprachkünstler Udo Lindenberg, auch wenn er ebenfalls maßgeblich an diesem Entwicklungsprozess beteiligt war, kam später.

Daß der "alte Wiener", wenn man ihn belangslos nach der "typischen Wiener Musik" fragt, entweder zu raunzen beginnt oder etwas über Peter Alexander, Hans Moser, die Sängerknaben oder "Schrammelmusik beim Heurigen" dahererzählt, mag vorkommen. Nur : stimmen tut`s wohl nicht mehr so ganz.

JAZZ

Wien zählt zu den wichtigsten Jazzstädten Europas. Das Angebot reicht vom Freejazz bis zum Jazzrock. Vienna Art Ochester, Austria Drei, Hans Koller, Erich Kleinschuster, Fritz Pauer, Spontan Music Trio, Fritz Novotny, Charly Ratzer, Art Farmer, Harri Stojka, ORF-Big Band - alles Namen, die schon in die Wiener Jazzgeschichte Eingang gefunden haben.

Hier ist der Jazz nicht tot, und er riecht auch nicht komisch, wie Papa Zappa einmal gemeint hat. Es gibt eine ganze Reihe guter Jazz-Lokale und -Beiseln mit Live-Auftrittsmöglichkeiten, alljährlich Jazzfestivals (v.a. in der Nähe Wiens) und die Wiener Festwochen mit Avantgardeveranstaltungen.

JAZZ - LOKALE

"Jazzland"
1, Franz-Josefs-Kai 29
Jazzlokal aus der obersten Schublade mit Keller-Live-Atmosphäre. Heimische und "zuagroaste" Bands heizen so richtig ein, während das Viertel Rot am Holztisch wackelt und das Publikum mitklatscht. Tisch reservieren kann nicht schaden. Preise akzeptabel, Eintritt je nach Gruppe!

"Opus 1"
1, Mahlerstr. 11
Traditioneller Jazztreff im Keller, - schwarz- verraucht, kleine Tanzfläche.

"Jazz Live"
16, Habichergasse 15
Neuer Ottakringer Kleinjazz Tempel

"Cafe Wortner"
4, Wiedner Haupstraße 55
Gelegenheits- Jazz neben Billardtischen.

"Jazzspelunke"
6, Dürergasse 3
Jazzlandpublikum nur alles eine Nummer kleiner. Weniger Live-Musik. Obwohl kein Keller: Kelleratmopshäre. Pat Metheny hat hier in der Nacht nach einem Konzert noch einmal zur Gitarre gegriffen.

"Uzzi`s Jazz-Café - Einhorn"
6, Ecke Joanelligasse/Dürergasse
Jazz-Cafe des legendären Austro-Jazzers Uzzi Förster. Wir haben von echten Jam-Sessions läuten hören und von Uzzis wilden Spontanauftritten.

"Jazz - Freddy"
(im Keller)
6, Gumpendorfer Straße 9
Laut "Wien-live"- Broschüre: "Europas größter privater Jazzplattensammler". Oft würzen Live-Auftritte die Atmosphäre und die Stimmung, die "rockt, rollt und swingt". Geschlossen - unsicher, ob er wieder aufsperrt.

"Miles Smiles"
8, Lange Gasse 51
Spätnächtliche Auftritte guter und/ oder bekannter Jazzer in schönem Lokal.

"American Latina"
5, Mollardgasse 17
Auch in diesem klassischen Szene-Lokal gibt`s manchmal Live-Jazz.

"Willy`s Rumpelkammer"
16, Lerchenfelder Gürtel 17
Klassischer Jazztreff, mit Musik live und vom Band.

"After Midnight"
im Restaurant Beograd
4, Mühlgasse 15 (Ecke Schikanedergasse 7)
2-3 x pro Woche spätnächtliche Gigs junger Musiker, vorwiegend Modern Jazz.

ROCK

Von der Fülle der Rockbands und Austro- Stars Anfang der 8o-er Jahre konnten einige im Anschluß steile Karriere verzeichnen: an erster Stelle FALCO. Senkrechtstarter, der seinen ersten Hit mit "Der Kommisar" lancierte und mittlerweilen auf dem besten Weg ist, den "Lippizanern" in "Austria Image- Promotion" den Rang abzulaufen. Selbst in exotischen Ländern wie Guatemala war er wochenlang Nr. 1. Folgehits z.B. "Rock me Amadeus", die saftige Beträge in Millionenhöhe auf sein Konto schaufelten und auch die Promotionsarbeit seines GIG- Plattenchefs Markus Spiegel belohnten.

Nach wie vor im Geschäft die "1. Allgemeine Verunsicherung", STS mit ihrem Nr. 1- Hit (siehe Münchner Oktoberfest!), "I wü ham noch

Fürstenfeld ... " und weitere Gruppen, die wie STS einen Bestseller landen und danach in viel Kreativität nach neuen Bestsellern suchen...

Der Austro- Rockboom begann Ende der 6o-er/Anfang der 7o-er, als eine ungeheure Fülle an Rockbands und unabhängiger Klein- Kleinstlabels wie die Pilze nach warmem Sommerregen aus dem Boden zu sprießen begannen. Über viele wuchert heute dichtes Gras, nur die besten und kreativsten konnten sich durchsetzen.

"Da Hofa woas" verkündete WOLFGANG AMBROS Anfang der 7o-er und katapultierte sich mit einem Dialektsong auf echt wienerisch in die Hitparaden des Ö 3. "Ein Glückstreffer" mutmaßten damals die Kritiker und ahnten nicht, daß gerade dieser Wolfgang Ambros einer der Mitbegründer der "Wiener Liedermacherschule" werden sollte. Nach einer Kreativ- Pause ist Ambros heute wieder im Geschäft. -

Der andere Mann der ersten Stunde ist ANDRE HELLER, der faszinierende Satzkreationen schuf: "...die wahren Abenteuer sind im Kopf und sind sie nicht im Kopf, dann sind sie nirgendwo"). Später versuchte er sich als Zirkusmacher mit Ideen einer neuen Form von Zirkus (Zirkus "Roncalli") und machte in jüngster Zeit mit aufwendigen Feuerwerken, so in Lisabon und West- Berlin auf sich aufmerksam.

Mittlerweile hat Heller sich durch zahlreiche Fernsehauftritte längst auch in Deutschland sowie Gesamteuropa einen Namen gemacht und gilt als vielgefragtes Wiener Mysterium, das durch intellektuelle Eigenwilligkeit besticht und gelegentlich auch schon mal bewußt aneckt: so z.B. in der deutschen TV- Show "Bios Bahnhof". André Heller kokketiert mit der Genialität. Seine Platten sind Dokumente eines "surrealen Wienerlebens".

GEORG DANZER: textete zuerst für die Wiener Chanson Damen Marianne Mendt ("Meine Lieder sind wie Pistolen") und Erika Pluhar, sowie für Wolfgang Ambros. Seinen eigenen großen Durchbruch schaffte Danzer 1977 mit seinem "Nackerten im Hawelka" und wurde zum Austria- Top Star gekürt.

Fortan änderte er abrupt seinen Stil und war bald in Deutschland gefragter als in seiner Heimatstadt. Nach einer "Blödelphase" kam 198o die Besinnung: "ich habe keine Lust mehr, herumzublödeln. Meine Lieder

gehen jetzt ganz konkret auf politische, sozialkritische oder persönliche Inhalte ein, ohne irgendwelche Verschnörkelungen musikalischer oder textlicher Art" ließ er im April 198o von sich wissen.

Als "Entdeckung des Jahres 1979" feierte die Deutsche Phono Akademie den "Dunkelgraue Lieder"- Macher LUDWIG HIRSCH. Seine Lieder erzählen von Kindern, Verlierern und Ausgestoßenen. Er passt weder in die demonstrativ- bekennerische, noch in die schöngeistig- arabeske Schublade. Auch er faßte einen ganz spezifischen Teil des morbiden Wiener Flairs in Noten und Worte.

Daß dem Schauspieler und ehemaligem Rundfunksprecher heute "kaum noch Neues einfällt" und seine Texte zwischen "dunkelgrau" und "zartbitter" zu Phrasen geworden seien, werfen Ludwig Hirsch viele seiner Ex- Fans heute vor.

Zum Dauerbrenner mit "chansonettem" Gereim wurde RAINHARD FENDRICH. Nach einem überraschenden Sommerhit ("Strada del Sole") erwies sich der junge Wiener als beständiger Hitfabrikant, der mit steter Regelmäßigkeit die Konzerthallen füllt.

Ebenfalls zur alten Liedermacher Garde gehört PETER CORNELIUS. Seine Texte reichen von liebevoller Provinzschilderung hin zu Handfestem.In seinem Insel- Song sinniert er, daß er sich abarbeitet, um sich dann Dinge kaufen zu können, die er eigentlich garnicht braucht. Auf einer Insel zu leben, das wär das Senkrechte! "Aber zum Aussteigen bin ich viel zu feig..." resümiert er im Refrain und spricht damit vielen Leuten aus der Seele.

Aber auch deutsch- österreichische "Kombis" gab es: so schloß sich das erfolgreiche Wiener Duo Tauchen & Prokopetz mit den bundesdeutschen Humpe- Schwestern zur Gruppe "DÖF" (Deutsch-Österreichisches-Feingefühl) zusammen. "Im Sauseschritt" nahmen sie "die Liebe mit" (Liedtext) und landeten in den Hitparaden. Als weitere Hit- Treffer ausblieben, trennte sich die Band.

Verkaufszahlen:
6.5 Millionen mal : "Der Kommissar (Falco)
290.000 mal : LP "Es lebe der Zentralfriedhof" (Wolfgang Ambros)
250.000 mal : "Da Hofer" (Wolfgang Ambros)
220.000 mal : Strada del Sole" (Reinhard Fendrich)
200.000 mal : LP "Wien bei Nacht" (Reinhard Fendrich)
150.000 mal : "Wia a Glock´n" (Marianne Mendt)
80.000 mal : "Jö schau" (Georg Danzer)
30.000 mal : "Komm, großer schwarzer Vogel" (Ludwig Hirsch)

Neben den bekannten Liedermachern, die es geschafft haben und die man eher in den Konzertsälen als Wiener Beiseln antrifft, ist Newcomerszene der Liedermacher und Gitarrenzupfer reich:

Ihre bevorzugten Auftrittsorte sind die "Kulisse" (17, Rosensteingasse 39), Beisel mit Saal, originell und nicht zu teuer, aber etwas unzentral gelegen - das "Metropol" (17, Hernalser Hauptstraße 55) und neuerdings der "Rote Engel" eine Wein- und Liedermacherbar (weil`s so gut zusammenpaßt! 1, Rabensteig).

Weitere Tips siehe unsere Bezirkskapitel Wien!

THEATER

"Die Bretter, die die Welt bedeuten" - Bühne, Theater, Schauspielkunst: Das alles hat auch in Wien Platz, Rang und Namen und kann sich sehen und hören lassen.

Insgesamt rund drei Dutzend Theater und Kleinbühnen - seriös-traditionelle und avantgardistisch-bizarre - sorgen für ein volles Programm. Nicht immer für ein volles Haus, auf jeden Fall aber für ein breitgefächertes Kulturangebot, aus dem sich wählen läßt : Vom Burgtheater bis zum Ein-Mann-Theater oder zur Stegreifbühne. "Vorhang auf!"

KARTEN

Bei den kleinen Theatern auch direkt bei der Kasse leicht zu kriegen. Bei den Bundestheatern sind schriftliche Vorbestellungen oft unerläßlich. Vorgangsweise: Bestellschein beim "Bundestheaterverband", Goethegasse 1, 1010 Wien, anfordern. Gewünschtes angeben und ausfüllen und rasch wieder abschicken. Unter dem Motto "Wer zuerst kommt, mahlt zuerst", bekommt man die Karten zugeschickt.

Die Preise? Mit der teuren 1.800 Schilling-Opernkarte kann man immerhin "36 mal am billigsten Platz sitzen" - der kostet 50 Schilling.

KARTENVORVERKAUFS-STELLEN

Kartenvorverkaufsstelle der Bundestheater
1, Goethegasse 1
Tel. 53 240

Kulturreferat der Hochschülerschaft
(Studentenkarten)
Neues Institutsgebäude Universtitässtraße
Tel. 4300/2634

Österreichisches Verkehrsbüro
1 , Stephansplatz 10
Tel. 63 08 00

American Express International
1 Kärntner Straße 21-23
Tel. 52 05 44

Günthers (Schwab)
9, Währinger Straße 68
Tel. 34 54 58

TIP: In den Bundestheatern - also Staatsopern, Volksopern, Burgtheater und Akademietheater - werden 15 Minuten vor Beginn alle Restkarten um 50 Schilling an Schüler oder Studenten (Ausweis!) verkauft ! Anstellen lohnt sich fast immer: Oft gibt`s wahre Spitzenplätze (Normalpreis: 3.000 ÖS).

Achtung, gilt nur für Österreicher!

AKTUELLE SPIELPLÄNE

* Tourist-Info (siehe Faktenfundgrube)
* Tageszeitung
* Wiener Stadtzeitungen ("Wiener" oder "Falter")
* Litfaßsäulen
* Telefon- und Tonbanddienst: 15.18 wählen

BUNDESTHEATER

Besonderes Kennzeichen: Sie werden von Staatshand getragen und subventioniert. Den Löwenanteil der Subventionsmilliarde verschlingt die Staatsoper

STAATSOPER

1, Opernring 2

TraditionsreicherMusentempel,Wallfahrtsort für "Musikfreaks" aus aller Welt, Arbeitsplatz für Höchstverdiener, Aushängeschíld Nr. 1. Der ausgezeichnete Ruf, den die Oper nicht ohne Grund genießt, lockt Jahr für Jahr Wienbesucher in die "heiligen Hallen".

Auch wenn Herbert von Karajan grad nicht da ist (eigentlich pflegt er sich nur im Mai hierher zu verirren), gibt sich auch so die "Creme de la Creme" der Sänger und Dirigienten ein Stelldichein: Richard Strauß und nicht zu vergessen - sie alle sind in der Wiener Oper aus- und eingegangen und haben (mehr oder weniger zumindest) hier gearbeitet.

Hysterischer Starkult ist dem jungen Wiener Publikum (speziell Studenten auf den Stehplätzen) trotzdem fremd: Ehrlich und erbarmungslos wurden hier schon Operngötter ausgebuht, wenn das kritische Billigkartenpublikum deren Leistungen zum K.... fand. Nurejew hingegen feierte zum Beispiel als Balletstar ungeheure Staatsoperntriumphe, andere wiederum gingen "sang- und klangslos" an den Pfíffen der Zuseher zugrunde.

Alljährlich einmal gibt sich die Staatsoper tänzerisch beschwingt: Als ein - in die Dekadenz entgleistes - Ballvergnügen holt sich der WIENER OPERNBALL jeden Februar geeignete Finanzmelkkühe auf die Bühne. Aus " Schwanensee " entsprungene Romeos und Julias der internationalen "Jeunesse d` oree" paaren sich mit spesen-freundlichen Politikern und verarmten Bläulich-Blütigen.Geldadel immer dabei

Stehplatz-Countdown: 3 Stunden vor Vorstellungsbeginn läßt man die andrängenden Massen bei einem Seiteneingang in die Oper. 75 Minuten vor Beginn öffnet die Stehplatzkasse. 45 Minuten vor Beginn wird man auf die unnumerierten Stehplätze losgelassen. Mit Taschentüchern (eingestandene Cliquen verwenden Leintücher) werden die Plätze markiert.

Stehplatztips: Je nach Erwartungen kürzeres oder längeres Anstehen geraten. Kommt "Herrgott von Karajan" sowie bei Premieren,

Silvesterfledermäusen oder sonstigen Extratordinäritäten: Ausgabe von Zählkarten bisweilen schon am Vortag spätabends ca. 22.00 Uhr, mit Kontrolle frühmorgens um 6 Uhr (eventuell biwakieren!).

* Parterrestehplätze: Gute Sicht und großer Andrang, 20 ÖS
* Balkon : 15 ÖS
* Galerie:15 ÖS ganz oben,Stufen, auf die man sich während der Vorstellung setzen kann.

TIP: Aufführungen dauern mehrere Stunden, deshalb Jause oder kleinen Imbiß selbst mitbringen. Und noch etwas: Es gibt zwar tagsüber Führungen durch die Oper. Empfehlenswert allerdings: Stehplätze für die

Abendvorstellung kaufen und für weniger Geld eine (Selbst)-Führung mit Vorstellung genießen! Denn bei den offiziellen Führungen sieht man Prunkräume, Bühne, etc. alles für matte 25 ÖS, mit Führung durch's Theatermuseum 30 ÖS, Studenten und Kinder ermäßigt.

BURGTHEATER

1, Dr. Karl Lueger Ring 2

Großes Theater mit großer Tradition. Klassischer Hauch weht dem Besucher entgegen, großartige Aufführungen werden "zelebriert".

Höhepunkt der Exklusivität ist das Vorhangverbot für Burgschauspieler, das noch auf den Reformkaiser Josef zurückgeht, es wird sich auch bei wahren Applausstürmen von 1.500 begeisterten Burgtheaterbesuchern niemand nach der Vorstellung vor dem Publikum verneigen. Einzige Ausnahme: Die Kindervorstellungen.

Ehrenmitglieder werden selbst nach ihrem Ende auf die Bretter, die die Welt bedeuten, zurückgerufen. Ihre Särge werden von willfährigen Beamten in einer huldvollen Prozession einmal um den heiligen Theatergral geschleppt.

Mit der "Burg" sind untrennbar weltberühmte Bühnennamen verbandelt. Der Souffleuse Wort in ihrem Ohr: Boy Gobert, Käthe Gold, Rosa Albach Retty, Hedwig Bleibtreu, Paul Hoffmann, Werner Kraus, Josef Meinrad, Erika Pluhar und Paula Wessely und viele andere. Nicht wundern: in der "Burg" wird Burgtheaterdeutsch gesprochen - zwecks klar- deutlicher Artikulation.

Stehplätze: Parterre ist zu empfehlen , à 15 ÖS. Auf der Galerie (10 ÖS) ist die Entfernung zur Bühne zu groß.

3. RAUM AM SCHWARZENBERGPLATZ

1, Schwarzenbergplatz 1

Kleinableger der großen "Bühnenkuh" mit Auftritten der heimischen Autorenavantgarde. Von Ernst Jandl bis Peter Handke.

AKADEMIETHEATER

1, Lisztstraße 1

Enge Zusammenarbeit mit der Burg (das geht soweit, daß manchmal Stücke samt Besetzung fast ausgetauscht werden). Intimere, trotzdem aber moderne Atmosphäre und öfters zeitgenössiche, kritische Stücke . Einer der Schwerpunkte der letzten Jahre: zeitgenössische tschechische Autoren.

VOLKSOPER

9, Währingerstaße 78

Hier werden vor allem Operetten gespielt und Opern, die für das große Haus am Ring zu "leicht" oder auch zu "modern" sind. Das Niveau der Opernaufführungen ist unter dem der Staatsoper, aber die meisten Operettenaufführungen sind mustergültig und empfehlenswert. Preise entsprechend niedriger (um 250 Schilling schon einen guten Platz, Stehplätze um 10 bzw 15 Schilling).

Achtung: alle Bundestheater sind in den Monaten JULI und AUGUST geschlossen!

ANDERE THEATER
(teils staatlich subventioniert)

VOLKSTHEATER

7, Neustiftgasse 1
TEl. 93 27 76 (Tageskasse)

Sozialkritisches und Klassisches ("Egmont"....) kunterbunt gemixt. Zweitgrößte Wiener Sprechbühne. Bekanntes von Brecht oder Neues von Austro-Literaten à la Peter Turrini, zugleich aber auch Stücke, die am internationalen Theatermarkt grad en vogue sind.

Seit der "Berufung" Paul Blahas (ehemaliger Kulturkritiker) zum Bühnendirektor scheut man nicht davor zurück, unkonventionelle Bühnenpfade zu begehen.

* Volkstheater-Tourneen durch die Wiener Außenbezirke: Kunsthochschulen, Jugendcenter und Festsäle sind die Bühnen, gespielt wird meist leicht Verständliches mit stark gesellschafskritischer Tendenz.

* Porrhaus(Gewerkschaftshaus in der Treitlstraße, 5. Bezirk) : Einheimische Jungautoren ,Liedermacher,Avantgarde.

Theater in der Josefstadt

8, Josefstädterstraße 26
Tel. 42 51 27 (Tageskasse)

Theater mit bürgerlichem Touch. Dürrenmatt kommt und inszeniert seine Stücke selbst, andererseits werden aber auch "Enfant Terribles" der heiligen Bürgerwelt wie Schnitzler, Ödön von Horvath,... gehegt und gepflegt. Max Reinhardt hat hier vor einem halben Jahrhundert gewerkt. Stehplätze sichern! Lüster vor Beginn der Vorstellung beobachten: Wird emporgezogen!

Kammerspiele

1, Rotenturmstraße 20
TEl. 63 28 33 (Tageskasse)

Mit großem Publikumserfolg spielt die Josefstadt - Besetzung vorwiegend Boulevard-Stücke.

Theater an der Wien

6, Lehargasse 5
Tel. 57 71 51 (Tageskasse)

Die Fidelio-Uraufführung sitzt den Empiregemäuern noch tief in den Knochen, auch wenn allsommerlich die "lustige Witwe" in Serienproduktion geht. Traditionsreich und von der leichten Muse geküßt. Zarah Leander hat hier einst den Kehlkopf tanzen lassen, Johann Strauß war da zuhause!

Heute:

Musicals, - Endstation alter Broadwayproduktionen.
Seit Herbst 1983 wird "Cats" gespielt, ein Ende ist nicht abzusehen.

Komödianten im Künstlerhaus

1, Karlplatz 5
Tel. 57 05 04

Aus dem Keller aufgestiegen ins Künstlerhaus. Einfallsreich und engagiert von Gorki und Brecht bis zu Totalummodelungen à la Komödianten-Direktor Conny Hannes Meyer. Üppiges und für Liebhaber simpler Theaterkunst. Bisweilen allzu überladenes Bühnenbild. Von der Gemeinde Wien subventioniert.

Hans Gratzers Schauspielhaus

9, Porzellangasse 19
Tel.: 34 91 87 -0, Kasse: 34 01 01

Erfolgsrezept: altehrwürdige Stücke im neuen Bühnenkostüm. Resultat: Viel "aah und ooh" und echt wertvolle Produktionen. Aber auch bemerkenswerte aktuelle Stücke und Auftragsarbeiten. Fast immer ausverkauft. Schwierig, Studentenermäßigung zu ergattern.

ENSEMBLETHEATER

Im Treffpunkt Petersplatz
1, Petersplatz 1
Tel.: 52 28 52

Kultstätte der Erstlingsautoren. Risikoreiches Experimentaltheater, mal ein Erfolg, dann wieder ein Totalflop. 80 Einheitssitzplätze.

THEATER-FORUM

9, Porzellangasse 50
Tel.: 31 54 21

Von Transvestitenshow bis zu Performance-Theater. Kinoatmosphäre, gute Akustik.

THEATER DER COURAGE

1, Drachengasse 2
Tel.: 52 13 54 oder 53 14 44

Kellerbühne mit avantgardistischem Theatercharakter. Häufig Uraufführungen, ein unentbehrliches Stückchen im Wiener Kleintheatermosaik. Produktionen der letzten Zeit: "Der gute Gott von Manhattan" (Ingeborg Bachmann-Uraufführung), "Blut" (Käthe Kratz-Uraufführung)."Rumor" von Botho Strauß.

SCHLOSSTHEATER

13, Schloß Schönbrunn
Tel.: 82 31 36

Die "innere" Schönheit des einzigen reinen Barocktheaters von Wien bleibt den meisten Besuchern vorenthalten. Lediglich während der beiden Sommermonate gibt es die Möglichkeit, das Ensemble der Wiener Kammeroper und ihr Bühnenprogramm (Singspiele und Opern) "auf frischer Tat" mitzuerleben.

ATELIERTHEATER

6, Linke Wienzeile 6
Tel.: 57 22 75

Kleinkellertheater mit sehr per-sönlicher Note. Direktor Janisch betreut Publikum und Schauspieler gleichermaßen herzlich. Die Programmpalette umfaßt so ziemlich alles, was an Kleinbühnen möglich ist.

Tip: In der Tageszeitung nach-schau`n, was gerade gebracht wird.

GRUPPE 80

6, Gumpendorfersraße 67
Tel.: 56 52 22

Engagierte Theatertruppe, noch nicht sehr lange seßhaft. Spielt nicht nur (den unterschätzten) Nestroy, aber den hevorragend.

THEATER BRETT

6, Münzwardeingasse 2
Tel. 57 06 63 (ab 18 Uhr, sonst Tel.: 26 89 11)

Zwei tschechische Emigranten waren eine Zeitlang einer von wenigen Lichtblicken in puncto Experimentierfreudigkeit, der "alternativen" Theaterszene und stellen ihren Raum jetzt auch anderen Künstlern zur Verfügung.

SERAPIONSTHEATER

20, Wallensteinplatz 6
Tel.: 33 42 31

Einzigartig.Hat wie durch ein Wunder -wahrscheinlich eher mit Zähigkeit- den Krieg gegen behördliche Schwierigkeiten überlebt - und ist erfolgreich. Ein Spiel mit Pantomime, Tanz, Musik, Licht, Bewegung ... von Produktion zu Produktion besser.

In den letzten Jahren haben sich einige vagabundierende Theatergruppen niedergelassen, wir haben nicht alle erwähnt. Nach wie vor ohne fixen Spielort ist zum Beispiel das "Beinhardt-Ensemble" (bestehend aus ehemaligen Schülern des R...), das etwa mit einer guten "Leonce und Lena"-Aufführung in der Arena gastiert hat; da existiert etwa die Amateurgruppe "Wiegl", die mit viel Spaß und Einsatz "Theater der Unterdrückten" nach Augusto Boal macht. Und viele andere gibt es, von Jahr zu Jahr mehr!

Harlequin Marionettentheater
1, Maysedergasse 5

Polit- Parodien für Erwachsene und Kinder

Urania-Puppentheater
1, Uraniastraße 1

✶ ENGLISCHSPRACHIGE THEATER

VIENNAS ENGLISH THEATRE

8, Josefsgasse 12/9 a
Tel.: 42 12 60

Wien als UNO-Stadt - und schon geht das "Geschäft". Mit Spannung und Qualität hält man das Publikum bei der Stange. Gelegentlich verirren sich Hollywood-Schauspieler hierher.

INTERNATIONAL THEATRE

9, Porzellangasse 8
Tel.: 31 62 72

Im heißen Konkurrenzkampf mit dem English Theatre. Was an Größe und Popularität fehlt, wird durch Ideenreichtum wettgemacht.

HARLEQUIN MARIONETTENTHEATER

1, Maysedergasse 5

Polit-Parodien für Erwachsene und Kinder

URANIA-PUPPENTHEATER

1, Uraniastraße 1

★ THEATER KURIOSA

HERBERT LEDERER`S THEATER AM SCHWEDENPLATZ

1, Franz-Josefs-Kai 21
Tel.: 63 20 973

Ein-Mann-Theater mit familiärer Atmosphäre. Frau Lederer sitzt an der Kasse, kümmert sich liebenswürdig um die Gäste und erledigt den technischen Teil der Aufführung. Zu jedem Sitzplatz gehört ein nummerierter Kleiderhaken, an dem man sein Mäntelchen aufhängt, bevor Herr Lederer loslegt. Im Sommer findet man die Lederers in ihrem Theater im salzburgischen Zell am See.

TSCHAUNERS STEGREIFTHEATER

16, Maroltingergasse 43

Freilichtbühne für warme Abende. Letzte Relikte des alten Wiener Volkstheaters aus dem vorigen Jahrhundert. Ein Riesenspaß mit Stegreifgags, bei Würstl mit Senf und ganz und gar "un-theater-gemäßer" Atmosphäre.

Nur bei Schönwetter!

PRADLER RITTERSPIELE

1, Biberstraße 2
Tel. 52 54 00

Ja, der Ritter Kunibert, mit dem langen Gummischwert, küßt Burgfräulein Kunigund, bis ihr plötzlich schlecht wird und ... Bravo. Applaus. "Nomol, Noa-mol!!!" - Und schon geht`s wieder los. Ob da der Kopf des Delinquenten schon zum dritten Mal die Schüssel unter dem Fallbeil frequentiert, ob der feiste Ritter Egmont bereits zum vierten Mal die Stiege `runterpurzelt, weil es die johlende Menge so wünscht, - für einen Abend sind die Rittersleut` von anno dazumal wieder im Rennen.

Die besten Gags werden auf Wunsch beliebig wiederholt. Kurz und gut: Gaudigstes Mittelalter für wirklich jedes Alter.

KINO

Weg vom Patschenkino zur Leinwand! Trotz Kinosterben in den Rand-bezirken feiert die Filmkunst "fröhliche Urständ". Quer durch den Leinwand-Garten von Avantgarde und Pornoquark eine kleine Auswahl. - Ausführliche Kino-Programme in den Tageszeitungen ("Kurier", "Kronenzeitung") und in den Stadtzeitungen ("Wiener", "Falter").

1. Die Anspruchsvollen

"Burg-Kino"
1, Opernring 19
Filme in Originalfassung (meist in englisch).

"Urania"
1, Uraniastraße 1
Sternwarte und Volksbildungszentrum mit mehreren Kinosälen. Hier wird anschließend auch über Filme diskutiert (wie bei der "Viennale" im Künstlerhaus).

"Österreichisches Filmuseum"
1, Augusinerstraße 1 (in der Albertina)
Mit wöchentlichem oder monatlichem Schwerpunktprogramm. Aus einem riesigen Archiv wird ausgewählt: Stummfilme, hypermoderne Experimentalfilme, Avantgardistisches, Dokumentarzelluloidstreifen etc. Auch hier "darf" diskutiert werden.

"Österreichisches Filmarchiv"
1, Rauhensteingsse 5
Katalogisiert und archiviert vor allem heimische Filmproduktionen. Über 20 Tausend Zelluloidrollen werden in "Frischhaltepackungen" gezwängt und restauriert. In enger Zusammenarbeit mit dem Österreichischen Filmmuseum werden Retrospektiven zusammengestellt (siehe vorige Seite).

"Cine-Studio der TU"
6, Getreidemarkt 9 (Audi Max der TU Wien)
Erfreuliche Initiative der Österreichischen Hochschülerschaft. Während des Semesters 2 mal pro Woche: meist kritische, non- und kommerzielle Filme.

"Stadtkino"
3, Schwarzenbergplatz 7
Seit seiner Eröffnung im Winter 82

zum Cineastentreff geworden. Zeigt anspruchsvolle Filme (wie das Filmmuseum fremdsprachige Filme in Originalversion) angenehmerweise gleich ein paar Wochen lang. Freitags und samstags Mitternachts-, samstags und sonntags Mittagsvorstellungen. Auch Videothek und Verleih; ausführliche Programmblätter.

2. "Andere" Kinos

"Schikaneder-Kino"
4, Margaretenstraße 24
Anspruchsvolle, z.T. fremdsprachige Filme (mit Untertitel) Spätvorstellung 22 Uhr.

"Movie"
5, Schönbrunnerstraße 12
Vom Halb-Experimentalfilm zu Retrospektiven. Des öfteren auch Filme, die im "Herstellungsland" selbst verboten sind.

"Star-Kino"
7, Burggasse 71
Ähnlich wie "Movie", schicken auf Wunsch das Programm ins Haus. Besitzt eigenen Verleih. Nachtvorstellungen ab 22 Uhr.

"Admiral"
7, Burggasse 119
Von "Star-Kino"-Leuten gestaltetes Programm. Begründete zusammen mit dem "Star" die Wiener Alternativ-Kino-Szene.

3. Repertoire-Kinos

"Gartenbau-Kino"
1, Parkring 12
Premierenkino. Vor der Abendvorstellung hüpfen manchmal Modemäuse zur Belustigung des Publikums. Danach meist monströse Sensations-Schinken a la "Superman".

"Imperial-Kino"
1, Rotgasse 9
Gemischtes Programm.

"Kreuz-Kino"
1, Wollzeile 17
Moderne Lichtspiel-Halle

"Opernkino"
1, Friedrichstraße 4
Bei guten Filmen meistens restlos ausverkauft. Kartenbestellung lohnt sich.

"Metro-Kino"
1, Johannesstr. 4
Immer für Überraschungen gut.

"Ohne Pause-Kino"
1, Graben 29
Normales Kino, trotz seines Namens mit Pausen.

Kruger-Kino
1, Krugerstraße 5
Gemischtes Programm.

Flotten-Center
6, Mariahilferstraße 57
In kleinstem Raum oft Filme, die man woanders nicht zu sehen bekommt.

Tuchlauben
1, Tuchlauben 7

City Kino-Center
1, Tuchlauben 13
3 Kinos mit gemischtem Programm.

Votivpark-Kino
9, Währingerstr. 12
Hauptsächlich Kinderfilme. Auch Zeichentrick-Freunde kommen hier voll auf ihre Kosten.

4.) SEX - KINOS

Für alle, denen die "Frau ohne Unterleib" im Wiener Wurstel-Prater zu wenig war:

Rondell-Raucherkino
Barbusige Angestellte in Sachen "Liebe" versprechen viel und halten wenig. Die Spätvorstellungen durchzieht bisweilen ein Gestöhne, das an Lärm einer mittleren Folterkammer heranreicht. Dementsprechend ist die Thematik der Filme.

Schäffer
Wie oben, nur "oben mit".

Mariahilfer
Wie oben.

Praterstern
Nicht einmal mehr wie oben. Alle 10 Minuten lustvolles Erbeben des gesamten Kinosaales, - wegen der S-Bahn, die schön regelmäßig zum kollektiven Orgasmus beiträgt.

CABARET

Fledermaus
1, Spiegelgasse 2
Tel. 52 84 38. 21.00 - 2.00 Uhr. 2-Std.-Prgramm von 21 h an. So. geschlossen, Mo. nur Barbetrieb, Juli und August zu. Musikalisches Kabarett mit Gesang und Tanz, - z.B. Kishon-Slapsticks oder Kurzgags.

Casanova Revue-Bar
1 , Dorotheergasse 6-8
Tel. 52 98 45. 20.00 bis 6.00 Uhr. Programmbeginn jeweils 21.30 und 24.00 Uhr. Die Wiener Eros-Revue. Trotz vergleichsweiser Harmlosigkeit zu anderen mittel- und nordeuropäischen Städten für Liebhaber erotischer Darbietungen empfehlenswert. Sehr aufwendig gestaltetes Show-Theater mit raffinierten Licht- und Toneffekten. Im Erdgeschoß Nachtclub mit Tanz ab 22.00 Uhr.

Simpl
(Kabarett "der Bunte Wagen" im Simpl)
1, Wollzeile 36
Tel. 52 47 42.Abendvorstellungen täglich außer Sonntag.

Kino-Kuriositäten:

"Bellaria- Kino"

7, Museumstr. 3

Von Hans Albers bis Hans Moser. Publikum: Oma bis Enkel. Lohnt sich wegen des Flairs.

Lilian Harvey, Willy Fritsch, Conrad Veidt

in einer Charell-Inszenierung der Erich-Pommer-Produktion der Ufa

DER KONGRESS TANZT

Verfaßt von Norbert Falk und Robert Liebmann

Musik und musikalische Leitung: Werner R. Heymann

unter Verwendung von Alt-Wiener Kompositionen

WIEN MUSEEN

In Wien geistert ein böses Wort herum: Die Donaumetropole beherberge mehr Museumswärter als Museumsbesucher. Das stimmt nicht! Immerhin geben sich alljährlich rund 3 MILLIONEN BESUCHER dem vielfältigen Genuß eines Museumstrips hin. Fast zur Gänze Ausländer natürlich. Wenn der Wiener von Kultur spricht, meint er Musik. Kunst ist für ihn "ident" mit allem Anderen als Archiviertem.

"Seine" Oper, "seine" Burg und "seine" Josefstadt stehen als heilige Kulturkühe in vorderster Front des Wiener Kunstgeschehens.Und während sich ein Wiener von Rang und Namen an einem klarerweise ererbten "Burgtheater Abonnement" delektiert, nimmt eine überwältigende Masse die Fülle der Wiener Museenlandschaft weniger zur Kenntnis.

Hinter Theater und Musik treten alle anderen kulturellen Ambitionen weit in den Schatten. Kaum 500 regelmäßige Ausstellungsbesucher stehen einem hunderttausende zählenden Musik- und Theaterpublikum gegenüber, obwohl die österreichische bildende Kunst einige junge echte Kunsttalente aufweist.

Museumschauvinisten also sind die einheimischen Wiener keine. Grund dazu hätten sie jedoch sehr wohl: Gibt es doch kaum eine andere Stadt Europas, die ihre ungestüme und recht vielseitige Geschichte so eindrucksvoll und so gelungen dokumentiert.

Europas einstiger zentraler Knotenpunkt, wirtschaftliche und kulturelle Schaltstelle, vermischt mit einem Hauch von Donaumonarchie - das alles ist in den gut 50 Sammlungen der ehemaligen Residenzstadt präsent geblieben.

Die Lobeshymne auf die Neigung Wiens, alles, was Menschen und Natur in diesem Landstrich jemals hervorgebracht haben, zu sammeln und museal zu archivieren, wird allerdings jäh von erheblichen Dissonanzen

Die Lobeshymne auf die Neigung Wiens, alles, was Menschen und Natur in diesem Landstrich jemals hervorgebracht haben, zu sammeln und museal zu archivieren, wird allerdings jäh von erheblichen Dissonanzen unterbrochen, faßt man den völligen WIRR WARR der ÖFFNUNGSZEITEN ins kunstbegeisterte Auge: Sie machen es den meisten Museums-fanatikern zumindest schwer, sich in dem musealen Labyrinth zurechtzu-finden.

Daher wichtig: Ob Albertina, Schloß Schönbrunn oder das Ziegelmuseum (es scheint das einzige der Welt zu sein): Öffnungszeiten beachten!!

Noch etwas: sich Zeit nehmen! Allein im Kunsthistorischen Museum kann man monatelang herumwandern, ohne es jemals wirklich ganz kennengelernt zu haben... Man picke sich am besten einen besonderen Kunstleckerbissen heraus, die Breughel Sammlung beispielsweise, oder die Kollektion von Bildern aus der Dürerzeit. Unbedingt ein oder zwei Museumskuriositäten anschauen: Ein Zirkus- und ein Clownmuseum, ein Glocken-, ein Tabakmuseum, ein Uhren- und (wie könnt`s denn anders möglich sein) ein Musikmuseum entlocken selbst dem hartgesottensten Manager manch erstauntes Schaudern.

Was die jeweils aktuellen Ausstellungen der zahlreichen Wiener Galerien anbelangt, ist es am Besten, sich in den jeweiligen Tageszeitungen zu informieren. Auch die beiden Programmzeitungen "FALTER" bzw. "WIENER" geben relativ gute Übersicht. Unbedingt von Vorteil für den Galeriefreund der Moderne ist ein periodisch an den Litfaßsäulen angeschlagenes Kollektivplakat, das von "A - Z" und Groß und Klein sämtliche Hinweise auf Sonderveranstaltungen und Ausstellungsreihen wie zum Beispiel Vorträge, Lesungen, musikalische Abende und vieles mehr enthält.

- ★ Extra erwähnt sei im Besonderen die Galerie Würthle (Weihburggasse), von der aus bereits etlichen jungen Malern und Zeichnern der Sprung in die internationale Kunstszene gelang.
- ★ Mammutausstellungen der Künstler-Spitzenklasse in der Sezession (6, Friedrichstraße 12).
- ★ So wie Galerie St Stephan (1, Grünangergasse 1)

Bezirksmuseen:

dürfte eine Wiener Spezialität sein,- haben wir noch in keiner anderen Großstadt gefunden: "Bezirksmuseen"! Viel Lokalkolorit, oft auch amateurhaft aufgezogen mit Details aus den Annalen der Stadt. Kombiniert mit einem Museumsverein (schön hierarchisch und mit Mitgliedsbeitrag).

Problematisch sind dagegen die Öffnungszeiten (z.B. nur Sonntag 10.00 - 12.00 Uhr), weil auch kaum besucht (schade!). Also: Ruhig mal reinschnuppern (Adressen im "Bezirksteil")!

Hilfreiche Tips für den Museumsbesuch in Wien:

* Staatliche Museen: Kostet für die 10-Punkte-Karte für Erwachsene 70.- ÖS und gilt für alle Staatlichen Museen. In der folgenden Liste als (△) gekennzeichnet.

  Abgerechnet wird dann per "Punkt- Abknipsen". Eine normale 1o ÖS-Eintrittskarte gibt 1 Punkt, - eine 2o ÖS- Karte 2 Punkte etc. Wer mehrere Museen vorhat, kann sich mit der 1o- Punkte Karte somit etwas Geld sparen.

  Städtische Museen (in folgender Liste als "o"gekennzeichnet), bieten ebenfalls eine 1o- Punkte Karte an, die für Erwachsene 8o ÖS kostet. Abgerechnet wird nach dem selben System.

* NULLTARIF: in den Städtischen Museen ist am Freitag der Eintritt frei, - allerdings nur am Vormittag und nur dann, wenn der Freitag nicht auf einen Feiertag fällt. Weiterhin ist der Eintritt am Sa., So. und Feiertag in der Zeit zwischen 1. Sept. und 3o April für jedermann frei.

  Für die Gemäldegalerie der Akademie der bildenden Künste und fürs Heeresgeschichtliche Museum gilt dieser Gratistarif (Sa., So., Feiertag) für die Zeit vom 1. Okt. bis 31. März.

* Studenten mit Ausweis (nationaler oder internationaler) und Kinder bis 14 Jahren haben bei allen größeren Museen freien Eintritt.

* Am besten keine Schuhe mit Gummisohlen tragen, wenn man vom musealen Bildungshunger befallen wird: sonst wird jeder Schritt zum Quietscher und aus ist´s mit der inbrünstigen Versunkenheit.

* Die offizielle Museums-Broschüre mit den aktuellsten Infos gibts beim Tourist-Center in der Opern-Passage.

Sämtliche hier aufgeführten Museen sind in unserer **Übersichtskarte** zu finden. Siehe jeweils seitliche Index-Nummer.

MUSEEN ALTE KUNST

ALBERTINA

1, Augustinerstraße 1
Tel. 52 42 32 **1** △

Mo.- bis Do. 10.00-16.00 , Mi. 10.00-18.00, Fr. 10.00-14.00 , Sa. 10.00-13.00 Uhr, geschlossen an allen So im Juli und August

Der Welt größte und, - wie frenetische Kunstliebhaber meinen, schönste Graphik-Sammlung. Dürer, Leonardo, Raffael, Rubens, Michaelangelo, Rembrandt und Schiele geben sich quer durch die Kunst-Jahrhunderte die Hände. Glatt unmöglich, an einem Nachmittag auch nur annähernd die vielen anderen graphischen Künstler "zu schaffen", die sich dem erstaunten Kunstliebhaberauge beinahe lückenlos vom 15.Jahrhundert bis zur Gegenwart präsentieren.

Entstanden ist die Monstersammlung "Goethemuseum des Goethevereins", wie sie genau heißt, aus den Sammlungen des alterehrwürdigen Herzog Albert von Sachsen-Teschens und dem Kupferstichkabinett der Kaiserlichen Hofbibliothek. Ob er sich das wohl hätte träumen lassen ?

TIP: Schöne Kunstpostkarten (z.B. Rubensmotive etc., ÖS 5,--) oder Posternachdrucke von ausgestellten Kunstwerken in der Preisklasse von S 160 - 230.--. Außerdem Dias zu S. 10.-.

Die Albertina beherbergt außerdem noch folgende Sammlungen:

Musiksammlung der Nationalbibliothek
Mo,Mi.undFr.9.00-13.00, Di.12.00-15.45, Do.12.00-18.45.

Papyrussammlung der Nationalbibliothek
Lesesaal und Austellung Mo.9.00 - 18.45, Di.-Fr.9.00-13.00 Uhr

Studiersaal der Graphischen Sammlung Albertina
Mo. - Do. 13.00 - 16.00 Uhr. Ist im Juli und August geschlossen.

MUSEEN

1 Albertina, Österr. Filmmuseum
2 Kunsthistorisches Museum
3 Naturhistorisches Museum
4 Niederösterreichisches Landesmuseum
5 Feuerwehr-Museum
6 Uhrenmuseum der Stadt Wien
7 Museum des österr. Freiheitskampfes
8 Römische Ruinen (Hoher Markt)
9 Gedenkstätte für die Opfer des österr. Freiheitskampfes
10 Erzbischöfl. Diözeseanmuseum
11 Alte Schmiede
12 Österr. Theater-Museum
13 Gemädegalerie der Akademie der bildenden Künste
14 Historisches Museum der Stadt Wien
15 Österreichische Galerie
16 Bestattungsmuseum
17 Museum des 20. Jhd.
18 Heeresgeschichtl. Museum
19 Museum für Hufbeschlag, Beschirrung und Besattelung
20 Bundessammlung alter Stilmöbel
21 Alte Backstube
22 Österr. Museum für Volkskunde
23 Museum des Instituts für Geschichte der Medizin (Josephinum)
24 Sigmund Freud-Museum
25 Museum Moderner Kunst im Palais Liechtenstein
26 Zirkus- und Clownmuseum
27 Esperanto-Museum, Hoftafel und Silberkammer
28 Museum für mittelalterliche österreichische Kunst
29 Kaisergruft (Kapuziner-Kirche)
30 Neue Galerie in der Stallburg
31 Schatzkammer
32 Österreichisches Barocmuseum
33 Haus des Meeres
34 Museum für Völkerkunde, Ephesos-Museum
35 Österreichisches. Museum für angewandte Kunst
36 Technisches Museum für Industrie und Gewerbe

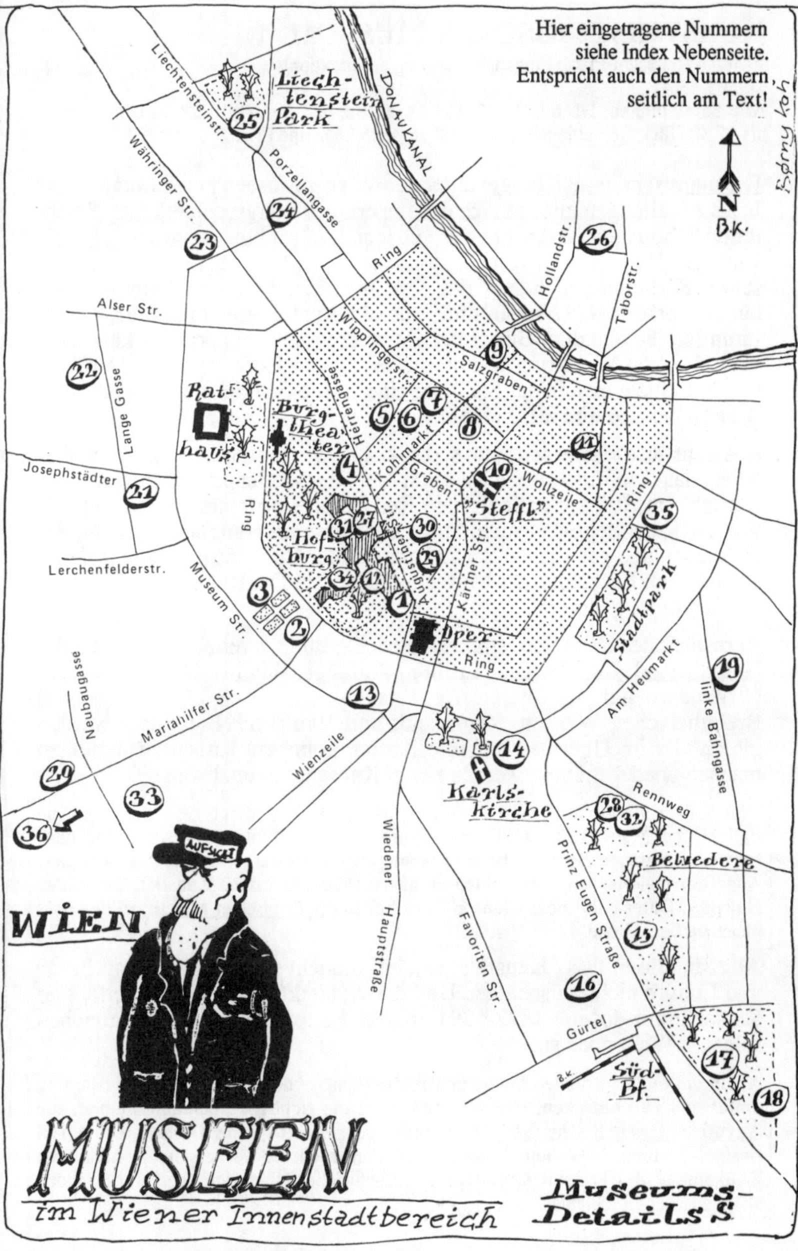
Hier eingetragene Nummern
siehe Index Nebenseite.
Entspricht auch den Nummern,
seitlich am Text!
N
B.K.
Liechtenstein Park
Liechtensteinstr.
Währinger Str.
Porzellangasse
Donaukanal
Ring
Hollandstr.
Taborstr.
Alser Str.
Wipplingerstr.
Salzgraben
Lange Gasse
Rathaus
Burgtheater
Herrengasse
Kohlmarkt
Graben
Wollzeile
"Steffl"
Josephstädter
Ring
Hofburg
Augustinerstr.
Kärntner Str.
Lerchenfelderstr.
Museum Str.
Oper
Ring
Stadtpark
Am Heumarkt
Neubaugasse
Mariahilfer Str.
Wienzeile
linke Bahngasse
Karlskirche
Rennweg
Wiedener Hauptstraße
Favoriten Str.
Prinz Eugen Straße
Belvedere
Gürtel
Süd-Bf.
WIEN
AUFSICHT
MUSEEN
im Wiener Innenstadtbereich
Museums-Details S
1
2
3
4
5
6
7
8
9
10
11
12
13
14
15
16
17
18
19
20
21
22
23
24
25
26
27
28
29
30
31
32
33
34
35
36

KUNSTHISTORISCHES MUSEUM

1,Maria-Theresien-Platz (Eingang), Burgring 5 (Direktion) **2** △
Tel. 93 45 41
Alle Sammlungen: Di. bis Fr. 10.00 - 18.00, Sa. und So. 9.00 - 18.00 Uhr (Einlaß bis 17.30 Uhr). Gemäldegalerie I und II zusätzlich Di. und Fr. 18.00 -21.00 Uhr.

Die unumschränkte Königin unter den Wiener Museen und Sammlungen! In 12 Abteilungen gliedert sich das Imperium kulturgeschichtlichen Reichtums. Schon lang ist das Museum über sich selbst hinausgewachsen, - die heute im Verband des Kunsthistorischen Museums zusammengeschlossenen Sammlungen haben das Fassungsvermögen des Stammhauses längst gesprengt. Ursprünglich nur als Ausstellungsraum für Kunstsammlungen aus dem Besitz der Habsburger gedacht, kamen kurz nach dem Zweiten Weltkrieg Räume in der Neuen Hofburg dazu. Darüberhinaus richtete man in der Stallburg eine "Neue Galerie" mit Plastiken und Bildern des 19. und 20. Jhd. ein.

Das kunsthistorische Museum selbst kann,- wie sein Spiegelbild-Bau Visà-vis , das Naturhistorische Museum -der Ringstraßenperiode zugerechnet werden. Im Stil der italienischen Renaissance errichtet, gaben sich die Wiener Kunstliebhaber nicht lange mit ihrem ursprünglichen Inhalt, der weltlichen und geistlichen Schatzkammer, der Gobelinsammlung und den eigentlichen Beständen des Museums zufrieden: Der Ruf nach mehr Raum wurde immer lauter.

Kernstück des Sammlungstraktes blieb allerdings zweifellos bis heute die Gemäldegalerie. Sie geht in ihren Anfängen bis ins 16. Jhd. zurück. Nirgendwo auf der Welt erfreut das Auge eine solche Menge von Breughelschen Werken, Rembrandt und Van Dyck-Liebhaber werden gleichfalls im Übermaß auf ihre Kosten kommen. Rubens-Rundungen machen wieder munter, wenn`s zuviel Kunst auf einmal war.

Von Kaiser Rudolph II. und Erzherzog Wilhelm in Brüssel gesammelt, ist die italienische Malerei gleichfalls reichhaltig. Tizian, Tintoretto, Verones und ganz besonders Bernado Bellotto, besser bekannt als Canaletto, gelingt es, des Besuchers Auge mit malerischen Schönheiten zu überschütten. Deutsche Künstler, die beiden Holbeins, Dürer und Lucas Cranach , - verhelfen der Deutschen Malerei zu durchaus gleichwertiger Größe.

Alles in allem: Das "Kunsthistorische" braucht den Vergleich mit Prado und Louvre nicht zu scheuen. Und das architektonisch sehenswerte, von Kaiser Franz-Joseph 1872-1891 erbaute Haupthaus muß seinesgleichen selbst in Wien noch suchen.

Allein um die kostenbaren Sammlungen, die es außer der Gemäldegalerie noch gibt, umfassend zu entdecken, sind Stunden nicht die richtrige Rechnungseinheit: die Ägyptisch-Orientalische Sammlung zum Beispiel enthält eine Unmenge zum Teil riesiger Statuen, Tier- und Menschenmumien, nicht zu vergessen die komplette Kultkammer des Prinzen Kaninisut. Unentbehrlicher Überblick über alle Perioden altägyptischer Geschichte

Nicht weniger reichhaltig präsentiert sich die Antikensammlung dem Besucher. Viel klassisch griechisch-römisches Altertum, darunter die Gemma Augustea, das prachtvollste Werk antiker Steinschneidekunst der Welt.

Last but not least, die Sammlungen für Plastik und Kunstgewerbe. Ihr Prunkstück, Benvenuto Cellini`s goldenes Salzfaß, zählt zu den international bekanntesten Objekten. Die Wiener Goldschmiedekunst ist überhaupt stark vertreten: Wer weiß schon, daß Ihre Durchlaucht, Kaiserin Maria Theresia, von gerade diesem vergoldeten Frühstücksgeschirr ihre erste Mahlzeit einnahm?

3 weitere Sammlungen sind in der NEUEN BURG (Eingang am Heldenplatz) untergebracht:

Die Waffensammlung:

Geöffnet: Mo.,Mi.- Fr. 1o - 16, Sa,So. 9 - 16 Uhr **34**△

Wirksamster Beitrag zum Wettrüsten der Großmächte. Nach einem Kurzbesuch im Inneren der Waffenkammer und einer Umstellung der heutigen Rüstungsindustrie auf den antiken Stand wäre der Frieden in der Welt auf weiteres gesichert. Oder auch nicht, denn:

Die Kriegsgeräte und Produkte europäischer Waffenschmiedekunst vom 15. bis ins 19. Jahrhundert waren in grauer Vergangenheit durch-aus imstande, riesige Blutbäder anzurichten. Waffenliebhaber Kaiser Friedrich III. setzte um 1450 den Grundstein zur - wie Fachleute meinen - "größten Waffenkammer des christlichen Abendlandes".

Die Sammlung alter Musikinstrumente

Geöffnet: Mo., Mi. - Fr.:1o - 16, Sa, So. 9 - 16 Uhr **34**△

Klaviere, auf denen einst Schumann, Brahms und Beethoven geklimpert haben, Cembalos, Spinetts und Clavicords - für Neugierige und Freunde alter Musik sicher eine besondere Rarität.

Ephesos-Museum

Geöffnet: Mo., Mi. - Fr.: 1o - 16, Sa./So.: 9 - 16 Uhr **34**△

Eigentlich ist ein Sultan dran schuld: als um die Jahrhundert-Wende österreichische Archäologen in Ephesos (ehemaliges Kleinasien) die bisher imponierendsten Zeugnisse einer längst vergangenen Kulturepoche an`s Tageslicht beförderten, machte ihnen der dort ansässige Herrscher ihre Funde zum Geschenk. Kurzerhand vom österreichischen Kaiser kassiert, wanderten sie in die Neue Burg, - wo sie auch heute noch stehen.

Imposant, gewaltig und bedrohend: ein 8 x 4 m großes Modell des antiken Ephesos bestärkt den Eindruck von der Größe und Pracht dieser einst so bedeutenden Stadt. Ein schönerer Rahmen als die Architektur dieses neuesten Traktes der Hofburg dürfte kaum möglich sein.

Von einem 8-eckigen Grabmal-Bau ist ein von 2 Säulen umfaßter 15 (!)

Meter hoher Sektor ausgestellt. Und unter den Skulpturen ist die Statue eines 1,91 m großen Athleten im wahrsten Sinne des Wortes "hervorragend" (sie wurde übrigens aus 234 Bruchstücken mühevoll zusammengeflickt.)

NATURHISTORISCHES MUSEUM

1, Maria Theresien-Platz (Eingang), Burgring 7 (Direktion)
Tel. 93 45 41.
Täglich außer Di. 9.00 - 18.00 Uhr. **3**△

Gleich vis-à-vis des Kunsthistorischen Museum. Nicht weniger prachtvolle Außenfassade im typischen Ringstraßenstil. Frauenliebhaber kommen genauso voll auf ihre Rechnung ("Venus von Willendorf", gut und gerne 24.000 Jahre alt) wie Liebhaber seltener Insekten. Acht Abteilungen mit zum Teil außergewöhnlichen, umfangreichen Natur-Inhalten lassen das "Naturhistorische" zu einer der größten naturwissenschaftlichen Sammlungen Europas werden.

Große Dinosaurierskelette erleichtern die Vorstellung, wie die urzeitliche Tierwelt lange vor der Entstehung des ersten Menschen ausgesehen haben mag. Ein 117 Kilogramm schwerer Riesentopas, glitzerndes Prachtstück der Edelsteinsammlung, macht nicht nur Kinderaugen ungläubig blinzeln, und neben einem Juwelenbouquet, das Maria Theresia ihrem sammeleifrigen Franz Stephan schenkte, verblaßt auch die goldenste Uhr am Arme der Besucher.

Im Museum selbst ein eigener Kindersaal, eine Krabbelstube mit kinderleicht zu bedienenden Mikroskopen und haufenweise kinderfreundliche Schauobjekte eingerichtet. Und während sich die Kleinen spielend in Mutter Natur vertiefen, vertieft sich Papa hochinteressiert in seine kugelrunde "Venus", das uralte Fruchtbarkeitssymbol, das wohl der wichtigste Beleg der Cromagnon-Kultur auf österreichischem Boden ist.

GEMÄLDEGALERIE DER AKADEMIE DER BILDENDEN KÜNSTE

1, Schillerplatz 3, Tel. 588 16 0
Di., Do., Fr. 10 .00 - 14.00 Uhr, Mi. 10.00 - 13.00 Uhr, 15.00 - 18.00 Uhr, Sa./So,Ftg.9.00 -14.00 Uhr, Führungen Sa. 10.30 Uhr. Geschlossen: 15.11. **13**△

Größere Sammlung alter Meister: holländische und flämische Meister, venezianische Veduten, das berühmte "Jüngste Gericht" von Hieronymos Bosch, sowie eigene Werke der Professoren der Akademie der Bildenden Künste. Weniger bekannte Werke ziemlich bekannter Leute: Van Dyck, Cranach d.Ä., Rubens, Botticielli, Maulpertsch, Tizian u.a.

ÖSTERREICHISCHES BAROCKMUSEUM

Museum mittelalterlicher österr. Kunst

3, Unteres Belvedere (Rennweg) , Direktion: 3, Prinz Eugen Straße 27.
Tel. 78 11 14 - 0. Täglich außer Mo. 10.00 - 16.00 Uhr **24/32**△

Das Belvedere, Wiens Sommer-schloß seit Prinz Eugen von Savoyen, des edlen Ritters, ist nicht nur von außen schön anzusehen. Eine nicht uninteressante Sammlung der Werke österreichischer bildender Künstler sagt bestimmt weit mehr aus, als blindlings konsumierte Reiseführer.

Das "Österreichische Barockmuseum" im Unteren Belvedere (dem nördlichen Abschluß der Parkanlage) lädt zu einer Bildvisite ein. Die Gesellschaft hier ist nicht die schlechteste: neben Werken von Rottmayer, Altomonte und Kremser-Schmidt gesellen sich noch die größten Sammlungen der Werke von Messerschmidt, Donner und Maulbertsch zu den original antiken Brunnenfiguren vom "Donnerbrunnen" dessen Atrappe jetzt im Wiener Zentrum steht). Augenweide: die Räumlichkeiten mit Holztäfelung.

Das "Museum mittelalterlicher österreichischer Kunst" ist in der nahen Orangerie zu finden. Bilder von Rueland Frühauf, Michael Pacher und Conrad Laib.

MUSEEN

MODERNE KUNST

MUSEUM MODERNER KUNST

Palais Liechtenstein
9, Fürstengasse 1
Tel. 34 12 59/34 63 06
Täglich außer Di. 10.00 -18.00 Uhr. **25**△

Spitzenmuseum für Liebhaber der Kunstströmungen aus den letzen 30 Jahren. Kreuz und quer sind alle wichtigen internationalen und österreichischen Richtungen und Tendenzen vertreten: Realismus, Surrealismus, Fotorealismus, Objektkunst, Geometrische Abstraktion, Pop Art, Neuer Realismus, Aktionskunst und Happening sind durch die Bank außergewöhnlich geschmackvoll und übersichtlich präsentiert.

Nicht umsonst haben weltberühmte Mäzene Wien ihre großzügigen langfristigen Leihgaben vermacht: Beginnend mit dem deutschen Schokoladefabrikanten Ludwig unterlagen sie alle dem reizvollen Rahmen des Palais der Fürsten von Liechtenstein im Alsergrund. Neben der aus Köln angekauften Sammlung Hahn gibt es auch noch Stücke aus staatllichem Besitz zu sehen.

Kleiner Brainstorming-Namenskatalog: Derain, Ernst, Kirchner, Klimt, Kupka, Magritte, Piccasso, Schiele, Beuys, Christo, Dubuffet, Hamilton, Warhol und natürlich viele österreichische Kunstglanzlichter.

MUSEUM DES 20.JAHRHUNDERTS

3, Schweizergarten (gleich neben Südbahnhof)
Tel. 78 25 50 - 0 oder 78 26 76-0
Täglich außer Mi. 10.00 - 18.00 Uhr **17**△

Fast noch unbekannter als die "Museumsmutter" ist die Ausstellungstochter: Wiens "20er Haus", bietet (organisiert vom Museum für Moderne Kunst) wechselnde, aber beständig gute Ausstellungen. Leckerbissen für Plastikliebhaber (kein Kunst-Stoff, sondern Kunst!): Plastiken von Moore, Rodin, Arp, Barlach und etlichen anderen namhaften Bildhauern im Schweizergarten.

ÖSTERREICHISCHE GALERIE DES 19. UND 20. JAHRHUNDERTS

3, Oberes Belvedere (Prinz Eugen Straße)
Direktion: 3, Prinz Eugen Str.27
Tel. 78 41 58-0
Täglich außer Mo. 10.00 - 16.00 Uhr. **15**△

Klimt, Schiele, Kokoschka, aber auch Waldmüller, Romako und nicht zuletzt Wotruba, Hausner, Lehmden usw. Alles im Oberen Belvedere zu finden (der südliche, erhöhte Abschluß der Parkanlage). 1955 wurde im

Cafeteria im Palais Liechtenstein (Museum der modernen Kunst)

Unmittelbarer Kunstkontakt: zwei stumme Gips- Partner am Kaffeetisch (Figuren von George Segal)

Belvedere der Österreichische Staatsvertrag unterzeichnet .

NEUE GALERIE IN DER STALLBURG

1, Reitschulgasse 2
Geöffnet: Mo., Mi. - Fr. : 1o - 16, Sa., So. 9 - 16 Uhr **30Δ**

Die Galerie in der Stallbur der Wiener Hofburg dient wechselnden Ausstellungen: europäische Malerei des 19. und 20. Jahrhunderts (Caspar David Friedrich, Cezanne, Van Gogh etc.). Klein, aber fein und sehr konzentriert, je nach Ausstellungsprogramm!

MUSEEN KIRCHLICHES & KAISERLICHES

SCHATZKAMMER

1, Hofburg (Schweizer Hof)
Tel. 52 63 99 **31Δ**

Weltliche und geistliche Schatzkammer. Rechts rein: die weltlichen Schätze. Opale, Hyazinth, Szepter und Reichsapfel aus dem 15. Jahrhundert. Krönungsgewänder und der Schmuck von Kaiserin "Sissi". prunkiger lambardo-venezianischer Krönungsornat in Blau und Weiß, - Rot -Gold-Weiß der Mantel des österreichischen Kaiserornates mit Degen. Wappenröcke (besonders schön : der Wappenrock des Herzogtums Brabant in Schwarz-Gold). Raum mit Messornaten (an denen oft 2 Generationen gearbeitet haben). Polizeigeschützt die Vitrine mit dem "Kronschatz".

In der geistlichen Schatzkammer: holzgetäfelte Wände und sakrale Wunderwerke. Die Geissel der Kaiserin Anna mit 4 Goldkugeln liegen auf rotem Samt, rundum Reliquienkassetten. Hausaltäre in der "Altärchensammlung",Schwarz-Weiß-Gold dominiert. Porzellankunst aus Meissen und päpstliche Gewänder. Am Eingang: Dias, Bücher, Kataloge und Kunstpostkarten. Bücher "Reichskrone" und "Die österreichische Kaiserkrone" fürs Weiterlesen. Poster.

HOFTTAFEL- & SILBERKAMMER

1, Hofburg (Michaeler Platz)
Tel. 52 23 45.
Die., Do. Fr. und So. 9.00 - 13.00 Uhr **27**

Sonnenbrille nicht vergessen: ein fast unvorstellbarer Prunk. Gold und Silber glitzern, funkeln und blitzen, daß es einem schier den Atem verschlägt. Gläser und Geschirr, die ehemals am Kaiserhof den kulinarischen Genuß versüßten und bei pompösen Hoffesten den dekorativen Rahmen bildeten, können ebenso bewundert werden wie feinstes Porzellan aus Ostasien und Sevres. Unmöglich zu übersehen ist der Mailänder Tafel-aufsatz (ca. 30 Meter lang); kaum weniger fesselnd ein Vermeilservice aus feuervergoldetem Silber mit Gedecken für 140 Personen. Panoramateller aus Wiener Porzellan, Fayencen und Goldschmiedearbeiten runden das goldene Feuerwerk ab.

KAISERGRUFT

(Kapuzinerkirche)
Tegetthofstraße/Neuer Markt. Tel.: 52 68 53
Mai - Sept. täglich 9.30 - 16.00 Uhr, -
Okt. - April: tägl. 9.3o - 13 Uhr **29**

Gleich links von der Kapuzinerkirche der Eingang zu den gruftigen Gewölben mit 144 (!) habsburgischen Särgen, Doppelsärgen und Sarkophagen. Eine fast komplette Sammlung der österreichischen Herrscher ab 1619 (nur Ferdinand II. liegt in Graz und Karl I., Österreichs letzter Kaiser, starb verbrannt in Funchal auf Madeira). Und nur eine einzige nicht - kaiserhausliche Gräfin hat in dieser Elite - Grabstätte ihren Platz gefunden: Karoline Fuchs, die Erzieherin Maria Theresias.

Ein gar grotesker Auswuchs des Wiener Totenkults! 1633 feierlich eingeweiht, - und seither stapeln sich die Särge. Breiter Stilquerschnitt: prunkiger Doppelsarkopahg von Maria Theresia plus Gemahl bis zum schlichten Aufklärungssarg von Joseph II. Bis 1940 war auch Napoleon-Sohn, Herzog von Reichstadt, hier aufgebahrt, von Hitler dann in den Pariser Invaliden-Dom transportiert.

ERZBISCHÖFLICHES DOM- & DIÖZESANMUSEUM

1, Stephansplatz 6, I. Stock
Tel. 515 52/598
Mi. - Sa. 9.30 - 16.00 Uhr, So. und Feiertag: 1o.oo - 13.00 Uhr **10**

Auch in der Kirche sammelt man: Betrachtet man den Stephansdom als Zentrum der sakralen Kunst, so darf man das benachbarte Dommuseum nicht auslassen: im sogenannten Zwettler Hof kommen die Freunde ausgesuchter Kirchenreichtümer auf ihre Rechnung. Eine wertvolle Gemäldegalerie (von Gotik bis zum 19.Jhd), viele Plastiken und die Zeugen einer ehemals blühenden Goldschmiedekunst (Monstranzen) machen für Stunden U-Bahnlärm und zeitgemäßen Großstadttrubel vergessen.

Von besonderer Bedeutung: Das Bild Herzog Rudolf IV.(Stifter des gotischen Domes) - das erste Bild, das (etwa um 1365) nördlich der Alpen gemalt worden ist. Gotische Tafelbilder und Mosaikglasfenster .

ZEITGESCHICHTE MUSEEN

HISTORISCHES MUSEUM DER STADT WIEN

4, Karlsplatz , Tel.65 87 47, Täglich außer Mo. 9.00 - 16.30 Uhr **14** ○

Dokumentiert auf knappem Raum 2.ooo Jahre Wiener Geschichte. Von den ersten Ansiedlungen an der Donau über das römische Legionslager Vindobona an der Nordgrenze des Imperium Romanum, ein Bollwerk gegen die Barbaren bis hin zur 2 Millionen Stadt - all das ist Wien.

Der Gang durch die Jahrhunderte ist unentbehrlich, will man die Rolle, das Gesicht der Donaumetropole ganz verstehen. Wien- Hauptstadt und Residenz der Babenbergerherzöge, Wien- Mittelpunkt der Welt unter 640 Jahren Habsburgerregime; Wien - Waterloo für Sultan Soliman und seine Türkenhorden.

In dem, 1959 eröffneten Museum sind erstrangige Kunstwerke, archäologische Funde, Rüstungen aus dem längst verblichenen bürgerlichen Zeughaus, Objekte zur Baugeschichte des Stephansdoms, sowie zwei Staatsmodelle aus dem 19. Jahrhundert die besten Dokumente vom Wachsen einer Stadt, - die trotz des geographischen Verlustes nach dem Zerfall der Donaumonarchie nicht aufgehört hat, in Kultur, Kunst und Gesellschaft tonangebend zu sein! - Und zu bleiben!

Unbedingt den "Grillparzer"-Gedenkraum anschauen: Über den Stil des österreichischen Dichters läßt sich streiten, über seinen Gedenkraum nicht.

NIEDERÖSTERREICHISCHES LANDESMUSEUM

1, Herrengasse 9
Tel. 63 57 11/31 11
Wegen U- Bahnbau derzeit geschlossen. **4**

Alles über das Bundesland Niederösterreich. Im ersten Stock locken naturwissenschaftliche Exponate, im zweiten Stock graphische Werke.

MUSEUM DES ÖSTERREICHISCHEN FREIHEITSKAMPFES

Altes Rathaus
1, Wipplingerstraße 8, Stiege 3
Tel. 63 07 31/332.
Mo., Mi. und Do. 9.00 - 17.00 Uhr **7**

Hauptsächlich Dokumente, Bilder und "Beweismaterialien" zum Widerstand des österreichischen Volkes gegen die Nazidiktatur. Alle politischen Richtungen der Widerstandsbewegungen (Sozialisten, Katholiken , Kommunisten) sind vertreten.

9 **GEDENKSTÄTTE** für die Opfer des Österreichischen Freiheitskampfes

(Leopold Figl-Hof) 1, Salztorgasse 6
Tel. 63 07 31/332
Mo., Mi., Do.: 9 - 17 Uhr

Fotos und Dokumente aus Zeiten, in denen Östereich in Ketten lag.

8 **RÖMISCHE RUINEN**

(Hoher Markt)
1, Hoher Markt (Schräg gegenüber der Ankeruhr, vor dem Vermählungsbrunnen).
Täglich (außer Montag)10.00-12.15 Uhr und 13.00 - 16.30 Uhr

Wien hieß einmal Vindobona und dementsprechend römisch gebärdeten sich seine damaligen Bewohner. Vom Legionsplatz wurden bei Grabungsarbeiten recht vollständige Teile entdeckt. Öffentlich zugängig sind davon die Ruinen unter dem Hohen Markt und die Baureste Am Hof (Sa., So., Feiertag 11 - 13 Uhr).

VIRGINKAPELLE 10○

in der U-Bahnstation Stephansplatz (bei der Informationsstelle der Wiener Verkehrsbetriebe)
Täglich außer Mo. 10.00 - 12.15 und 13.00 - 16.30 Uhr

Beim U-Bahn-Bau 1972/73 entdeckte Kapelle aus dem 13. Jahrhundert; gleichzeitig gefundene mittelalterliche Keramikstücke.

MUSEEN SPEZIELLES

MUSEUM FÜR VÖLKERKUNDE

1, Heldenplatz (Neue Burg, Eingang: Burgring)
Tel. 93 45 41. 34△
Mo., Do. Fr. und Sa. 10.00 - 13.00 Uhr, Mi. 10.00 -17.00 Uhr, So. 9.00 - 13.00 Uhr.
Filmvorführungen Sonntag umd 10.00 und 12.00 Uhr.

Eine" Reise um die Welt in 80 Minuten": von den Indianern Brasiliens bis zu indischen Spielkarten, von den Kultgöttern Neuguineas bis zum Kunsthandwerk Ostasiens ist der sicherlich exotischste Teil der Neuen Burg bis obenan mit raren Exponaten angefüllt. Eher für Liebhaber ausgefallener Kunstgegenstände, ein umfassendes charakteristisches Bild ("wie lebt ein Volk?") wird kaum vermittelt.

Was in den letzten Jahrhunderten (älteste Bestände aus der Zeit um 1600) von Kolonisatoren, Abenteurern, Missionaren und Ethnologen alles zugekauft (bzw. gestohlen) worden ist, wirkt im Vergleich zu anderen anthropologischen Museen, wie z.B. dem Londoner "Museum of Man", eher lückenhaft.

Trotz allem: zahlreiche Sonderausstellungen, die einzelnen außereuropäischen Kulturen oder Spezialthemen gewidmet sind, Dauerausstellungen zu besonderen Schwerpunkten (Ozeanische Sammlung "James Cook", 1776 - 1780, Altmexico und vieles mehr) und schöne Einzelexponate wie der Federschmuck Montezumas und Bronzen aus Benin können dem interessierten Völkerfreund manch "Ah" und "Oh" entlocken. Ebenfalls verfügbar: eine 90.000 Bände umfassende Fachbibliothek.

ÖSTERREICHISCHES MUSEUM FÜR VOLKSKUNDE

8, Laudongasse 15-19
Tel. 43 89 05-0
Di.- Fr. 9.00 -16.00 Uhr, Sa. 9.00 - 12.00 Uhr, So. 9.00 -13.00 Uhr **22**

Und wie sie feierten, unsere Ur-ahnl`n: Trachten, Festbräuche und eine ganze Menge der Alpen- und Donauländer vom 16. bis zum 20. Jahrhundert schildern farbig und bunt die Lebensgewohnheiten der Bewohner aller österreichischen Länder vom Boden- bis zum Neusiedlersee. Mal gibt es original eingerichtete Stuben aus Bauernhäusern zu sehen, mal wird eindrücklich und anschaulich demonstriert, wie Zünfte, Wallfahrten, Volksmusik und Keramik ins damalige Leben integriert waren.

Für Kenner noch ein Tip: Viel Bauernbarock und erlesene gotische Heiligenfiguren birgt die Sammlung "religiöser Volkskunst" im ehemaligen Ursulinenkloster.

(PS.:Nicht zu verwechseln mit dem Museum für Völkerkunde, s.o.)

ÖSTERREICHISCHES THEATERMUSEUM

1, Hanuschgasse 3, 1. Stock
Tel.: 512 24 27
Di. bis So. 9-17 Uhr
Nationalbibliothek: Di., Do.: 11 - 12 Uhr nach vorheriger tel. Anmeldung **12** △

Ständig wechselnde Ausstellungen. Meist Portraits theaternaher Künstler.

ÖSTERREICHISCHES FILMMUSEUM

1, Augustinerstraße 1, in der Albertina
Tel. 52 62 06 **1**

Vorführungen historischer und moderner Filme: Oktober bis Mai: Mo. bis Sa. 18.00 und 20.00 Uhr. Kein eigentliches Museum.

Während der kalten Jahreszeit werden alte und, wie der Veranstalter betont, wertvolle Filme vorgeführt.
Imposant: die umfangreiche Spezialbibliothek. Jedermann zugänglich; Lesesaal. Nicht zu verwechseln mit "Filmarchiv", - siehe Kinos.

Österr. Museum für angewandte Kunst

1, Stubenring 5
Tel. 72 56 96, 72 68 39. **35**
Di., Mi., Fr. 10.00 - 16.00 Uhr, Do. 10.00 - 18.00 Uhr, So. 10.00 - 13.00 Uhr

Augenfreundliches Mobiliar,schöne "antike" Stücke darunter, aber auch Zeitgemäßes. Kunstgewerbe aus aller Welt.

Bundessammlung alter Stilmöbel

7, Mariahilferstraße 88
Tel. 93 42 40/49.
Di. - Fr. 8.00 - 16.00 Uhr, Sa. und So. 9.00 - 12.00 Uhr **20**

Führungen zu jeder vollen Stunde (Besichtigung sonst nicht möglich). Der Stuhl, auf dem den "guten, alten Kaiser Franz" sein Lebensgeist verließ, ist nur eines von rund 240.000 Wohnobjekten - Stilmöbel , Teppiche, und Bilder eingeschlossen -, die ungeachtet der Jahrhundertwende von Staub und Holzwurm freigehalten wurden. Die für Möblefans durchaus reizvolle Sammlung wird natürlich nicht zur Gänze gezeigt. Trotzdem: Kennern sind insbesondere die typischen Biedermeiergegenstände und der barocke Schreibtisch von Kaiser Franz Joseph II. zu empfehlen.

Technisches Museum für Industrie und Gewerbe

14, Mariahilfersraße 212
Tel. 83 36 18
Di. - Fr., So.: 9.00 - 16.00 Uhr, Sa. 9.00-13.00 Uhr **36** △

Schnaubende Dampfrösser, ausgediente Postkutschen und die Vorfahren unserer heutigen Luxuskarossen - im Technischen Museum kann man die Fortschritte (?) der Technik und das, was der Mensch daraus gemacht hat mehr als nur bestaunen. Angreifen und das Betätigen von Maschinenmodellen ist manchmal durchaus drin.

Eisenbahnmuseum

Im Technischen Museum untergebracht. Ein Muß für Eisenbahnliebhaber und alle, die einmal "Lokführer" werden wollten. Bullige Dampflokomotiven, beinahe startbereit, elegante Coupes, vom Original bis zum Maßstab 1 : 10 und der prunkvolle Salonwagen von Kaiserin Elisabeth - da schlagen nicht nur Jungenherzen höher.

Ja, noch etwas am Bahnhof in die Vergangenheit: Carl von Ghegas Bau der ersten Gebirgsbahn Europas ist ebenso bewundernswert, wie die blitzblanken "Stahlrösser".

Ebenfalls im Technischen Museum: das Post- und Telegraphenmuseum.

WIENER STRASSENBAHN- MUSEUM

im Bahnhof Erdberg der Wiener Verkehrsbetriebe
3, Erdbergstraße 1o9
Geöffnet: Sa., So., Feiertage: 9 - 16 Uhr

Für Fans der alten Bimmelkisten sicher ganz interessant. - Fahrten mit historischen Straßenbahnwagen während der Monate Mai bis Oktober und zwar Sa.: 14.3o und So./Ftg. 9 Uhr ab Karlsplatz. Aber sicherheitshalber nochmals beim Tourist- Info abklären, - oder auch bei den Wr. verkehrsbetrieben, Karlsplatzpassage, Tel.: 57 31 86

JOSEPHINUM

(Museum des Instituts für Geschichte der Medizin)
9, Währinger Straße 25/I
Tel. 43 21 54. Mo. - Fr. 11.00 - 15.00 Uhr (Außer Freitags) **23**

Josef II. hatte für Fortschritt immer etwas übrig: Er schuf beispielsweise kunstvoll gestaltete anato-mische Wachsfiguren in Lebensgröße an, um seinen Militärärzten mal einen Menschen von innen plastisch vorzustellen. Im Josephinum, einst die Ausbildungsstätte für Armeeärzte, stehen sie noch heute. Was sich seit damals alles wohl verändert hat? Hingehen, nachsehen. Gleich daneben - einen Hupfer ist`s wert - zeigt das medizinisch - historische Museum die Entwicklung der Wiener medizinischen Schule von Gerhard van Swieten, dem Leibarzt Maria Theresias, über die "Schnipsler" Semmelweis und Billroth bis zum alten Freud.

SIGMUND FREUD MUSEUM

9, Berggasse 19
Tel. 31 15 96
Mo.- Fr. 9.00 - 13.00 Uhr, Sa., So. Ftg.: 9.00 -15.00 Uhr **24**

Nach wie vor einer der Hauptanziehungspunkte für amerikanische "how-nice"-Touristen. Mancher soll sich bei der Suche nach der Freud`schen Psycho-Couch schon wunde Füße geholt haben Wen wundert`s: hat doch Anna Freud, des Meisters Tochter, das gute Stück mit nach London genommen.

Doch auch ohne die schon weltberühmte Liegestatt des Schöpfers der Psychoanalyse ist die Bergasse 19 ihren Abstecher wert! Bis ihn 1938 die Nazis vertrieben, hat Freud hier gelebt und gearbeitet. Hier schrieb er seine revolutionären Studien über die Möglichkeiten, seelische Vorgänge zu analysieren und so psychische Krankheiten zu behandeln. Sigmunds Ordination ist heute - größtenteils noch mit Originalmöbeln - als Museum hergerichtet, eine Bibliothek vervollständigt den Betrieb. Für Interessierte ein "Geheimtip": Hier werden auch Vorträge und Seminare in angewandter Psychologie veranstaltet. (Näheres über Freud siehe 9. Bezirk).

HAUS DES MEERES

6, Esterhazy-Park
Tel. 587 14 17,
Täglich 9.00 - 18.00 Uhr **33**

Im Riesenbetonklotz eines Flakturmes untergebracht, der noch an den 2. Weltkrieg erinnert. Niederreißen konnte man das häßliche Monstrum nicht, Sprengen war wegen der umstehenden Häuser unmöglich, - so hatte man ein Meeresmuseum daraus gemacht (ohne U-Boote). In den Aquarien tummeln sich munter die Fischlein, und die Besitzer freuen sich zu Recht über ihren japanischen Riesensalamander und zwei gewaltige große Spinnen. Natürlich gibt`s auch Haie und Krokodile. Seit 1985: den giftigsten Fisch der Welt (Steinfisch) und die Rarität: Nautilus-Fische.

ESPERANTO-MUSEUM

1, Hofburg (unter der Michaeler Kuppel).
Mo, Mi. und Fr. 9.00 -15.00 Uhr
Tel. 52 10 415 **27**

Zu sehen sind Schaukästen über die Geschichte dieser künstlichen Weltsprache, - seit der Gründung 1927. Weiters sind Wörterbücher und Übersetzungen ausgestellt. Autographen der Gründer, Erinnerungsgegenstände, Fotos, Sondermarken, Abzeichen von diversen Welt- und Fachkongressen etc.

HEERESGESCHICHTLICHES MUSEUM

3, Arsenal. Objekt 18
Tel. 78 23 03 bis 05
Täglich außer Fr. 10.00 - 16.00 Uhr **18**△

Kann man Kriege in vier Wänden einfangen und unter Glas stellen? Man kann. "Viribus Unitis", einst stolzes Flaggschif der K & K (Kaiserlich-Königlichen) Kriegsmarine, durchgeschlagene Panzerplatten, zerfetzt von den Geschossen riesiger Kanonen - die Greuel der Weltkriege stehen im krassen Kontrast zu der Farbenpracht und pittoresken Vielfalt der alten K & K- Kriegsinstrumente, die hier im Arsenal beim Südbahnhof lebendig werden.

Die Tötungsraffinesse, die Waffen, Fahnen, Uniformen, die Rüstungsstücke und Modelle, die Bilder und Trophäen haben hier gleichsam einen Beißkorb um. Und so sieht, betastet und bestaunt man das, was aus dem alten Mahnwort geworden ist - "Bella erant alii, tu felix Austria nube"(Kriege sollen andere führen, Du, glückliches Österreich heirate).

Statt durch dynastische Heiraten friedliche Außenpolitik zu machen, verzettelten sich viele der alten Kaiser Österreichs in Hunderte von bewaffneten Konflikten mit enormem Blutzoll.

Nichtsdestotrotz gibt sich hier von Prinz Eugen bis zu Radetzky die altösterreichische Feldherrn- Elite ein Stelldichein. In einer Mischung aus orientalischem und neugotischem Stil ist das bis an die Zähne bewaffnete Museum ein Mahnmal für die Gefallenen und ein Ruhmesdenkmal für die Feldherrn zugleich. Wen wunderts, daß das kaiserliche Heer, der "ZAUBER DER MONTUR", zuletzt das einzige war, das die alte Donaumonarchie und ihre 14 Nationen zusammenhielt.

MUSEEN KURIOSA

MUSEUM für Hufbeschlag, Beschirrung und Besattlung

3, Linke Bahngasse 11
Tel.: 73 55 81/372
Mo. - Do.: 13.30 - 15.30 Uhr **19**

Ein unvergleichliches Erlebnis für Pferdenarren: Hunderte von Hufeisen, Werkzeugen, Geschirren und Reitsatteln. Wer weiß schon, daß man in Wien früher sogar auf Straußenvögel zu einem flotten Ausritt die Gassen unsicher machte!

FIAKERMUSEUM

17, Veronikagasse 12
Tel.: 43 26 07
Geöffnet nur jeden ersten Mittwoch des Monats und von 9 - 13, sonst nach Vereinbarung.

Rare Dokumente zur Geschichte der Fiaker. Seit 1693 rollen die "Zeugln" (altwiener Bezeichnung für die Fiakerkutschn) übers holprige Pflaster, Kutschenmodelle wird man allerdings hier vergeblich suchen - lieber gleich in die Schön-brunner Wagenburg pilgern.

WEINBAU-MUSEUM

(Döblinger Bezirksmuseum)
19, Döblinger Hauptstraße 96
Tel.: 36 10 042
Sa.: 15.30 - 18 Uhr, So.: 10 - 12 Uhr

Alles dreht sich hier um den Wein - die Anpflanzung, die Geschichte des feuchtfröhlichen Bacchusgetränkes.

ZIRKUS- & CLOWNMUSEUM

2, Karmelitergasse 9
Tel. : 34 68 615
Mi.: 17.30 - 19 Uhr, Sa.: 14.30 - 17 Uhr, So.: 10 - 12 Uhr **26**

Hereinspaziert, Hereinspaziert, in eine Welt der Clowns und Akrobaten, der Träumer und Phantasten.

Inmitten zahlreicher schillernder Clownkostüme, inmitten von Mas ken,

Plakaten und Zirkusrequisiten (betreut von ehrenamtlichen Museumswärtern) fühlt man sich fast so wie im "großen Zirkuszelt". Lohnt sich!

UHRENMUSEUM DER STADT WIEN

1, Schulhof
Tel.: 63 22 65
Täglich (außer Mo) 9 - 12.15 Uhr und 13 - 16.30 Uhr 6

Eine Bilderuhr mit laufendem Wasserfall (!), eine astronomische Kunstuhr, bei der ein Zeiger 20.904 Jahre braucht, um sich einmal herumzudrehen, das Tick-Tack--Kabinett ist voll bis an den Rand mit Kuriositäten.

Bei Führungen werden die Spielwerke der alten Prachtex emplare in Gang gesetzt. Bleibt nur zu hoffen, daß nicht mehr alle der tickenden Uhr-Ahnen funktionieren - der freundliche Museumsführer wäre wahrlich nicht um seine Arbeit zu beneiden. Liebenswertestes Museum Wiens!

GEYMÜLLER SCHLÖSSL

(Uhrensammlung Sobek)
18, Plötzleinsdorferstraße 102 (Khevenhüllerstraße 2) △
Tel. 47 31 39
Führungen So. 11 und 15 Uhr, Besichtigung nach Vereinbarung: Di. - Fr.: 9 - 16 Uhr.
Geschlossen Dez. bis Febr.

Tickende Geschichte - im wahrsten Sinne des Wortes. Eigentlich im Stil einer Wohnung eingerichtet, kann das Ausstellungszimmer seine Vorliebe für alte Uhren nicht verleugnen. Sehenswerte Einzelstücke.

BESTATTUNGSMUSEUM

4, Goldeggasse 19
Tel.: 65 16 31/227
Mo. - Fr.: 12 - 15 Uhr, am besten nach telefonischer Anmeldung. 16

Das einzige Museum dieser Art auf der Welt! Zu sehen ist unter anderem die höchstpersönliche Eigenentwicklung von Kaiser Joseph II.: ein wiederverwendbarer Sarg! Die Idee wurde aber eingemottet, weil sie der Wiener Bevölkerung doch nicht so recht behagte.

ALTE BACKSTUBE

8, Lange Gasse 34
Tel.: 43 11 01
Di. und Sa.: 12 - 24 Uhr(!), So.: 15 - 24 Uhr(!) 21

Nicht nur für Verfressene. Echt- antikes Bäckerhandwerk im Or ginalstil von anno dazumal.

Unbedingt hingehen, schon allein deshalb, weil bei ihrem Besuch die Bildung sozusagen durch den Magen geht: Das gut erhaltene Barockhaus ist nämlich Museum und Café zugleich. Die Mischung kann man als gelungen bezeichnen. Allerdings aufpassen: Stil hat seinen Preis.

ALTE SCHMIEDE

1, Schönlaterngasse 9
Tel.: 52 83 29
Mo. - Fr.: 9 - 15 Uhr **11**

Erst seit 1975 Museum und als Produktionsstätte sozusagen (fast) außer Betrieb. Der Besucher findet bei Wielands Nachfolger die möglichen und unmöglichen Requisiten der Schmiedekunst - Gitter, Amboß und vieles mehr.

TIP: Jeden Dienstag- und Donnerstagvormittag werken Studenten der Kunstakademie an den uralten Schmiedegeräten. Außerdem ist in der "Alten Schmiede" ein Lokal untergebracht (siehe Tips, 1. Bezirk).

GLOCKENMUSEUM

10, Troststraße 38
Tel.: 64 25 43
Besichtigung nach vorheriger Vereinbarung. **5**

Wahre Riesentrümmer von historisch wertvollen Glocken, meist kirchlicher Natur. Vorhanden sind fast alle wichigen Glocken und Glöckchen ab dem 13. Jhd., dies "unter einem Dach". Prachtstücke der Sammlung sind japanische Glocken.

FEUERWEHR-MUSEUM

1, Am Hof 10 (Zentralfeuerwache)
Tel.: 63 66 71
So. und Feiertag.: 9 - 12 Uhr

Spritzen, Feuerwehrfahrzeuge, Helme, Atemschutzgeräte, Bilddokumente aller "wichtigen" Brände, die Wien im Laufe der Jahrhunderte heimgesucht haben: In Wiens Feuerwehrmuseum fühlt sich der Feuerteufel zu Hause.

PLANETARIUM

2, Praterallee (beim Riesenrad)
Tel.: 24 94 32
Vorführungen: Sa., So., Ftg.: 15 und 17 Uhr, für Gruppen vorher Termin vereinbaren!
Im August geschlossen.

Sternenhimmelerlebnis für Hobby- Astronauten und ernsthaft Interessierte (siehe auch 2. Bezirk).

PRATERMUSEUM

2, Oswald-Thomas-Platz 1 (im Planetarium beim Riesenrad),
Tel.: 24 94 32.
Sa., So. und Ftg.: 14 - 18.30 Uhr. Im August geschlossen.

Kuriositäten, Bilder und Dokumente aus der vergnüglich langen Geschichte.

nach: „Adam" von Rudolf Hausner

In der Masse des zeitgenössischen Kunstschaffens hat eine Wiener "Richtung" Weltgeltung erlangt: Die "WIENER SCHULE", wie sie mittlerweile im Jargon des Etablierten genannt wird. Ihre Geschichte beginnt mit dem Ende des "1000jährigen Reiches", mit dem Jahr 1945. Der Maler-Dichter Albert Paris Gütersloh kehrte in die Bundeshauptstadt zurück, scharte Wiens Jüngstkünstler um sich und gab ihnen akademischen Unterricht. Ernst Fuchs, Wolfgang Hutter, Anton Lehmden und Erich ("Arik") Brauer hießen die "Wunderkinder", die damals noch ihren Vorbildern nacheiferten. Im "Art-Club", unweit der Kärntner Straße traf sich der erlauchte Kreis.

Friedensreich Hundertwasser war da auch anzutreffen – damals noch bei seinen ersten "Gehversuchen". Mittlerweile hat er sich ja mit eigenwillig bunten Spiralen auf Bildern, Briefmarken, Wandteppichen etc. schon einen einträglichen Lebensunterhalt gesichert, ein Dachatelier am Graben nennt er seine Schaffensstätte und vor nicht allzulanger Zeit präsentierte er sich auf Plakatwänden als "Anti-Rauch-Apostel" und "Anti-Atom-Denker". Wie dem auch sei und wie's auch heute noch scheint: Hundertwasser provokant, nicht ein- oder zuordnenbar, mit dem Jugendstil kokketierend.

Die "Wiener Schule" formte sich: Rudolf Hausner trat hinzu, Ernst Fuchs erwies sich als gruppenbildende Figur. Und die donaustädtischen Pinselschwinger blieben Söhne ihrer Heimat, wenn sie die Leinwand mit kunstvollen Klecksen verzauberten: Wien saß tief "in jedem Pinselstrich", auch in einer so scheinbar Wien-unadäquaten stilistischen Richtung wie der des Spätsurrealismus, unter den man die "Wiener Schule" einordnen könnte.

Heute: Die Lorbeeren sind verteilt, die Etabliertheit hat um sich gegriffen. Arik Brauer hat als Liedermacher seine Feuerprobe bestanden, Rudolf Hausner ist seinen "Adams" treu geblieben, Ernst Fuchs – stets mit eigen-

AUSTRO-SURREALISMUS

Weitere Namen im "Dunstkreis" der Wiener Schule des Phantastischen Realismus: Gottfried Helnwein, der bei Rudolf Hausner an der Akademie der bildenden Künste "in die Lehre" ging.

Der Künstler wurde über die Grenzen Österreichs hinaus vor allem durch "Gebrauchskunst" populär (Covergestaltung für internationale Magazine, Plattenhüllengemälde). Helnweins Bilder zeichnen sich durch "photographische Genauigkeit" aus. "Ich will keine bestimmten Begebenheiten", sondern Leid und Aggression, Angst und Schmerz darstellen", sagt der Künstler über seine Absichten. "Ich zeige Kinder in Situationen der Grausamkeit, der Chancelosigkeit, weil dies auf das Publikum besonders beunruhigend wirkt. Ich will den Betrachter verunsichern. Wenn er unmotiviert lacht, was ich mehrmals beobachet habe, oder mich, den Künstler, beschimpft, so ist dies die Flucht vor der eigenen Aggression. Ich bin natürlich gegen jede Art von Sadismus, aber die Leute verdrängen einfach die Vorstellung, daß es so etwas gibt, und stehen dann massenweise bei Verkehrsunfällen herum." (Helnwein, zitiert nach Johann Muschik)

Helmut ("Maitre") Leherb, der u.a. Frankreich, Italien und Österreich seine Schaffensstätten nennt, stellte schon Mitte der fünfziger Jahre in der Galerie Wolfrum aus. Zusammen mit Rudolf Hausner, Wolfgang Hutter und Anton Lehmden präsentierte er 1959 seine Werke in der "Österreichischen Galerie" im Oberen Belvedere. Weithin bekannt sind Leherbs (eigentlich:Leherbauer) "Österreich-Image-Plakate". Vor allem Leherbs "Mozart auf dem Feuerstuhl" rief anno dazumal auch heftige Kritik hervor.

Unzählige Galerien, in denen unzählige Jung- und Alt- Pinselschwinger noch viel unzähligereBilder ausstellen, vorführen. Auch in diesem Sektor hat Wien ein reichhaltiges Angebot: es gibt mehr als 1oo Galerien!!

Besonders zu empfehlen:

Galerie Adriane

1010 Bäckerstraße 6
Tel. 52 94 79
Di. - Fr.: 13 - 19 Uhr, Sa.: 10 - 13 Uhr

Junge Neue Österreichische Figurationen

Galerie Heike Cutz

1010, Grünangergasse 12
Tel. 52 93 75
Di. - Fr.: 14 - 18.30 Uhr, Sa. : 10 - 13 Uhr

Österreichische und internationale Avantgarde

Galerie Hasfurther

1010, Hohenstauffengasse 7
Tel. 63 41 74
Mo. - Fr.: 8 - 18 Uhr, Sa.: 8 - 13 Uhr

Kulinarisch Antiquarisches

Edition E. Hilger
1010, Dorotheergasse 2
Tel.: 52 53 15
Di. - Fr.: 13 - 19 Uhr, Sa.: 10 - 13 Uhr
Realistische Tendenzen, Klassiker der Moderne von den 20-er Jahren bis heute.

Galerie Nagl
1010, Gluckgasse 3
Tel.: 52 87 42
Mo. - Fr.: 10 - 18 Uhr, Sa.: 9 - 13 Uhr
Wiener Schule, Phantastischer Realismus

Galerie Nächst St. Stephan
1010, Grünangergasse 1
Tel.: 52 12 66
Di. - Fr.: 13 - 18 Uhr, Sa.: 10 - 13 Uhr
Internatinale Avantgarde-Galerie. Engagierte Pionierarbeit in den letzten Jahrzehnten.

Galerie Ulysses
1010, Opernring 21
Tel.: 57 12 26
Di. - Fr.: 10 - 13 Uhr und 14 - 18 Uhr, Sa.: 10 - 13 Uhr
Vorwiegend abstrakte Europäer und Amerikaner

Galerie Würthle
1010, Weihburggasse 9
Tel.: 52 23 12
Di. - Fr.: 9 - 18 Uhr, Sa.: 9 - 12 Uhr
Klassische Moderne in Österreich

WEITERE GALERIEN siehe unsere einzelnen Bezirkskapitel, - besonders im 1. Bezirk!

BADEN

Mit feinkörnigen. weißen Sandstränden und schaumgekrönten, felsenumtosenden Riesenwellen, die sich wild über bleiche Menschenkörper stürzen. kann Wien zwar nicht aufwarten, aber für Schwimmer, Plantscher, Oben-ohne- oder FKK Fans steht ein breitgestreutes Bädersortiment bereit.

Die Wahl steht frei zwischen den städtischen Sommerbädern (meist auch recht gut mit Freizeitmöglichkeiten von Tischtennis und Minigolf bis zu Boccia und Schach garantiert), öffentlich zugänglichen Sommerbädern und ein paar schönen Wildbademöglichkeiten in der Donauinselgegend. Im Winter Hallenbäder.

1. Städtische Sommerbäder

Wahre Hitzestürme brechen bisweilen in den Monaten Juli und August über die geplagte Stadt herein. Da heißt´s nur: Ab ins kühle Naß! Planschbereit geöffnet zeigen sich die Bäder jeweils von 9 - 19 Uhr, Feiertags und an den Wochenenden gehts eine Stunde früher los. (15. Mai - 15. August bis 20 Uhr).

TIP: Dauerbadfetischisten sollten sich einen Bäderpaß besorgen. 1 Jahr lang Eintritt in alle Städtischen Sommer- und Hallenbäder- man kann sich vergnügen, solange man will.

Erhältlich bei der Bäderverwaltung/MA (Magisterabteilung) 44, 7,Hermanngasse 24-26, Zimmer 113,

Werktags zwischen 8 und 13 Uhr, Licht-bild mitbringen. Für normale Tageskarten muß man mit rund 30 - 50 ÖS /Person rechnen. Für Studenten: 25- 50 % Ermäßigung mit Ausweis.

Tonband-Bäder Information: 1535 Infos über Öffnungszeiten,Adressen,Frei-zeit- und Hygiene-Einrichtungen.

Laarer-Berg-Bad

10, Ludwig- v. Höhel-Gasse 2

Wellenbad und 10-Meter Turm. Weiträumige Liegewiesen mit Ping-Pong- Tischen, Turn- und Spielplätzen. Vorgewärmt. Etwa 30 ÖS für Tageskarte mit Kästchen, Kabine 50 ÖS, Halbtageskarte 20 ÖS.

Sommerbad beim Hietziger Hallenbad

13, Atzgersdorfer Straße 14

Auch für Familien o.k. Hat an den mittleren Wochentagen bis 21.30 Uhr geöffnet. "Fingersportler" können Bocchia und Bobby-Fisher-Epigonen Schach spielen.

THERESIENBAD

12, Hufelandgasse 3

Hat uns nicht von den Socken gerissen. Bad mit Ballspielmöglichkeiten und ein paar Muskelgeräten.

HA-WEI

14, Hauptstraße 41

Der geneigte Leser wird`s vielleicht schon wissen. Ha-Wei hat mit einer gleichklingenden Hula-Hula-Insel nichts zu tun, sondern von Haderdorf-Weidlingau, wie sich die Gegend dort nennt. Mit Freiluft-Riesenschach.

SOMMERBAD BEIM OTTAKRINGER BAD

16, Johann- Staud-Str. 11

Spiel- und Turnplätze stehen großen und kleinen Kindern zur Benutzung frei.

KONGREßBAD

16, Julius-Meinl-Gasse 7a

"Für viele fast ein Nostalgie Bad", steht in einem Wien-Prospekt geschrieben. Minigolfer können sich hier die Arme verrenken und auch der "weiße Sport"- Tennis - kommt zum Zug. Preise wie Laaer-Berg-Bad.

SCHAFBERGBAD

17, Josef-Redl-Gasse 2

Prachtvolle Aussicht über Wien. Ebenfalls Möglichkeiten für Muskel-freaks (Tennis á la Tisch, Minigolf, Turnen) und wirklich entspannende Atmosphäre.

KRAPFENWALDBAD

19, Krapfenwaldgasse 73

Das Bad in Wien. Grün rundrum, frischluftiges, auch "Oben-ohne" Bad mit Kinderspiel- und Fußballplatz. Seit 1923 . Familienfreundlich.

HOHE-WARTE-BAD

19, Hohe Warte 8

Schönes Bad in Sportplatznähe. Ein guter Tip!

ANGELIBAD

21, An der oberen Alten Donau

Strandbad mit Ballspielmöglichkeiten aller Art.

STRANDBAD GÄNSEHÄUFEL

22, Moissigasse 21

Neben dem Kampfenwaldbad das Bad in Wien. Der fast sprichwörtliche Ausdruck "wie im Gänsehäufel" meint: konservig, eng. Was daher rührt, daß sich alljährlich, wenn die Hitze das 1. Mal so richtig durch die Luft glüht, die Wiener hier regelrecht stapeln. Wellenbad und Schwimmbecken sind neuerdings ebenso Inventar wie Sprungmatten und Liegestühle, die man sich ausleihen kann. 1907 eröffnet, Fassungsvermögen: 25.000 Personen, Tennisplätze und Tisch-Tennis.

STRANDBAD ALTE DONAU

22, Arbeiterstrandbadstraße 91

Für Tüchtige Körperverrenkungsmöglichkeiten aller Art, für Faule: Liegestühle zu vermieten!

STRANDBAD-STADLAU
22, Am Mühlwasser

HÖPFLERBAD
23, Endressstraße 24

LIESINGER BAD
23, Perchtoldsdorfer Straße 14-16

2. ÖFFENTLICHE SOMMERBÄDER

Weitere "öffentliche" Bäder, die allerdings nicht zu den städtischen gehören.Für sie gilt der große Bäderpaß nicht.Richtöffnungszeiten 9 - 19 Uhr.

STADIONBAD
2, Prater.

Elefantöse Wasserrutsche und lustiges Wellenbecken. Ansonsten dichtge-pferchtes ungemütliches Riesenplanschspektakel.

BUNDESSPORTBAD SCHÖNBRUNN
13, Schloßpark Schönbrunn

Auf kaiserlichen Spuren ins kühle Naß. Recht schönes Bad in illustrer Umgebung. Geöffnet nur, wenn die Sonne auch schön scheint.

SIEVERINGER BAD
19, Sieveringer Straße 267

Normales Bad im Heurigengebiet in fast dörflicher Umgebung.

NEUWALDEGGER BAD
17, Promenadegasse 58

Achtung: Sperrt schon um 18.30 Uhr zu.

BUNDESBAD ALTE DONAU
22, Arbeiterstrandbadstraße 93

3. WILDBADEN

Wildbaden in Wien. Kann fast romantisch werden. wenn man sich ein bißl auf Entdeckungsreise begibt und durch die Donauinsel" forstet".

Mehr unter Kapitel 21., 22. Bezirk
-Donauinsel -Lobau -Alte Donau

4. HALLENBÄDER

Schöne Gelegenheit, auch beim kalten Winterfrost im Warmen zu plätschern. Meist bei den von uns augeführten Bädern auch eine Sauna angeschlossen. Richtpreise: Zwei Stunden mit Kästchen 25 ÖS, mit Kabine 40 ÖS ,Jugendliche 15 ÖS, 10 ÖS Kinder. Badehauben mitnehmen.

DIANABAD

2, Lilienbrunngasse 7-9

Schöne, moderne Badezentrale. Beliebt, in Zentrumsnähe.

AMALIENBAD

10, Reumannplatz 9

Ehemaliges" fürstliches Bad" (eine engl. Zeitung über das Amalienbad, 1929) aus der Zwischenkriegszeit.

THERMALBAD KURZENTRUM-OBERLAA

10, Kurbadstraße 10

Ein entspannendes Badevergnügen. Bei 36 Grad-Heilquellwasser durch die 1,50 Meter tiefen Becken wandern oder rein in die "Eukalyptusstube", wo bei 60 Grad Eukalyptusöl verdampft wird, das die Hals- und Lungengegend regeneriert. Außerdem Unterwassermassagemöglichkeiten und zur "Blutaufpeitschung" ein Sprudelpavillon.

Wochentags ab 9 Uhr bis 21 Uhr /bzw. Donnerstags 22 Uhr) Sonn- und Feiertags 8-18 Uhr.

THERESIENBAD

12, Hufelandgasse 3

Ältestes städtisches Warmbad. Die Ursprünge gehen auf das Jahr 1822 zurück, heute Dampf-, Wannen-, und Schwefelbäder,Sauna und ein Sommerbad. Schwimmhalle mit Glaswandverbindungen nach draußen.

OTTAKRINGER BAD

16, Johann-Staud-Straße 11

Modernes Hallenbad, im Sommer im Freien.

JÖRGERBAD

17, Jörgerstraße 42 - 44

"Frischrenoviertes" erstes städtisches Schwimmbad (erbaut anno 1879). Heute auf "up to date" gebracht.

HALLENBAD FLORIDSDORF

21, Franklinstraße 22

Schön sauberes Großbad mit Dampfbad und wie bei den anderen angeführten Bädern auch Saunamöglichkeiten, Mittwoch längster "Badetag" von 9.00 bis 21.00 Uhr.

TRÖPFERLBÄDER

Wiener "Spezialität": Die "Tröpferlbäder". Gar nicht so vereinzelt existieren noch die Überreste aus einer Zeit, in der die täglichen Reinigungsbedürfnisse in den Wohnungen selbst nur unzulänglich befriedigt werden konnten. Weils kein eigenes Bad gab, ging man wöchentlich oder monatlich oder - je nachdem - ins Tröpferlbad. Als "Warmbäder" oder "Volksbäder" haben sie sich bis in die heutigen Tage herübergerettet! Adressen unter dem Kapitel "Bäder" im Telefonbuch.

Wannenbad: 25 ÖS, Dusche I. Klasse 15 ÖS (Separeé),
Dusche II.Klasse 10 ÖS (Kollektiv)

"Individualwasserreisende" müssen einige Punkte beachten:

* Ruder- und Segelboote, aber auch Surfbretter brauchen eine Registrierungsmarke, die am Wasserfahrzeug befestigt wird. Zu bekommen entweder bei den Vermietungsstellen oder bei der offiziellen "Strombauleitung Wien" , 1195, Brigittenauer Lände 340. Mo-Fr jeweils 7.00 bis 15.00 Uhr.
* Mindestalter beim Rudern 12 Jahre, beim Surfen 14 Jahre.
* Auf der "Alten Donau" ist von Mai bis August Surfen ganzjährig erlaubt, am Wochenende nur von 14.00 bis 17.30 Uhr. Auf der "Neuen Donau" problemlos, bis auf einige Rennruderboot-Reviere, vor denen man sich hüten sollte.
* Mindestalter für Segelboote 16 Jahre, wenn alle mitfahrenden Schwimmwesten tragen, 12 Jahre. Schiffsführerpatent bei Booten mit mehr als 10 Meter Länge. Zusätzlich ein mindestens 4,4 kW-Motor bei Seglern mit mehr als zwölf Quadratmeter Segelfläche.
* Eigene Regelungen für Motorboot-Freaks. Sport-Motorboote sind im Donaukanalgebiet und auf der "Neuen Donau" verboten. Strenge Vorschriften wegen Lärmbelästigung und Wasserverschmutzung! Eigentlich nur auf der Donau selbst möglich.

Adressen für Fans der "rasenden Nußschalen":
Motorboot-Club Vindobona, Tel. 24 58 185
Wasserski- und Motorbootclub Wien Tel. 86 93 43

Der Wiener YACHTHAFEN befindet sich im Norden von Wien: beim Kahlenbergdorfer Campingplatz (rechte Donauseite).

ANGELN

Petri-Jünger können am Donaukanal, in der Lobau, in der "Neuen Donau" oder in der Donau selbst ihre Angelhaken ins Wasser hängen und auf Hechte, Forellen, Barsche oder Karpfen warten. 90 Prozent der Fischereimöglichkeiten in Wien werden vom "Verband der Österreichischen Arbeiter-Fischerei-Vereine" verwaltet.

Zwei Genehmigungen:
amtliches Fischerbüchel (1-3 Jahre gültig) vom "Wiener Fischereiausschuß",3,Am Modenapark 1-2, Di-Fr 8.00 bis 11.00 Uhr (ab 80ÖS). dann Fischereierlaubnis von den Pächtern. Jahreslizenzen von 120 bis 1.250 ÖS, außerdem von 01.05. - 30.09 Tageskarten! Auskunft bei: "Verband der Österreichischen Arbeiter-Fischer-Vereine", 8, Lenaugasse 14 oder "Österreichische Fischereigesellschaft", 1 Elisabethstraße 22.

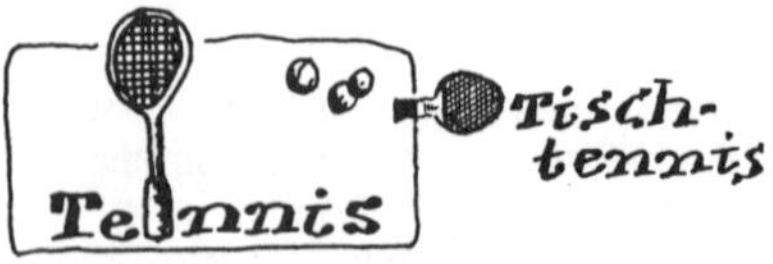

Neben dem Schifahren (in Wien nur recht und schlecht möglich!) der zweite "weiße Sport", Schöne Tennisplätze im Prater, am Laaerberg. Auskünfte über Wiener Tennisverband 16, Steinbruchstraße 6, Tel. 95 41 32

Tisch-Tennis: Möglichkeiten in den meisten Sommerbädern, außerdem in den diversen Jugendzentren." Tischtennis-Center": eine Tischtennishalle im Keller, Adresse: 8, Lange Gasse 69, Tel. 43 41 69.
Infos über Wiener Tischtennisverband, 2, Vorgartenstraße 158, Tel. 24 68 725.

"Es müssen nicht immer Lipizzaner sein", der Trabrennplatz ist auch nicht grad der passende Ort, wo man das erste Mal einen Gaul besteigt und ein Reiter ist noch nie vom Himmel gefallen - schlimmstenfalls vom Pferd.
Infos über
Bundesfachverband für Reiten in Österreich
4, Theresianumgasse 33, Tel. 65 83 63

AEROBIC & FITNEß

Auch in Wien finden die vielzitierten "Yuppies" ihre Spielplätze: Jane Fondas Verrenkungsturnen wird mit viel Erfolg praktiziert (eine kleine Auswahl):

-John Harris, 1, Nibelungengasse 7, Tel. 57 37 10
-Fit & Fun, 3, Landstraßer Hauptstraße 2 a / II.Stock / AEZ, TEl. 73 61 65

SQUASH

-STS-City-Center,3, Baumgasse 83, Tel. 78 82 01
-Squash Club Oberlaa, 10, Kurbadstraße , TEl. 68 13 93
-Squash-Club, 19, Heiligenstädter Straße 82-92 / Stiege 99 (Karl-Marx-Hof), Tel. 37 21 72
-Freizeitcenter Donaustadt, 22, Zwerchäckerweg 28, Telefon 22 22 16

↑Nußdorf (um 1795) ↑Wien

DER WIENERWALD - vielbesungen und vielbedichtet. Liegt direkt vor der westlichen Haustür der Wiener: die äußersten Siedlungsgebiete ziehen sich schon spürbar den Berg rauf.

Bis zur Mitte des letzten Jahrhunderts noch im Großgrundbesitz von wenigen Auserwählten, großer Bauholz- und Brennholzlieferant für Wiens Häuser und Wohnungen. Aber schon vor guten 100 Jahren begann das Geschäft mit den ersten Touristen:
Immerhin gab es in den 1870-er Jahren schon 2 Drahtseilbahnen (Leopoldsberg und Sophienalpe) und 1 Zahnradbahn (Kahlenberg).
Ab da ließ sich der Vormarsch der Stadtgeschädigten und Frischluftfanatiker aus Wien nicht mehr aufhalten: Aussichspunkte entstehen, und im Hintergrund natürlich immer das entscheidende Gasthaus.

Das Gebiet des Wienerwaldes wird durch das Ost-West-Tal des gleichnamigen Flusses in Nord und Süd geteilt:
im Norden findet man breitere Waldrücken, mit viel Eichen- und Buchenbewuchs. Höchster"Berg"ist hier derSchöpfl, der mit seinen 893 m aber die 900-er Hürde nicht ganz geschafft hat. Im Süden gehts etwas rauher zu: es finden sich schon Schluchten und freie Kalkwände; immerhin ist man ja auf dem Weg in den Süden, zu den Voralpen (bald gehts schon auf 2.000-er rauf).

Die linke (östliche) Seite der Donau zeigt wenig Interessantes zum Wandern: nur der Rohrwald und der Bisamberg erheben sich etwas über die Ebene. Und natürlich die Lobau, durch die sich sogar der Europäische Fernwanderweg Nr. 4 schlängelt, auf seinem langen Weg von den Pyrenäen zum etwas näheren Neusiedler See.

WANDERTIPS FÜR "WANDERBANAUSEN":

1. Unbedingt notwendig sind:
* feste Schuhe mit griffiger Sohle (steinige und stark verwurzelte Wege!),

* warme Kleidung und
* Regenschutz (der Wettergott hat nämlich für die höheren Regionen kein Konzept und ist sehr launisch).

2. Genügend Proviant (damit man nicht auf Vogelbeeren und Fliegenpilze etc. angewiesen ist,
* Verbandszeug.

3. Die Prognosen des Wetterberichtes (Sturm- oder Lawinenwarnung usw.) sollten vor dem großen Aufbruch auf alle Fälle nicht außer Acht gelassen werden.

4. Vom Verlassen der markierten Wanderwege ist dringend abzuraten, denn: es führen zwar alle Wege nach Rom, - doch nicht immer will man dorthin .

5. Damit den nachfolgenden Wanderern der Spaß nicht verdorben wird, ist es unter allen Umständen zu vermeiden, Wegweiser und Markierungen zu beschädigen oder gar zu entfernen.

6. Tiere und Planzen bitte schonen ! Viele stehen zudem unter Naturschutz; wird man auf frischer Tat ertappt, so muß man Schwierigkeiten mit den "zuständigen Behörden" in Kauf nehmen.

7. Schreien und Lärmen ist im Walde grundsätzlich verboten. Außerdem hat man nur dann eine Chance, Tiere und Blumen aus nächster Nähe zu beobachten, wenn man sich ruhig verhält (z.B. Wildschweine, Rehe oder Feuersalamander).

8. Das Spiel mit dem Feuer ist im Wald strikt untersagt. Nikotinsüchtige kommen hier nicht zum (Lungen-) Zug.

9. Jausenpapierln,Cola-Dosen und andere Abfälle verschönern die Landschaft nicht gerade. Deshalb wieder mit nach Hause nehmen, wenn kein Mülleimer zu finden ist.

10. Was man besser nicht mit nach Hause nimmt, sind die bekannten gefährlichen Blutsauger: also entweder eine Zeckenimpfung vor oder eine gründliche Leibesvisitaion nach dem Wandern.

WANDER- & LEISTUNGSABZEICHEN: für alle, denen das Erlebnis einer Bergwanderung allein nicht genügt, und die ihre Gipfelstürme nicht nur vor ihrem geistigen Auge, sondern auch schwarz auf weiß sehen wollen:
Bei der österrreichischen Alpenvereinssektion "Österreichischer Gebirgsverein" ist ein Leistungsbuch erhältlich, in das die Hüttenstempel eingetragen werden. Adressen: Lerchenfelderstraße 28, 1080 Wien . Für jeden Stempel wird eine gewisse Punktzahl angerechnet; weiter werden Übergänge von einer Hütte zur anderen ebenfalls mit Punkten belohnt.

REGIONALE + ÜBERREGIONALE WANDERWEGE UM WIEN

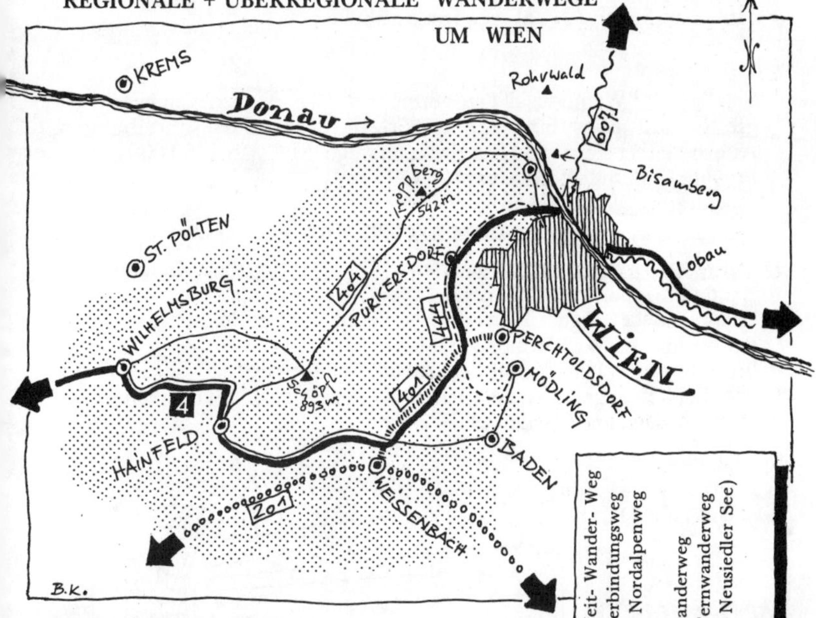

Kletterausbildung:

Jedes Frühjahr beim Alpenverein (Jänner oder Februar anmelden). Ausbildungen werden auf den Wiener "Hausbergen" abgehalten, z.B., Rax, Hochschwab oder Peilstein. Außerdem theoretischer Intensiv- Einführungskurs mit Erster Hilfe, Kartenlesen usw. Kostenpunkt: rund 1.000 Alpendollars, Mindestalter 16 Jahre, Mitgliedschaft beim Alpen-verein ist erforderlich (wegen Versicherung und diversen Vergünsti-gungen).

Österreichischer Alpenverein:

1010 Wien, Rotenturmstraße 14, Tel. 53 10 03
Mitgliedschaft bis 25 Jahre, 250 ÖS pro Jahr, über 25 Jahre 400 ÖS. Vergünstigungen: Hüttenübernachtungen zum halben Preis, 25 % Ermäßigungen bei den Bundesbahnen.

Weitere Infos über Wanderwege und Freizeiteinrichtungen im Wald- und Wiesengürtel:

* Naturfreunde, Landesgruppe Wien,
  Diefenbachstraße 36, 1150 Wien, Tel. 83 14 40-0

* Österreichischer Touristenclub
Bäckerstraße 16, 1010 Wien, Tel. 52 38 44

BÜCHER:

- Wanderatlas "Wienerwald": ausgezeichneter, handlicher Wanderbegleiter mit über 600 Schlagwörtern, Karten, Beschreibungen, Angaben über Fern- und Rundwanderwege. Maßstab 1: 50.000, Freytag & Berndt Verlag, ca. 125 ÖS:
- Wanderatlas "Wiener Hausberge": Freytag & Berndt Verlag ca. 100 ÖS
- Wanderkarten: Freytag & Berndt Verlag, jeweils ca. 60 ÖS.

Der Presse- und Informationsdienst der Stadt Wien (Rathaus) gibt folgende Informationsblätter heraus:

* "Städt. Wanderwege": übersichtliche Faltblätter mit Beschreibung der stadtnahen Wandermöglichkeiten.

* "Erholung in Wien": Karten, die Auskunft über innerstädtische Freizeit-Möglichkeiten geben, untergliedert in "Spazieren", "Wandern", "Sport/Spiel" und "Baden".

Stadtnahe Wander-Gebiete

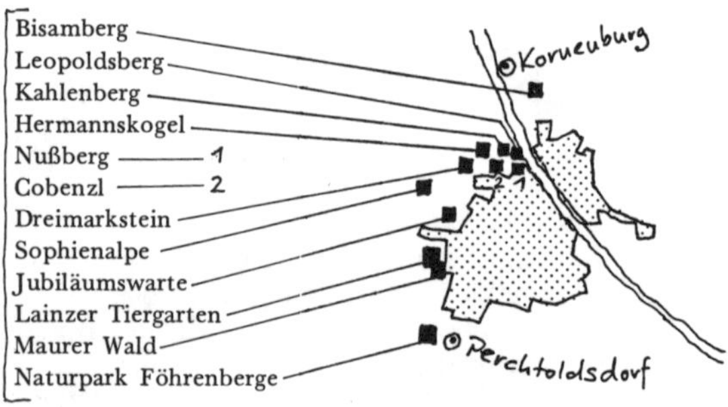

HERMMANSKOGEL

HINKOMMEN: Autobuslinien 35 A und 39 A

Höchste Erhebung Wiens (542 m), auf dem Gipfel thront eine Aussichtswarte, die allerdings nur in der schönen Jahreszeit , und da auch nur Sams-, Sonn- und Feiertagen geöffnet ist. Die zahlreichen Aussichtswarten um Wien herum stellen eine typische Spezialität dar und lohnen sehr wegen schöner Blicke auf die Landschaft und die Österreichmetropole.

Gaststätten gespickt. Im Winter breitet sich bisweilen das flockig-weiße Etwas über die Jägerwiesen, deshalb eigener Babylift installiert. Für Mystiker unter uns: nahe der Jägerwiese steht das Agnesbründl, seines Zeichens einst Kulturstätte der Göttin Freia.(In Vollmondnächten sollen schon Werwölfe gesichtet worden sein).

KAHLENBERG - LEOPOLDSBERG

HINKOMMEN: Straßenbahnlinie D, Autobuslinie 38 S

Einstmals schönes Wandergebiet, mittlerweile mit Autostrada und Touristenrestaurants "erschlossen". Die Städter raffen sich am Sonntag zum 20-Schritt-Spaziergang mit anschließender Schnitzelvertilgungsaktion auf. Trotzdem: Lauschige Platzerl, wenn man nur ein bißchen unter`s Gesträuch reinschnuppert. Am Kahlenberg lassen sich Sonntags-Naturalisten mit Schönwetterfernblick bis zum Schneeberg belohnen.

DREIMARKSTEIN

HINKOMMEN: Autobuslinie 35 A, 39 A, 43 B

Über die Höhenstraße leicht zu erreichen. Mit beliebten Ausflugsrestaurants angereichert, finden sich hier an schönen Tagen gerne Spaziergänger und Wanderer ein: in der Wiese liegen, mit der Seele baumeln und obendrein hat man auch noch einen wunderschönen Blick auf die Stadt.

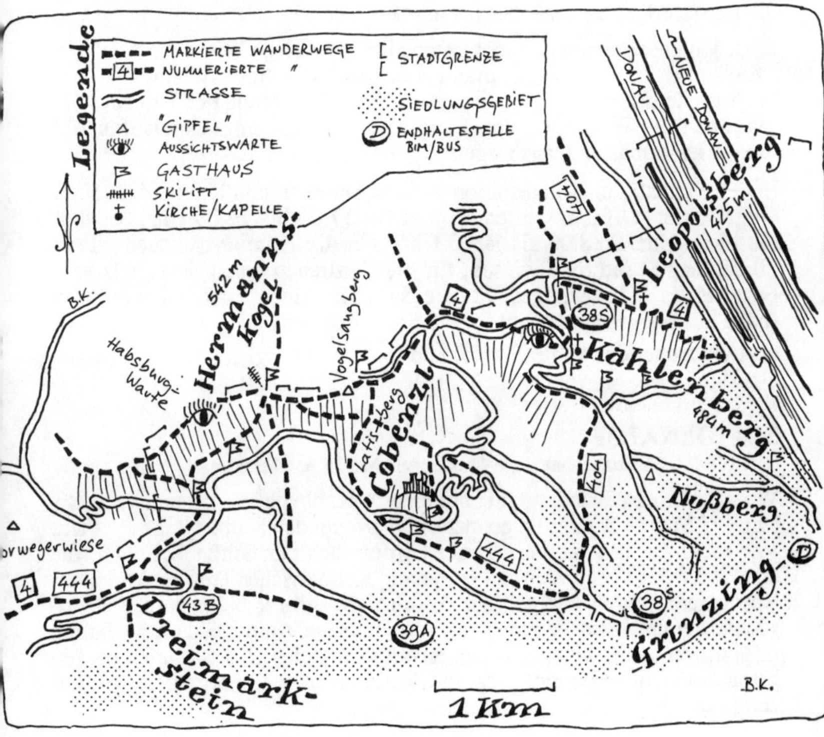

Auf der Aussichtswiese tummeln sich im Winter Skifahrer und Rodler. Der Übergang zum Hameau ist bei den Pistengierigen sehr beliebt - Abfahrt zur Norwegerwiese (schönste der Wiener Skiwiesen .

NUSSBERG

HINKOMMEN: Straßenbahnlinie D bis Endstation

Hier wachsen die kostbaren Trauben, deren Endprodukte man auch gleich verkosten kann. Doch allen "Anti- Alkohol-Gegnern" sei gesagt, daß dieses Gebiet durch die Weinberge vor einger Verbauung bewahrt wurde. Den edlen Reben verdanken wir, daß man hier seinen Blick geruhsam über Wien schweifen lassen kann, fern von Straßenlärm und Betonklötzen.
Das Abgrasen der Reben ist zu unterlassen, man enrtet nicht nur Trauben sondern auch Bauchweh und einen "Wickel" mit dem Besitzer .
Für alle Badefreudigen: Das "Krapfenwaldl" ist ganz nah!

COBENZL

HINKOMMEN: Autobuslinie 38 S (nicht in der Tarifgemeinschaft der WVB)

Einst schlenderten auf dem nobelsten aller Hausberge Wiens die Adeligen "von" und "zu", jetzt tummeln sich dort die Sportlichen, die ihre körperliche Ertüchtigung im Sommer mittels Benützung des Fitpfades (20 Stationen),im Winter auf der Langlaufloipe erlangen. (Langlaufausrüstungen kann man sich ausborgen!).

In der ehemaligen Polizeistation wurden Duschen und Umkleidekabinen eingerichtet (Öffnungszeiten Di und Do 17.00 bis 19.00 Uhr, Sa. 8.00 bis 16.00 Uhr, So 8.00 bis 12.00 Uhr). Für die Trainingsscheuen gibt es 50 ha Liege- und Spielwiesen, für die Zärtlichen einen Streichelzoo in Form eines Schafgeheges, für die Sammler einen Edelkastanienbaum (nahe der Luegerwiese) und für die Schaulustigen eine Aussichtsterrasse, dort wo früher das Schloß stand, und für alle Flüssigkeitsliebenden einen Heurigen.

SOPHIENALPE

HINKOMMEN: Straßenbahnlinie 43 oder Autobus 35 A, 44 B oder 49 B

Wunderschönes Wandergebiet mit einer Unzahl von Wegen und Wegerln. Mit 477 Metern hat der Hügel natürlich prompt den Namen Alpe erhalten. Vor mehr als 100 Jahren war der Gipfel noch per Umlaufseilbahn (die erste ihrer Art in der Welt) zu erreichen, Kulinarischer Treffpunkt: Hotel-Restaurant "Sophienalpe"(zur Wildsaison gibt`s einen super Wildschweinbraten). Im Winter kann man hier auch ein bißchen Skifahren (eigentlich mehr Hangerlrutschen oder Rodeln). Im Sommer sorgen Fitparcours, Kinderspielplatz und Waldlehrpfad für organisierte Freizeitgestaltung.

JUBILÄUMSWARTE

HINKOMMEN: Autobus 44 B

Eine der schönsten Aussichtswarten Wiens.
Bietet den Besuchern, die auf den dort befindlichen Turm klettern (über 130 Stufen!) einen herrlichen Blick auf die Stadt und den Wienerwald.
1899 baute der Ottakringer Verschönungsverein eine Warte, die 1956 dem jetzigen Turm Platz machte.

In der näheren Umgebung des Turms liegt die Kreuzzeichenwiese, eine Spielwiese, die für alle Hungernden und Dürstenden durch ein Buffet "attraktiviert" wird, weiter eine 600 m lange Naturrodelbahn auf der Steinbruchwiese, - manch ein jetziger Pistenwedler hat hier als Skihaserl begonnen (ansetzen zum Schwung, aufstehen, abputzen, weiterfahren!).

Für Kettenraucher (zum Abgewöhnen) gibt es eine Langlaufloipe, für alle "Faune" und "Flore" einen Naturlehrpfad (Savoyenstraße), der auch Exotisches (z.B. Antilopen) aufweist, allerdingt nur, wenn man in die Biologische Station Wilhelminenberg hinüberspäht.

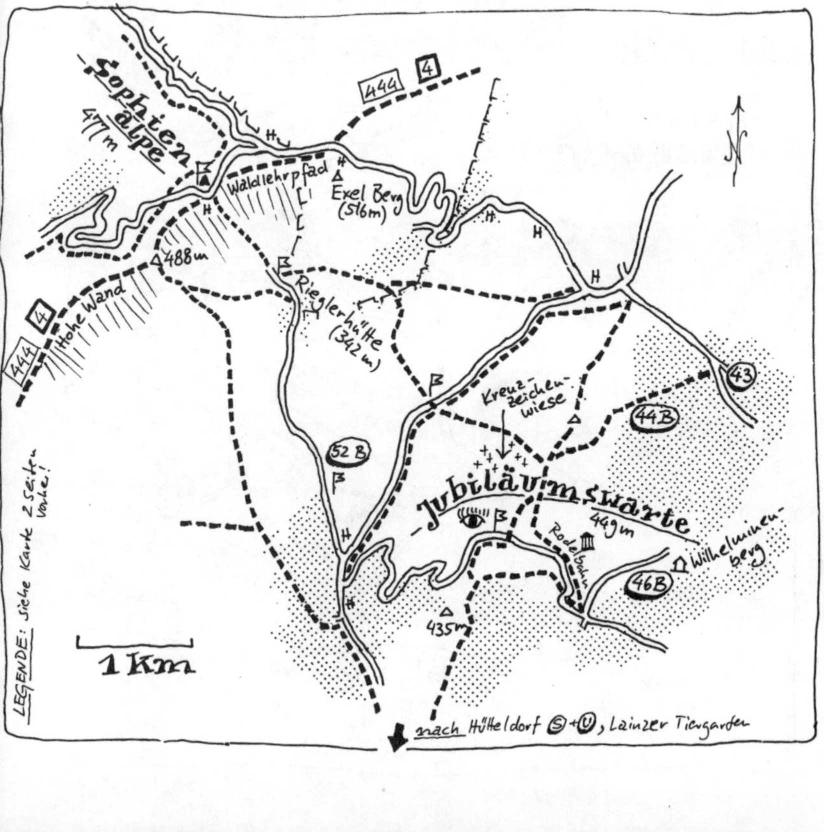

Lainzer Tiergarten

HINKOMMEN: Straßenbahnlinie 49 oder Stadtbahn bis Hütteldorf (Nikolaitor) oder Autobahnlinie 53 (St. Veiter Tor) oder Straßenbahn 60, 62 sowie Autobus 60 B (Lainzer Tor).

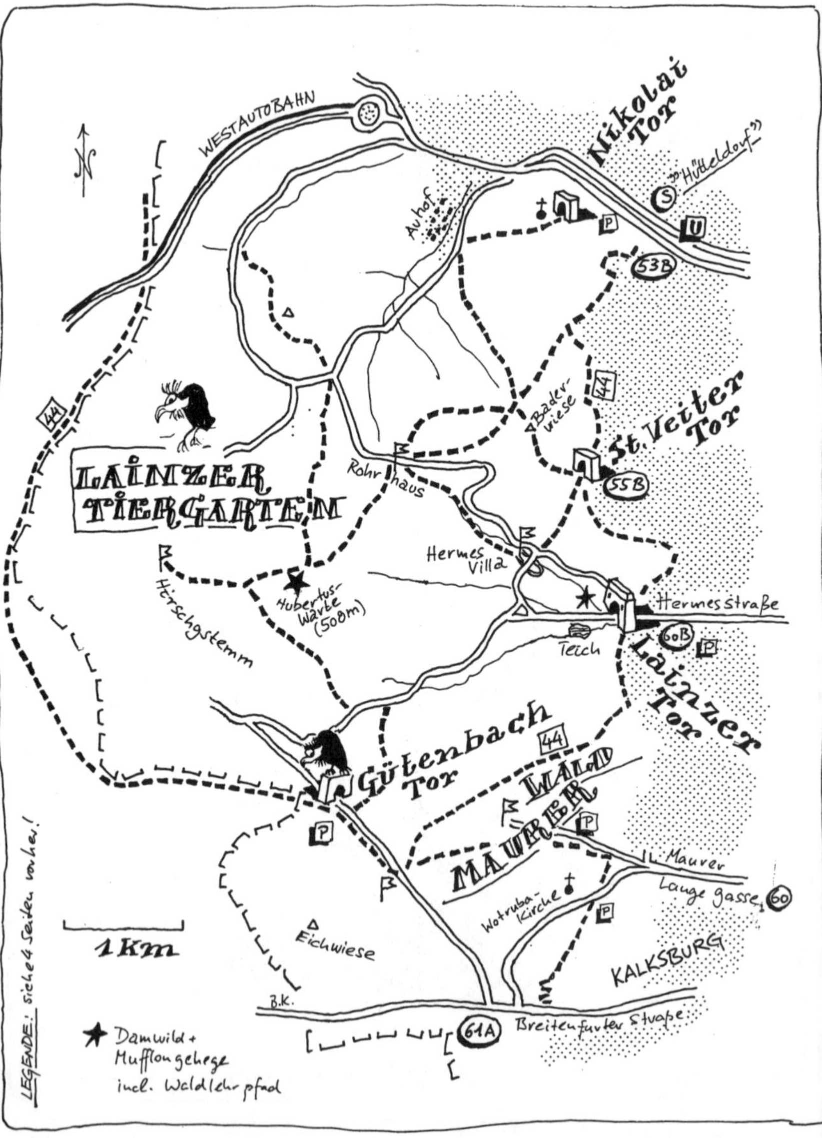

Geöffnet: Anfang April bis Anfang November, Mittwoch bis Sonntag ab 8.00 Uhr bis Einbruch der Dunkelheit. Im Winter ist nur der Park um die Hermesvilla geöffnet.

Mit 2.330 Hektar ein gigantisches Areal, auf dem der Kaiser früher Jagden veranstaltet hat. Auch heute kann man auf 80 km Wanderwegen dahinjagen oder joggen oder ganz einfach nur spazierengehen. Ein bißchen Statistik: 3 Rasthäuser, 1 Aussichtswarte, 3 Unterstandshütten, 4 Kinderspielplätze, 1 Waldlehrpfad, 280 ha Naturwiesen, 10 ha Spiel- und Lagerwiesen, Rastbänke und eine Kapelle. Auf freier Wildbahn kann man Hirsche, Rehe, Mufflons und Wildschweine beobachten (Obelix hätte seine Freude). Achtung: Hunde dürfen nicht mitgenommen werden (kein Platz für Idefix).

1886 erbaute Hasenauer ein kaiserliches Jagdschloß, die Hermesvilla. Heute eine Raststätte mit leicht k & k-schwangerem Image. Von Juli bis August machen die Lipizzaner hier Urlaub.

MAURERWALD

HINKOMMEN: Straßenbahnllinie 60 bis Maurer-Lange-Gasse

Die Maurer-Lange-Gasse mündet in die Georggasse, und die geht bis zur Heiligsten Dreifaltigkeit: Wotrubakirche, ein "faszinierender" moderner

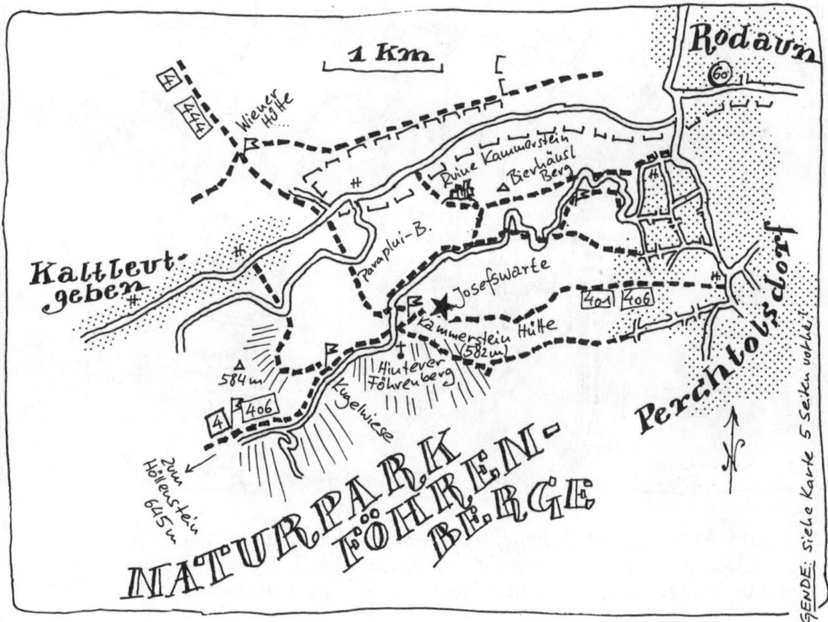

Sakralbau, der sicht trotzdem harmonisch in die Landschaft einfügt. Als Alternative bietet sich nach einer Rundwanderung entweder der Abstieg nach Kalksburg (berühmt-berüchtigt wegen seiner Alkoholentwöhnungsanstalt) oder der Weg zum Lainzer Tiergarten (Gütenbachtor) an.

NATURPARK FÖHRENBERGE

HINKOMMEN: Straßenbahnlinie 60 bis Endstelle Rodaun

Wilde Büffel oder treuherzige Nashörner gibt es nicht in diesem Naturpark, der eher für seine Flora und seinen herrlichen Ausblick berühmt ist. Aufstieg über Rodaun, Hochstraße auf die Perchtoldsdorfer Heide. Weitere Stationen : Bierhäuselberg mit der Ruine Kammerstein, Parapluiberg, der Teufelsstein mit der Kletterschule und der Höllenstein. Schaurige Namen für ein schönes, friedliches Wandergebeit. Abstieg nach Kaltenleutgeben, am besten sofort einen guten Heurigen suchen!

BISAMBERG

HINKOMMEN: Straßenbahn 31 oder 32 bis "Floridsdorf", Umsteigen in S-Bahn Richtung "Stockerau", Aussteigen in "Langenzersdorf" oder "Bisamberg".

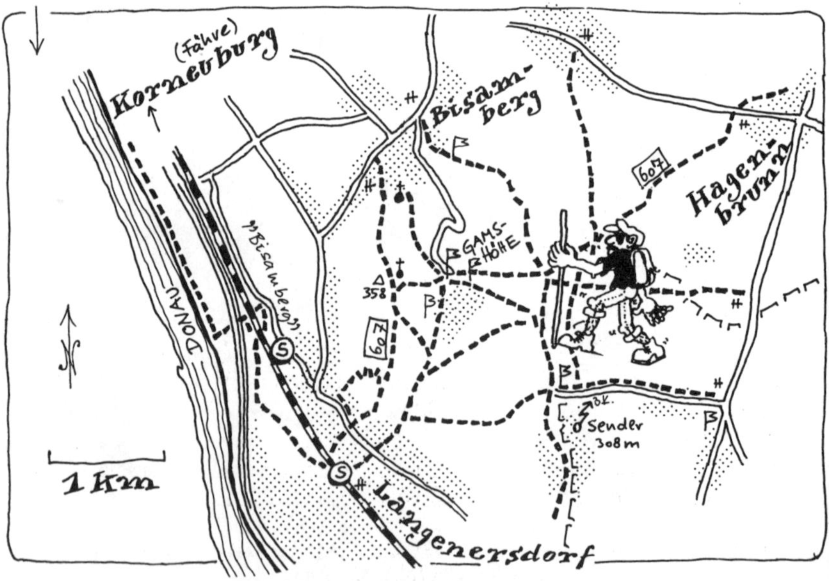

Alle Aufstiege beginnen in bekannten Heurigenorten. Deshalb nicht hudeln, erst einmnal einen Frühschoppen zu sich nehmen. Beim Aufstieg von Langersdorf kann man auch schnell noch in Sachen Kultur aktiv werden, bevor man dem Ruf der Wildnis folgt: das Hanak-Museum (Bildhauer) lädt zum Besuch ein.

Die Stadt Wien hat durch Ankauf von rund einer Million qm eine Verhüttelung der Berge verhindern können. Von der Technik unberührt ist das Gebiet, auf dem auch schon Steinzeitmenschen gelebt haben, trotzdem nicht geblieben. Über den Sender Bisamberg strahlt der Österreichische Rundfunk sein Programm aus. Trotzdem ein herrliches Wandergebiet, mit angenehmen Rasthäusern und Lagerwiesen.

Geheimtip: Magdalenenhof, vis-á-vis vom Sender: schön wie ein Spukschloß mit Zaubergarten.

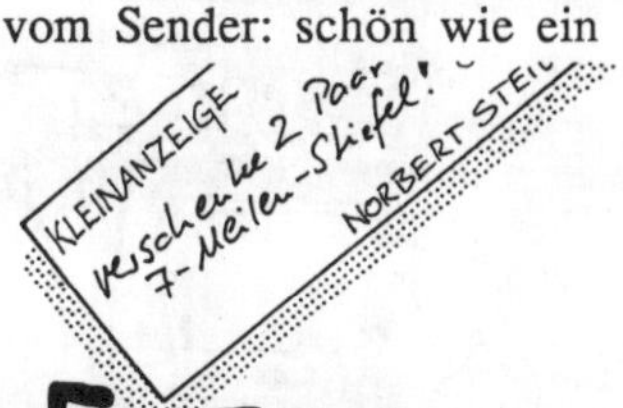

STUDENTEN-EXTRA

EINLEITENDES - UND ÜBERHAUPT

Um es gleich vorwegzunehmen: In Österreich gibt`s keinen Numerus Clausus. Dafür wird an den Unis kräftig durchgesiebt - jedermann/frau, der/die nach Wien kommt, um hier dem Studium zu frönen, soll von vornherein gewarnt sein : Bestimmte Studienrichtungen gelten als hoffnungslos überfüllt - die Hörsäle gleichen Kaninchenställen, Schweißgeruch liegt in der Luft. Bei den Medizinern zum Beispiel stellen an einer der größten Anfangshürden, dem "Knochenkolloquium", manchesmal mehr als die Hälfte der angetretenen Studiosi "die Potschn auf", wie man in Wien zu sagen pflegt, das heißt: Sie fliegen durch.

Schon bevor Du Deine ersten Uni-Gehversuche wagst, solltest Du Dich erst einmal schriftlich, telefonisch oder direkt an die ÖSTERREICHISCHE HOCHSCHÜLERSCHAFT (ÖH), 9, Liechtensteinstraße 13, Tel. 0222 / 34 65 18 wenden.

Schon vor Studienbeginn forderst Du am besten schriftlich die knapp 1000 Seiten dicke Informationsmappe "Studium in Österreich" an.

Wichtige Adresse : GESCHÄFTSSTELLE DES ÖSTERREICHISCHEN AUSLANDSDIENSTES,
Hauptgebäude der Universität Wien
1, Dr. Karl Lueger-Ring 1
Tel. 42 67 42 / 42 31 50

Wenn Du all das geschafft hast – und selber noch nicht geschafft bist – steht dem Sprung in's kalte Wasser, sprich Studium, nichts mehr im Weg.

(zumindest von bürokratischer Seite her gesehen !)

Wiener Uni's:

Veterinärmedizinische Universität
Linke Bahngasse 11
1030 Wien

Wirtschaftsuniversität
Augasse 2-6
1090 Wien

Akademie der bildenden Künste
Schillerplatz 3
1010 Wien

Hochschule für angew. Kunst
Kopalplatz 2
1010 Wien

Hochschule für Musik und darst. Kunst
Lothringerstraße 18
1030 Wien

Universität Wien
Dr. Karl Lueger-Ring 1
1010 Wien

Techn.-Universität Wien
Karlsplatz 13
1040 Wien

Universiät für Bodenkultur
Gregor-Mendel-Str.33
1180 Wien

Juriducum
Schottenbastei 10 - 16
1010 Wien

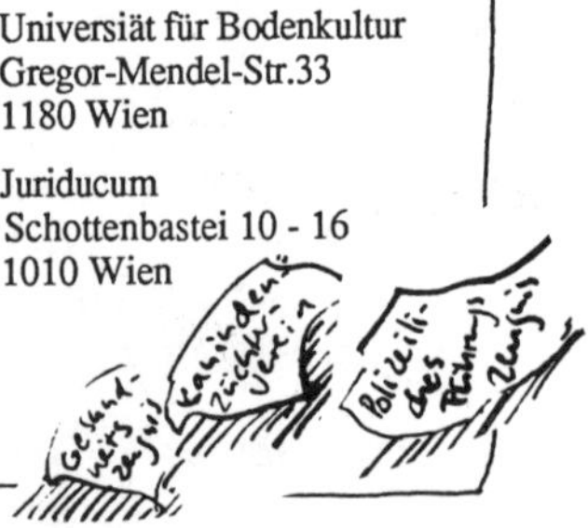

MENSEN

Wem die Freßromantik eines Würstelstandes zum Hals heraushängt und Drei-Stern-Lokale auch nicht als das Wahre erscheinen, der findet in den Wiener Mensen alles, was sein Herz begehrt.

Die studentischen Gourmet-Hochburgen haben zwar, was Qualität und Vielfalt der kulinarischen Genüsse anbelangt nicht immer den besten Ruf, sicher aber nicht die beste Küche. Schwerverdauliches siehst Du allerorten, und die trist geschmückten Räume, gegen die eine Bahnhofshalle den Flair eines Schlemmerlokales hat, lassen manchmal selbst alteingesessene Studenten würgen.

Mensa ist jedoch nicht gleich Mensa (die Bezeichnung kommt aus dem Lateinischen, was umso unverständlicher ist, weil die Römer keineswegs schlecht tafelten ...). In der sogenannten Snackbar (Neues Institutsgebäude, 1. Bezirk, Universitätsstraße 7, 7. Stock) kriegst Du beispielsweise durchaus akzeptable Grillkost zu verblüffend kleinen Preisen. Wegen ihrer kulinarischen " Spezialität " gefürchtet ist die Mensa der Veterinärmedizinischen Uni (3. Bezirk, Bahngasse 11), wo die Würstel à la Bern mit kaum durchgebratenen Pommes Frites auf das "liebevoll geschmückte" menseneigene Tablett geklatscht werden.

Alle anderen Mensen sind in Qualität und Preis annähernd gleich. Menüs sind schon ab etwa 25 ÖS zu haben. Potpourri der Woche 28 ÖS:

- Mensa NIG U 7, Universitätsstraße 7, 1010 Wien
- Mensa LU, Luegerring 1, 1010 Wien
- Mensa MUSIK, Johannesgasse 8, 1010 Wien
- Mensa FG, Führichgasse 10, 1010 Wien
- Mensa TECHNIK, Karsplatz 13, 1040 Wien
- Mensa ANKU, Kopalplatz 2, 1010 Wien
- Mensa BIKU, Schillerplatz 3, 1010 Wien
- Mensa Vet.-Med., Linke Bahngasse 11, 1030 Wien

WOHNEN ALS STUDENT - EIN DRAMA

Eine finanziell tragbare und qualitativ halbwegs akzeptable Unterkunft zu finden, ist für alle Studenten und Studentinnen anfangs meistens ein Frustrationserlebnis.
Der "freie Wohnungsmarkt" ist von dauernden Vermittlerschweinereien geprägt. Ausbeutung bei der Fixierung von Ablösen und Mieten sind an der Tagesordnung. Vorsicht! In den meisten Fällen werden sogenannte "Ablösen" verlangt, obwohl sie gesetztlich verboten sind.

Auch die MAKLERBÜROS selbst sind eine heikle Sache: Oft exisitert eine bereits brav angezahlte Wohnung gar nicht. Ein andermal lösen sich die Vermittlungsfirmen mir-nichts-dir-nichts plötzlich über Nacht auf. Endergebnis: Geld Futsch, die Hoffnung auf eigene vier Wände ist in noch entferntere Regionen abgeglitten.
Für Mutige: Über die diversen Maklerfirmen stolpert man zu Dutzenden in fast allen Tageszeitungen (Kurier, Krone...).

1.WOHNUNGSVERMITTLUNG DER ÖSTERREICHISCHEN HOCHSCHÜLERSCHAFT
Wiener Unis und in der ÖH-Zentrale, Liechtensteinstraße 13, gibt`s so etwas.

2.STUDENTISCHER WOHNUNGSSERVICE
(1010 Wien , Führichgasse 10, Tel. 53 13 48).

ENGAGEMENT

WIEN UND DIE DRITTE WELT

Die hier aufgelisteten Gruppen und Vereine veröffentlichen Zeitschriften und Bücher, organisieren Veranstaltungen und geben Zusatzinformationen. Ihr politischer Anspruch ist unterschiedlich

Hilfskomitee für Afghanistan
1, Salztorgasse 7/6
Tel. 63 40 885 (Dr. Janata)
Betreuung von Flüchtlingslagern in Pakistan

IGLA
(Informationsgruppe Lateinamerika)
6, Münzwardeingasse 2
Tel. 56 34 68
Fachbibliothek, Zeitschrift und Archiv. Jeden Mittwochabend: Treffen und Gedankenaustausch.

ÖIE
(Österr. Informationsdienst für Entwicklungspolitik)
1, Tuchlauben 8/6/16
Tel. 63 37 55 0
In enger Zusammenarbeit mit dem Außenministerium. Bibliothek, Fortbildungsversanstaltungen für Lehrer , Journalisteninformationen, eigene Buchhandlung ("Südwind"). Aufgabe: Aufklärung über Entwicklungsprobleme und Entwicklungspolitik. Auch regionale Außenstellen.
Monatszeitschrift: EPN (Entwicklungspolitische Nachrichten).

Solidaritätskomitee für El Salvador
5, Johannagasse 27/7 (Veronika Reisenberger)
9. Schedergasse 5/10
In eigenem Kontakt mit Vertretern der "Befreiungsbewegung". Materielle Unterstützung für El Salvador mit dem Kauf von Saatgut und landwirtschaftlichen Einrichtungen.

Österreichisches Lateinamerika-Institut
1. Schmerlingplatz 8
Tel. 93 33 15
Traditionsreiche"Freundschafts-Gesellschaft" mit umfangreichen Informationsmaterialien, regelmäßigem Pressespiegel und einem weitgefächerten Kursangebot für Sprachinteressierte.

Solidaritätskomitee Guatemala
6, Münzwardeingasse 2
Kontakt: Hermann Klosius
Tel. 63 37 55/25
Montagabendliche Treffen.

Alternative Türkeihilfe
7, Stiftgasse 8 (Amerlinghaus)
Tel. 93 64 75
Solidaritätsaktionen für türkische Minderheiten, Diskussion der Kurdenproblematik und von Ausländer- und Asylfragen.

Entwicklungshilfe-Club
2, Böcklingstraße 44
Tel. 26 51 50 oder 26 63 55
Kein "Nur-Plauder-Verein", sondern sehr rührige Gruppe, die konkrete Projekte zu finanzieren versucht.

Österreichische Forschungsstiftung für Entwicklungshilfe
(ÖFSE) 9,Türkenstraße 3/III
Tel. 34 01 51
Ausgezeichnetes Schriftwerk zum Thema 3.Welt.

Caritas-Zentrale
1, Nibelungengasse 1/3
Tel. 57 15 77
Anlaufstelle für direkt an der Entwicklungshilfe Interessierte.

Außerdem exisiteren in Wien eine Reihe von Gesellschaften und Kulturvereinen einzelner Staaten, wie auch Vertretungen ethnischer Minderheiten in Österreich (Slowenen, Kroaten, Zigeuner), Kontaktadressen,: bei "Über-Organisationen" (z. B. Caritas oder ÖIE nachfragen), oder einfach Telefonbuch oder Auskunft 08 oder 16.

Amnesty International Österreich
1, Eßlinggasse 15/4
Tel. 66 33 60/ 66 34 94
Heimische Sektion der Friedensnobelpreis-Organisation. Rege Tätigkeit in Kleingruppen, die sich für die Freilassung von politschen Gefangenen in aller Welt einsetzen (UdSSR, Guatemala, Chile etc) Vermittlung von Vorträgen, Zeitschrift "ai-Informationen".

ARGE
für Zivildienst, Soziale Verteidigung und Gewaltfreiheit
1, Schottengasse 3 a/1/4/59
Tel. 63 80 653
Zivildienerorganisation, Beratung für junge Männer, die den Kriegsdienst verweigern wollen. Rechtshilfe in Notfällen.

UMWELTSCHUTZINITIATIV

Alternativreferat der ÖH
(Österreichische Hochschülerschaft)
9, Liechtensteinstraße 13,
Tel. 34 65 18
Anlaufstelle für Interessenten, gesammelte Adressenübersicht, Koordination von Veranstaltungen.

Greenpeace Österreich
9, Währinger Straße 59,
Tel. 43 82 20
Hat auch in Österreich mit spektakulären Maßnahmen auf Mißstände aufmerksam gemacht. 1985 konnten die österreichischen Greenpeaceler eine stattliche Spendensumme für die versenkte "Rainbow Warrior" aufbringen. Eine regelmäßig erscheinende Zeitschrift legt Rechenschaft über die Tätigkeit der Österreich-Sektion ab.

GLOBAL 2000
1911 Wien, Ostfach 213
(Kontakt: Ingmar 31 28 573, Christian 34 95 733)
Benannt nach dem "Bericht an den US-Präsidenten" (Jimmy Carter war das damals). Fordert "radikalökologische Maßnahmen"; öffentlichkeitswirksame Aktionen gegen Umweltzerstörer.

Wien für die schmale Brieftasche

Hier nun eine kurze Zusammenfassung. Konkrete Tips in den einzelnen Bezirks-Kapiteln und in den Einleitungskapiteln "Unterkunft","Baden", "Transport" und "Faktenfundgrube".

ESSEN: Kostenlose Essensausgabe für Bedürftige in verschiedenen Klöstern (siehe Bezirkskapitel "Besonderes").Billigverpflegung auch in den Uni-Mensen (siehe "Studenten - Extra"). Für Selbstversorger: extrem preisgünstige Ladenkette "Hofer" (in mehreren Bezirken) mit Brot, Margarine, Süßwaren, Kosmetikartikeln etc. Etwas höher im Schnitt liegen die Preise auf den Bezirksmärkten, dafür dann frisches Fleisch, Obst, Gemüse, Großmarkt mit buntem Standlgewirr : Naschmarkt (6. Bezirk). Einen billigen Stehkaffee gibt es bei Eduscho.

WOHNEN: Jugendherbergen oder Zeltplatz; "wilde" Zeltplätze gibt`s offiziell nicht. Mit 60 bis 150 ÖS pro Tag muß man mindestens rechnen. Preiswertere Möglichkeiten evtl. über kirchliche Organisationen, Pfadfinder, Seminare von politischen Parteien - allerdings nimmt man da das Gruppenprogramm in Kauf! Zuhause klären.

EINKAUFEN: (Bücher, Kleidung), Flohmärkte! "Wohltätigkeits-Veranstaltungen", bei denen gebrauchte (oft auch neue!) Sachen quer durch den Gemüsegarten zum Verkauf kommen. Ziemlich lohnend, weil oft wertvolle Stücke dabei sind, Zeitung durchblättern wegen Terminen, in "Insider" -Kreisen umhören. Der Standard-Flohmarkt (hinter dem Naschmarkt) geht jeden Samstag über die Bühne (leider schon mit Verkaufsprofis, die das große Geschäft wittern, trotzdem viel Gedränge und manchmal billige Angebote). Außerdem Versteigerungen in den "Bezirksabteilungen" des Dorotheums (1.Bezirk) Tips für Interessenten von Handel und Wandel: alle paar Tage im "Bazar".

VERANSTALTUNGEN: gratis "Freiluftkonzerte" mit viel Flair in der Fußgängerzone Kärntnerstraße. Verbilligte Konzert- und Theaterkarten beim Kultur-Referat der Hochschülerschaft, Stehplätze in den "Klassik-Hochburgen" (siehe "Theater"). Oder Beziehungen zum technischen Personal knüpfen - deren Angehörige dürfen nämlich gratis rein!

MUSEEN & GALERIEN: bei vielen Museen (vor allem den Bundesmuseen) gilt ein Studentenausweis als Gratis-Ticket. Galerien meist ohnehin kostenlos.

ZEITUNGEN & ZEITSCHRIFTEN: für Informationshungrige: in die Zeitschriften-Abteilung der Universitäts-Bibliothek oder Nationalbibliothek setzen und schmökern (Ausweis mitnehmen). Verbilligte Abos über die Hochschülerschaft, einzelne Gratisexemplare direkt bei den Zeitungen anfordern.

BADEN: Wildbaden auf der Donauinsel oder in der Lobau (siehe Kapitel "Baden").

REISEN: Autostoppen ist immer noch am billigsten.

GUTE WARTE-PLÄTZE: Richtung Westen (Salzburg, München, Schweiz): unter St.Veit (BP-Tankstelle), Braunschweigergasse (ShellTankstelle) und Hadikgasse (Stoppen direkt an der Auffahrt verboten) - Richtung Süden (Steiermark, Kärnten, Italien, Jugoslawien): Triester Straße (Unter der "Spinnerin am Kreuz"/Tankstelle). Billigreisen per Zug und Flugzeug über "Ökista" und "Büro für Studentenreisen" (siehe Kapitel "Blick über die Grenzen") - Mitfahrerbörse: im Neuen Institutsgebäude am schwarzen Brett (Uni-versitätsstraße, 9. Bezirk).

BIBLIOTHEKEN

Nicht nur für verregnete Urlaubstage! Ein Paradies für Bücherwürmer und Leseratten.

Meist Präsenzbibliothek, d.h. man kann sich Bücher ausleihen, die man dann im Lesesaal durchblättert. Manchmal Fernleihstellen angeschlossen, d.h. man kann sich zu Haus ein paar Wochen lang in die 500 Seiten-Schwarte vertiefen (z.B. Städtische Büchereien,Nationalbibliothek, Universitätsbibliothek). Lichtbildausweis mitnehmen! Dafür gibt´s beim Bibliothekar meist einen Schlüssel für ein Kästchen, wo man Mantel, Tasche, etc. verstauen kann. Preise von "Nulltarif" bis "minimal" (z.B. bei den Städtischen Büchereien).

Bei mir hat´s eine zeitlang gedauert, bis ich mich in den Riesenkatalogen zurechtgefunden habe, und ans Zettelausfüllen muß man sich auch erst gewöhnen. Vorher abchecken, ob man sich in eine Spezialbibliothek reinschmökern will (mit fast "intimer" Atmosphäre) oder ob´s was Größeres sein soll.

Achtung auf die Öffnungszeiten (im Sommer z.b. geschlossen oder gekürzt)! Wenn man sich - unweigerlich - nicht sofort auskennt: Die Bibliotheksmenschen sind unserer Erfahrung nach recht freundlich und helfen gern weiter!

1 HAUS DES BUCHES

(Zentrale der Städtischen Büchereien)

8, Skodagasse 20, Tel.: 42 61 63

Einschreibungen mit Lichtbildausweis und Meldezettel. Kinder gratis, für Erwachsene 2 ÖS. Leihgebühr für drei Wochen pro Buch: 2 ÖS.

Angebot: Quer durch den Gemüsegarten, nicht unbedingt "hyperwissenschaftlich". Schöne Klassiker-Romane, Populärwissenschaftliches, Jugend- und Kinderbücher, Biografien, Science Fiction, Kunst etc. Meist nach Themen sortiert.

Weitere Büchereien siehe"Bezirke"

2 ÖSTERREICHISCHE NATIONALBIBLIOTHEK

1, Josephsplatz 1 (Haupteingang eigentlich Neue Burg/Mittel-eingang),
Tel. : 52 16 84, 52 69 41

Größte Bibliothek Österreichs - mit bald 2,5 Millionen Druckschriften. Die Riesenbibliothek wurde bereits 1526 gegründet.

Eingang am Josefsplatz nur zu den Handschriften Inkunabeln (=Druckwerke, die im sog. Wiegendruck vor 1500 hergestellt wurden) und Globussammlung (hier auch Karten). Haupteingang zum Lesesaal und zur Zeitschriften-Abteilung vom Heldenplatz.

Die ehemalige Hofbibliothek wurde in 14jähriger Bauzeit von Josef Emanuel Fischer von Erlach "gebastelt". Die zweite Türkenbelagerung hatte Wien grad noch einmal überstanden und Karl VI., der Vater von Maria Theresia, ließ sich wieder einmal ein zeiten-überdauerndes Denkmal setzen. So sprechen auch die Prunksaalseitenräume (Eingang Josefsplatz) mit Kaiserverherrlichungsdeckenbildern eine Sprache für sich.

Im ovalen Kuppelraum des Prunksaals selbst sind dann noch kaiserliche Marmorfiguren zu finden (auch von anderen Habsburg-Herrschern). Schönes Stiegenhaus mit alten römischen Inschriftsteinen. Deckengemälde mit Bibliotheksaal, wo einst die Augustinermönche bei staubigem Licht ihr Bibelstudium betrieben haben mögen.

Der riesige Bücherschatz ist zum größten Teil unterirdisch versteckt. Meterhohe Regalwände und man schraubt sich über verwinkelte Stahlstufen in die Tiefe, wo die Luft schon ein bißchen modrig riecht. Es wird gemunkelt, daß ein ausgeklügeltes, unterirdisches "Kanalsystem" von der Hofburg bis nach Schönbrunn führt. Von dieser Möglichkeit soll der Kaiser auch in "brenzligen" Situationen Gebrauch gemacht haben. Wir haben in einer mehrstündigen Universitätsführung einmal Einblick in die riesiggewölbigen Archivräume bekommen.

Übrigens: Laut pressegesetzlicher Regelung müssen von jedem (in Österreich) veröffentlichten Druckwerk Exemplare an die National-bibliothek!

Achtung: in den Sommermonaten verkürzte Öffnungszeiten! Die ersten 3 Septemberwochen in der Regel geschlossen.

Ebenfalls zur ÖSTERREICHISCHEN NATIONALBIBLIOTHEK gehören die:

Druckschriftensammlung (mit Lesesaal)

1, Neue Burg, Mitteleingang
Öffnungszeiten: Mo. - Fr.: 9 - 19.45 Uhr, Sa. 9 - 12.45 Uhr

Wie Lesesäle so sind: groß und ungemütlich, aber zweckmäßig.
Wichtig: Leih- und Fernleihstelle sind Mo. - Fr. von 9 - 15 Uhr in Anspruch zu nehmen. Für den ZEITSCHRIFTENSAAL gelten die Druckschriftensammlungs-Öffnungszeiten.

Handschriftensammlung

1, Josefsplatz
Öffnungszeiten: Mo., Mi., Fr. 9 - 13 Uhr, Di., Do. 13 - 19.45 Uhr

Museumsschätze aus kaiserlichen und klösterlichen Traditionen.

Kartensammlung

1, Josefsplatz
Öffnungszeiten: Mo,Di,Mi und Fr 8.30 - 15.30 Uhr

Hier sind u.a. hoch-kostbare Landkarten aus dem Lafreri-Atlas zu bewundern: Kartenwerke, die Ende des 16. Jahrhunderts angefertigt wurden und zu einem 324 Bände umfassenden Monster-Atlasblätterwerk gediehen, das in "freiherrliche" Hände wanderte (Freiherr von Stosch hieß der leidenschaftliche Kartensammler). - Auch eine dauernde Globus-Ausstellung.

3 SOZIALWISSENSCHAFTLICHE STUDIENBIBLIOTHEK DER ARBEITERKAMMER

4, Prinz-Eugen-Straße 20
Tel. : 65 37 65 -0
Öffnungszeiten: Mo. - Fr.: 13 - 19.30 Uhr, Sa.: 9 - 12 Uhr

Präsenzbibliothek mit guter Auswahl an Geschichts-, Polit- und Pädagogik- Literatur. Im Vorraum ein kleines Sortiment an Zeitungen und Zeitschriften und ein paar Polsterstühle. Gewünschtes Buch aus dem Schubladen-Titelkatalog auswählen, Bibliothekszettel ausfüllen, abgeben und ein paar Minuten warten, bis das gewünschte Stück mit dem "Lift" aus dem Keller kommt. Großer, heller Lesesaal. Auch umfangreiches Archiv alter Tageszeitungen (zu dicken Wälzern gebunden)!

4 WIENER STADT- UND LANDESBIBLIOTHEK

1, Rathaus (Eingang von der Felderstraße, Stiege IV. 1. Stock, Tür 333

Wiens drittgrößte wissenschaftliche Bibliothek (gleich nach der National- und der Universitätsbibliothek) - freie Benützung. Dafür relativ unbekannt und nicht so viel Andrang wie auf die beiden "großen Schwestern".

5 UNIVERSITÄTSBIBLIOTHEK

1, Dr. Karl Lueger Ring 1
Tel.: 43 00 - 23 76
Öffnungszeiten: Großer Lesesaal: Mo. - Fr.: 9 - 21.45 Uhr, Sa.: 9 - 12.45, Kleiner Lesesaal: Mo. - Do.: 9 - 17.30 Uhr, Fr.: 9 - 16 Uhr

Fast 2 Millionen Druckschrifen sind im Renaissance-Imitationsbau der "alten Uni" untergebracht. Ein Tummelplatz für eifrige Studenten, manchmal schleichen weißhaarige Altgelehrte duch den hohen Lesesaal, mit einem dicken Stapel Bücher unter dem Arm. Im großen Lesesaal klettern die Wälzer nur so die Wände hinauf: Hier sind vor allem allgemeine Übersichtswerke, Wörterbücher, Lexika und Atlanten zu finden, für Spezielleres Fern-leihmöglichkeiten benützen. Für Lesesaal: Die Garderobennummer ist gleichzeitig die Sitzplatznummer!

TIP: Broschüre zur richtigen Benützung der Universitätsbibliothek beim Uni-Portier (Haupteingang rechts). Außerdem gibt`s jeweils zu Semesterbeginn "Einführungskurse" zur Bibliotheksbenützung (an den zentralen Anschlagtafeln ausgehängt).

Zeitschriften-Abteilung: Öffnungszeiten: Mo. - Fr.: 9 - 17.45 Uhr
Die Zeitschriftenabteilung befindet sich einen Stock unter der Hauptbibliothek.

Kostenlose Gelegenheit, auf aktuellem Informationsstand zu bleiben und stundenlang in Tageszeitungen oder Wochenmagazinen zu wühlen. Auch Mikrofilmgeräte und Schreibmaschinen.

Präsenzbibliothek. Unbedingt Lichtbildausweis (wenn man rein kommt, dem Herrn oder der Dame am Pult den Ausweis in die Hand drücken, dafür kriegt man einen Kästchenschlüssel, wo man Tasche oder Mäntelchen unterbringen kann).

WEITERE BIBLIOTHEKEN, die für Studienzwecke offenstehen. Bei einigen ändern sich die Öffnungszeiten immer wieder, deshalb geben wir sie nicht in jedem Fall an.

Bibliothek der Gesellschaft der Musikfreunde
1, Bösendorferstr. 12
Tel.: 65 86 81 - 0

Bibliothek der Albertina
1, Augustinerstraße 1
Tel.: 52 57 69
Studiensaal geöffnet:
Mo. bis Do.: 13 - 16 Uhr.
Über 45.000 Bände!

Bibliothek der Geologischen Bundesanstalt
3, Rasumofskygasse 23
Tel.: 72 56 74 - 0
Geöffnet: Mo. bis Fr.: 9 - 16 Uhr.

Modesammlung der Stadt Wien
12, Hetzendorferstraße 79

Bibliothek der Kunsthistorischen Museums
1, Burgring 5, Tel.: 93 45 41 -0
Geöffnet: Mo. - Fr.:9 - 12 und 13 16 Uhr

Bibliothek des Österr. Museums für angewandte Kunst
1, Stubenring 5, Tel.: 72 56 96
Geöffnet: Di. - Fr.: 10 - 16 Uhr
So.: 10 - 13 Uhr

Bibliothek des Museums für Völkerkunde
8, Laudongasse 15 - 19
Tel.: 43 89 05 - 0
Geöffnet: Di. - Fr.: 9 - 15 Uhr

Bibliothek des Museums für Volkskunde
1, Neue Burg, Tel.: 93 45 41 - 0
Geöffnet: Mo. - Do.: 8 - 12 Uhr und 14 - 16.30 Uhr
Fr.: 8 - 12 Uhr

Internationales Esperanto-Museum
1, Hofburg, Tel.: 52 10 415
Geöffnet: Mo., Mi.,
Fr.: 9 - 15.30 Uhr

Bibliothek des Naturhistorischen Museums
1, Burgring 7, Tel.: 93 45 41 - 326
Hauptbibliothek: Mo. - Fr.: 9 - 12 Uhr
Daneben Unterabteilungen, Öffnungszeiten am besten telefonisch erfragen.

Bibliothek der Hochschule für angewandte Kunst
1, Oskar Kokoschka-Platz 2
Tel.: 72 33 17
Geöffnet: Mo. - Fr.: 9 - 12 Uhr, 13 - 16 Uhr

Parlaments-Bibliothek
1, Karl Renner Ring 3
Tel.: 84 04 - 0
Geöffnet: Mo. - Fr.: 9 - 15.30 Uhr

Bibliothek der Hochschule für Musik und Darstellende Kunst
3, Lothringerstraße 18
Tel. 56 16 85 - 0
Geöffnet: Lesesaal Mo. - Fr.: 9 - 16 Uhr
Leihstelle: Mo. - Fr.: 9 - 12 Uhr, 14.30 - 16 Uhr

Bibliothek der Österr. Akademie der Wissenschaften
1, Dr. Ignaz Seipel-Platz 2
Tel.: 51 58 1 - 0
Geöffnet: Mo. - Fr.: 9 - 13 Uhr

Bibliothek des Instituts für Geschichte der Medizin
9, Währingerstraße 25
Tel. 43 21 54
Geöffnet: Mo. - Do.: 8.30 - 16.30 Uhr
Fr.: 8 - 16 Uhr

Bibliothek des Bundesministeriums für Unterricht und Kultur
1, Minoritenplatz 5, Tel. 66 20 - 0
Geöffnet: Mo. - Fr.: 8 - 16 Uhr

Bibliothek des Österr. Patentamtes
1, Kohlmarkt 8, Tel. 63 36 36 - 0
Geöffnet: Mo. - Fr.: 8 - 14 Uhr

Bibliothek des Österr. Instituts für Raumplanung
1, Franz Josefs-Kai 27
Tel. 63 87 47 - 0
Geöffnet: Mo. - Do.: 13 - 16.15 Uhr
Fr.: 8 - 11.30 Uhr, 13 - 15 Uhr

Bibliothek des Amerikahauses
1, Friedrich Schmidt Platz
Tel.: 31 55 11
Geöffnet: Mo. - Fr. 13 - 18 Uhr

Bibliothek des Italienischen Kulturinstituts
3, Ungarngasse 43
Tel.: 73 34 54
Geöffnet: Mo.- Fr.: 9 - 12, 16 - 19 Uhr

Bibliothek des Österr. Latein-Amerika Institus

1, Schmerlingplatz 8
Tel.: 93 27 27
Geöffnet: Mo. - Do.: 10 - 12 Uhr, 15 - 18 Uhr
Fr.: 10 - 12 Uhr

Vereinte Nationen - Infodienst
22, Wagramerstraße (UNO-City)
Gut sortierte 3. Welt-Bibliothek. Schwierigkeiten beim Reinkommen, weil die UNO-City exterritoriales Gebiet ist. Vorher anrufen, damit den UNO-"Grenzposten" Bescheid gesagt werden kann. Tel.: 2631/3330

Österr. Forschungsstiftung für Entwicklungshilfe

9, Türkenstraße 3/III
Tel. 34 01 51 - 0
Geöffnet: Mo. - Fr.: 9 - 17 Uhr
Hervorragende "Dritte Welt"-Bibliothek. Riesiges Zeitschriften- Material. Ideal für soziologisch und politisch Interessierte.

Österr. Informationsdienst für Entwicklungshilfe
1, Tuchlauben 8/6/16
Tel. 63 37 55 - 0
Keine bestimmten Öffnungszeiten, einfach zwischen 8.30 und 16.30 Uhr vorbeischauen.
Zentrale Info-Stelle für entwicklungspolitische Fragen. Viel Unterrichtsmaterial,das an Schulen eingesetzt wird. Zeitschriften-Doku-mentation und Bibliothek.

British Council Library
1, Schenkenstraße 4
Tel. 63 26 16
Geöffnet: Mo. - Do.: 11 - 18 Uhr
Fr.: 11 - 16 Uhr

Es gibt eine Aufstellung aller Bibliotheken Österreichs, die beim Wissenschaftsministerium erhältlich ist: BM (Bundesministerium für Wissenschaft und Forschung), 1, Concordiaplatz 1, Tel.: 66 20 - 0

6 Österreichisches Staats-Archiv

Zentrale Dokumenten- und Urkunden-Sammelstelle. Ein echtes "Raritäten-Kabinett". Es gliedert sich in fünf Abteilungen, die sämtlicherweise frei zugänglich und benützbar sind.

In den österreichischen Erbfolgekriegen wurde Maria Theresia klar, daß eine eigene Zentrale mit staatsrechtlichen Unterlagen unerläßlich ist. Sie griff die Idee von Kaiser Maximilian I. auf und beorderte riesige Urkunden-Mengen von der Hofbibliothek ins Archiv.

Seit Anfang des 20. Jahrhunderts sind die Millionenwerte in feuer- und feuchtigkeitsgeschützten Räumlichkeiten untergebracht.

FOLGENDE ABTEILUNGEN:

Haus-, Hof- und Staatsarchiv

1, Minoritenplatz 1
Tel.: 66 15 -0
Öffnungszeiten: Sommer (Juni bis September) Mo. - Fr.: 9 - 16 Uhr, Winter (Achtung, Weihnachtsferien) Mo. - Fr.: 9 - 17 Uhr

Nach den Vatikan-Sammlungen und den Pariser "Archives Nationales" bedeutendste Sammlung historischer Staatsdokumente: über 100.000 Urkunden. Die ersten aus dem Jahre 816, außerdem die Staatsakten des Heiligen Römischen Reiches- und sonstige vergilbte Akten in Millionenzahl.

Allgemeines Verwaltungsarchiv

1, Wallnerstraße 6 a
Öffnungszeiten: Mo., Di., Do. und Fr.: 9 - 16 Uhr.

Finanzarchiv

1, Himmelpfortgasse 8
Tel. 53 33 -0
Öffnungszeiten: Mo., Di., Do.: 8.3o - 12.3o, Mi.: 12.3o - 15.3o Uhr, Fr.: 8.3o - 15.3o

Hofkammerarchiv

1, Johannesgasse 6
Tel. 52 54 34
Öffnungszeiten: Mo.: 12.30 - 15.45 Uhr, Di. und Mi.: 8.30 - 12.30 Uhr
Do. und Fr.: 8.30 - 15.45 Uhr (Sommer nur bis 12.30 Uhr)

Hier ist auch Franz Grillparzers Arbeitsbude zu bewundern, in der er sich nach der Revolution 1848 abgerackert hat.

Kriegsarchiv

7, Stiftgasse 2
Tel.: 93 27 40 - 0
Öffnungszeiten: Mo. - Fr.: 8.15 - 15.30 Uhr, Mittagspause von 12 - 13 Uhr!

Verkehrsarchiv

3, Aspangstraße 33
Tel. 56 50 - 37 37
Öffnungszeiten: Mo. - Fr.: 8.30 - 15.30 Uhr
Alles, was mit Eisenbahn zu tun hat.

Fakten-Fundgrube

Von APOTHEKEN bis ZUGAUSKUNFT,
von ZOO bis AUFSPERRDIENST .....

wir hoffen, daß Sie hier noch all die Informationen über Wien finden, die Ihnen bis hierher noch abgegangen sind. Trotzdem: keine Gewähr auf Vollständigkeit!

Die Fakten sind alphabetisch nach STICHWORTEN geordnet.

Viel Spaß beim Wühlen in unserer Info- Kiste !

APOTHEKEN

Öffnungszeiten Mo bis Fr 8 - 12, 14 - 18Uhr. Sa 8 - 12 Uhr
Außerdem: an jeder geschlossenen Apotheke findet man einen Hinweis auf die nächstliegende, offene Nacht-, Sonn- oder Feiertags-Apotheke. Tonbandauskunft per Telefon 15 50.

Internationale Apotheke
1, Kärntner Ring 17
Tel. 52 28 25
Hier ist auch die Beratung in englischer, französischer, polnischer oder tschechischer Sprache möglich. Außerdem können spezielle ausländische Medikamente besorgt werden.

AUFSPERRDIENST

ohne Beschädigung von Schloß und Tür, außerdem 24 Std.-Dienst:
17, Weißgasse 6 - Tel. 46 34 96
Anderer Aufsperrdienst: Tel. 74 53 94

AUTO-PANNENHILFE

ÖAMTC	120	(für ADAC-Mitglieder günstiger)
ARBO	123	

Beide Automobilclubs rund um die Uhr! Mit weitreichendem Service-Angebot. ÖAMTC gößter, arbeitet mit ADAC zusammen, ARBÖ mit ACE. Konkurrenz auch durch unterschiedliche Parteipräferenzen.

ÖAMTC: Österreichischer Automobil-, Motorrad- und Touring-Club
1, Schubertring 1-3, Tel. 72 990

Für ADAC-Mitglieder und Schutzbrief: Tagpannenhilfe gratis, auf die Nachtpannenhilfe gibt`s Rabatt, Tips zur Nachtpannenhilfe: Probleme mit dem Auto "am besten" zwischen 20.00 und 24.00 Uhr, denn danach (0 bis 6.00 Uhr) verteuert sich der Nachttarif noch einmal.

Jahresmitgliedschaft für Österreicher: rund 550 ÖS, "grünes Pickerl" 140 ÖS, technische Dienstleistungen gratis, Pannenhilfe nachts für Mitglieder 80 ÖS, Abschleppen rund 200 ÖS (plus km-Beitrag).

ÖAMTC-Stützpunkte:
20, Handelskai 90, Tel.35 11 02
21, Pragerstraße 34, Tel.38 11 33
10, Triesterstraße 68, Tel.67 61 74
14, Hadikgasse 128. Tel.85 98 74 ("Touring Center West", hier auch Möglichkeit, Geld zu wechseln, wenn man von der Westautobahn reinkommt (geöffnet 7-19Uhr).

ARBÖ: Auto-, Motorrad- und Radfhrerbund Österreichs
15, Mariahilfstraße 180

Für ACE-Mitglieder mit Schutzbrief normaler Mitglieder-Tarif, fürs Abschleppen in der Nacht etwas teurer.

AUTO-REPARATUREN+ERSATZTEILE

VW

Autohaus Liewers
10, Triester Straße 87
(Ecke untere Meidlingerstraße)
Tel: 64 45 71
Kundendienstanlage

Weilguni
19, Muthgasse 17
Tel: 36 13 57
Auch Audi

FORD

Ford Königer-Königer
21, Brünner Straße 66
Tel: 38 35 180
Schätzstelle, Zentrales Ersatzteillager und Werkstätte

Ford Hinteregger
Wr. Neudorf/Industriezentrum
Tel: 02236/36710

FIAT

Fiat-GmbH
12, Schönbrunner Straße 297-307
Tel: 85 36 11-0
Zentralersatzteillager, Kundendienst, Werkstätte

3, Rennweg 46-48
Ersatzteil-Detailverkauf, Werkstätte

OPEL, BUICK CHEVROLET, CADILLAC

Kandl
1, Schubertring 2
Tel: Reparatur 52 37 49/42
Ersatzteile 52 37 49/30

CITROEN

Citroen-Österreich GmbH
23, Perfektastraße 75
Tel: 86 46 01-o
Service- und Reparaturgroßwerk, Ersatzteillager

Citroen Freytag
11, Simmeringer Hauptstraße 170
Tel: 76 55 04

PEUGEOT

Carl Jeschek
1, Johannesgasse 10

Ersatzteillager
11, Dommesgasse 6
Tel. 74 16 70

Reparaturen
20, Pasettistraße 96
Tel: 33 15 46

RENAULT

Renault-Österreich
10, Laaer-Berg-Straße 66
Tel: 68 15 11- o
Zentralwerkstätte und Ersatzteillager

MITSUBISHI

Wolfgang Denzel
Reparaturwerkstätte
15, Tautenhayngasse 22
Tel: 92 03 06

Ersatzteile
3, Erdberger Lände 100
Tel: 74 36 61

ALFA ROMEO

12, Eichenstraße 26
Tel: 83 31 94

LANCIA AUTOBIANCHI PUCH, FIAT

Steyr-Daimler-Puch-AG
10, Laxenburger Straße 131-135
Tel: 64 26 61

TOYOTA

Müller
16, Lindauergasse 25
Tel: 46 89 60, 43 92 61

SAAB,SKODA

Hummel
7, Hermanngasse 34
Tel: 93 95 05
Werkstättenfullservice

DATSUN

21, Shuttleworthstraße 11
Tel: 39 26 39

10; Davidgasse 90
Tel: 62 202

TOYOTA

3, Rennweg 86
Tel: 78 11 65

21, Prager Straße 131
Tel: 38 22 83

MAZDA

14, Hängelingasse 12
Tel: 85 14 50

4, Ziegelofengasse 4
Tel: 57 87 75, 58 78 775

PEUGEOT

20, Pasettistraße 96
Tel. 33 15 460

SEAT
23, Triester Straße 210
Tel: 67 33 99

AUDI
21, Brünner Straße 264,
Tel: 39 12 71

MERCEDES
Troststraße 109 - 111
Tel: 64 26 81

FERRARI, BMW
6, Gumpendorferstraße 119
Tel: 57 15 71

LADA MOSKWITSCH ELIETTE
ÖAF-Gräf & Stift AG
5, Rechte Wienzeile 87
Tel: 57 55 97

LAMBORGHINI
14, Linzer Straße 451 a
Tel: 97 22 67

JAGUAR, ROLLS-ROYCE
Erwin Janko
10, Laxenburger Straße 96
Tel: 64 36 85
Werkstätte, Ersatzteile

AUTOVERMIETUNGEN

Gutes Netz renommierter Verleihfirmen. In der Regel: Mindestalter 21 (bei einigen Firmen 19), ein Jahr Führerschein.

Tarife von 240 ÖS/24 Std. (Fiat Panda) plus 114 ÖS Versicherung/Tag. Mittelklassewagen ab 400ÖS und Versicherung. Kaution nach Fahrzeug und Dauer der Miete (mindestens 2.400 ÖS z.B. bei Kalal).

Avis
1, Opernring 1
Tel: 57 35 95
(am Flughafen 77 70/27 00)

Budget Rent a Car
3, Hilton Air Terminal
Tel: 75 65 65
(am Flughafen 77 70/27 11)

Hertz
1, Kärtntner Ring 17
Tel: 52 86 77

Inter Rent
1, Schubertring 7
Tel: 75 67 17 und 23

Ketzergasse 122
Tel: 86 85 16/ 408

Kalal
3, Rennweg 73
Tel: 72 35 33 oder
75 59 43

Für Wohlbetuchte, die sich Stadtführungen in der Luxuslimousine gönnen wollen, stehen die Austrian Chauffeur Limousines (Tel: 78 35 76) bereit. Mietwagen Urban (Tel: 73 52 55) ermöglicht Kleinbusüberlandfahrten bis 8 Personen). Und Transfers nach Ungarn und in die CSSR gibt`s über rcv (Tel: 75 66 66)

BABYSITTEN

Babysitterzentrale
16, Herbsstraße 6-10
Tel: 95 11 35
Vermittelt auch Babysitter mit Fremdsprachenkenntnissen. Erreichbar: Mo -Fr von 8 bis 14,30 Uhr (Ca. 45 ÖS/Stunde).

Babysittervermittlung
des Österreichischen Akademischen Gästedienstes
4, Mühlengasse 20

Fakten-Fundgrube

Tel: 57 35 25
Privat: 60 bis 70 ÖS/
Stunde, nach 22 Uhr muß
Taxi bereitgestellt werden.

Babysittervermittlung
der Österreichischen
Hochschülerschaft
9, Liechtensteinstraße 13
Tel: 34 65 18
Etwa 50 ÖS/Stunde

BIO-LÄDEN

Fontanella
1, Universitätsstraße 11
Tel: 42 53 37

Makrokosmos
1, Fleischmarkt 16 (im Hof)
Tel: 53 19 47
(Achtung: unregelmäßige Öffnungszeiten, Mo, Di, Do und Fr 10 - 18 Uhr, Mi 13 - 18 Uhr, Sa 9 - 12 Uhr)

Zum Walfisch
1, Walfischgasse 14
Tel. 52 64 15

Naturkostladen
4, Mayerhofgasse 4
Tel: 65 80 993

Kräuter Kiste Kräuterprodukte
6, Mariahilf Straße 77
Tel: 93 64 97

Estakost
9, Währingerstraße 57
Tel: 43 26 30 oder 42 50 654

Naturkost G'Wölb
13, Altgasse 23 A
Tel: 85 93 38
Bietet auch Bio-Mittagsmenü im kleinen Hinterzimmer; Wochentags nach einem Schönbrunn Besuch ausprobieren! (5 - 7 Gehminuten vom Hietzinger Hauptplatz)

Mandala
4, Kleine Neugasse 10
Tel: 56 72 34
Makrobiotisches Restaurant

Wrenkh
15, Hollergasse 9
Tel: 83 41 28
Vollwertbeisl.

BOTENDIENSTE

Mehrere flinke "Einsatzgruppen", die Transporte vielfältigster Art erledigen. Wegen der Preise vorher fragen. → b.w.

Arge Funk-Botendienst
Tel: 33 55 44
Erledigt Botenfahrten im In- und Ausland.

Botendienste
Tel: 22 87 91
"Around the clock"-Service, Kleintransporte aller Art.

Funktrans
Tel: 56 06
Selbstbeschreibung: "Funktransporte von 2 Gramm bis 2 Tonnen".
"Viele gelbe Pferdchen", fahren Kleintransporte bis 30 kg für eine Grundgebäühr von 70 ÖS (inkl. 5 km) plus 7,50 ÖS für jeden weiterne Kilometer. Zuschläge für Fahrten ab Stadtgrenze und Nachtdienste zwischen 20 und 6 Uhr. Barzahlung. Für Firmen: Transporttickets mit Sammelrechnung per Monatsende.

BUCHHANDLUNGEN

FACHLITERATUR

Morawa
1, Wollzeile 11
Größter Zeitungs- und Zeitschriftenvertrieb Österreichs. Riesiges Sortiment. Auch als Buchhandlung exzellent, gute Beratung

Kolisch
1, Rathausgasse 18
Quer durch den Gemüsegarten, praktisch alle fürs Studium relevanten Bücher (vor allem Geschichtte, Germanistik, Philosophie, Sozialwissenschaften).

Manz
1, Kohlmarkt 16,
Gesetzestexte, Paragraphen, Verordnungen, Wirtschaftsbücher, etc.

Sallmayersche Buchhdlg.
1, Neuer Markt
Technik, auch englische und amerikanische Bücher.

Urban & Schwarzenberg
9, Frankgasse 4
Medizinische Fachbücher.

Wr. Fachbuchhdlg.
1, Wollzeile 20
Technik und Wissenschaft.

KINDERBÜCHER

Kinderbuchladen
1, Rauhensteingasse 5

MIXED

Buchhdlg. B. Hermann
1, Grünangerg. 3
"Links- in- Buchhandlung", Polit, Literatur, 3. Welt, Auswahl an Alternativzeitungen und -zeitschriften.

Buchh. Schottentor
1, Schottengasse 9

Bücher Herzog
6 Mariahilfstr. 1
UntergrundComix und sonstige "Unmöglichkeiten".

Frick
1, Graben 27
Wörterbücher, umfangreiches Taschenbuchangebot, englisch, spanisch, italienisch.

Kuppitsch
1, Schottengasse 4.
Breitgestreutes Sortiment, auch antiquarisch.

777
1, Grünangergasse 1
Mystische Literatur, Astro-Bücher, Traumdeutung, Kartenlesen.

Winter
1, Landesgerichtsstraße 20
Buchhandlung mit gutsortierter engagierter Literatur und angenehmer Schnupperatmosphäre.

FREMDSPRACHEN

Gerold
1, Graben 31
Spanisch, Italienisch, Französich. Aktuelles Sortiment.

Heidrich
1, Plankengasse 7
ebenfalls englischsprachige Literatur.

Kosmos
1, Wollzeile 16
Französiche Literatur.

British Bookstore
1, Weihburggasse 8
Wie der Nahme sagt: englische Literatur.

Shakespeare & Company
1, Sterngasse 2
(Nach der berühmten Librairie in Paris- James Joyce und so). Englisch-amerikanische

7, Neubaugasse 39

KUNST

Galerie Image
1, Ruprechtsplatz 4-5
Plakate

J. Orthofer
1, Sonnenfelsgasse 8

Wolfrum
1, Augustinerstraße 10
Auch Film

Löckner
1, Gluckgasse 3
Buchhandlung mit dem Motto:"We read all we can, the rest we sell).

REISEN

Freytag-Berndt
1, Kohlmarkt 9
Umfangreiches Angebot an Reiseliteratur. Außerdem die besten Wanderpläne, Stadtpläne etc.

SATIRE, COMIX

Satyr
1, Postgasse 11
Auch Film

Comic-Forum
1, Franz-Josefs-Kai 41

American Discount
4, Rechte Weinzeile 5

3.WELT

Südwind
1, Tuchlauben 13
9, Schwarzspanierstraße.

SPECIALS

Posch
7, Lerchenfelder Str. 91
Surrealismus, Dadaismus, Philosophie

Pracher
1, Kärntner Str. 30
Architektur

Wr. Taschenbuchhdlg.
1, Singerstr. 7
Alle gängigen TB-Verlage

DEUTSCHE ADRESSEN

Botschaft der Bundesrepublik Deutschland
3, Metternichgasse 3
Tel: 73 65 11
Dienststunden Mo bis Fr 9.00 - 12.oo Uhr

Deutsche Handelskammer
5, Wiener Hauptstraße 142

Deutsche Bundesbahn
1, Bösendorferstraße 2

Österreichisch Deutsche Kulturgesellschaft
1, Josefsplatz 6

Deutsche Lufthansa
1, Opernring
Tel: 56 35 35

Deutsche Zentrale für Tourismus
1, Brandstätte 1
Tel: 63 14 78
Vertretung in Österreich

Deutsches Fernsehen (ZDF)
19, Gunoldstraße 14
Tel: 36 35 58

DPA (Deutsche Presseagentur)
19, Gunoldstraße 14
Tel: 36 21 58

EINKAUFEN

Wien hat zwei "Große Einkaufsstraßen": Die Kärtner Straße (in der City-Fußgängerzone) und die Mariahilfer Straße. Daneben gibt es natürlich weitere günstigere Shopping-Straßen: die Favoritenstraße (4. Bezirk), die Taborstraße (2. Bezirk) und die Meidlinger Hauptstraße (12. Bezirk).

Die Kärtner Straße ist Wiens Ausstellungsstraße, dementsprechend die Preise: Man zahlt auch für den Namen! In der Mariahilfer Straße haben neben kleinen und mittleren Geschäften auch Einkaufszentren Platz gefunden, (Gerngroß, Herzmansky, Generale-Center...). In diesen Großkaufhäusern bisweilen auch Imbißmöglichkeiten.

Favoritenstraße, Taborstraße, Meidlinger Hauptstraße sind im Durchschnitt billiger und auch nicht weit "vom Schuß", also immer noch relativ zentral gelegen.

Außerdem: Mehrere Einkaufsgroßanlagen, die man mit dem Auto ereicht. Die Shopping-City-Süd bietet sich hier an (Nähe Südautobahn, Bösendorf), das Einkaufszentrum Meidling (bei der U 4), das Donauzentrum im 22. Bezirk oder der Huma-Markt (Simmering-Nähe).
Billige Ladenketten: Hofer, Renner und Zielpunkt.
Viel frische Qualitätsware: Meinl-Kette.

FAHRRAD-VERLEIH

Auch eine Möglichkeit, Wien kennenzulernen. Wenn auch das Radwegnetz nicht gerade dicht ist. Für eine Stunde Drahteselmiete sollte man mit rund 35 ÖS rechnen. Bei manchen ÖBB-Bahnhöfen können zu günstigen Tarifen Fahrräder gemietet werden (Auskunftstel: 56 50 51/07).

1 Franz-Josefs-Kai (rechtes Donaukanalufer, bei der Salztorbrücke) Tel: 66 34 22.
2 Prater 133 (bei der Hochschaubahn) Tel: 24 09 494.
2 Praterstern (beim Panoramakono, neben dem Radweg zur Hauptallee).
2 Vivariumstraße 8 Tel: 26 66 44.
10 Böhmischer Prater.
10 Waldgasse 47 Tel: 64 10 113.
19 Heiligenstädter Straße 180 Tel: 37 45 98.
21 Donauinsel Nord (bei der Überfuhrstraße).
21 Donauinsel Nord (bei der Floridsdorfer Brücke).
22 Neue Donau (Süd, beim Wehr 1, gegenüber Kaisermühlenstraße) Tel: 23 11 71.
22 Donauinsel (Süd, bei der Steinspornbrücke) Tel: 22 77 30.
Günstige gebrauchte Fahrräder: Dorotheum oder von der Cooperative "Fahr Rad" (9, Stadtbahnbogen 167, Tel: 31 28 554).

•

FEIERTAGE

1. Jänner, 6. Jänner, Christi Himmelfahrt, Ostermontag, Pfingstmontag, 1. Mai (mit großem Ringaufmarsch, der sich vor dem Rathaus sammelt,

dort devotische Bürgermeisterverehrung!), Fronleichnam, 15. August (Mariä Himmelfahrt), 26. Oktober (Nationalfeiertag), 1. November (Allerheiligen), 15. November ("Leopoldstag" - Landespatron), 8. Dezember (Mariä Empfängnis) 25. und 26. Dezember.

FLOHMARKT siehe 6. Bezirk

FRAUEN

Frauencafé
8, Lange Gasse 11

Frauenzimmer-Frauenbuchhdlg.

Frauenbeisl Lila Löffel
9, Währingerstr. 59
Frauenkommunikationszentrum

Wr. Frauenverlag
1, Dracheng. 2
1011 Wien, Postfach 614

Galerie Intakt
1, Fleischmarkt 25
Di - Fr 16 - 19.00 Uhr
Frauenkunst

Zentrum kulturschaffender Frauen
Drachengasse 2
53 14 44 , 52 90 584
Mo - Fr 14.00 - 18.oo Uhr

NOTRUFE.31 56 56 UND 48 38 80 FRAUENHAUS

FREMDENFÜHRER

Verein der geprüften Wiener Fremdenführer
13, Montecuccoliplatz 1-3/9/9
Hier werden Fremdenführer auf schriftliche Anfragen vermittelt.

Vienna Guide Service
22, Rennbahnweg 27/43/1
Tel: 23 93 67 oder 25 11 78
Wer Stadtexkurisionen nach Reißbrett schätzt, wird auf seine Kosten kommen. Gruppentarif für eine Halbtagsführung rund 800 ÖS.

Stadtrundfahrten der Stadt Wien
1, Friedrich-Schmidt-Platz 1
Tel: 42 800/2950 DW
An bestimmten Wochentagen werden preisgünstige Wien-Rundfahrten angeboten.

Alternative Stadtrundfahrten
9, Kolingasse 6
Tel: 34 33 84 (im Kleinen Buchladen)
Wien-Touren nach spezieller Vereinbarung. Möglichkeit, andere Seiten der österreichischen Bundeshauptstadt kennenzulernen. Abgesehen davon: bei der Vermittlung "normaler Führungen" hilft jedes Hotel und jedes Reisebüro.

FRISEUR

Die meisten österreichischen Friseure haben am Montag geschlossen. Hier ein kleine Auswahl an preisgekrönten, wenn auch nicht gerade preiswerten Haarkünstlern:

Bundy & Bundy
Habsburgergasse 3 (1. Stock)
1010 Wien
Tel: 52 57 52
"World Champinons", in der Haarbranche. Beim Service zahlt man auch den Namen. Anmeldung notwendig.

Frieda und Werner Grecht
Spitalgasse 33
1090 Wien
Tel: 43 41 18
Ebenfalls ein Friseursalon mit großem Namen. Entsprechend die Scheinchen, die man auf den Tisch legen muß. Auch keralogische "Behandlung". Anmeldung notwendig.

Salon Bernsdorfer
Jasomirgottstr. 5
1010 Wien
Tel: 63 33 95, 63 81 79
Peter, Wiens kreativster Friseur, schneidet, ringelt, verziert Haarpracht zu extravaganten Kompositionen.

Robert Welner
Döblinger Hauptstraße 4
1190 Wien
Tel: 34 93 50
Herren-Damen-Kinder-Frseur. Preisgekrönter Haardesigner. Anmeldung notwendig.

Wallmeier-Zipusch
9, Lichtensteinstraße 25
Tel: 34 20 142
Auch Färbespezialist. Hat sich ebenfalls schon Haar-Grand-Prix-Siege erschnitten.

Bernd
9, Servitengasse 10
Tel: 34 73 30
Zweithaarspezialist mit Reputation.

Gernot Schauer
1, Führinchgasse 12
Tel: 52 11 82 bzw. 51 21 082
Erich steht zu Diensten.

FUNDBÜRO

Wer in Wien etwa sein Geldbörsel "anbaut" (wienerisch: verliert oder vergißt), sollte sich schleunigst ans Fundamt wenden. Gefundenes kann übrigens auch bei Polizeiwachstuben und Kommissariaten abgegeben werden. Nach einer Woche landet es im zentralen Fundbüro.

Zentrales Fundbüro
9, Wasagasse 22
(Mo - Fr 8 bis 13 Uhr)
Tel: 31 66 11 / 92 11 (allgemein)
92 05 (Straßenbahn)
92 02 (Dorumente).

Zentrale Sammelstelle der ÖBB
(sprich Bahn)
15, Langenauergasse 2
(im Westbahnhof)
Tel: 56 50 29-96.

GELDWECHSEL

Öffnungszeiten der Banken und Sparkassen Mo bis Fr: 8.oo - 12.3o Uhr und 13.3o - 15.oo Uhr (Do bis 17.3o Uhr)

Die Zentralen in der Inneren Stadt sind durchgehend von 8.oo - 15.oo Uhr (Do 17.3o Uhr) geöffnet.

Folgende Wechselstuben dürfen sich teilweise auch an Samstagen, Sonn- und Feiertagen und bis spät in den frühen Abend der Benützung erfreuen:

Stephansplatz: 9.oo - 17.3o Uhr
Opernpassage: 8.oo - 19.oo Uhr
Südbahnhof: 6.3o - 22.oo Uhr
Westbahnhof: 7.oo - 22.oo Uhr
Wien-Mitte (3.Bezirk):
Mo - Fr 7.3o - 18 Uhr
Sa, So, und Fei 7.3o - 12.oo Uhr
Air Terminal (Hilton): 8.oo - 12.3o Uhr und 14.oo - 18.oo Uhr
ÖAMTC (Touring-Center-West):
14, Hadikgasse 128,7.oo - 18.oo Uhr

GESCHÄFTSZEITEN

Im allgemeinen sind die Geschäfte von Mo bis Fr von 9.oo - 18.oo Uhr, Samstag von 9.oo - 12.oo Uhr geöffnet. Lebensmittelgeschäfte öffnen schon vor 8,oo Uhr (dafür Mittagspausen von 12.3o - 15.oo Uhr).

GESCHÄFTE MIT SONDERÖFFNUNGSZEITEN

Westbahnhof
15, Europaplatz 2
Geschäft täglich von 6.oo bis 23.oo Uhr geöffnet, auch Tabak etc.

Südbahnhof
10, Wiedner Gürtel 1
Täglich von 5.30 - 23.oo Uhr geöffnet.

Bahnhof Landstraße
3, Landstraßer Hauptstraße 1a (bei Wien-Mitte)
Täglich von 5.30 - 23.oo Uhr.

Franz Josefs Bahnhof
9, Althanstraße
Mo bis Sa 8.oo - 22.3o Uhr, So 9.oo - 22.3o Uhr.

IM SCHNITT ETWAS GÜNSTIGER:

Grüne Hütte
2, Ecke Ausstellungsstraße/Nordportalstraße
Täglich 7.oo bis 22.oo Uhr.

Feinkost-Buffet
9, Lazarettgasse 14
Mo - Sa 6.3o bis 21.oo Uhr. Sonntags 9.oo bis 21.oo Uhr
Ein umfangreiches Angebot. Shop beim alten "AKH"

Wichtig: In manchen Bezirken auch "Geheimtips" von Geschäften, die von Zeit zu Zeit nach Ladenschluß noch ein Auge zudrücken. Am besten bei Bezirkskennern erkundigen.

PS: Österreichs unflexible Landenschlußzeiten stehen ohnehin schon seit einiger Zeit im Kreuzfeuer der Kritik. Es besteht die berechtigte Hoffnung, daß sich hier "etwas ändert".

GOTTESDIENSTE

Während sichs vereinzelt Jesus-Freaks im Burggarten gemütlich machen, will der Großteil der Gläubigen bei ihrer Andacht lieber doch ein festes Dach über dem Kopf. Immerhin sind rund drei Viertel aller Wiener getaufte Katholiken.

KOMMUNIKATIONSZENTREN

Amerlinghaus
7, Stiftg. 8
Mo - Fr 10-22 Uhr
Tel: 93 64 75
Selbstverwaltetes Kultur- und Kommunikationszentrum, div. Initiativen Szenebeisl

Arena 2000
3, Rochusg. 25/17
Tel: 73 19 224

Institut für Wissenschaft und Kunst
9, Bergg. 17
Tel: 34 43 42
Seminare, Tagungen

Internationales Kulturzentrum
1, Annag. 20
Tel: 52 69 51
Mo - Fr 11-14 Uhr
Vorträge, Ausstellungen

HOSI
Homosexuelleninitiative
2, Novarag. 40
Tel: 26 66 04

Rosa-Lila-Villa
(s. 6. Bez.)

Rotstilzchen
5, Margaretenstr. 99
Tel: 55 31 62
Mo-Sa 18-22 Uhr
Veranstaltungscafé, Feste...

Rincon Andino
6, Münzwardeingasse
2 tägl. 11.30-22
div. Galerie

WUK
"Verein zur Schaffung offener Werkstätten - und Kulturhäuser"
9, Währinger Str. 59
tägl. 9-22.oo Uhr
Tel: 43 82 20
Verschiedene Gruppen

KONSUMENTENINFORMATIONEN

Verein für Konsumenteninformation
6, Mariahilfer Str. 81
Tel: 57 86 86
Eigene Zeitschrife "Konsument". Pendant zu ähnlichen deutschen Einrichtungen á la "Stiftung Warentest". Kostenfreie Fachberatung, Warenteststelle vorhanden.

Bundesministerium für Familie, Jugend und Konsumentenschutz
1, Schubertring 14
Tel: 53 25 04-29 DW
Anlaufstelle für Hinweise auf "gefährliche Produkte", auch Rechtsberatung.

Konsumentenberatungsstelle der Kammer für Arbeiter und Angestellte
4, Prinz Eugen-Str. 20
Tel: 65 37 65

ORF - Konsumentenredaktion "help"
Tel: 65 95- 500 (oder 600)
"help" ist die Konsumentenschutzsendung auf Ö 3 (Sonntag 11.30 bis 12.oo Uhr) Gibt Tips am Beispiel von Fällen, engagierte Umweltschutzinformation u.ä.

MÄRKTE

Ein Wiener Sittenbild mit Standlgewirr und Bazar-Flair. Günstige Preise für Frischware (Angebote im Vorbeigehen und dergleichen). Mo bis Fr 6 - 18.30 Uhr, Sa 6 - 14 Uhr.

2 Karmelitermarkt (Krummbaumgasse / Im Werd)
2 Vorgartenmarkt (Wohlmutstraße/Ennsgasse)
2 Volkertmarkt (Volkertplatz)
3 Augustinermarkt (Landstraßer Hauptstraße/Erdbergstraße)
4 Karolinenmarkt (St. Elisabeth-Platz)
6 Naschmarkt (Linke Wienzeile/Getreidemarkt) Der Markt!
9 Markthalle (Nußdorferstraße 22)
10 Victor-Adler-Markt (Victor-Adler-Platz)
11 Simmeringer Markt (Geiselbergstraße/Lorystraße)
12 Meidlinger Markt (Ignatzgasse/Reschgasse)
15 Meiselmarkt (Meiselstraße/Wurmgasse)
15 Schwendermarkt (Schwendergasse/Reichsapfelgasse)
16 Brunnenmarkt (Brunnengasse)

MEDITATION

Neue Akropolis
7, Eßlinggasse 17/3
Klassische Philosophieschule mit Gratisvorträgenund Extrakursen zu Fachgebieten (Alchemie bis Kundalini), Kultur- und Religionsvergleiche. Die "Neue Akropolis" existiert seit 1953.

Buddhistisches Zentrum
1, Fleischmarkt 16, Tel.: 52 71 46 oder 52 37 18
Mehr als Zen und Yoga: diverse Meditationsgruppen (Theraveda, Vajradhuta etc.). Übrigens: seit 1983 ist der Buddhismus in Österreich offiziell als Religion anerkannt. Makrobiotik-Laden "Makrokosmos" im gleichen Haus.

Sivananda Yoga Vedanta Zentrum
4, Rechte Wienzeile 29/3/9, Tel.: 56 34 53
Klassische Yoga-Schule, auch Lehrerausbildung und Einführung in vegetarische Kochkunst. Seit 1972.

Initiativkreis für Antrophosophische Jugendarbeit
4, Tilgnerstraße 3/2, Tel.: 84 74 104
Lesungen von Werken Rudolf Steiners, Eurythmie-Kurse, Informationen über Waldorf-Schulen, Bibliothek.

MITFAHREN

Einschlägige Anschlagtafeln im NIG (Neuen Universitätsgebäude) und Annoncen im "Wiener Bazar". Außerdem:

Mitfahr-Zentrale
5, Franzensgasse 11 Tel. : 56 41 74 (Mo. bis Fr. 10 - 12 Uhr, 16 - 18 Uhr, Sa. 10 - 12 Uhr)
Günstige Gelegenheit, preiswert z.B. in österreichische Landeshauptstädte zu kommen.

MUSIK-INITIATIVEN

Bioton - Musikerbörse c/o J. Mayer
19, Boschstr. 24/17/3
Tel. : 37 28 614

Tonau - Über die Arena
(s. Kommunikationszentren)
Baumg. 80, Tel.: 78 85 69

AKM
Staatliche Gesellschaft der Autoren, Komponisten und Musik-Verleger
3, Baumannstr. 10, Tel. 73 15 55

NACHTLOKALE

American Loos Bar
1, Kärntnerstr. 10
Tel. 52 07 05

Casanova Revue-Theater
1, Dorotheerga 6
Tel. 52 98 45

Eve
1,Führichgasse 3
Tel. 52 54 52

Maxim
1, Opernring 11
Tel. 56 33 60

Moulin Rouge
1, Walfischgasse 11
Tel. 52 21 30

Omega Bar
1, Mahlerstr. 9
Tel. 52 77 53

Pigalle
9, Nußdorferstr.75

Renz
2, Zirkusgasse 50
Tel. 24 31 35

NOTRUFE

Rettung	144		
Feuerwehr	122	Zahnklinik	53 11 53
Polizei	133	Ärzteflugambulanz	43 99 95
Ärztenotdienst	141	Frauenhaus	31 56 56
Apothekenbereitschaft	15 50	Kindertelefon	13 66 66
Vergiftungszentrale	43 43 43	Sozialer Notruf	63 77 77
Kriseninterventions-zentrum	43 95 95 0	Telefonseelsorge-Notruf	17 70

ORF

Der Äther lebt! Und der ORF-Monopolriese zeigt Flexibilität angesichts aufkeimender "Senderpilze" an den Grenzen (Italien, Deutschland). Schon seit längerer Zeit gibt es ein "Ö 3-Kärnten"-Programm, das zu manchen Stunden aus dem gesamtösterreichischen Ö 3-Programm aussteigt, um auf regionale Bedürfnisse der Hörer besser eingehen zu können.

Seit Herbst 1985 existieren ähnliche "lokale Fenster" auf Ö 3 auch in Salzburg, Tirol und Vorarlberg. Seit diesem Zeitpunkt darf auch die erfolgreichste Ö 3-Sendung, der "Ö 3-Wecker" eine Stunde länger (bis 9 Uhr) über den Äther kommen.

ORF (Österreichischer Rundfunk) mit drei Radioprogrammen (Ö1,Ö-Regional, Ö 3) und zwei Fernsehkanälen (FS 1, FS 2). Außerdem seit Mitte des Jahrzehnts: ein gemeinsames Satellitenprogramm von ORF, SRG und ZDF mit Namen 3-Sat. Über das Wiener Kabelnetz, an dem seit einigen Jahren gebastelt wird, ist auch das kommerzielle englische "Sky Channel"-Programm zu empfangen (trotz der Proteste von Gewerkschaften).

MEDIENTEMPEL am Küniglberg (13. Bezirk, Architekt: Roland Rainer) und in der Argentinierstraße (4. Bezirk, Architekt: Clemens Holzmeister) Wiener Spezialität: Radio "Blue Danube", aus der Bundesregierungskasse gesponsertes Serviceprogramm für UNO- und Diplomatenmenschen (auf 102,2 MHz)mit Sonderprogramm in englischer und französischer Sprache.

Österreichs "Pionierleistung" - die Welle von Ö 3 - peilt zielstrebig ihr 20-Jahre-Jubiläum an. Eine Programmreform jagt die andere: eine zweistündige Sendeleiste mit Publikumsbeteiligung per Telefon (Ö 3-Freizeichen) wurde kreiert. Und um die Hörer bei der Stange zu halten, wurde ein "Club Ö 3" aus der Taufe gehoben, der seinen Mitgliedern Gratisplätze für Filmpremieren und verbilligte Konzerteintrittskarten vermittelt. Die gleichnamige Sendung (ab 18 Uhr 05) gibt eine Übersicht über aktuelle Veranstaltungen.

Der "große Bruder" Fernsehen findet mit US-Serien, Klassik-Reprisen und heimischen Folklore-Produktionen ("Musikantenstadt") sein Publikum. Und das alles mit einem Budget, das im Vergleich zu deutschen Verhältnissen regelrecht auf Sparflamme lodert.

Ö 1: Klassiksender. Viel E-Musik, Festspielübertragungen, Literatur, "seriös-wissenschaftlich-informativ". Hat wohl zu Unrecht ein "fades" Image. Hörtip: "Diagonal"- die Wochenendbeilage von Ö 1 am späteren Samstagnachmittag mit kulinarischen Anmerkungen zu Zeitgeistigem.

Ö-Regional: Heimatfunk, Polka und Landesrundschau. Und - das meistgehörte Programm in Österreich. Vor allem die 15-Uhr-Wunschkonzerte erfreuen sich großer Beliebtheit ("... und die 17 Enkerl und 35 Urenkerl wünschen ihrer Omi alles Gute zum 87. Geburtstag. Für Sie, liebe Jubiläumsomi, spielen wir jetzt den Kaiserwalzer..."). Auf Radio-Wien auch interessante Infos zu lokalen Ereignissen (UKW 90 MHz)

Ö 3: "jüngere Welle", Breitbandmusikprogramm mit eingelegten Info-Cocktails.

Hörtips: 12.00 "Mittagsjournal" (auch auf Ö 1); einstündige Nachrichtensendung.
15.05 "Musicbox"; unverwüstliches Ö 3-Inventar mit kritisch-witzigen Musikbeiträgen, manchmal engagierten Jugendkulturberichten etc.
19.05 "Zickzack" - Radio extra für junge Hörer.

TV-TIPS

19.30 Uhr:
"Zeit im Bild", das tägliche Nachrichtenjournal des ORF.
(Anmerkung: seit Jänner 1985 läuft Österreichs erste Kindernachrichtensendung "Mini-ZiB" mit großem Erfolg. Die "Mini-ZiB" hat mittlerweile auch bei ausländischen Sendeanstalten Interesse gefunden,die Ähnliches versuchen wollen. Geheimer Star der Sendung: der Wetterfrosch "Quaxi". Mo. - Sa.: 16.55 - 17.05 Uhr.)

Außerdem: "ZiB 2", die kulinarische, spätere Nachrichtensendung. Jeweils dienstags und donnerstags bis in späte Nachtstunden: der"Club 2" mit lebendigen Diskussionsrunden, Experten- und Betroffenenforum. Club 2-Sendungen mit Nina Hagen oder Rudi Dutschke und Cohn-Bendit sind mittlerweile schon Legende.

Alte Club 2-Sendungen und sonstige "zeitgeschichtlich relevante Ausstrahlungen des ORF" können in der Videothek des Stadtkinos nachgesehen werden. Stadtkino, 3, Schwarzenbergplatz 7 - 8, Tel.: 72 62 76 (Öffnungszeiten fragen).

PARTY-SERVICE

Mister Sandwich
3, Hainburger Straße 64
Tel.: 73 13 36, 72 28 582
Wenn die große Fete im Anrollen ist und die feinen Leckereien plötzlich verschwunden sind: Partysandwiches werden ins Haus geliefert: ab 30 Stück mit Preisen zwischen 8 und 11 ÖS pro Brötchen.

PORNOQUARK

Einst: spätestens seit Maria Theresia weiß es jeder: toll treiben es die Wiener. Selbst die von der ewig schwangeren Kaiserin eingeführte Keuschheitskommission hat dem lockeren Treiben nicht Einhalt gebieten können. Casanova auf seinem Marsch durch die europäischen Seidenbetten hat zwar über die Zustände in Wien gejammert, sich den Genuß trotzdem zu verschaffen gewußt.

Trotz intensivem Sexleben - die meisten Jünglinge im 19. Jahrhundert sind noch via Prostitution in die Geheimnisse der "Liebe" eingeweiht worden, war immer nur das schicklich, was nicht an die Oberfläche gekommen ist. Die Meister in Verdrängungsmechanismen haben schließlich in Sigmund Freud ihren Meister gefunden, der die sexuellen Traumen der Wiener brutal zerlegte. Ende des 19. Jahrhunderts gabs dann die Hochblüte des "pornographisch literarischen Romans".

"Die Mutzenbacher", das mehr als freizügige Bekenntnis einer Straßendirne, läßt die Herzen und etc. höher schlagen. Auf Wienerisch und mit viel Können und Liebe geschrieben, verliert sogar dieser relativ harte

Porno die schlechten Eigenschaften, die solchen Machwerken normalerweise anhaften.

War der Franzose Marquis de Sade Taufpate für den Begriff Sadismus, so ist sein andersrum gestricktes Pendant in Wien Leopold Sacher Masoch Geburtshelfer des Wortes Masochismus geworden. Die Hauptfiguren seines Maso-Romans "Venus im Pelz" Wanda (Sadistin), Severin (Masochist) geistern heute noch in den Kleinanzeigen (Verschiedenes) diverser Zeitschriften herum.

Sex heute: wie überall. Und wie überall käuflich. Neben der Dame ohne Unterleib findet man im Prater - um präziser zu sein: in den Praterauen - auch jene mit. Wer den Prater aber nicht als sein Reich der Sinne erlebt, kann es auch noch an der Gürtellinie probieren. Der Verfasser will jedoch an dieser Stelle seinen Bildungsauftrag wahrnehmen und kann daher von solchen Abarten nur abraten.

POST

In täglich bis zu sechs Zug- und zwei Flugverbindungen werden Briefsendungen in die BRD abbefördert. Bis das Brieflein am Bestimmungsort einlangt, dauert`´s in der Regel (auch in der Schweiz) ein bis zwei Tage.

ÖFFNUNGSZEITEN: MO. BIS FR. 8.00 - 12.00 UHR UND 14.00 - 18.00 UHR.

Hauptpostamt (mit Nacht- und Wochenenddienst und "poste restante") 1, Fleischmarkt 19, durchgehender Nacht- und Wochenenddienst auch bei allen Bahnhofspostämtern!

POST-SPARVERKEHR: von BRD-Postsparbüchern kann man auch in Österreich Schillinge bis zu umgerechnet 1.000 DM pro Tag abheben. Geht aber nur bis 17 Uhr! Vorzuweisen sind: Postsparbuch, Ausweiskarte und Reisepaß (Personalausweis).

SCHALLPLATTEN

Das Niveau der Plattenpreise ist in Wien relativ hoch. Wohl auch deshalb sind in den vergangenen Jahren "Diskonter" entstanden. Und auch die Plattenfirmen haben mit Bestpreisangeboten zu Sonderkonditionen auf die beschränkte Finanzkraft des Publikums reagiert.

Die Buch- und Schallplatten-Diskontkette Libro hat Preiswertes anzubieten, wie auch die Spezialläden Hannibal und Meki oder die Riesengeschäfte von Carola. Mit Sonderpreisen locken auch die Audio-Center des Österreichischen Schallplattenclubs der Jugend. Bis zu 35 Prozent

Ermäßigung gibt`s für Clubmitglieder (Mitgliedsbeitrag rund 30 ÖS für Studenten bzw. Jugendliche bis 25 Jahren) in den Audio-Centers (1, Judenplatz 9,Tel.: 63 68 49 und 6, Esterhazygasse 37-39,Tel.57 13 70.

Wer auf der Suche nach Raritäten ist, sollte in den "Zweithand-Läden" der Donaustadt sein Glück versuchen oder samstags den Flohmarkt durchstreifen (6, Naschmarkt). Auf Letzterem wird auch privat gehandelt und getandelt.

Immer noch am Leben: Wiener Kleinlabels mit bedarfsgerechter Produktion. Wolfgang Strobls Dum-Dum-Records (1, Opernring 1) wäre da anzuführen, Lemon Records (7, Neubaugasse 53), die schier unverwüstliche Extraplatte (9, Altmüttergasse 5/6; Liedermacher und "Schmetterlinge" mit Trikont-Vertrieb) oder Markus Spiegels GIG- Records (1, Kärntnerring 17), der mit Falco-Produktionen den Großen "das Fürchten gelehrt hat".

Daneben hat sich in den mittleren Achtzigern auch eine Cassetten-Label-Gemeinde formiert (Demodum, Zeitgeschehen, Empty Wien), die im kleinen Kreis ihr Dasein fristet (gelegentlich gab`s in der Ö 3-Sendung "Musicbox" davon zu hören).

SPEZIALGESCHÄFTE

Red Octopus Records
8, Josefstädterstr. 99
Tel.: 43 84 253
Jazz, Jazz und nochmals Jazz und überhaupt alles, was damit zu tun hat: Bebop, Cool, Ragtime, Swing etc. Außerdem Blues, ausgewählter Rock`n Roll und Folklore. Eigene Importe.

Katzenmusik
1, Hafnersteig 10, Nähe Schwedenplatz
Tel: 63 10 232
Spezialgeschäft, das sich durch eigenwillige Auswahl und Atmosphäre auszeichnet. Seit Ende 1980 (die Katzenmusik-Besitzerin war vorher in einem Laden am Lobkowitzplatz tätig) kann man hier zwischen Free-Jazz und Avantgarde-Platten stöbern; außerdem gibt`´s Gerilltes aus der Neuen Wiener Schule, Folklore quer über den Erdball, ausgewählte Klaviermusik, Klassik und Kammermusik. Viele Importplatten.

Emsly Smith & Co.
7, Zollergasse 15, Tel.: 93 24 28
Reggea, Ska, Soul und viel "Black Music".

Funny Records
5, Margaretenstraße 61, Tel.: 56 43 40
Disco und Soul. Selbstimportiertes aus Italien, den USA und England.

Robitschek
1, Bräunerstraße 2, Tel.: 52 32 89
Renaissance- und Barockmusik

SECOND HAND

Why Not
6, Otto Bauer Gasse 16
Tel.: 56 64 593
Unzählige Second-Hand-Scheiben, Pop, Rock, Underground - weniger Jazz und Folk. Spezialisiert auf "Sixties" mit echten Raritäten .Außerdem: günstige Neuangebote mit Möglichkeit, alte LPs gegen preßfrische, neue einzutauschen.

Altton
6, Gumpendorfer Straße 84
Tel.: 57 42 57
Kauft und verkauft auch Schellacks.

BIM-BAM
2, Lessinggasse 5
Tel.: 35 66 53
Töne aus der Nachkriegszeit (1949 bis 1965) mit interessantem Angebot an Rock`n Roll, Country und Boogie Woogie. Achtung: Geschäftszeit nur nach Vereinbarung!

Teuchtler
6, Windmühlgasse 10
Tel.: 56 21 33
Eigentlich alles von Peter Alexander bis Frank Zappa. Billig, dafür bisweilen zerkratzt. Manchmal auch Schellacks im Gewühl.

Rock-Shop
2, Taborstraße 70
Tel.: 26 89 93
Hauptsächlich Rillen aus den 50ern mit Rockabilly und Boogie Woogie, aber auch frühe "Sixties".

Wicky`s Schallplattenschwemme
20, Dresdnerstraße 66
(kein Telefon, Öffnungszeiten wochentags von
14 - 18 Uhr).
Preisgünstige Platten zwischen Jazz und Pop.

SONSTIGE (AUSWAHL)

Carola
1, Albertinapassage /2, Praterstern
Große Auswahl von Pop bis Klassik, teilweise billiger.

Hannibal
1, Kärnter Straße 61
Recht gute Auswahl, etwas billiger, neueste Platten; darüber hinaus Wiens größte Auswahl an Songbooks; außerdem einen Haufen Bücher, Kalender, Zeitschriften, die insgesamt einen Querschnitt durch Jugend- und Alternativkultur bieten.

Gramola
1, Kohlmarkt 5/1, Graben 16
Nur Klassik, insbesondere Opern, Arien und Lieder, kompetentes Personal.

Kratz
6, Mariahilferstraße 47
Tel.: 56 22 13
Gute Jazzauswahl, eigene Importe

Meki
1, Operngasse 14
Tel.: 56 23 64
Große Auswahl an Rock- und Popplatten, etwas billiger. Da der Laden ziemlich klein ist, manchmal heftige Drängeleien.

Schallplattenwiege
1, Graben 29 a,
Tel.: 52 32 53
Umfangreiches Angebot auf dem U- und E-Sektor, Normalpreise.

Atlantis
1, Grillparzerstraße 2 - 4
Tel. 48 40 35
Sonderpreise für Jazz bis Klassik.

GIG-records
4, Wiener Hauptstraße 57
Tel. 65 28 39
Kein recht großes Angebot, dafür günstiger.

Dum Dum-Records
1, Opernring 1
Tel.: 57 01 96
Der Inhaber Wolfgang Strobl gilt als profunder "Maxi-Mix-Spezialist". Eigene Importe und spezieller Service für Discotheken.

The Record
8, Lerchenfelder Straße 74
Tel.: 43 86 34
Einfach Jazz - und wie!

SCHWEIZER ADRESSEN

Schweizer Botschaft
3, Prinz-Eugen-Straße 7
Tel.: 72 51 11
Dienststunden Mo. bis Fr.: 10.00 - 12.00 Uhr

Schweizer Handelskammer und Schweizer Gesellschaft
1, Neuer Markt 4

TABAK-TRAFIK

Wo immer dieses Zeichen aufscheint, gibt`s Nachschub für den blauen Dunst-Erzeuger: Zigaretten, Tabak, Zünder, Pfeifen, Feuerzeuge. Alles, was man halt so zum Rauchen braucht. Außerdem noch jede Menge Zeitschriften und Zeitungen, Fahrscheine, Post- und Ansichtskarten, Brief- und Stempelmarken, Kuverts und Kriminalromane. Und wenn man Stammkunde ist: den neuesten Klatsch aus der Nachbarschaft.

Gleich ein Tip: Wenn man schon ohne Zigaretten nicht auskommen kann, soll`s wenigstens billig sein. Deshalb: aus welchem Land auch immer man einreist, 200 Stück zollfrei mitbringen. In Österreich ist dieses Laster nämlich sündteuer. Vor allem bei den Rennommiermarken kommt es fast billiger, die Brieftasche gleich anzuzünden!

TEUER: Marlboro, Kent, John Player Special, Benson & Hedges, Camel, HB (viele Sorten hier überhaupt nicht zu haben!)

Das eigene Kraut der Monopol-Gesellschaft: "Austria Tabakwerke" kommt da etwas billiger, aber das ist halt Geschmackssache: Hobby ("Arbeiter-Marlboro"), Flirt, Smart Export, Johnny Filter, Treff, Milde, Memphis.
Neuerfindungen der Austria-Tabak: die Leichtmarke "Casablanca (ein Flop mit riesigem Werbeaufwand), die Macho-Marke "MEN" (schön gestyltes Packerl) und der Marlboro-Light-Gegenspieler "MEMPHIS-light" (ebenfalls hübsch verpackt).

In den Gasthäusern und Bars ebenfalls Krebsspargel zu haben, allerdings wird`s da um etliche Alpendollar teurer. Nacht-Trafiken in den großen Bahnhöfen (bis 21 Uhr).

ZIGARETTEN-AUTOMATEN hängen zwar an allen Ecken und Enden, ihnen jedoch etwas abzuluchsen ist oft schwieriger, als bei einem einarmigen Banditen den Bonus zu kassieren: die einen nehmen nur 10-Schilling-Münzen, die anderen schlucken nur den korrekten Betrag und die ganz anderen lassen sich auch mit 5-ern füttern. Die Erfahrung zeigt: man hat immer das falsche Kleingeld bei sich. Abhilfe: rechtzeitig einkaufen, - oder auf Sachertorte umsteigen.

In manchen Trafiken kann man auch seine LOTTO-TOTO-Lose erstehen. Die österreichische "Klassenlotterie" ist wahrscheinlich die beste der Welt: über 50 % gewinnen! Seit neuestem gibt es auch Brieflose, an denenVater Staat ordentlich verdient. 10 Schillinge kostet die Enttäuschung, nein: der Spaß natürlich: Wenn man gewinnt, kann man kleinere Beträge gleich an Ort und Stelle kassieren. Größere Beträge schicken lassen. Ist jedenfalls besser, als sich in einem Kaffeehaus-Hinterzimmer auf "eine Partie Stoß" einzulassen, - da verliert man nämlich immer!

TANKSTELLEN

(von 0.00 - 24.00 Uhr)
Zapfsäulen rund um die Uhr
(unsere Tabelle erhebt keinen Anspruch auf Vollständigkeit)

1	Börsegasse 11
3	Untere Viaduktgasse 47 -49
4	Paulanergasse 4
7	Wimbergergasse 14
10	Laxenburger Straße 2 a
10	Triester Straße 1 a
10	Triester Straße 6 a- 8
10	Triester Straße 68
10	Triester Straße 104
12	Altmannsdorfer Straße 94
12	Gaudenzdorfer Gürtel/Ecke Dunklergasse
13	Hietzinger Kai 99
13	Wientalstraße/Auhofbrücke
14	Schönbrunner Schloßallee
14	Hadikgasse/Kefergasse
14	Hadikgasse 128 - 134
16	Pfenniggeldgasse/Herbststraße
19	Heiligenstädter Straße 64
19	Heiligenstädter Straße 77
21	Floridsdorfer Hauptstraße 17
22	Donaustadtstraße/Lange Allee
22	Wagramer Straße 14
23	Triester Straße 162

Wichtig: An einer ganzen Reihe von österreichischen Tankstellen wird seit 1985 auch bleifreies Benzin angeboten.

TANZSCHULEN

Wiener Walzer und die hohe Schule des guten Benehmens: die Elite der Wiener Tanzschulen bietet das - und noch ein Stück mehr. Wer sich die Mühe eines intensiven Tanzstudiums in Wien macht, hat noch Chancen, ein "Kavalier der alten Schule" zu werden. Das berühmteste Institut mit dem herausragendsten Namen ist zweifellos die

Tanzschule Elmayer
(Elmayer-Vestenbrugg Ges.m.b.H.)
1, Bräunerstraße 13
Tel.: 51 27 197 oder 52 71 97

ebenfalls ein traditionsreiches Tanzinstitut ist die

Tanzschule Prof. Willy Fränzl
3, Am Heumarkt 6
Tel.: 72 45 89 (ab 16 Uhr)

Ansonsten noch eine Reihe von Tanzschulen, die sich bisweilen "Schule für Gesellschaftstanz und Anstandslehre" nennen. Der Trend zu "kultivierten Umgangsformen" feiert gerade in Wien fröhliche Urständ. Übrigens: Wer sich eine österreichische Benimm-Schule in Buchform zu Gemüte führen will, der kaufe sich den "Elmayer" (ein Klassiker auf diesem Gebiet).

TAXI

Tel.: 31 30
Tel.: 91 01
(weitere Nummern siehe Telefonbuch)

TELEFONIEREN

Seit der Erfindung der "Strippe" durch Alexander Graham Bell hat sich doch einiges geändert. Aus vorsintflutlichen "Nahsprechgeräten" wurden ausgefeilte Fernsprechwerkel, die einen heißen Draht um den Erdball legen.

*TELEFONZELLEN für den Ortsgebrauch (nur Wien): Meist graue Apparate, die nur 1-Schilling-Münzen fressen.

*"FERNSPRECHZELLEN" (in die Bundesländer und ins Ausland) mit einem gelben Pickerl und Aufschrift "Fernsprecher" gekennzeichnet. Sind gelbe Kasteln, die man mit 1-, 5- und 10-Schilling-Münzen füttern kann. Zum Teil schon mit Tastensystem.

Diese sollen billiger sein als Postämter. Landeskennzahlen ins Ausland (auf den ersten Seiten im amtlichen Telefonbuch). Vorwahlen in die einzelnen Bundesländer. Wenn Unklarheiten auftauchen: "Fernauskunft" (Rufnummer: 08).

Wichtig: Genug 1-, 5- und 10- Schilling - Münzen mitnehmen. Zuerst 1-Schilling-Münzen einwerfen, Automat wechselt nicht, deshalb gehen 10-er oder 5-er bei kürzeren Gesprächen verloren!

Fakten-Fundgrube

Wie telefonieren ?

1) Hörer abheben
2) Geld einwerfen
3) Wählen - Wahl der Landeskennzahl
   - Wahl der Ortskennzahl
   - Wahl der Fernsprechnummer des gewünschten Fernsprechanschlusses
4) Roten (bei grauen Apparaten: silberfarbenen) Zahlknopf erst drücken, wenn sich der gewünschte Fernsprechteilnehmer am anderen Ende meldet.

Vorwahlen:

BRD	060	von der Schweiz oder	
Schweiz	050	BRD nach Österreich	0043

Weitere Einzelheiten unter der Rufnummer 09 (Fernamt)

Frisch in Österreich: "Wertkartenzellen". Plastikkärtchen zum Wert von 100 ÖS und 50 ÖS sind in allen Postämtern erhältlich. Vorteil: angeblich günstiger telefonieren, auf jeden Fall aber weniger Wartezeiten vor den Telefonhäuschen.

Außerdem: "Rückrufzellen", die meist in U-Bahn-Schächten zu finden sind. Dort kann man auch angerufen werden.

Telefon-Tonbanddienste

APA (Austria Presse Agentur) mit den neuesten Nachrichten	1530
Bundestheaterprogramm	1518
Wetter	1566
Zeit	1503
Fremdenverkehrsinformationen	1515
Schneeberichte (für Wien und Umgebung)	1583

TOURIST-INFO

Tourist-Information
Opernpassage, 1010 Wien, Tel. 43 16 08
von 9.00 - 19.00 Uhr

Österreich-Information
Margaretenstraße 1, 1040 Wien,
Tel. 57 57 14
von 9.00 - 17.00 Uhr, Mo. bis Fr.

Fremdenverkehrsverband für Wien
Kinderspitalgasse 5, 1090 Wien,
Tel.: 43 16 08, 42 82 20
von Mo. bis Fr., 8.00 - 16.00 Uhr.

- Tourist-Information an der Westautobahn (A 1) bei der Autobahnstation Wien-Auhof (Hinweisschild beachten!) April bis Oktober: 8 - 22 Uhr, November bis März 9 - 19 Uhr
- Tourist -Information an der Südautobahn (A 2), Abfahrt Zentrum, Triesterstraße 149. März bis Juni und Oktober 9 - 19 Uhr, Juli bis September 8 - 22 Uhr.
- West- und Südbahnhof: Info-Stellen in den Hallen (ganzjährig von früh bis spät)
- Tourist-Information in der Ankunftshalle des Flughafens, täglich 9 - 22 Uhr, Juni bis September täglich bis 23 Uhr.
- Tourist-Information in der DDSG-Schiffsstation Wien-Reichsbrücke, Mai bis September tägl. 20 - 21.30 Uhr

Österreich-Information
Tauentzienstraße 16 (Eingang Marburger Straße), 1000 Berlin 30, Tel. 030/24 80 35, 24 10 12
Roßmarkt 12, Steinwegpassage, 6000 Frankfurt am Main, Tel. 069/29 36 73
Tesdorpfstraße 19, 2000 Hamburg 13, Tel. 040/410 20 13
Komödienstraße 1 (Verkehrsamt am Dom), 5000 Köln 1, Tel. 0221/23 32 38
Rosental 21/3, 8000 München 2, Tel. 089/260 70 35
Radebühlplatz 20 d, 7000 Stuttgart 1, Tel. 0711/22 60 82

Prospektanforderungen:
"Österreichische Fremdenverkehrswerbung"

IN DER BRD:
Deutschlandversand, Kapellenweg 6, 8000 München 70, Tel. 089/77 30 21-22

IN DER SCHWEIZ:
"Österreichische Fremdenverkehrswerbung"
Neugasse 247, CH-8005 Zürich, Tel. 44 33 31 - 32

TRINKGELD

Beim Trinkgeld wird die Balkannähe augenscheinlich. Wenn ahnungslose Wientouristen nicht sehr entzückt die Börse zücken. Wo eingeborene Donaustädter willig "obulieren", so wisse Wanderer, Du bist in Wien. Geht`s denn auch ohne?

Es geht. Allerdings holprig. Das Trinkgeld ist in Wien das ganz gewisse Öl in den Maschinen, schlicht: das "Schmieröl". Zwar redet niemand offen darüber, aber der Taxler streicht seine Extra-Ration mit der Noblesse eines Croupiers ins Portemonnaie, der "gehobene" Ober läßt sich in gepflegter Atmosphäre manchmal um die Annahme eines kleinen Scheines richtig bitten.

Grundsätzlich gilt: Bedienungsgeld ist in der Regel im Preis inbegriffen. Es ist jedoch durchaus üblich, etwa 10 % der Verrechnungssumme als "Körbelgeld" dazuzulegen (gilt für Restaurant, Beisl, Eissalon etc.).
Mit "Trinkgeldskandalen" gröberen Ausmaßes muß sich die österreichische Justiz auch nach dem AKH-Skandal herumschlagen: dubiose Schein-Geschäfte einer Wohnbaugenossenschaft (WBO) liegen richterlichen Herren im Magen. Und ein Herr namens Rabelbauer geriet in den strengen Verdacht, seinen Richter mir runden 10 Millionen Schilling "zum Schweigen" gebracht zu haben.

VERLEIH

KLEIDERVERLEIH
zum "Aufmascherln".
Abendkleider, Smoking, Fräcke und Brautkleider, vermieten:

Lambert Hofer
15, Hackengasse 10, Tel.92 21 20
Filiale: 4, Margaretenstraße 19, Tel. 57 84 58

Jahoda
9, Porzellangasse 36, Tel. 34 61 55.

AUTOVERLEIH:
siehe Faktenfundgrube "Autovermietung"

ZEITUNGEN UND ZEITSCHRIFTEN

TAGESZEITUNGEN

"NEUE KRONENZEITUNG" (kurz: Krone): kleinformatiges Massenblatt mit gigantischer Reichweite ("Bild" ist dagegen fast schwachbrüstig)
"KURIER": zweitgrößte Tageszeitung, liberal-bürgerliche Linie
"DIE PRESSE": konservativ-seriöse Zeitung mit ausführlichen Kultur- und Wirtschaftsteilen
"SALZBURGER NACHRICHTEN": seriös, auch mit viel Background-Information (bes. in der Samstag-Ausgabe)
"KLEINE ZEITUNG": "Styria"-Verlag-Blatt mit katholischem Hintergrund; vor allem in den südlichen Bundesländern (Steiermark, Kärnten) stark
"ARBEITERZEITUNG" (kurz: AZ): sozialistisches Organ
"VOLKSSTIMME". "Austro-Prawda" - kommunistisches Blatt mit Pro-Moskau-Linie

NACHRICHTENMAGAZINE

"PROFIL": wöchentlicher Österreich-"Spiegel", unabhängig, böse Cartoons, satirische Anmerkungen zur österreichischen Innenpolitik, Skandalaufdecker.
"WOCHENPRESSE": Wochenmagazin mit bürgerlicher Tendenz.
"TREND": eigentlich ein monatliches Wirtschaftsmagazin, aber auch interessante Porträts, viele Tips etc.

STADT- UND PROGRAMMZEITSCHRIFTEN

"WIENER": monatliches Insider- und Szenen-Mode-Musikmagazin. Chice Konsumpostille mit bisweilen interessanten Reportagen. Lokaltests, Programmübersicht. Untertitel: "Zeitschrift für Zeitgeist" (?!)
"FALTER": 14-tägige Programmzeitschrift mit akademisch-kritischen Ansätzen. Sprachrohr für Bürgerinitiativen und sonstige Bewegungen. Interessante Kulturberichterstattung.

ANSONSTEN

"IKARUS": Reportagemagazin mit zukunftsweisendem Layout. Reiseberichte, schöne Fotos, Essays.
"BASTA": monatliche Illustrierte, mit Breitwandwerbung in die Medienlandschaft gepusht.
"DIE GANZE WOCHE": Billigwochenblatt für "Jung und Alt", ausführliches Fernsehprogramm.
"COVER": "Austro-Playboy"
"MOZ". libyenfreundliches Grünmagazin
"BAZAR": Zeitschrift für kostenlose Kleinanzeigen; umfangreicher "second-hand"-Markt, Kommunikationsannoncen der witzigen Art, Tauschofferten. zwischen den Zeilen "Stadtgefühl".
"WOHIN": Programmzeitschrift mit Lokaladressen; gute Übersicht, unbedingt für Wien-Neulinge.

ZOO

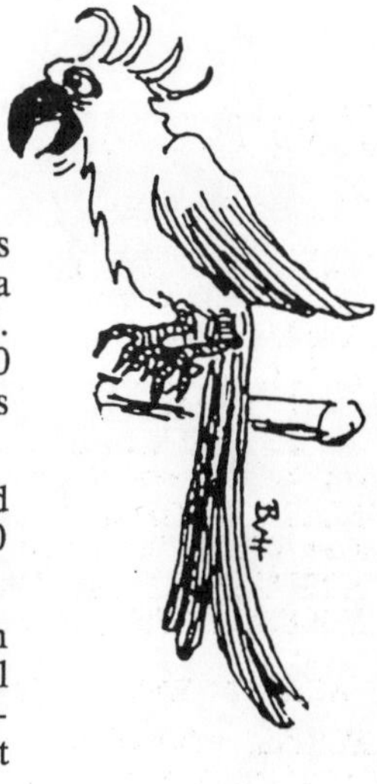

Der "TIERGARTEN SCHÖNBRUNN" gilt als ältester Zoo der Welt. Kaiser Franz I., Maria Theresias, Angetrauter, rief ihn Mitte des 18. Jahrhunderts ins Leben. Zu bewundern sind 850 Tierarten aus Nah und Fern. Und natürlich das architektonische Alt-Wunderwerk.

Eingang über Schönbrunner Schloßpark und Hietzinger Hauptstraße/Am Platz. Täglich ab 9.00 Uhr geöffnet. Eintritt.

Der "LAINZER TIERGARTEN" befindet sich am westlichen Stadtrand von Wien. Ein 25 qkm Teil des Wienerwaldes wurde zum Naturpark umfunktioniert: Obelix hätte seine Freude gehabt mit Auerochsen und Wildschweinen.

Geöffnet von Palmsonntag bis 2. November jeweils von 8.00 bis 18.00 Uhr. Eintritt frei!

Zugauskunft (b.w.

ZUGAUSKUNFT

ÖBB (Österreichische Bundesbahnen)	17 00
Zentrale Zugauskunft (von 6 bis 22 Uhr)	72 00
Tonband - Fahrplanhinweise:	
für die Westbahnstrecke	15 52
für die Südbahnstrecke	15 53
Auskunft über Bahn- und Postbusse	73 35 35

Faktenfundgrube ENDE

WIEN VON OBEN

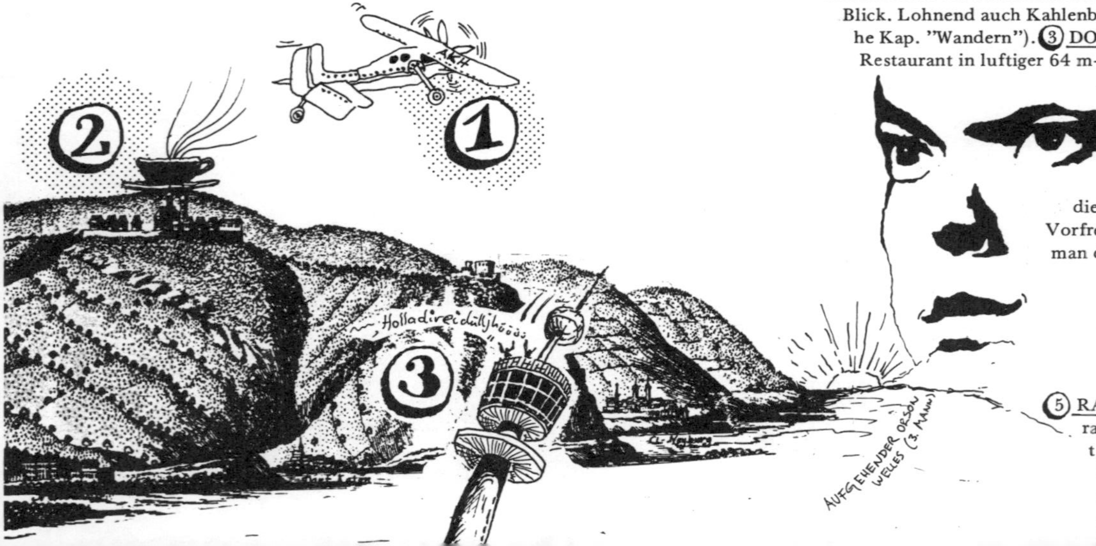

(1) RUNDFLÜGE übers Stadtgebiet: mit schnuckrigen Kleinflugzeugen, bei Windböen ein herrliches Schaukelgefühl! (siehe Kapitel " Verkehr/ Stadtrundflüge"). (2) HERMANNSKOGEL: höchster 'Berg' Wiens, 542 Meter. Ziel für eifrige Wandervögel (auch mit dem Auto über die legendäre 'Höhenstraße' zu erreichen. Aussichtswarte mit Panorama-Blick. Lohnend auch Kahlenberg und Leopoldsberg (siehe Kap. "Wandern"). (3) DONAUTURM: ein Cafe-Restaurant in luftiger 64 m- Höhe. Blick über Neu- und Altwien (siehe '2. Bez.'). (Donau- Park).

(4) STEPHANSDOM: vom Südturm (Türmerstube) herrlicher Blick über die Innere Stadt. Damit die Vorfreude gesteigert wird, darf man die 72 Meter zu Fuß 'rauftreppen'.

(5) RATHAUS–TURM: ganz rauf kommt man zwar nicht, aber der Balkon in 66 m-Höhe tut's auch. Führungen Mo bis Fr: 11 h (Eingang Friedrich Schmidt-Platz)

mit der Gondel in lüftige 64 m- Höhen. Blick über Neu- und Altwien. Aber keine Garantie für ungetrübte Sichtverbindung zu Watzmann & Frau. Im einzelnen: siehe "2. Bez."

"Auf den Spuren des 3. Mann's ....

Einmal die Strecke Wien — Zürich, hin & zurück, – so lang etwa ist das donaustädtische Straßenkanalnetz: 1600 km! Schlammige Beton- und Ziegelkanäle, in denen die Wasserratten dahinpaddeln — und die Wiener Kanalarbeiter. KANALBESICHTIGUNG: am Tag des "offenen Kanalgitters" (Anfang September) Führung durch die Wiener Unterwelt mit Taschenlampen. Treffpunkt Karlsplatz. Rechtzeitig bei der Stadtinformation anfragen (Tel: 43 89 89). Vielleicht auch eine Extraführung?

WIEN

Die Bezirksnummern (angeschlagen an jeder Straßenecke zur leichteren Stadtorientierung!), – schlängeln sich ähnlich wie in PARIS vom 1., dem Herz in Uhrzeigersinn aus dem Stadtkern heraus.

Nach dem 9. gibt's in WIEN allerdings einen, auf den ersten Blick "unmotivierten" Sprung in die Südviertel des 1o. und 11. Bezirkes, nächstwichtig nach den zentralen Bezirken 1 - 9.

Postleitzahlen in Wien:
logisch aufgebaut: vierstellig, die erste 1 für WIEN als Stadt Nr. 1 in Österreich. Aus der weiteren Nummer kann man sehen, in welchem Bezirk der Adressat wohnt:

Bezirk 1 - 9: Postleitzahl 1o1o bis 1o9o
Bezirk 1o - 23: Postleitzahl 111o bis 123o

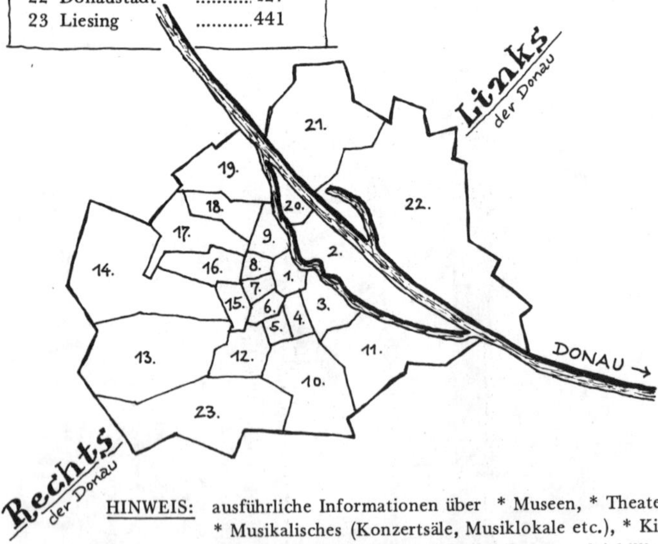

HINWEIS: ausführliche Informationen über * Museen, * Theater, * Musikalisches (Konzertsäle, Musiklokale etc.), * Kinos/Cabarets, * Bibliotheken, * Baden/Sport und * billige Unterkünfte findet man im vorausgegangenen Einleitungsteil (unter den entsprechenden Stichworten).

2. Teil

Die Bezirke

Windhundportal,
Bischofspalais Fürstenberg
I. Bezirk,
Grünanger-
gasse 4

Stadtentwicklung vom römischen Kastell (direkt neben heutigem Steffel) zur Metropole Österreich- Ungarn, das sich 1914 von Prag bis Belgrad und von Trento,Bozen bis tief nach Russland /Ukraine erstreckte.

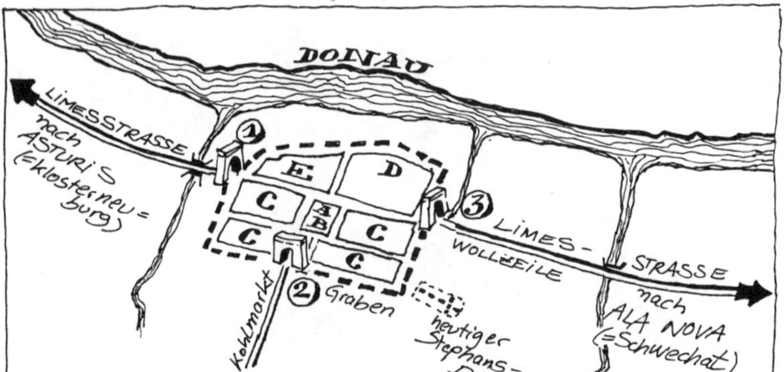

RÖMISCHES WIEN

Beide Kartenskizzen zeigen einmal das WIEN der Römerzeit ("Vindobona"), um 100 n. Christus: entstanden aus erster Herschaft der Römer (Gebiet damaliges "Pannonien"= Burgenland, Wiener Becken, Westungarn) um ca. 15 v. Chr. wurde auf dem oberhalb der Donau gelegenen Plateau (um heutigen "Hohen Markt") ein befestigtes Lager angelegt, das ca. 6.000 Soldaten fasste. Die Mauer war ca. 3 m dick und bis zu 6 m hoch.

Mehrere Zerstörungen und Wiederaufbau. Im Jahre 213 n. Chr. erhält "Vindobona" das römische Stadtrecht. Damit wird es zum "Municipium" mit diversen Vorrechten.

DIE "INNERE STADT"

Als die "INNERE STADT" von Wien darf der 1. Bezirk gelten. Hier fing Wien an: am Hohen Markt,– am Graben,– am Hof.

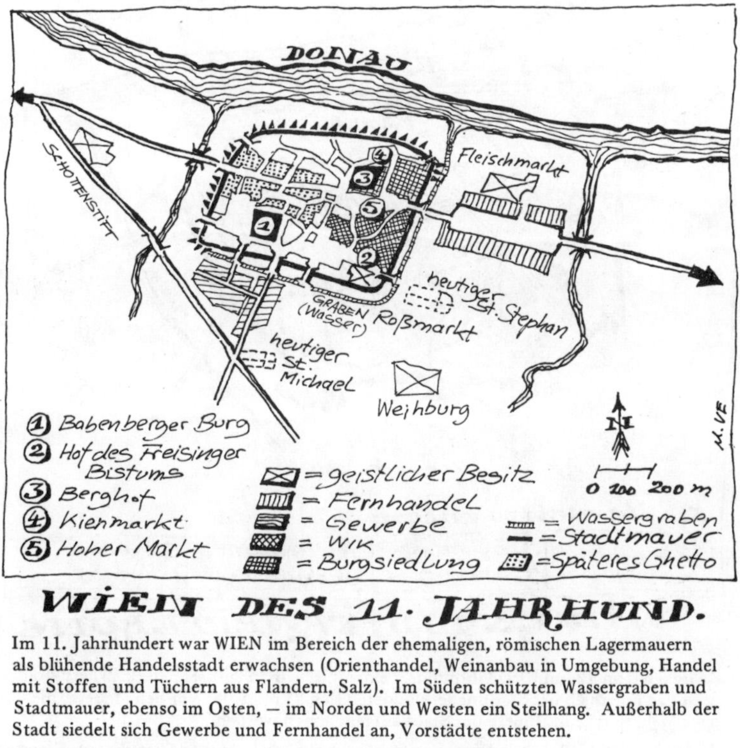

WIEN DES 11. JAHRHUND.

Im 11. Jahrhundert war WIEN im Bereich der ehemaligen, römischen Lagermauern als blühende Handelsstadt erwachsen (Orienthandel, Weinanbau in Umgebung, Handel mit Stoffen und Tüchern aus Flandern, Salz). Im Süden schützten Wassergraben und Stadtmauer, ebenso im Osten, – im Norden und Westen ein Steilhang. Außerhalb der Stadt siedelt sich Gewerbe und Fernhandel an, Vorstädte entstehen.

Diese Entwicklung zieht sich vom 11. bis ins 13. JHD., wo die Stadt bereits fast dreifachen Umfang der in obigen Skizze verzeichneten Größe umfasst (siehe nächste Seite!)

Der Faden der Geschichte ist nirgends deutlicher zu sehen als hier: die Ruinenreste des römischen Lagers "VINDOBONA" hat die Geschichte unters Pflaster gebracht, aber rund um den Stephansdom entfaltet sich das, was Stadtforscher die "Blüte der Wiener Rose" genannt haben.

Wenn in älteren Geschichtsbüchern, Aufzeichnungen oder Reiseberichten von "Wien" die Rede ist, dann ist der 1. Bezirk gemeint: das "UR- WIEN",– einfach "DIE STADT" –, wie der Wiener auch heute sagt.

Tatsächlich war die Innere Stadt bis spät ins 19. Jahrhundert hinein von wuchtigen Befestigungsmauern umgeben. An ihrer Stelle "fließt" heut die Ringstraße. Die Namen – Mölkerbastei, Schottenbastei oder Schottentor und Burg tor – weisen noch in die Vergangenheit.

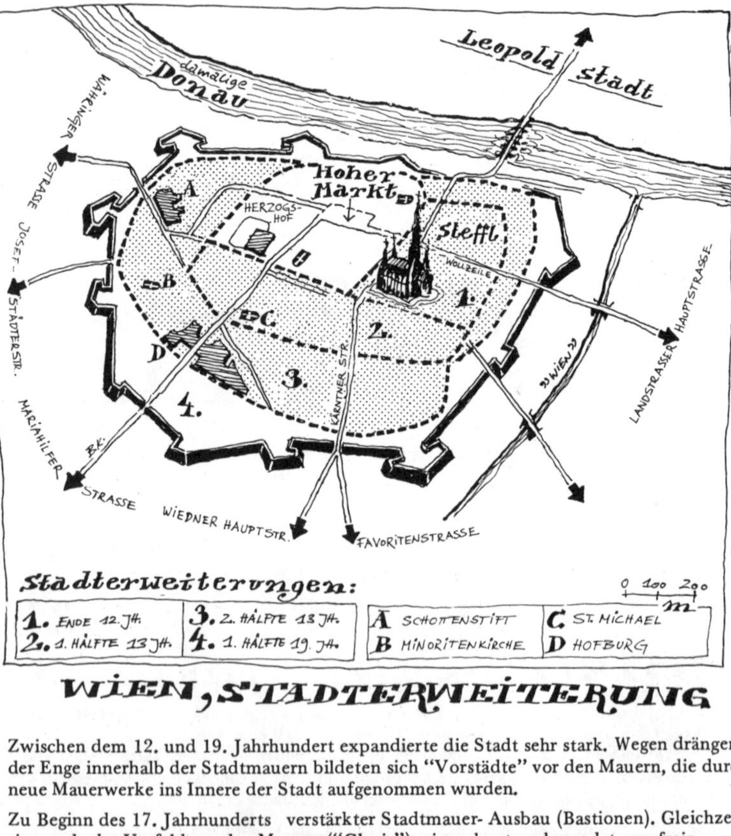

WIEN, STADTERWEITERUNG

Zwischen dem 12. und 19. Jahrhundert expandierte die Stadt sehr stark. Wegen drängender Enge innerhalb der Stadtmauern bildeten sich "Vorstädte" vor den Mauern, die durch neue Mauerwerke ins Innere der Stadt aufgenommen wurden.

Zu Beginn des 17. Jahrhunderts verstärkter Stadtmauer- Ausbau (Bastionen). Gleichzeitig wurde das Umfeld vor den Mauern ("Glacis") eingeebnet und gerodet, um freie

Sicht vor anrückenden Heeren zu erhalten und zu verhindern, daß diese ihre Kanonen direkt vor den Mauern aufstellen konnten,um gut drüberzielen zu können.

Zur Zeit der Türkenangriffe und Belagerungen (1683) war Wien die stärkste Festung in Europa! Mehr als 6.000 Soldaten und 10.000 Wiener verteidigten ihre Stadt gegen die Übermacht von mehr als 100.000 Türken. Hilfe kommt von einem Heer von 80.000 Polen.

Kleines Bonbon am Rande: die Türken vergessen ein Säckchen Kaffee: der "Einstieg" und Beginn der Wiener Cafehaus- Tradition. (der Pole Kolschitzky eröffnet das erste Cafehaus in Wien in der Domgasse, genannt "Zur blauen Flasche"). Siehe auch Seite 56!

1700: Wien hat mehr als 100.000 Einwohner.

Letztes Stadtmauer- Stadium: Mitte des 19. Jahrhunderts auf dem Bereich der heutigen Ringstraße verlief. 1857: Schleifung der Stadtmauern auf kaiserlichen Befehl und Anlage der "RINGSTRASSEN–ARCHITEKTUR".

Einwohnerentwicklung der Inneren Stadt (1. Bezirk)

1880	70.000	1971	25.134
1908	58.000	1973	23.929
1961	32.243	1976	22.279

Seit Ende des 19. Jahrhunderts nimmt die Wohnbevölkerung des 1. Bezirks permanent ab. Hauptgrund: immer mehr Privatwohnungen werden zu Büros , Lager- und Verkaufsräumen umfunktioniert, was sich auch am prozentualen Anteil der Beschäftigten ablesen läßt. In der "Inneren Stadt" arbeiten 15% aller Wiener Erwerbstätigen, Riesen- Bevölkerungszuwachs dafür in den Satellitenstädten und Trabantensiedlungen im 21. (Floridsdorf) und 22. Bezirk (Donaustadt). In den letzten Jahren Tendenz zu weniger "mehr bauen" und "mehr renovieren". Ein Programm, das vorallem von den Jungendorganisationen der Parteien forciert wird, auch mit Druck von den "Basisgruppen".

Im "Ersten" pulsiert das Wiener Leben. Verwinkelte kleine Gässchen (besonders hinterm Stephansdom !), gemütliche Beiseln, Hinterhöfe, prunkvolle Palais,– Antiquitätengeschäfte (über ein Dutzend hintereinander !) und Keller-Weinkneipen (siehe unsere "Beiseln- Tips" !),– und viel Großartiges an Kunst.

"Das Flair des Herzens dieser Stadt will in Ruhe geatmet werden" hat es einmal ein pathetischer Mensch ausgedrückt. Dunkel- schmale Gässchen in einem "Jahrhunderte- Durcheinander", die schattige Enge und dann wieder die lichtüberflutete Weite der großen Plätze: Wien mit "Schmelztiegel- Charakter". Ein auf k&k getrimmtes Cafe,– eine Glocke leutet, es riecht nach Straßenpflaster, ein Hoteleingang, Musik, die von irgendwo her kommt ... .

"Die Poesie Wiens liegt in den Steinen und Bäumen", beschreibt Egon Friedell sein Empfinden für die Phäakenstadt. Und wenn man auch in Wien dem Stein der Weisen vergeblich auf der Spur war, so zählt jedoch das Gemauerte (ob romanisch, gotisch oder barock) zum Ausdruckfähigsten, zum Schönsten. Hier hat sich alles versammelt: die HOFBURG, der STEPHANSDOM, die

Unzahl der RING-BAUTEN von der Staatsoper über Parlament, Rathaus, Burgtheater und Universität. Hier wird und wurde Geschichte gemacht, hier pulst das "kulturelle Blut",– hier könnte man über jeden Stein ein eigenes Buch schreiben.

Die "INNERE STADT": unbedingter Ausgangspunkt für eine "Wien-Entdeckungsreise",– nicht nur, weil sich hier Lokale, Geschäfte, Kirchen, Palais, Gärten und sonstige Prunktempel so dicht aneinander reihen.

RUNDGANG durch den 1. Bezirk

Im FOLGENDEN ein kurzer Rundgang durch den 1. Bezirk. Kann beliebig variiert werden,– dazu unsere Detailkarte. Wer lieber in Beiseln hockt, kann die folgenden Seiten überblättern,– aber es wäre schade, denn bezüglich un-

"modernisiertem" Stadtbild steht Wien,– zumindest im 1. Bezirk –, noch relativ unverfremdet und unverfälscht in Europa da.

WIEN/ 1. Bezirk:
Text: Rosmarie Rudolphi, Kunsthistorikerin, Salzburg
Konzept und Art Design: Martin Velbinger
Karten: B. Kracht, Martin Velbinger

von Rosmarie Rudolphi

Vor der Zersiedelung unserer Städte gab es das Urbild einer Stadt: Burg und Tempel sind die Wahrzeichen. Sie überragen die Häuser. In der Burg regiert der Fürst über das Volk, – im Tempel (später Kirche, Dom) verehrt das Volk seine Gottheit.

Wien
zur Zeit der Türken=
belagerung im
Jahre 1683

Anonyme
Radierung

Unter den Weltstädten unserer Zeit erinnert uns an dieses ursprüngliche Ideal am eindrucksvollsten **WIEN** Burg und Dom blieben ihre Grundfesten, um herum sich die Stadt vielfältig, ernst und festlich ausgedehnt hat. Wien unterscheidet sich gerade in diesem Punkt seines Gewachsenseins, seiner auch heute noch zum Großteil unverletzt daliegenden Gestalt sehr von anderen europäischen Metropolen.

LONDON ist aus zwei voneinander ursprünglich getrennten Städten entstanden, es schlängelt sich endlos die Themse entlang, hat viele Knotenpunkte in einer dezentralisierten städtischen Struktur. Auf den Besucher wirkt es als zufällig zusammengetretener– chaotischer Ballungsraum.

PARIS rückt, von diesem Gesichtspunkt aus betrachtet, schon etwas näher an Wien heran. Auch dort gibt es ein ursprünglich mittelalterliches Stadtschloß der Könige, der Louvre tritt mit der Kathedrale Notre Dame in einen näheren räumlichen Zusammenhang. Aber das mittelalterliche Paris ist überformt und durchschnitten von viel späteren Epochen. Der Barock und in überwältigendem Ausmaß das 19. Jahrhundert, haben aus Paris das gemacht, als was es bis heute gilt: die großzügige und elegant ausstaffierte Königin der Städte. Paris ist die optische, sichtbare Stadt schlechthin mit ihrem geometrischen System aus breiten Boulevards, den schnurgeraden Straßen, den Sichtachsen, die durch die ganze Stadt gehen.

Alles hat sich dieser Durchschaubarkeit unterzuordnen, alles liegt am Rand der Straßenfluchten, nichts vermag den Blick aufzuhalten außer den perspektivischen Angelpunkten, dem Arc de Triomphe, dem Eiffelturm. Plätze sind streng rechtwinkelig, eingeschlossen in ein Häusergeviert und von außen gar nicht zu vermuten (Place Vendome). Sie versammeln nicht, sie überreden und drängen zum Vorwärtsschreiten. Paris ist die Stadt der schnellen Fahrten, der weiten Blicke, des ungehinderten Flanierens.

Ausschnitt Stadtansicht 1640 von Jacob Hufnagel

WIEN ist das alles nicht. Wien, an historischer Größe und Bedeutung die einzige Rivalin der Seinemetropole seit dem Barock, ist in vielem der genaue Widerspruch zum städtischen Charakter von Paris. Was für Paris das fremdartige, ganz technisch geprägte Signal- der Eiffelturm- ist, Relikt der Weltausstellungen des 19. Jahrhunderts, bleibt für Wien der "Steffl". Dieser Turm hat im Bewußtsein der Bevölkerung einen durch nichts mehr erreichten Stellenwert. Solange der "Steffl" in den Himmel ragt, ist für den Wiener die Weltordnung nicht gefährdet. Es handelt sich beim "Steffl" wohl um ein einmaliges Beispiel in der Welt, wie der Teil eines sakralen Gebäudes in eine private Nähe zum Einzelnen gelangt, wie das Du- auf- Du- Verhältnis zu einem liebgewordenen architektonischen Denkmal mit dem allgemeinen Zustand des Weltschicksals verknüpft wird.

Der "Steffl"

Auch die Stimme der Pummerin, der großen Glocke, wird in der Silvesternacht, wenn sie mit Getöse das Neue Jahr einleutet, mit einer ausgelassenen Warmherzigkeit von den Menschen am Domplatz begrüßt, wie das nur in Wien noch vorstellbar ist.

Als 1945 das Dach des herrlichen Stephansdomes in Flammen aufging, die Gewölbe einstürzten und eines der großartigsten gotischen Chorgestühle verbrannte, war das wohl ein schweres Unglück, aber die nationale Identität ist nun einmal mit der Vertikalen dieses Turmes, dieses einmaligen Steinwunders, verbunden, ihm gilt die ganze Liebe des Wieners, mit ihm ist er selig verwachsen, mehr noch als mit Hofburg, Schönbrunn oder dem Belvedere.

Wien ist eine Millionenstadt, reich wie kaum eine ihresglichen an kulturellen Denkmälern, an Kirchen, aber nichts prägt das Stadtbild so sehr, wie St. Stephan. Der mächtige spätgotische Bau aus hellem Sandstein, mit seinem steil aufragenden Satteldach, ist die markanteste Erhebung der Stadtsilhouette. Der Stephansturm ist Blickfang, von welcher Seite man sich der Stadt auch nähert, ob man nun vom Hausberg der Wiener, dem Kahlenberg, hinunterblickt oder sich von den kaiserlichen Gefilden in Laxenburg her nähert oder aus entgegengesetzter Richtung von der Westautobahn kommt. Retouchierte man von einer Ansicht Wiens St. Stephan heraus, die Stadt würde einen weitgehenden Gesichtsverlust erleiden. (Man versuche dieses Experiment an anderen Stadtgesichtern. Dort gäbe es immer noch genügend signifikante Merkmale für eine sichere Identifizierung.)

So signalhaft wienerisch St. Stephan schon von ferne her winkt, so schwierig ist es eigentlich, das Gotteshaus auch aus der Nähe als ganzes zu erfassen. Der Platz um St. Stephan ist mittelalterlich schmal geblieben (trotz der erst vor 1800 entfernten Häuserreihe direkt vor der Eingangsseite), die Kirche bleibt eng um-

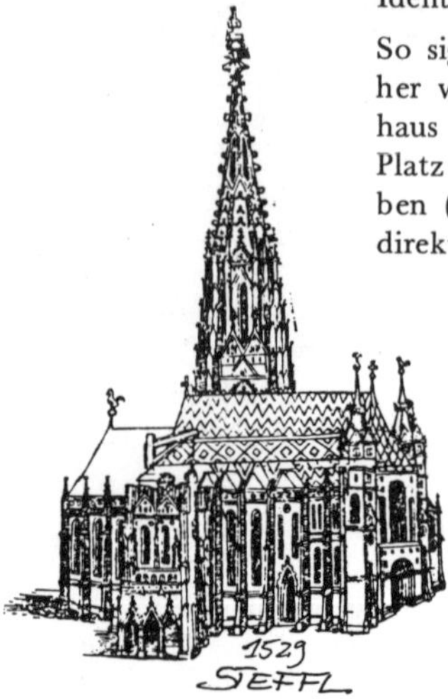

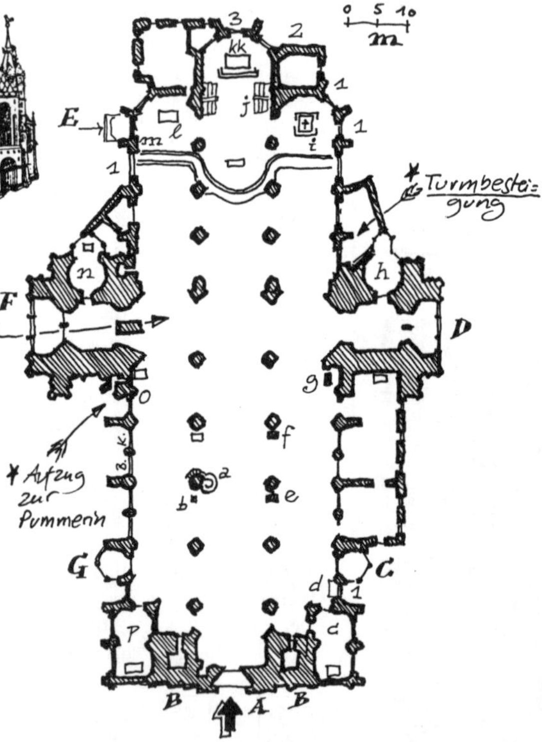

das Äußere

A Hauptportal
B Heidentürme
C Singertor
D "Steffl" (Südturm)
E Katakomben (Eingang)
F Nordturm
G Bischofstor

1 Epitaphe (Grabreliefs)
2 Fresken (Passion)
3 "Zahnwehgott"

stellt von den Häusern, auch nach dem teilweise etwas gesichtslos wirkenden Wiederaufbaus nach den Zerstörungen des Weltkrieges. Das feine barocke erzbischöfliche Palais an der Nordseite steht auf alten Fundamenten und kann noch etwas von der besonderen Atmosphäre des Platzes vermitteln.

St. Stephan kann man nicht auf eine vorbereitende langsame Weise nähern. Woher man auch kommt, von der geschäftigen Kärntnerstraße her, vom breiten eleganten Graben oder von der nördlich einmündenden engen Rotenturmstraße, der riesenhafte Bau erhebt sich plötzlich.

Die Maler, Zeichner und Lithographen, vor allem die des 19. Jahrhunderts, haben schon genau gewußt, warum sie den Stephansdom ausschließlich vom Ausgang des Grabens her konterfeiten. Nur diese weltberühmt gewordene Schrägansicht läßt ein typisches, alle charakteristischen Einzelheiten zusammenfassendes Bild gewinnen, erschließt das Bizarre und Phantastische dieses singulären Kirchenbaues.

das Innere

a "Froschkanzel"
b "Dienstbotenmadonna"
c Herzogkapelle
d "Pötscher Madonna"
e Johannesaltar
f Januariusaltar
g Leopoldaltar
h Katherina-Kapelle
i Hochgrab: Kaiser Friedrich III.
j Chorgestühl
k Hochaltar
l "Wiener Neustädter Altar"
m Freigrab Herzog Rudolph IV.
n Barbarakapelle
o spätgot. Orgelfuß
p Kreuzkapelle

Wer ein wenig von den verschiedenartigen Gesichtern mittelalterlicher Kirchen weiß, wird sich kaum sattsehen können an der Fülle der Bauformen, die sich hier kontrastreich und harmonisch zugleich vereinen. Später, am Beispiel der Hofburg, werden wir sehen, wie auch das weltliche Zentrum der Stadt aus verschiedensten Teilen durch die Jahrhunderte hindurch zu einem großartigen Gesamtkomplex zusammengewachsen ist. Das Improvisieren in seinem höchsten Verstande liegt offensichtlich nicht nur den Wienern persönlich im Blut, es ist wohl auch die beglückendste Eigenschaft des wienerischen Genius loci, und sehr oft bringt die Schlamperei dieses Genius durch Nichtvollendung des Geplanten gerade das hervor, was wir heute an Wien so schätzen. Das war schon im Barock so, als das Schloß Schönbrunn nicht auf der Anhöhe gebaut wurde, von der die Gloriette später ihre luftige Eleganz verströmen sollte, das wiederholte sich auch im vorigen Jahrhundert, als der Heldenplatz mit seinem überwältigenden Stadtpanorama nur durch Aufgabe eines zweiten kolossalen Hofburgflügels entstanden ist.

Und was wäre St. Stephan mit einem zweiten vollendeten Turm? Wien könnte mit seinen zu Ende geführten imperialen Plänen alles andere in den Schatten stellen. Aber es gab, gottlob, diesen gnädigen Genius der Stadt, der allzu Hochfahrendes verhinderte und das menschenfreundliche Wien gerade durch Bescheidung auf

Teillösungen gerettet hat.

Betrachten wir das wunderbarste Beispiel der wienerischen Kunst des Angleichens und feinsinnigen Kontrastierens, das Äußere des Stephansdomes. Wir blicken vom Ausgang des Grabens auf die südliche Langseite des Domes und sind sofort gefesselt von zwei gegensätzlichen Eindrücken: von der riesigen aufstrebenden Fläche mit dem streng horizontalen Abschluß, der schnurgeraden Dachlinie und dem steilen, grazilen, sich nach oben verjüngenden Turm, der nur lose an den Baukörper herangestellt wirkt, und das von unserem Blickwinkel aus breite Hingelagerte des Baues ungeheuer bestimmt nach oben durchbricht.

Das Dach

Das Dach ist für das Äußere des Domes entscheidend. Es übergreift drei Kirchenschiffe im Innern und steigt von der halben Höhe des Baues ganze vierzig Meter nach oben, nimmt sozusagen den Reichtum der architektonischen Details, auch die beiden kleinen älteren Türmchen an der Eingangsseite, unter seine Haube, um den Bau als Einheit gegen das durch und durch dramatische Ereignis des Turmes zu stellen.

Um die Mitte des 15. Jahrhunderts ist dieser mittlere Teil des Domes, seine Halle mit den Langhauswänden, entstanden. Der Turm stand damals schon. 1359 wurde von Herzog Rudolf dem Stifter eigenhändig der Grundstein gelegt, 1433, also nach relativ kurzer Bauzeit, setzte ihm der letzte Turmbaumeister den Knauf auf die 137 Meter über dem Boden schwebende Kreuzblume. Dem Stephansturm galt seit jeher die allergrößte Bewunderung. Er ist eine einzig dastehende Sonderleistung der gotischen Turmarchitektur, an phantasievoller und äußerst virtuoser Ausgestaltung eines eigenen Charakters anderen berühmten Türmen weit überlegen. Nichts bietet einen Anhaltspunkt für die Entschleierung seiner Einmaligkeit, die in einer Verschleifung der Stockwerke durch ineinandergeschobenes Maßwerk besteht.

Aus dem wuchtigen Grundquadrat steigt der Turm ohne Unterbrechung in die Höhe auf, geht unmerklich in ein von grazilen Türmchen, Maß- und Strebewerk umstelltes Oktogon über, um dann in einer ganz entkörperten, elegant zulaufenden hohen Turmspitze sich aufzulösen. Die Materie des unteren, massig wirkenden Stockwerkes hat sich in kaum festlegbaren Stufen in ein anmutiges, schwebendes Steingespinst verwandelt, das wie nur sachte ineinandergesteckt scheint. Es ist, als ob das Licht bis tief in den Stein selbst eindringt, das phantastische Gebilde nach oben hin immer mehr durchströmen, durchleuchten könnte.

"Steffl", um 1640

Der "Hohe Markt"

"Das Langhaus"

Es sind die hoch aufstrebenden, die ungewöhnliche Dachhöhe optisch etwas kaschierenden monumentalen Giebel über den jeweils zu Paaren zusammengefaßten Langhausfenstern. Allerdings stammt nur der erste, der Eingangsseite am nächsten stehende Friedrichsgiebel aus der Mitte des 15. Jahrhunderts, alle anderen wurden anstelle von aufgemalten Mustern erst im 19. Jahrhundert, zur Zeit der romantischen Begeisterung für die Gotik, aufgebaut und mit echtem Maßwerk versehen. Diese, den Dachfuß umgreifende Reihe von "Kronzacken" ist für das überreiche Erscheinungsbild des Domes sehr wichtig, da sie wie eine kostbare Zone von Schautafeln wirken, die durch ihre bewegten Zackenformen, durch ihre ebenfalls zackenförmigen Unterteilungen, den fein ausgesponnenen Zierrat, die Hinterlegung dieser "Spitzenarbeit" durch eine flache dunkle Raumschicht und den Besatz der Randleisten durch üppiges florales Schmuckwerk ein außerordentlich prachtvolles Element der an sich schon reich aufgegliederten Wand hinzufügen.

Wir sind überrascht, wie konsequent die Gotik die Auflösung der massiven, geschlossenen Wand vorangetrieben hat, wie weit am Stephansdom diese Entkörperlichung der greifbaren Wand gelang. Sie besteht in diesem Abschnitt eigentlich nur noch aus hochgezogenen, spitz zulaufenden Fenstern, aus Rahmenwerk, das zwischen sich kaum mehr Wand in einem unbearbeiteten Sinn freiläßt. Man hat überall den Eindruck von Stäben, von Gliedern, zwischen die das Maßwerk, das Glas in einer dünnen Schicht eingespannt ist. Auch die für einen gotischen Bau so typischen Strebepfeiler zwischen den Fensterpaaren sind fast zerbrechlich schlank geworden. Das Durchsichtige, ein Zentralbegriff der gotischen Baukunst, ist an diesen Langhauswänden aufs Einleuchtendste vor Augen geführt. Es ist überall durchzublicken, am wunderbarsten natürlich bei dem märchenhaft phantastischen, auf den ersten Blick verwirrenden und doch so genau durchorganisierten Filigranwerk der Giebel, die an eine Durchbruchsarbeit der Goldschmiedekunst denken lassen.

Der Erbauer des ersten Giebels, Hans Puchsbaum, der Dombaumeister der hochgotischen Periode um 1450, hat übrigens das so auffällige Giebelmotiv schon vorgebildet in etwas früheren, einfacheren Formen am Mittelabschnitt des Stephansturmes vorgefunden, es aufgegriffen und verschwenderisch ausgestattet.

Die Eingangs-Seite

Bis jetzt haben wir die Gotik in ihrer durchlichtetsten, reichsten Phase kennengelernt, wie sie das Erscheinungsbild von Dom und Turm wesentlich bestimmt. Wenden wir uns jetzt der anderen Seite zu, dem ältesten Teil des Bauwerkes, der Romanik:

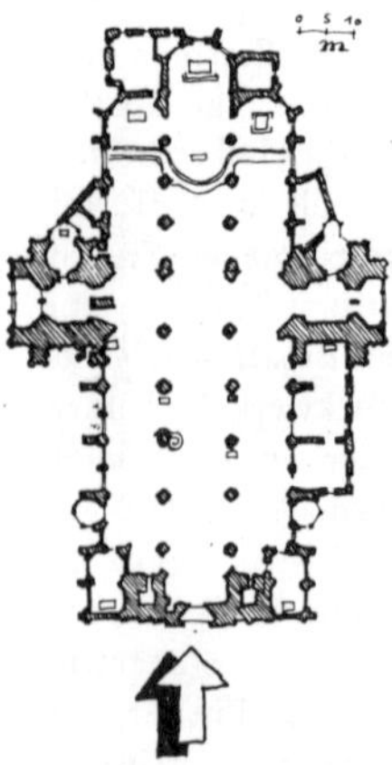

> Die gegliederte Zweiturmfassade ist ein Relikt der im 13. Jahrhundert entstandenen Stephanskirche,die - kirchenpolitisch gesehen - als Wiener Stadtpfarrkirche dem Passauer Bischof unterstand, weswegen sie auch dem heiligen Stephan, dem Passauer Kirchenpatron, geweiht wurde. Vergeblich haben sich die Babenberger und später dann der Böhmenkönig Ottokar II. um die Installierung eines eigenen Wiener Bistums bemüht. Von Anbeginn an war St. Stephan nicht fürstliche, sondern bürgerlich dominierte Bauaufgabe, und erst die Habsburger konnten relativ spät, nämlich 1469, ein eigenes unabhängiges Wiener Bistum gründen. Hundert Jahre zuvor hatte Rudolph IV. St. Stephan von Passau gelöst und zur Habsburgischen Hofkirche gemacht. Dieser kurze historische Hinweis ist deshalb wichtig, weil er Bau als Pfarrkirche nicht das eigentlich gotische Schema der königlichen, von Frankreich geprägten Kathedralen aufnimmt, sondern dem bürgerlichen Schema einer Halle folgt, sie allerdings den Kathedralen angleicht. Davon aber später.

Bevor wir den Dom betreten, verweilen wir noch eine Weile vor der fein und reich gegliederten spätromanischen Westfassade. Das Trennende von hochentwickelter Gotik und freilich auch schon weit fortgeschritte-

FÜHRUNGEN:

Wichtig: oft ist der Eingang ins zentrale Kircheninnere mit einem schmiedeeisernen Gitter versperrt. Deshalb ist es ratsam, eine der Hl. Messen zu besuchen,– das ist allerdings nicht als willkommene Gelegenheit für weitläufige Besichtigungstouren zu mißbrauchen: erstens wäre es störend, zweitens ist es 'verboten'.

OFFIZIELLE FÜHRUNGEN: es gibt mehrere Variationen:
* normale Halbstunden- Führung durchs Kircheninnere,
* Extra- Katakombenführung durchs Kircheninnere,
* Liftfahrt auf den Nordturm (Pummerin- Glocke).

Genaue PREISE und ZEITEN an Ort und Stelle erfragen!
Ein detaillierter, informativer Domführer wird in den Geschäften rund um den Dom angeboten.

* Dom-Führungen:
MO-SA.: 10^{00} – 15^{00}
SO: 15^{00}
ABENDFÜHRUNG:
Mai – Okt.: Sa+So: 19^{00}

* Katakomben:
tägl. 10^{00} – 12^{00} und 14^{30} – 17^{00}

* Turmbesteigung
tägl. 8^{30} – 12^{30} und 14^{00} – 16^{30}
Schöner Wien-Rundblick

* Pummerin
tägl. 8 – 16^{45}

jeweiliger Eingang siehe Karte Seite 210

Romanik springt sofort ins Auge. Dort äußerste Auflösung, hier das Unangetastete der geschlossenen Wand. Dort raffinierter Kunstsinn, Rationalität im Erzeugen von Eindruck, hier noch das von sich aus Erwärmende aber auch Erschreckende einer Naivität, die Ungeheuer, Symbole, Geschichten, Heilswahrheit, Himmel und Hölle aus dem Stein als eine Bilderwelt heraustreten läßt. Am Portal selbst und in dessen unmittelbarer Umgebung häuft sie sich, ist immer auch zugleich Mahnung und Rätsel.

Wo anders konnte das andere Ausmaße annehmen, hier in Wien sind die Kontraste zwischen Romanik und Gotik nicht durch Abgründe getrennt. Das große gotische Mittelfenster harmonisiert mit den schlanken Proportionen der Gesamtanlage, dem eleganten Aufragen der beiden sogenannten Heidentürme. Bedrohlich wirkt diese in zarte Schichtungen aufgelöste, in leicht labiler Linienführung wie aus vielen kleinen Teilen aneinandergelehnte Fassade sicher nicht. Gegenüber der Wucht anderer romanischer Bauten nehmen sich die in Horizontale, Vertikale, mit giebelartigen Leisten zu Türmchen umdeutbaren Seitenteile beiderseits des nur leicht vorspringenden Portalabschnittes fast wie ein Kartenhaus aus. Der Sinn für gotische Entschwerung ist durchaus schon fühlbar. Das Organisierende hebt sich schon zart von der nicht mehr so ungebrochen in Erscheinung tretenden Wand ab, hat aber hier ganz schmückenden Wert. Erst die Gotik selbst wird mit der konstruktiven Durchorganisierung, einer neuen Straffung einzelner Glieder beginnen.

Das Portal

Bevor wir den Kirchenraum betreten, noch ein Blick auf das Kostbare dieses ältesten erhaltenen Teiles, das berühmte "Riesentor". Das monumentale Westportal ist in der ersten Hälfte des 13. Jahrhunderts entstanden und zeigt, wie der ganze Dom, das ausgeprägte Gefühl der Wiener für Dekor. Mehr als alles andere bestimmt der Schmuck das Aussehen des relativ seichten, reichgestuften Trichterportals. Die Vielfalt des Motivschatzes ist groß. Das Ornament überzieht fast alles gleichmäßig, läßt nur wenige Architekturteile frei. Oberhalb der Säulen sind vierzehn kleine Büsten – die Apostel und zwei Evangelisten – als Begleiter des segnenden Christus im Bogenfeld, dessen Glorienschein von zwei Engeln gehalten wird.

Die typisch romanischen Ungeheuer und Dämonen sind im Bereich des "Riesentores" auf wenige symmetrisch angeordnete, in kastenförmige Vertiefungen eingelassene Figuren reduziert. Eine Samsonfigur mit dem Löwen ist darunter, ein Greif mit einem Menschenkopf in den Krallen, eine vielleicht als Richterfigur zu deutende Wiederaufnahme des antiken Dornausziehers. Schwierig zu benennen sind zwei Männer an den äußeren Ecken der Vorhalle. Möglicherweise haben sie etwas mit der ursprünglichen Bestimmung der Vorhalle als Gerichtstätte zu tun.

Das Dominnere
Die Halle

Das Innere des Stephansdomes überwältigt uns durch seine Weitläufigkeit in der Breiten- und Tiefendimension, durch seine geradezu überbordende Fülle an Statuen, Altären, Baldachinen, Grabdenkmälern und anderen kirchlichen Ausstattungsstücken, unter deren Kleinarchitekturen die unvergleichlich phantasievolle Steinkanzel und der Orgelfuß des Meisters Pilgram die berühmtesten sind.

Auch das Innere zeichnet sich durch eine wienerische Besonderung aus, was die eigenartigen, so nirgends anders auftretenden Lichtverhältnisse betrifft. Von gotischen Kirchen dieses Ausmaßes mag man gewohnt sein, ein helles Mittelschiff mit verschatteten Seitenschiffen vorzufinden, hier ist es gerade umgekehrt.

Ein dunkler Mittelteil scheint eine Zone der Dämmerung anzusammeln, besonders in seinem oberen Abschnitt, dem Gewölbe zu, während die Seitenschiffe in ein mildes Licht getaucht sind. Ursprünglich muß man sich diesen großartigen, vollkommen unbelastenden, wie schwebenden Innenraum mit seinen hoch hinaufgezogenen, weit ausgespannten Bögen wohl noch abgedunkelter, dafür von glutfarbigen Lichtbahnen durchzogen vorstellen. Der Barock hatte schon damit begonnen, die mystisch leuchtende Verglasung des Mittelaltars gegen unfarbiges Glas auszutauschen, und während der Brandkatastrophe im April 1945 waren auch die romantisch- bunten Fenster des 19. Jahrhunderts zersprungen.

Heute können nur noch die Glasgemälde des Hauptchores einen Eindruck vom edelsteinartigen Leuchten geben, das ursprünglich den ganzen Raum in eine geheimnisvolle Erregung versetzte. In der mittelalterlichen Lichtmetaphysik machte das Leuchten von Edelsteinen und farbigem Glas die göttliche Anwesenheit anschaulich, entsprechend tiefgreifend und für uns gar nicht mehr abzumessen, muß das Glaubenserlebnis für den damaligen Menschen in einem solchen Raum gewesen sein, gleichsam ein Blick direkt in den Himmel, als dessen Abbild der Kirchenbau aufgefaßt wurde.

Die ungewöhnliche Lichtführung in St. Stephan kommt dadurch zustande, daß das Mittelschiff sechs Meter höher ist, als die Seitenschiffe, die mittlere Gewölbezone aber nicht durch eine eigene Fensterreihe oberhalb der großen Arkaden erhellt wird. Die reich ausgebildeten Rippenformationen der Stern- und Netzgewölbe im Hauptschiff verharren daher in einer diffusen Dunkelzone, während seitlich durch die hohen Doppelfenster breit und ungehindert Licht einströmen kann.

Der Chor

Umso entrückter und von der Dunkelheit des Mittelschiffes "gefaßt", schimmert dem Betrachter die viel niedriger gehaltene, helle Chorpartie mit dem barocken Hauptaltar entgegen, ein Juwel an klarer, reiner frühgotischer Architektur, hundert Jahre vor dem gewaltigen, von Licht- Dunkeldramatik erfüllten Langhaus

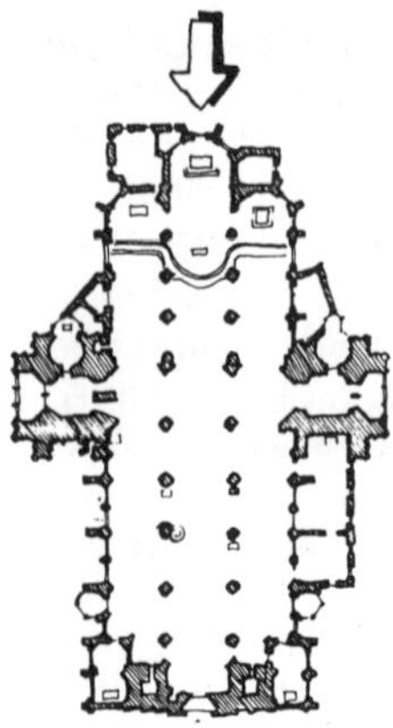

entstanden, das mit seiner Vollendung 1459 auf Hanns Puchsbaum zurückgeht. Schließt dieses in seiner Stimmung so eigenartige Langhaus einen Kompromiß zwischen dem Kathedraltypus mit steil aufgerichtetem Mittelschiff samt eigener Beleuchtung und einer Halle mit gleichhoher Raumhöhe, so nimmt sich dagegen der frühgotische albertinische Hallenchor mit dem Weihedatum 1340 als einfaches, fast frohsinniges Raumgebilde aus.

Hier gibt es keinerlei räumliche Komplikationen, alles zeugt von gleichmäßiger Durchsichtigkeit von Durchschaubarkeit,– von Überschaubarkeit. Eine gewisse Gleichmäßigkeit zeichnet alle Architekturglieder aus, die Linien wirken besonders fein und zart, einfache Kreuzrippengewölbe überfangen gleichmäßig diesen schönen, absolut harmonischen Raum. Wenn man so will, ist dies der einfachste, durch seine Ausgewogenheit überzeugendste Abschnitt des Stephansdomes, der sich unmißverständlich klar gegen das überquellende Gesamtbild absetzt. (Im Krieg wurde dieser Teil bis auf die Pfeiler zerstört, dabei verbrannten auch die Musikempore, das Kaiseroratorium und das berühmte gotische Chorgestühl).

Bedeutend für die Wirkung dieses dreiteiligen Chores sind die Statuen an den Pfeilern unter ihren reich verzierten Baldachinen. In jedem der drei Chorschiffe bilden diese Statuen einen in sich geschlossenen Zyklus. Auch diese enge Verbindung von Statue und tragendem Pfeiler ist wie die farbigen Glasgemälde kennzeichnend für die Ideenwelt der mittelalterlichen Kirche. Die Heiligen, die in früheren Zeiten allein durch Beschriftung oder durch das Einlassen einer Reliquie in den Pfeiler in diesem selbst verkörpert waren und somit die Kirche trugen, wurden in der Gotik als neue sinnliche Qualität direkt als Person vor Augen gestellt, als Statue eben. Dieser Gedanke eines lebendigen Kirchengebäudes hat in Wien stark nachgewirkt, denn auch die Pfeiler des hochgotischen Langhauses sind mit Figuren besetzt.

Ausstattung

Aus der großen Fülle wichtiger Ausstattungsstücke können wir nur die bekanntesten herausgreifen. Vor dem Kanzelpfeiler des Langhauses steht die sogenannte

(a) Dienstbotenmadonna, ein Hauptwerk der mittelalterlichen Wiener Plastik aus der ersten Hälfte des 14. Jahrhunderts, also zur gleichen Zeit entstanden, wie die Chorpartie. Anmut und Größe der Ausstrahlung sowie eine besondere Lebhaftigkeit im Verhalten des Christuskindes verbinden sich in dieser künstlerisch vielleicht höchststehenden Figur des Domes. Von der ursprünglichen Farbfassung sind noch Spuren erkennbar.

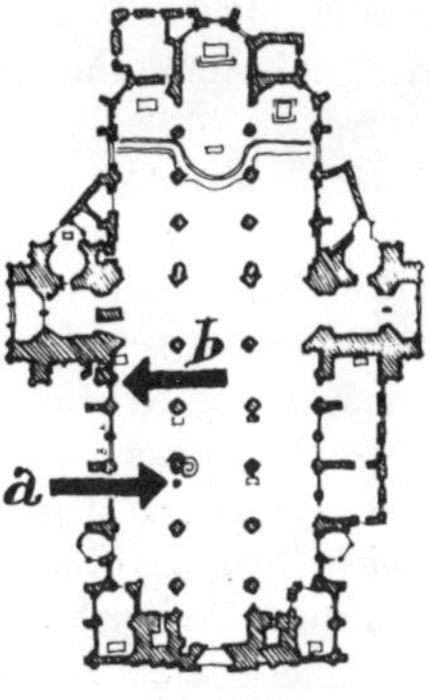

Mit dem Brünner Meister Pilgram erreicht die Österreichische Spätgotik ihre von Schmuckfreude überbordende Spätstufe. Pilgram hat zwei Meisterwerke im Stephansdom hinterlassen, den Orgelfuß und die "Froschkanzel". Beide Werke sprechen mit sprühender hinreißender Formphantasie. Der Orgelfuß ist ein frei aufsteigendes, aller steinernen Schwere entrücktes Gebilde aus einem geschmeidig sich verschlingenden, schwingenden Rippenwerk, an dessen Fuß sich der Meister selbst mit Zirkel und Richtmaß, sich aus einem Fenster herausbeugend, dargestellt hat. Der Realismus dieser Darstellung ist durch die Bemalung der scharf durchmodellierten Züge außerordentlich ins Porträthafte gesteigert.

Der Orgelfuß (b)

Die Kanzel

Bei der Domkanzel, im Volksmund "Froschkanzel" genannt, liegt der Konstruktion eine verschlüsselte Zahlenmystik zugrunde, symbolisiert in der Durchdringung von sechseckigen Grundrißformen. Aber das, wodurch dieses Meisterwerk spricht, ist nicht die strukturelle Gebundenheit, sondern das ausufernd Pflanzenartige des Gesamtgebildes. Tulpengleich blüht das verschwenderisch sich von einem "Stengel" her entfaltende, ungeheuer fein ausgearbeitete Maßwerk auf, um die Kanzelbrüstung selbst mit den realistischen Porträts der Kirchenväter zu tragen. Man spürt in allem, auch in den abschließenden, weit in den Raum auskurvenden Baldachinen, das Undurchschaubare, gleichwohl mit genauem Verstand Berechnete dieser gotischen Spätphase.

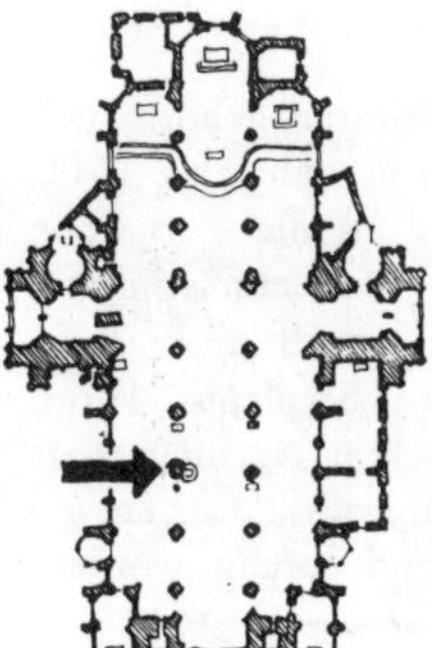

Die Kanzel hat ihren Namen von den ineinandergereihten Kröten und Eidechsen auf der Handleiste der aufwärts geschwungenen Balustrade. Kröten verkörperten im Mittelalter das Unreine, hingegen galt der gern in der Sonne sitzende Salamander als Sinnbild des Lichtes. (Kröten und Eidechsen werden von der Macht des Wortes Gottes am Rande wieder heruntergeschleudert). Die Kanzel wurde 1515 vollendet. Meister Pilgram hat sich selbst unter der Kanzel nocheinmal als Fenstergucker dargestellt.

Kaiser-grab (a)

Wir dürfen St. Stephan nicht verlassen, ohne ein weiteres rauschendes Spätwerk dieser Zeit gesehen zu haben. Es ist das mit einer Unzahl von Statuen versehene Freigrab des Kaisers Friedrich III. im südlichen Nebenchor. Meister Niklas Gerhaert van Leyden, einer der führenden Künstler seiner Zeit, hat wenigstens den Deckel mit der überlebensgroßen Darstellung des Kaisers im Krönungsornat vor 1487, seinem Todesjahr, eigenhändig geschaffen. Die Tumbawände sind in Nischen unterteilt, in denen die kaiserlichen Stiftungen als gute Werke, als Fürsprecher beim jüngsten Gericht, durch figurenreiche Gruppenbilder veranschaulicht werden. Geistliche und weltliche Würdenträger halten die Totenwache. Phantastische Tiergestalten innerhalb der Balustrade bilden eine dämonisch- groteske Zone. Die Bogen- und Pfeilerstellungen der Balustrade sind besetzt mit Christus und den Aposteln sowie vierzig Schutzheiligen der Habsburger, weiteren Anwälten beim Jüngsten Gericht. Dieses Grabmonument faßt am Ausgang des Mittelaltars noch einmal die Idee der Verkörperung eines christlich- abendländischen Reiches im staatenübergreifenden Kaisertum zusammen.

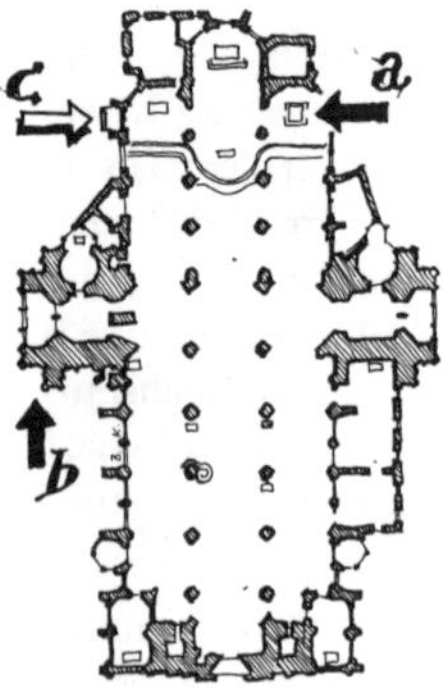

Der "andere" Turm (b)

Zum Unkompletten und Improvisierten gehört auch der plötzliche Baustop des Nordturmes im Jahre 1511, – gerade im richtigen Moment, als die Turmhöhe genau mit der Dachhöhe des Domes übereinstimmte. Plötzlich schwand das Verlangen nach einer Konkurrenz für den alleinregierenden Stephans- Turm. Zwei gleichartige Wunder in direkter Nachbarschaft hätten sich selbst gegenseitig um ihr Ansehen gebracht. Das ist wohl begriffen und gefühlt worden.

NORBERT STEIDL

Die Katakomben (c)

Katakomben (Abgang nördliche Turmhalle und Gruftkapelle), "Wien von unten". 3- Stock- tiefes Gruftkabinett. Schauerlich- gruseliges Flair. Als Gustostückerl werden Kupferurnen mit Habsburger- Eingeweiden präsentiert. Im 18. und 19. Jahrhundert wurden die weitläufigen Kellerräume mit Särgen aufgefüllt, dann zubetoniert. So wurden 10.000 Tote regelrecht eingemauert. Grund: Der Stephansfriedhof war zu klein geworden und man hatte nach einer naheliegenden Begräbnisstätte gesucht. Heutzutage nur mehr letzte Ruhestätte für erzbischöfliche Würdenträger!

ANEKDOTEN und FAKTEN zum "Steffl"

Der Sagenschatz und die "Geschichten" und "Geschichterl'n", die sich um St. Stephan ranken sind reich und schier endlos:

* Nachdem der Teufel das fertige Gotteshaus gesehen hat, soll er den Baumeister Puchsbaum mit üblem Schwefelgestank mit sich in die Hölle genommen haben, da ihm natürlich ein derart großes Gotteshaus absolut nicht ins Konzept passte.

* Beim Bau des Turmes hat man damals zum Zementmischen den eher schlechten Jahrgang eines Weines benutzt. Chemisch ergab dies eine bessere Zusammenhaftung der Bauteile. Muß toll gerochen haben!

* Links vom Torbogen des Eingangsportals in der Kirche: die "kleine" und die "große" Elle, das Eichmaß der Tuchhändler aus Eisen. Auch der in Stein eingelassene Kreis ist ein Eichmaß. Die Größe eines Brotlaibes zur Orientierung der Bäcker. Nach den Markteinkäufen vor der Kirche konnte man in der Kirche die Richtigkeit seines Einkaufspreises nachmessen. Eigentlich recht praktisch.

* Rechts vom Eingangsportal/Außenwand: das Zeichen "O 5". Graffity aus dem 2. Weltkrieg. Zeichen des Österreich. Widerstandes. 5. Buchstabe im Alphabet ist das "E". Zusammengefaßt: "OE" = Oesterreich.

* An der Westseite in größerer Höhe eingemauert: Türkenkugeln und steinernes, zungenzeigendes Gesicht, das offensichtlich eine Beschimpfung des Propheten darstellt.

* An der Domrückseite: der "Zahnwehgott". Drei übermütige Studiosi sollen nach einer durchzechten Nacht das steinerne Gottesbild, eine Christusstatue verspottet haben, indem sie der Christusfigur ein Halstuch umwickelten, der so mit seinem wegen der Kreuzigung schmerzverzerrten Gesicht eher wie nach Zahnschmerzen aussah.

  Danach machte sich allerdings bei den Studiosi der Kariesteufel bemerkbar. Mit angeschwollenen Backen liefen sie hilfesuchend durch die Gassen des alten Wiens und die Qualen hörten erst auf, als die drei "Sünder" reuemütig vor der geschmähten Statue um Vergebung baten, – so will's die Legende.

* Die Halbsäulen links und rechts vom Haupttor zeigen stilisiert, – aber immerhin – weibliche und männliche Geschlechtsteile.

* Starhembergbankerl im Hauptturm: von hier koordinierte Graf Rüdiger von Starhemberg die Stadtverteidigung gegen die Türken.

* Die Pummerin: als die Türken die Felder vor Wien fluchtartig verließen, blieben ein ganzer Haufen Kanonenkugeln zurück. Die nutzlosen Kriegsgeräte wurden eingeschmolzen (diesmal andersrum!) und in Glockenform gegossen.

  1945 ging das alte Prunkstück, – die "Pummerin" in Bruch, wurde aber in einer Gießerei in St. Florian (in Oberösterreich) neu zusammengebastelt und darf seit 1951 wieder zu allen heiligen Zeiten bimmeln (z.B. Sylvester). Gewicht der gewaltigen Glocke: 21.383 kg, – zum Vergleich: 12 hochklassige Mercedes, für VW-Fahrer: 18 Käfer!

Die Pummerin ge hört zu den gewichtigsten Glocken der Welt. Wenn sie voll ausgespielt wird, zittert die Turmspitze zentimeterweise.

* Das Dach von St. Stephan brannte 1945, siehe unser Kunstteil,völlig ab. Heute wieder auf orginal getrimmt mit dem schönen Zick-Zack- Muster am Hauptdach. Eine Nuance niedriger und flacher: das habsburgerwappengeschmückte "Chordach",e in schwarzer Doppeladler mit Goldkrone auf silbergrauem Hintergrund, schaut auf Luftbildaufnahmen recht verdattert aus der Wäsche. Wen es interessiert: für das ganze Dach wurden zusammen 23o.ooo glasierte Schindeln gebraucht!

NORBERT STEIDL

1

Steffl → Hofburg → Oper

STEPHANSPLATZ,– d e r Platz von Wien, Mittelpunkt schlechthin. Die Fiaker aufgereiht vorm Steffl, ein paar muntere Gäule wiehern mitten in die Klischee- Szenerie.

VIRGIL- KAPELLE: entdeckt bei den Bauarbeiten U- Bahn-Station 'St. Stephan'. Überreste können in der U- Bahnstation besichtigt werden (Di bis Fr: 1o – 16 h, Sa: 14 – 18 h, So + Ftg.: 9 – 13 h).
N.S.

Umliegend die Hauptgeschäftsstraßen des Wiener Zentrums, die Kärntnerstraße, der Graben und die Rotenturmstraße, sowie Seitengassen. Sehr lohnend auch ein Abstecher in die mittelalterlichen Gassen hinterm "Steffl" (Schulerstraße: 3 Stockwerk tief unter die Erde gehender Heurigenkeller, Details siehe "Beiseln und Kneipen, 1. Bezirk", die Domgasse, Blutgasse etc.).

Daß in Wien nie etwas zutode komplettiert wurde, baut uns eine goldene Brücke zum zweiten großen Komplex im Zentrum der Stadt, zur HOFBURG:

Detailkarte siehe Seite 224/225

Vom Stephansplatz ein paar Schritte zum STOCK-IM- EISEN- PLATZ.

In einer Ecknische des Palais Equitable (mit faszinierend- prunkvollen Stiegen),– dort, wo Graben und Kärntnerstraße aufeinandertreffen –, ist eins der ältesten und seltsamsten Wahrzeichen Wiens zu finden: der "Stock im Eisen". Ein nägelgespickter Fichtenstumpf, der schon seit dem 16. Jahrhundert Stolz der Schlosserzunft ist.

Jeder Schlossergeselle, der in die Stadt kam, mußte einen Nagel reinhämmern, erzählt die Märe. Kein Wunder, daß im Laufe der Zeit das Eisen im Stock zum "Stock im Eisen" wurde. Um fanatische Souvenirsammler nicht in Versuchung zu führen, hat man das Original inzwischen ins Museum gebracht.
N.S.

GRABEN: breitgepflasterte Fortsetzung der Kärntnerstraße- Beschaulichkeiten. Gepflegt- bunter Trubel. Nach einer Innenstadt- Besichtigungsorgie atmet man sommerwarme Luft im Freiluftkaffee. Rundum Nobel-Hyper- Exclusiv- Geschäfte mir schönen Auslagen von Juwelieren, Buchhandlungen und Kunstvermarktern. Kleine Gäßchen,– ein Antiquitätenladen neben dem anderen,– treffen parallel zur Kärntnerstraße auf den Graben.

Bis vor rund 8oo Jahren verlief hier der alte römische Festungsgraben (Details siehe unsere Karte Seite 212) In der Mitte des

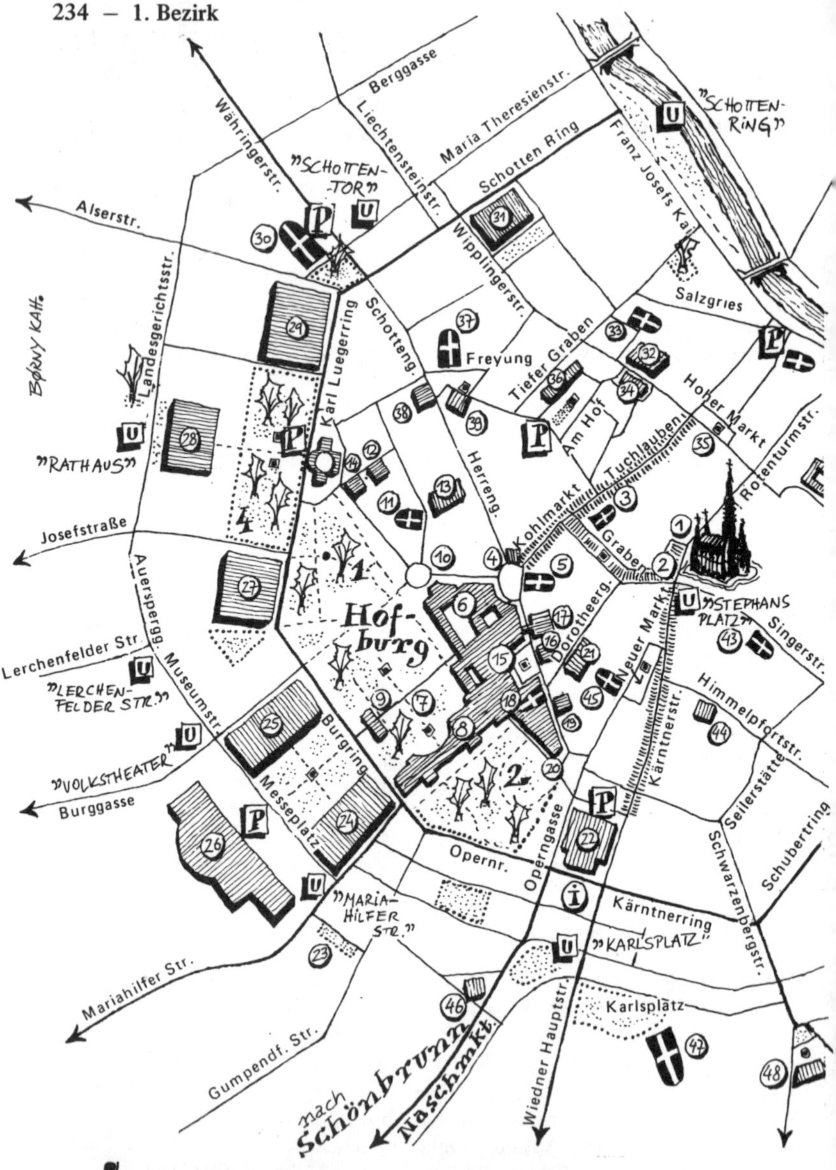

"INNERE STADT"

WIEN

INDEX

1 — Stephansdom
2 — Stock im Eisen-Platz
3 — Peterskirche
4 — Loos-Haus
5 — Michaelerkirche
6 — Hofburg
7 — Heldenplatz
8 — Neue Burg
9 — Äußeres Burgtor
1o — Ballhausplatz
11 — Minoritenkirche
12 — Palais Starhemberg
13 — Landhaus
14 — Palais Liechtenstein
15 — Josefsplatz
16 — Palais Pallavicini
17 — Stallburg
18 — Augustinerkirche
19 — Palais Lobkowitz
2o — Albertina
21 — Dorotheum
22 — Oper
23 — Rahlstiege
24 — Kunsthist. Museum
25 — Naturhist. Museum
26 — Messe
27 — Parlament
28 — Rathaus
29 — Universität
3o — Votivkirche
31 — Börse
32 — Altes Rathaus
33 — Maria am Gestade
34 — Böhm. Hofkanzlei
35 — Hoher Markt
36 — Feuerwehrzentrale
37 — Schottenkirche
38 — Palais Daunkinsky
39 — Palais Harrach
4o — Heiligenkreuzer-Hof
41 — Universitätskirche
42 — Postsparkasse
43 — Franziskanerkirche
44 — Palais Prinz Eugen
45 — Kapuzinerkirche
46 — Sezession
47 — Karlskirche
48 — Palais Schwarzenberg

Platzes die PESTSÄULE des Fischer von Erlach und des barocken Theateringenieurs Burnancinis.

Gottlob wurden die Pläne, nach Pariser Vorbild Boulevards sternförmig auf dem Stephansplatz enden zu lassen, nicht verwirklicht. Man begnügte sich lediglich mit Erweiterungen, denen allerdings ganze Reihen gotischer und barocker Häuser zum Opfer gefallen sind.

So erhielten sowohl der GRABEN, als auch die von seinem Ausgang Richtung Ringstraße führende KÄRNTNERSTRASSE, – beide alte Handelswege,– den pompösen gründerzeitlichen Glanz, der Wien als Weltstadt des 19. Jahrhunderts wiederum nur mit seiner Rivalen PARIS wetteifern ließ.

Was die unerhörte Pracht der einzelnen Gebäude betrifft und zum Teil auch die Kühnheit im Entwerfen weltstädtischer Großzügigkeit, hat Wien mit dem Projekt der Ringstraße Paris fast den Rang abgelaufen. Immerhin waren die Wiener so pietätvoll und vernünftig, dem neuen Geltungsdrang nicht das verwinkelte Labyrinth der Altstadt mit den auf römische Fundamente zurückgehenden Straßen und Plätzen zu opfern. Freilich mußten die Stadtmauern und Bastionen, die den Türken ruhmreich zweimal standgehalten hatten, fallen. Das gewonnene Terrain zwischen Vorstädten und altem, in mittelalterliche Enge zusammengepferchtem Kern wurde zum Tummelplatz einer unerhörten Bautätigkeit, die innerhalb kürzester Zeit Börse, Universität, Oper, Museen und Palais als neue opulente Symbole des Bürgertums aus dem Boden stampfte. Und so kam es, daß der Besucher Wiens aus der gotischen Lichtlosigkeit der Altstadt, in der auch die barocken Palastfassaden nur schwer auszunehmen sind, plötzlich ins gleißende Licht der weiten Weltbühne heraustritt, welche die RINGSTRASSE nun einmal ist. In keiner anderen Stadt gibt es diesen harten Kontrast einer dicht gefüllten, geschlossen wirkenden Innenstadt und eines weit und offen wirkenden Ringes um diese herum.

Bis in die Mitte des 19. Jahrhunderts wurde die enge Struktur der mittelalterlichen Stadt bewahrt, bis sich dann explosionsartig das neue, reich gewordene Bürgertum Raum schaffte, Wien mit einem Schlage zur glänzenden Weltstadt erhob.

Wir befinden uns noch innerhalb der alten Bannmeile, gehen den GRABEN hinunter, werfen nach rechts einen Blick auf die anmutig geschwungene Fassade der etwas abgesetzten Peterskirche, einen wichtigen Bau Lukas von Hildebrandts, der zusammen mit dem kaiserlichen Architekten Fischer von Erlach der zu Weltruhm aufstrebenden Donaumetropole das barocke imperiale Gesicht aufgesetzt hat. Auf der linken Seite dieses merkwürdigen Freiluftraumes zwischen Platz- und Gassencharakter ist ein kleines intimes Dokument der modernen Architektur zu entdecken. Adolf Loos hat für einen noblen Herrenausstatter ein ebenso erlesenes Geschäftslokal samt Fassade entworfen, das Äußere aus schwarzem, lebhaft im Lichteinfall schimmernden schwedischen Granit. Loos gilt als Ahnherr der sachlichen, nur aus ihren Proportionen und Materialien heraus lebenden Architektur.

Er war ein erbitterter Feind des Dekors, das ja im Wien der Gründerzeit, des Jugendstils, jedes anspruchsvollere Gebäude überwucherte. Seine bekannteste Schrift trägt den berüchtigten Titel "Ornament und Verbrechen".

Wir biegen links in den KOHLMARKT ein und sehen an seinem Ende den Eingang zur Hofburg. Wir befinden uns sozusagen in der rechten Herzkammer Alt- Österreichs. In dieser engen, geschäftigen Straße lebt noch immer etwas vom Geruch der alten Monarchie, von uralter Würde, vergoldeter Stimmung und von überkultivierter, etwas verstaubter Dekadenz. Nirgendwo andershin paßt eine Institution besser, die Wien- Eingeweihten ebenso lieb und teuer ist wie die kulturellen Sehenswürdigkeiten höherer Ordnung. Der k + k Hof- Zuckerbäcker DEHMEL hat ein solches Ansehen, daß man nicht in den Verdacht gerät, Werbung zu betreiben, wenn man den Conditor Mundi am Kohlmarkt eines Hinweises für wert befindet. Bei Deh-

DEMEL
Kohlmarkt 14

mel zu speisen, dem prachtvollsten, aber auch ungemütlichsten und im Umgang mit der Bedienung, den berüchtigten schwarzberockten Dehmel- Damen- unleidlichsten Kalorien- Schlemmerparadieses der Welt, ist auf jeden Fall ein Erlebnis, auch wenn man vor lauter Damenarroganz gar nicht in den Genuß der Köstlichkeit kommt, außer man sieht sehr adelig aus.

Wem Süßes an sich nicht genügt, kann es in kunstvoller Ausfertigung erwerben, in puncto geschmackvoller Geschmacksverirrung übertreffen die Zuckerbäcker manchmal die schockierendste Pop- Kunst. Ob Hochzeitspaar des Jahres, ob Papst oder Präsident, hier po-

sieren sie als Zuckerwerk in den Auslagen. In Wien werden selbst solche Entgleisungen auf die leichte Zunge genommen, sie kommen der skurrilen Verschrobenheit des Wiener Herzens entgegen.

Michaeler Platz:

Etwas weiter, und wir stehen auf dem Michaelerplatz, einer der schönsten Stellen Wiens, die sich allerdings in den letzten hundert Jahren entscheidend verändert hat. Hier stand bis 1888 das hochberühmte alte Burgtheater, angeschmiegt an die gekurvte Front der Winterreitschule, und Adolf Loos brachte mit dem Loos-Haus vis- a- vis des Burgeinganges am Beginn unseres

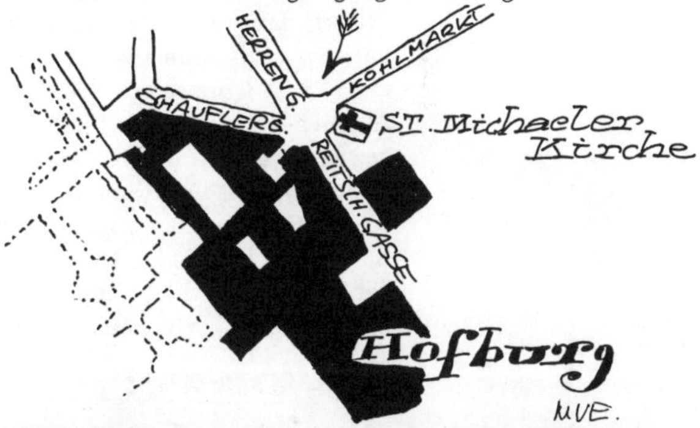

Jahrhunderts einen kühlen, elegant- modernen Akzent – natürlich nicht unumkämpft – direkt an der Schaltstelle der konservativen Politik der Habsburger an. Zum grandios rauschenden Barock der geschwungenen Hofburg- Fassade und dem sachlichen Understatement des Loos- Hauses kontrastiert die schlichte Fassade der gotischen Michaelerkirche mit ihrem klassizistischen Portikus und dem durch seine feine Kantigkeit bestehenden Turm, der kurz vor 16oo, nach einem Erdbeben, in gotisierenden Formen aufgebaut wurde.

<u>LOOS- HAUS</u> (Michaelerplatz, Herrengasse/ Ecke Kohlmarkt). Neue Nüchternheit nach der Jugenstilperiode (191o). Ein Schock für den alten Kaiser! Daß man ihm den Klotz direkt vor die Nase gesetzt hatte, wollte der greise Monarch, der in der Hofburg residierte, nie so recht wahr haben. Fortan hat Franz Josef den Fensterblick von der Hofburg auf den Michaelerplatz gemieden.

Weil wir grad bei schön- schockiger Architektur sind: am Kohlmarkt gleich neben k&k- Dehmel: preisgekrönte Aluminiumfassade bei der Kerzenboutique Retti (1966 "Reynolds Memorial Award", USA- Aluminium- Architekturpreis für Alu- Architekt Hans Hollein).

Zurück zur MICHAELER- KIRCHE, die früher die Hofpfarrkirche des Kaiserhauses gewesen war. Lohnend: beim südlichen Seiteneingang ins Michaeler- Durchhaus, dann Stiege 3 die schön- schmale Wendeltreppe rauf. Exclusiv- Blick auf die Kirche! N.S.

Auch im Inneren der Michaelerkirche spürt man die wienerische Fähigkeit, Stile konträrer Art zu einem höchst stimmigen Gesamteindruck zu verschmelzen. Denn das ausdrucksgeladene, fast wilde Geschehen des Engelsturzes, das Karl Georg Merville 1782 in Stucktechnik über die gesamte Chorwand ausgebreitet hat, wirkt als dramatischer Höhepunkt des Innenraumes. Es ist trotz seines späten Entstehungsdatums, am Ausgang des als verspielt geltenden Rokoko, ernst und gewichtig genug, um zur monumentalen Schwere und Gedrungenheit des Raumes, dieses einzigen erhaltenen spätromanisch- frühgotischen Sakralbaues in Wien, die Balance zu halten. St. Michael wurde um 122o gegründet und wird wohl im Raumeindruck dem Vorgängerbau von St. Stephan vergleichbar gewesen sein.

Hofburg:

Was die Hofburg selbst betrifft, ergibt sich für den Betrachter ungefähr dasselbe Problem wie für St. Stephan.

Wie habe ich mir diesen riesenhaften Komplex aus verwirrend vielen und unterschiedlichen Teilen vorzustellen, um von ihm ein Bild zu bekommen? Nun, zwei Ansichten haben sich als stellvertretend für den Komplex Hofburg eingebürgert. Beide gehen auf das 19. Jahrhundert zurück, welches die alte Bausubstanz der Hofburg verdoppelt und ihr ein emphatisch gesteigertes, repräsentatives Aussehen verliehen hat.

Michaeler Trakt
Michaeler Platz

Wir stehen jetzt vor der weniger imposanten Fassade, die nach einem Entwurf Joseph Emanuel Fischers von Erlach, dem Sohn des bedeutendsten österreichischen Barockarchitekten, ausgeführt wurde. Bemerkenswert an dieser noch sehr feinen, schloßartigen Architektur mit Doppelsäulen, geradem Dachabschluß und reicher

Dekorierung der Abschlußbalustrade ist der außergewöhnlich hohe Kuppeltambour, der zusammen mit der relativ kleinen Kuppel fast die Kurvierung einer Glocke ergibt. Der ganze Trakt kann als festlicher Introitus zu der zentralen Anlage der Burg selbst aufge-

ÜBERSICHTSKARTE
Hofburg- Viertel

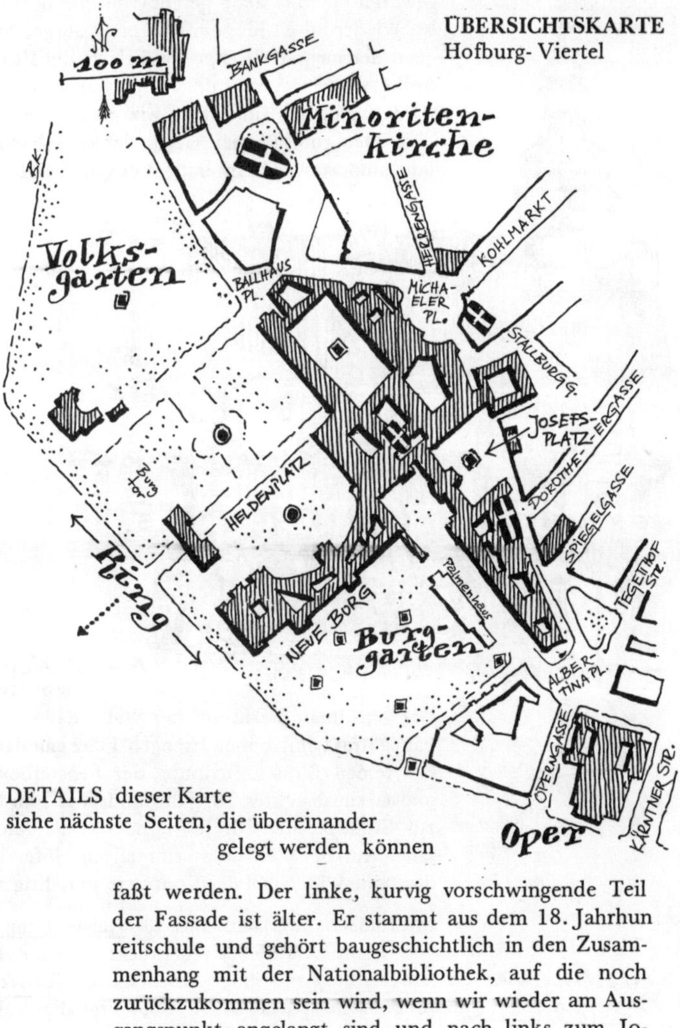

DETAILS dieser Karte
siehe nächste Seiten, die übereinander
gelegt werden können

faßt werden. Der linke, kurvig vorschwingende Teil der Fassade ist älter. Er stammt aus dem 18. Jahrhun reitschule und gehört baugeschichtlich in den Zusammenhang mit der Nationalbibliothek, auf die noch zurückzukommen sein wird, wenn wir wieder am Ausgangspunkt angelangt sind und nach links zum Josephsplatz weitergehen. Wir begeben uns jetzt gerade-

Innerer Burghof

aus unter der Kuppeldurchfahrt durch, an den theatralischen Herkulesgruppen vorbei und gelangen direkt in den zentralen Hof, der auch "In der Burg" heißt. Wenn man so will, wiederum ein typisch wienerisches Produkt mit dem Charme des uneinheitlich Zusammengewürfelten, das aber gerade von allerhöchstem Reiz ist. Wiederum ist hier ein Plan nicht ausgeführt worden, denn der jüngere Fischer von Erlach, der Hofarchitekt, wollte alle vier Seiten des Hofes seinem Reichskanzleitrakt angleichen, aus dem wir gerade herausgetreten sind. Der gute Wiener Geist, der offenbar durch die Jahrhunderte wachsam ist, hat es verhindert.

BV.H.
Innerer Burghof und Amalienburg

Übrigens, man merkt auf der Stelle, daß dieser Reichskanzleitrakt mit seiner strengen Flächenhaftigkeit und der feinen Binnenzeichnung der Fensterbekrönungen und Gesimse echtes 18. Jahrhundert ist, im Gegensatz zur Stilkopie des 19. Jahrhunderts, der Michaelerfassade. Am Beispiel dieses einmaligen Hofes kann man das feine Widerspiel der Kontraste so richtig auskosten.

Amalien Burg

Im Rücken des Denkmals für Kaiser Franz I. (1846 von Pompeo Marchesi) erstreckt sich die Front der Amalienburg mit einer bescheidenen Rustika- Gliederung. Dem spartanischen Charakter dieser Front mit der schwachen Akzentuierung der Torachse durch

Schweizer Tor →

Uhr und Turm entspricht ihr Vis- a- vis, die strenge Front des Schweizertraktes mit dem Schweizertor, das an dieser südlichen Schmalseite den stärksten Akzent der ganzen Hofanlage setzt.

Unvermittelt in die glatte Wand gesetzt, wirkt es durch seine Farbigkeit in Rot und Gold und durch seine wuchtigen Proportionen. Der Rundbogen des Tores wird durch zwei toskanische Säulen mit schwerem, reich ornamentiertem Gebälk gerahmt und durch einen Aufsatz mit Adlerwappen, Krone und Inschrift bekrönt, das den Bauherrn Ferdinand I. und das Entste-

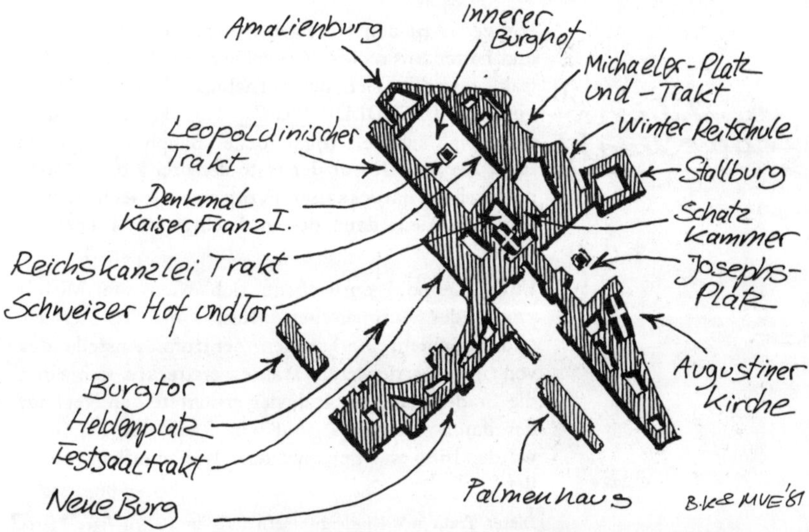

hungsjahr 1552 nennt. Das Schweizertor gehört zu den wenigen Denkmälern der Renaissance in Wien.

Der Schweizer Hof →

Wenn wir durch dieses Tor gehen, stehen wir im ältesten erhaltenen Teil der Hofburg, dem Schweizerhof. An seiner Enge und der Massigkeit der Flügelbauten ist leicht zu erkennen, daß sich dieser Teil der Hofburg noch am ehesten mit dem wahrhaften Charakter einer Burg deckt, im Gegensatz zur höfischen Weite des Binnenplatzes in der Burg, in dem das gesteigerte Repräsentationsbedürfnis der Habsburger dem zur europäischen Großmacht des Barock aufgestiegenen Österreich Rechnung trug. Links der alte Burgbrunnen, rechts der Stiegenaufgang zur gotischen Hofburgkapelle.

Der SCHWEIZER HOF gehört zum ältesten Teil der Hofburg (Beginn 13. Jahrhundert, Teil der Babenberger Burg).Bis 174o das kaiserliche Hauptquartier, bewacht, – wie heute der päbstliche Vatikan von einer "Schweizer Garde".

Schatz-kammer

Der Brunnen soll angeblich Glück bringen, wenn man eine Münze reinwirft. Das TOR links des Brunnens führt zum Eingang in die weltliche und geistige SCHATZKAMMER: ehrwürdige Reichsinsignen, die zugleich einMeisterwerk mittelalterlicher Goldschmiedekunst, – verschiedene Ordenstrachten, – bedeutenste Stücke jedoch die alte Reichskrone, das karolinische Schatzkammer Evangeliar, der Krönungsmantel, Reichskreuz und Reichsschwert aus dem 1o bis 12. Jahrhundert.

Leopoldinischer Trakt

Wir verlassen den Hof, gehen durch das Tor zurück und halten uns rechts. Gegenüber dem Reichskanzleitrakt erstreckt sich der vornehmste Trakt der Hofburg, der LEOPOLDINISCHE TRAKT, der die zarte, ungemein subtile, frühbarocke Bauphase repräsentiert. Leopold I. war der erste der drei großen österreichischen Barockkaiser (Vorgänger Joseph I. und Karl VI), dem dann dessen Tochter Maria Theresia folgte.

Unter Leopold entwickelte sich Wien zum Mittelpunkt der europäischen Musik- und Theaterwelt und zu einem merkantilen Zentrum. Anstelle des von ihm errichteten Traktes erstreckte sich einst die Stadtmauer, ein Italiener errichtete den Neubau, der dann allerdings 1668 ein Raub der Flammen wurde. 168o war der erweiterte Wiederaufbau vollendet.

Dieser Trakt mit Kinderzimmern für den 16- köpfigen Maria Theresia- Nachwuchs. Zu spätnächtlicher Stunde, wenn die Kleinen schon im Bett waren, schlich sich Vater Franz über die frühbarocke "Zuckerstiege" in einfachen Bäckergewändern runter, um die Wiener Damenwelt "einzubraten".

Hofburg-Parks:

Wir verlassen die Innere Burg und begeben uns durch die Torbogen des Leopoldinischen Traktes auf den Äußeren Burgplatz, den HeldenPlatz der mit Recht einen Spitzenrang unter den großen Platzanlagen der Welt beanspruchen darf. Wie schon des öfteren, muß gerade hier nochmals darauf hingewiesen werden, daß der unverwechselbare Charakter dieses

Platzes in der Durchdringung von kolossaler Selbstdarstellung des auslaufenden Kaisertums, nationalem heroischen Bewußtsein und frühlingshafter wienerischer Anmut wiederum mit der Teilvollendung gigantischer architektonischer Pläne zu tun hat.

Nachdem Napoleon 1809 bei seinem Abzug aus Wien die Burgbastei sprengen ließ, legte man VOLKSGARTEN (im Blickfeld auf die Stadtsilhouette) und BURGGARTEN (vom Heldenplatz aus gesehen, hinter dem pompösen neuen Hofburgflügel gelegen) an. Dazwischen entstand das niedrige, sehr streng gehalte-

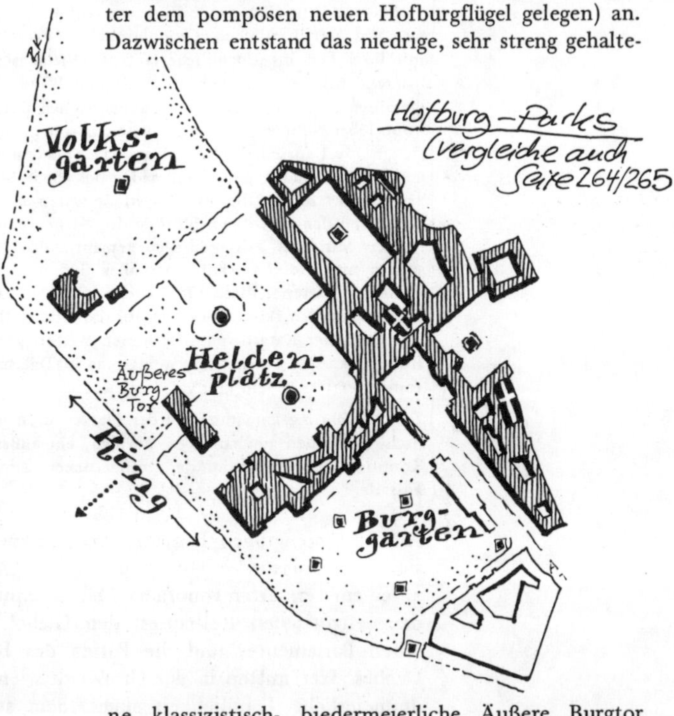

ne klassizistisch- biedermeierliche Äußere Burgtor Peter de Nobiles. Diesen ersten Schritt zur Stadterweiterung ließ Kaiser Franz Joseph 1857 den entscheidenden folgen. Mit Handschreiben befahl seine Apostolische Majestät die Schleifung der gesamten, ringförmig die Stadt (den heutigen ersten Bezirk) umgebenden Festungsanlagen. Die Hofburg mit ihrer Lage direkt an der Stadtmauer geriet so in den stärksten Sog der neuen Bautätigkeit.

Die Idee eines Kaiserforums wurde vom damals berühmtesten Architekten Europas geboren, von Gottfried Semper. Nachdem unter den Wiener Architekten ein Streit um die Erweiterung der Hofburg ausgebrochen war, erhoffte man sich von der Autorität Sempers, der unter anderem den Dresdner Barockzwinger mit einem Museumsbau abgeschlossen hatte, die Lösung dieser schwierigen Aufgabe.

Sempers Phantasie entzündete sich am Gedanken eines nochmals heraufzubeschwörenden universalistischen Kaisertums. Das Kaiserforum sollte sich quer über die Ringstraße erstrecken und höchsten kulturellen Vertretungsanspruch mit sakraler Weihe verbinden, ohne allzu große Rücksicht auf das schon Vorhandene. Vor der herrlichen Leopoldinischen Fassade von 1680 mit ihrer fast ins Unendliche laufende Vielachsigkeit, dem vibrierenden Leben aus zeichnerisch flachem Wanddekor und dem graziösen Abschluß des hohen, gaubenreichen Daches hätte ein kuppelüberwölbter Thronsaal entstehen sollen, der mit einem riesigen oval ausschwingenden Platz davor eindeutige Erinnerungen an die umfangenden Kollonaden des römischen Petersplatzes erweckt hätte. Über die Ringstraße waren als Verbindungsglieder zu den mächtigen Blöcken des Natur- und Kunsthistorischen Museums Triumphbögen geplant. Quasi- sakraler Anspruch und die Herrschaft über alles Bildungs- und Wissenschaftsgut hätten in diesem Plan überwältigenden baulichen Ausdruck gefunden, eine gloriose Selbstdarstellung Habsburgs am Vorabend der Katastrophe des Ersten Weltkrieges, geplant am Höhepunkt der Prosperität, wenigstens in Teilaspekten fertiggestellt, erst 1913, ein Jahr vor Sarajewo.

Zur Ausführung kam nur eine der Platzexedren in fast barbarisch wirkenden neubarocken Formen, ein außerordentlicher Kontrast zur Subtilität der frühbarocken Leopoldinischen Fassade.

Am kastaniengrünen Horizont des Platzes vereinigen sich aufs üppigste die Bauten der **Ringstraße** zu einem verklärten Panorama. Man erkennt die Türme des neugotischen Rathauses, den Giebel des antikischen Parlamentes und die Patina des Burgtheater-Daches. Wer mitten in der Großstadt wienerisch- biedermeierliche Ländlichkeit sucht, dem sei das entzückende Corti'sche Kaffeehaus im Volksgarten oder der nicht minder reizvolle Anblick des klassizistischen Theseustempels Peter de Nobiles empfohlen. Direkt vor der Hofburg steht das DENKMAL des siegreichen Türkenkämpfers Prinz Eugen, des österreichischen Nationalhelden. Ihm gegenüber sprengt in die unverbaut gebliebene Weite des Platzes hinein Erzherzog Karl, der Sieger über Napoleon 1809 bei Aspern.

An den Heldenplatz schließt einer der schönsten, gleichwie intimsten Wiener Plätzen an, ein stiller, feierlicher Kontrapunkt zum weltläufigen Panorame des

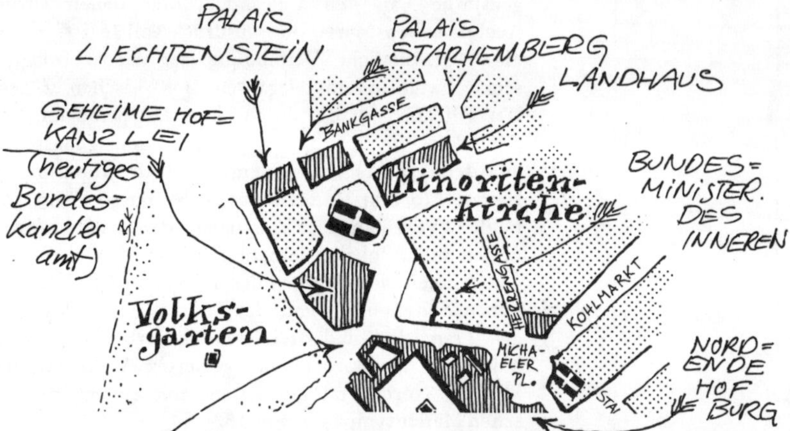

Äußeren Burgplatzes. Hier sind wir wieder auf altem historischen Boden, auf dem sich Gotik und Barock gegenüberstehen. Wir gehen über den zwischen Amalienburg und der ehemaligen Geheimen Hofkanzlei, dem heutigen Bundeskanzleramt, sich erstreckenden **Ballhaus-Platz.** 1719 hat Lukas von Hildebrandt das palaisartige Gebäude für die HOF–KANZLEI errichtet. Die der Burg zugewandte siebenachsige Hauptfassade zeigt der Mitte zu dekorative und plastische Steigerung und erinnert damit an das vielleicht schönste Stadtpalais Wiens, das ebenfalls von Hildebrandt stammende Palais Daun- Kinsky auf der Freyung, dem reinrassigsten Barockplatz Wiens.

Das leicht abfallende Gelände führt uns auf den MINORITENPLATZ, der vom Kontrast zwischen herber Gotik und noblem Barock lebt.

Die **Minoriten-Kirche** entstammt der Mitte des 14. Jahrhunderts, gehört somit zum raren frühgotischen Baubestand Wiens. Von außen beeindruckt der Quaderbau durch die blockhafte, etwas finster wirkende Geschlossenheit, die sich unter ein riesiges, abgewalmtes Satteldach fügt. Die breit gelagerte FASSADE erhält ihre karge Gliederung durch kräftige Strebepfeiler und Maßwerkfenster. Die dreiteilige Portalanlage ist der großartige, bis ins Detail hinein kostbare Schmuck des schroffen Kirchenbaues. Eine Marienstatue am Mittelpfosten und je drei Heiligenstatuen an den Gewänden, von denen Ursula (rechts neben Maria) die ausdrucksvollste ist, zeigen eine eigentümliche Verbindung der Wiener frühgotischen Skulptur mit eleganten französischen Zügen. Das gilt auch für das durch einen Doppelbogen dreigegliederte Tympanon mit einem Kreuzigungsrelief, auf dem, rechts neben dem bekehrten Hauptmann, Herzog Albrecht II. der Weise als Stifter erscheint. Die beiden Verkündigungsfiguren an den Außenpfosten zeigen mehr lokale, derbere Formen. Von ebenbürtiger Feinheit sind dagegen das Tympanonrelief des südlichen Seitenportals mit der Stigmatisation des heiligen Franziskus und drei Franziskanerheiligen. Innerhalb des mit Barockkreuz gezierten Vorbaues, das kleinere Nordportal der Kirche mit einem frühgotischen Marientympanon von 1330.

Der INNENRAUM zeigt, zu welch unterschiedlichen Raumlösungen der gotische Stil befähigt ist. Sich ganz vom gestaffelten Raumdunkel St. Stephans, vom Höhenzug der Augustinerkirche, von der mystischen Wärme der Kirche Maria am Gestade unterscheidend, vermittelt dieser Raum den Eindruck äußerster Beruhigung durch die Gleichmaße von Höhe, Länge und Breite. Das Richtungslose, gleichmäßig Durchlichtete des Raumes, das sich nach allen Seiten gleichmäßig Ausbreitende, wird allerdings noch durch die scharfe Regotisierung des klassizistischen Architekten Ferdinand von Hohenberg gefördert. Von ihm stammt auch der über die ganze Breite gedehnte, in flachen Brechungen gehaltene Ostabschluß. An der Ausstattung fallen neben Barockbildern der Altomonte und Daniel Grans noch eine originalgroße Mosaikkopie von Leonardos Mailänder Abendmahl auf, ein geglättetes, kühlsentimentales Nachahmungswerk vom Beginn des 19. Jahrhunderts. Es weist auch darauf hin, daß wir uns in der italienischen Nationalkirche Wiens befinden. Erst zu Anfang unseres Jahrhunderts erfolgte die Abtragung der Anbauten und leerstehenden Klostergebäude, nachdem die Minoriten ausgesiedelt worden waren. Im Süden errichtete man eine kreuzgangähnliche Arkade mit eingemauerten Grabsteinen und gotischen Baufragmenten.

Gegenüber der Minoritenkirche befindet sich das **Palais Starhemberg** – (heute Unterrichtsministerium). Es wurde nach 1660 von einem unbekannten Architekten für das gräfliche Geschlecht errichtet und kurz vor 1900 um drei weitere Fensterachsen gegen das Palais Liechtenstein erweitert, wodurch das ursprünglich mehr seitlich sitzende Portal in die Mittelachse gerückt wurde.

Das Äußere dieses imposanten freistehenden Palastes ist auf allen Seiten identisch behandelt. So erinnert uns auch die Gleichförmigkeit der architektonischen Elemente stark an die langgestreckte Fassade des Leopoldinischen Hofburgtraktes, dem Heldenplatz zu. Die Fenster werden hier gleichsam nur gereiht, die gebaute Fassade gleicht beinahe dem Ausschnitt einer endlos fortzusetzenden Kette von Fensterachsen, einem Teilstück aus einem architektonischen Laufmeter. Diese ständige Wiederholung von Motiven ohne markierenden Einhalt ist typisch für den Wiener Palastbau um die Mitte des 17. Jahrhunderts. Wie ungeheuer dramatisiert, auf eine Mitte hin gesteigert erscheinen daneben die Fassaden des Hochbarocks nach 1700 an Palais von Fischer und Hildebrandt. Dafür verlieren diese raffinierten Gebilde viel von der großartigen Monotonie der vorangehenden Stufe, die beim Palais Starhemberg vor allem durch die plastisch klar durchgearbeiteten Fensterbekrönungen und die fortlaufende Reihe von Konsolen unter dem vorspringenden Dach vorgetragen wird.

Der dritte große Bau, der dem Minoritenplatz sein eigenartiges würdevolles Gepräge gibt, ist das ehemalige Liechtensteinische Freihaus, das heutige Niederösterreichische **Landhaus**. Dem Platz wendet der Bau seine spätklassizistische Hülle zu, die alle alten, bis ins späte Mittelalter zurückreichenden Teile umschließt. Diese 1848 errichtete Rückseite zeigt eine Pilastergliederung über rustiziertem Sockelgeschoß, während die Hauptfront, der Herrengasse zu, eine wuchtige Säulenordnung aufweist. Innerhalb der historistischen Ummantelung ist eine ganze Anzahl von spätgotischen, Renaissance- und hochbarocken Räumen sehenswert. Da ist einmal die schlingrippengewölbte Torhalle gegen den Platz zu nennen.

Sie läßt mit Gewißheit auf den Dombaumeister Anton Pilgram als Schöpfer schließen. Um die Mitte des 16. Jahrhunderts entstand der Kernteil des Gebäudes der niederösterreichischen Stände mit Vorhalle, großem Saal, der Verordnetenstube und anderen Räumen mit hervorragenden Renaissanceportalen und -decken. Der 1710 neu stuckierte und freskierte große Saal (Austria zu Füßen der Providentia) spielte im Musikleben der Wiener Klassik eine bedeutende Rolle.

Das vierte wichtige Baudenkmal am Platz und zugleich einer der interessantesten Paläste des fortgeschrittenen Frühbarock ist das **Palais Liechtenstein**, das im Charakter noch durchaus vergleichbar ist dem benachbarten Palais Starhemberg. Auch hier ein allseitig einheitlicher Baublock. Allerdings wird hier schon der Mittelteil der Hauptfront stark hervorgehoben und durch eine kolossale Pilasterordnung und eine Dachbalustrade ausgezeichnet. Besonders stark spricht der Kontrast der glatten Wand zu den scharf profilierten Fensterrahmungen. Dieses römisch anmutende Element hat Architekt Domenico Martinelli hineingetragen. Das ungewöhnlich prächtige, mit vorzüglichen Skulpturen ausgestattete Seitenportal (dem Minoritenplatz zu), zeigt den bewegteren, geschmeidigeren Stil nach 1700, wohl das Werk eines Nachfolgemeisters Fischers oder Hildebrandts.

Nach dem nördlichen Teil der HOFBURG, den zugehörigen PARKANLAGEN und den Bereich des MINORITER–PLATZES liegt nunmehr der schönste Teil der Hofburg vor uns:

Vom Michaeler- Platz über Minoritenplatz und Reitschulgasse entlang der WINTERREITSCHULE gehen wir durch den Torbogen zum

(1) **Josephs-Platz-**, der durch seine hermetische, durch erlesene Architektur abgeschlossene Art zu den kultiviertesten Plätzen in Wien gehört.

Seinen Namen hat er von dem vortrefflichen klassizistischen Reiterdenkmal Kaiser Josephs II., des reformatorisch orientierten Sohnes der Maria Theresia.

Leider, wie Norbert Steidl anmerken möchte, geht der Flair des Platzes ganz schön verloren durch die wüst reingeparkten Autos und Gestank und Krach des vorbeidonnernden Verkehrs der Augustinerstraße.

(2) Der Platz wird ganz beherrscht von der **Hofbibliothek** (heute Nationalbibliothek), dem letzten Werk Johann Bernhard Fischers von Erlach, ausgeführt von seinem Sohn 1723 – 1735. Ursprünglich

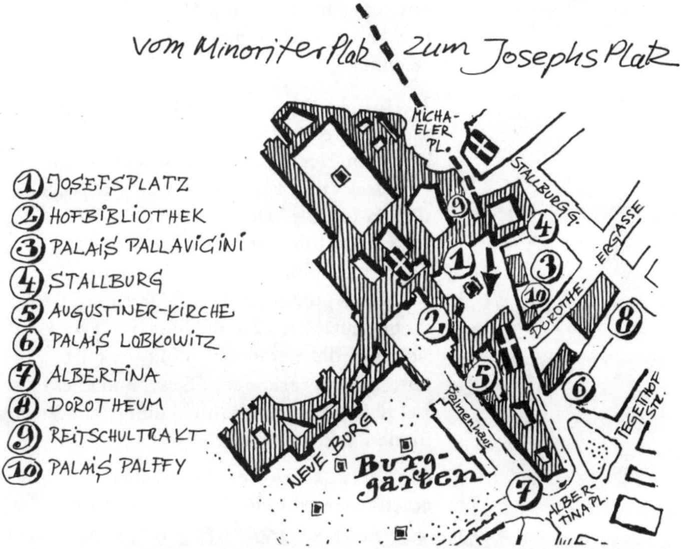

stand der Bau frei, Maria Theresias bevorzugter Architekt Nikolaus Pacassi fügte seine sorgsam nachempfundenen Seitenflügel vierzig Jahre später dazu und ist so recht eigentlich zum Schöpfer des Platzes geworden.

Der erhabene Hauptbau Fischers bezieht seine Würde vor allem aus der stark betonten plastisch hervortretenden Mitte, die streng horizontale Abschlußattika und die sich krass abhebende Dachgliederung. Steil steigt aus einem schluchtartigen Einschnitt die Hauptkuppel empor, frontal vor sich die Quadriga des Musenführers und Sonnengottes Apoll präsentierend. Alles andere bleibt gegenüber diesem architektonisch- plastischen Hauptmotiv zurückhaltend, aber nicht gleichförmig. So sind die Mittelachsen der Seitenflügel vorsichtig durch Balkone und Figurengruppen in der Dachzone hervorgehoben. Für das würdevolle Aussehen der Bibliothek entscheidend ist auch der hohe, zurückhaltend rustizierte Sockel, auf dem sich das eigentliche Gebäude gleichsam über den Köpfen erhebt. In der Hofbibliothek vereinigen sich aufs typischste stark plastische, sich fast sprunghaft auslebende Tendenzen (hervorgehobener Mittelteil, Dachgestaltung) mit ungemein zarter, flächenhafter Wandgliederung. Die Fassade wirkt dünnwandig, fast wie auf Papier gezeichnet.

Der große Kuppelsaal gilt mit Recht als der schönste und größte Bibliotheksraum der Welt. Einmal abgesehen von der Großartigkeit der Architektur, vereinigen sich die Farbigkeit der Stellwände, der Buchrücken und des Deckenfreskos von Daniel Gran (1730) zu einem Inbegriff schwebender Anmut. Barock von seiner vornehmsten, hellsten Seite. Im Deckenfresko ist die Apotheose des Bauherren, Kaiser Karls VI., dargestellt. Bei den Büchern im Prunksaal handelt es sich um die berühmte Bibliothek des Prinzen Eugen, der, seinem erlesenen Geschmack entsprechend, die Lektüre in farbig aufeinander abgestimmtes Leder binden ließ.

Die vierte Seite des Josephsplatzes wird angemessen geschlossen durch das beinahe überstreng wirkende
(3) **Palais Pallavicini**. Es ist das erste rein klassizistische Palais Wiens und stammt vom Erbauer der Gloriette, Ferdinand von Hohenberg (1784). Einziger Schmuck des glattwandigen Gebäudes sind die Karyatiden am Portal und die Attikaplastik Anton Zauners, der ja auch das Josephsdenkmal in der Mitte des Platzes geschaffen hat.

An den Abschluß der Hofburgführung stellen wir die
(4) **Stallburg**, das bedeutendste Baudenkmal der Renaissance auf Wiener Boden. Sie liegt gegenüber dem Reitschultrakt und ist mit diesem durch einen Bogen über die Augustinerstraße hinweg verbunden. Der annähernd quadratische Vierflügelbau aus der zweiten

Hälfte des 16. Jahrhunderts hat ein nüchternes, schmuckloses Äußeres, aber der Innenhof enthüllt in einer dreigeschossigen, umlaufenden Arkadenordnung die ganze schlichte Noblesse und zügige gefaßte Grandezza dieses Baustils, hier ausdrücklich hervorgekehrt durch die gleichbleibenden Formen einer weiten, luftig gezogenen Bogenstellung in allen drei Stockwerken. Der Brunnen im Hof stammt von 1675, und einige Plastiken weisen darauf hin, daß hier neben den edlen Lipizzanern auch die Kunst des 19. und 2o. Jahrhunderts wohnt, die Malerei und Plastik von der Romantik bis zum Impressionismus. Hier ist die NEUE GALERIE, die moderne Abteilung des Kunsthistorischen Museums beiheimatet. Details siehe "Museen"

LIPIZZANER (9)

Die Wiener Edelgäule. Reitschultrakt, gegenüber der Stallburg

Die Habsburger regieren nicht mehr, – die Kaiser der Pferde – die Lipizzaner – gibt es noch immer. Nobel geht die Welt zugrunde. Von solchen Sprüchen wissen die weißen Huftiere, die allerdings Schwarz zur Welt kommen, nichts. Aus einem marmornen Futtertrog fressend, (ein geputztes Messingschild mit Namen wie "Pluto Bonavoja" an der Pferdebox angebracht) verströmen sie außer Pferdeschweiß noch immer monarchistischen Dunst. Aus Spanien kommend, hat man sie später noch mit der halben Pferdemonarchie gekreuzt.

Wie einem Schimpansen das Eislaufen hat man auch den klugen Tieren allerlei Kunststükke beigebracht. Levade (Aufrichten auf die Hinterhand), Kapriole (Ziegensprung mit allen Beinen in der Luft) zum Beispiel. Im zweiten Weltkrieg hat der Lipizzanerfan General Patton extra Panzer eingesetzt um die Traditionsviecherln zu retten. Feministinnen dürfte die Lipizzanerstory allerdings eher auf die Nerven gehen: nur Hengste dürfen sich in der Spanischen Hofreitschule produzieren.

SPANISCHE HOFREITSCHULE: Jänner, Februar, Juli und August geschlossen. Sonst: 11 oder 19 Uhr jeweils Sonntag und Mittwoch Sitzplätze 100 - 300 Schilling, Stehplatz um die 50 ÖS. Karten 1010 Wien Michaelerplatz 1 (52 18 36).

Außerdem gibt's ein Morgentraining, das aber nicht immer regelmäßig stattfindet. Am besten anrufen (siehe oben) Preis f. Morgentraining: 35 Schilling.

N.S.

Wenn wir die AUGUSTINERGASSE weitergehen, sehen wir am Ausgang des Josephsplatzes neben dem
(10) Palais Pallavincini das PALAIS PALFFY, einen ebenfalls klassizistischen Bau, der 1813 vollendet wurde. Rechter Hand kommt die Längswand der ehemaligen Hofpfarrkirche der Augustiner +Augusti-
(5) nerkir.+ in Sicht, die im wesentlichen 134o vollendet war und deren Äußeres wie Inneres den strengsten und asketisch- nüchternsten Bau der Wiener Gotik vorstellt. Zur Ausstattung zählt die bekannteste

Schöpfung des großen klassizistischen Bildhauers Antonio Canova. 18o5 schuf er für die Lieblingstochter Maria Theresias, Maria Christine, ein Grabmahl in Form einer flachen Wandpyramide. In das dunkle, einfache Tor schreitet die Allegorie der Tugend mit der Urne der Verstorbenen, zwei Mädchen mit Totenfakkeln begleiten sie. Der Tugend folgt die Wohltätigkeit, einen blinden Greis am Arm führend. Rechts ein geflügelter Genius und ein trauernder Löwe mit dem sächsischen Wappen (der Gemahl der Erzherzogin war Herzog Albrecht von Sachsen- Teschen). Oben trägt der Genius der Glückseligkeit das Medaillon der Toten. Das Grabmahl aus weißem Marmor ist ein besonders gefühlvolles Werk des Klassizismus. An die Georgskapelle anschließend, die 1634 errichtete HERZGRUFT der Habsburger.

HERZGRÜFTERL: der Besuch lohnt sich! Durch die St. Georgskapelle durchgehen, dann hinter dem Altar ein dunkler Gang: Blick durchs Gitterfenster. Das Herzgrüfterl 'beherbergt' 54 Silberurnen, in denen die Habsburger- Herzen aufbewahrt sind. Besichtigung nur mit Führung nach Anmeldung beim Pfarramt (Tel: 52 33 38).

Nach ägyptisch anmutendem Ritual wurden in Wien die Körper der Kaiser nach ihrem Tod quasi in 3 'Portionen' aufgeteilt:
* die KÖRPER kamen in die Kapuzinergruft, Kapuzinerkirche
* die EINGEWEIDE in die Steffl- Katakomben,– und
* die HERZEN eben in das Herzgrüfterl der Augustinerkirche.

N.S.

6 Die Augustinerstraße führt am **Palais Lobkowitz** links vorbei, das mit seiner langgestreckten, monotonen Fassade stilistisch mit den Palästen des Minoritenplatzes verwandt ist und auf ein Entstehungsdatum in der 2. Hälfte des 17. Jahrhunderts hinweist. Doch zeigt sich schon hier das leise Hervortreten eines Mittelteiles und die damit beginnende Tendenz zu einer achsial ausgerichteten Frontgliederung. Fischer von Erlach hat diesen Zug mit seinem 171o eingesetzten kraftvollen Balkonportal und der Erhöhung des Gebäudes durch eine mächtige Figurenattika im Sinn des Hochbarocks vorangetrieben. Eigenartig an dieser Fassade ist das spielerische Variieren des Rustikamotives in der Oberzone. Das Palais enthält einen schönen Innenhof in Abwandlung dieser Dekoration mit einem Herkulesbrunnen.

7 Weiter geht es vorbei an der **Albertina** rechts, der umgangsreichsten graphischen Sammlung der

Welt. Details siehe unser Kapitel "Museen". Doch zunächst noch einen Abstecher zum berühmtesten Auktionshaus Österreichs:

DOROTHEUM 8

1, Dorotheergasse 17, Tel. 52 85 650

N.S.

Das Dorotheum gehört zu den größten Auktionshäusern der Welt. Versteigerungen mit viel Flair und Drumherum stehen auf der Tagesordnung. Mit Filialen in fast jedem Bezirk.

Das Angebot reicht von Gebrauchsgegenständen (Schreibmaschinen, Uhren, Fahrräder. .), Briefmarken, Büchern über Möbel bis zu wertvollen Gemälden und Schmuckstücken. Das Ganze ist halb so exklusiv, wie sich's anhört: jeder kann mitmachen! Günstige Einkaufsmöglichkeit, bisweilen spannend und oft recht lustig.

Das "Dorotheumgehen" ist ein weitverbreiteter Wiener "Sport". Man kann recht problemlos kaufen und verkaufen – und im Winter werden die gutgeheizten Säle zum beliebten Zufluchtsort vor kalten Gassenwinden. Wenn's draußen feucht und regnerisch ist, "duftet's" drinnen entsprechend.

Rund 2400 Auktionen im Jahr bei 600.000 versteigerten Posten können sich sehen lassen. Und er Auktionsumsatz von 657.6000.000 (sprich: 658 Millionen) Schilling ist auch nicht "ohne". Die 16 Filialen allein in Wien sind ein gutes Geschäft für die "Dorotheum-Auktions-,Versatz- und Bank- Gesellschaft m.b.H.", wie sich der Betrieb seit Anfang 1979 nennt. Die Gründung des Dorotheums fällt in eine Wirtschaftskrise: um den Zinswucher einzudämmen, ließ Kaiser Josef I. anno 1707 das "Versatz- und Fragamt" installieren. Genau 80 Jahre später übersiedelte man aus Platzgründen von der Annagasse in die Dorotheergasse (ins ehemalige Chorherrnstift zur heiligen Dorothea), wo das " Dorotheum" dann auch seinen Namen bekam.

AUKTIONEN

Wochentäglich um 14 Uhr (von Montag - Freitag). Vier große Kunstauktionen (März, Juni, September und November), wo Ölgemälde, Graphiken, Jugendstilsachen, Porzellan aller Art etc. zur Versteigerung kommen. Bücher auch im freien Verkauf zu haben.

Möbel

Auktionen: Montag, Mittwoch, Freitag 14 Uhr
Auskunft: Montag, Mittwoch, Freitag 7.30- 13 Uhr
Dienstag, Donnerstag 7.30- 15 Uhr
Schaustellungen: Parterre, 1. Stock und 2. Stock
Montag - Freitag 10- 18 Uhr, Samstag 8.30- 12 Uhr

Effekten

Vasen aus Glas und Keramik, Haushaltsgeräte, Film- und Fotozeugs und sonstiges Allerlei mit echten "Schmankerln" dabei.
Auktionen: Montag - Freitag 14 Uhr
Samstag 10 Uhr

Schaustellungen: Josef-Saal, Franz-Saal, Kolowrat-Saal, Hochsaal, Eminger-Saal
Samstag 8.30- 12 Uhr
Montag - Freitag 10 - 18 Uhr

Pretiosen

Gustostückerl aus der Schatzkiste! Ganze Tafelsilbergarnituren, Juwelenanhängsel, Gold- und Silberschmuck mit echten Raritäten.
Auktionen: Maria-Theresien-Saal, Montag - Freitag 14 Uhr
Schaustellungen: 1. Stock, Ferdinand-Saal, Montag - Freitag 10 - 18 Uhr
Samstag 8.30 - 12 Uhr

Bücher

Gedrucktes aus mehreren Jahrhunderten: schöne Erst- und Gesamtausgaben, kunstgeschichtliche Werke, allerlei Krimskrams. Auch im Freiverkauf im 2. Stock erhältlich.
Versteigerung: Ludwigstorff-Saal, 2. Stock, alle 14 Tage, jeweils Dienstag 14 Uhr
Besichtigung: Dechau-Galerie, 2. Stock, Montag - Freitag von 10 - 18 Uhr

Münzen

Gute Gelegenheit für Numismatiker, die mehr oder weniger große Sammlung mit "neuen" alten Stücken zu bereichern. Eigene Spezialauktionen für antike Münzen!
Auktionen: monatlich (außer Juli und August)

Briefmarken

Es muß nicht gleich die "Blaue Mauritius" sein! Freunde der gezackt- gummierten Bilderchen aus aller Welt können beim Steigern Sammelkollegen aus Wien kennenlernen, für Anfänger steht ein beratendes Expertenteam zur Verfügung.
Auktionen: Montag, Mittwoch 8 - 12 Uhr
Dienstag, Donnerstag 8 - 18 Uhr, Freitag 8 - 12 Uhr und 14 bis 18 Uhr

TIP:

Es gibt eigene Kataloge zu den verschiedenen "Versteigerungsgebieten". Diese informationsgefüllten "Einkaufshilfen" sind am besten im Jahresabonemment zu beziehen (z.B. Kunstkataloge: 500 ÖS pro Jahr) Weitere Auskünfte und Abonnementbestellungen an:

Dorotheum – Abonemmentabteilung:
Dorotheergasse 17, 1010 Wien

WICHTIG: Wer kauft oder verkauft, muß zusätzliche Gebühren und Steuern einkalkulieren: 10 Prozent (in der Kunstabteilung 12 Prozent) plus 18 oder 8 Prozent Mehrwertsteuer werden daraufgeschlagen. Will man sein "bestes Stück " überhaupt loswerden, so beträgt der Zuschlag 15 Prozent, will man etwas versetzen, so beläuft sich die Wertminderungsquote auf 2 Prozent im Monat.

Versteigerung

Es gibt grundsätzlich zwei Möglichkeiten, mitzusteigern: entweder man ist selbst im Versteigerungssaal anwesend und fiebert von einem ". . . . zum Zweiten, zum Dritten" zum nächsten, oder man läßt sich durch einen "Sensal" vertreten, der dann die Sache erledigt. Auf das sanfte Prickeln muß man da halt verzichten, auch wenn die Dorotheumatmosphäre manche schon richtig süchtig gemacht hat. . . (PS: Wegen "Sensal" unter 52 85 650 erkundigen!)

Zweiganstalten

Zwar mit weniger Angeboten als das Mutterhaus, nichtsdestoweniger oft viel lustiger und provinzieller. Wegen genauer Termine direkt anrufen!

1020 Taborstraße 24 a	Tel: 24 94 03
1030 Landstraßer Hauptstraße 67	Tel: 72 63 95
1050 Viktor-Christ-Gasse 19	Tel: 55 31 79
1060 Schadekgasse 5	Tel: 56 42 42
1070 Kaiserstraße 1	Tel: 93 71 83
1080 Feldgasse 6 – 8	Tel: 42 16 01
1090 Währinger Straße 2 – 4	Tel: 34 21 86
1100 Wielandgasse 6 – 8	Tel: 64 13 71
1120 Tanbruckgasse 3	Tel: 83 95 68
1130 Hietzinger Hauptstraße 3	Tel: 82 25 84
1150 Schanzstraße 14	Tel: 92 56 03
1160 Friedrich-Kaiser-Gasse 36 – 38	Tel: 46 22 94
1170 Kalvarienberggasse 27	Tel: 43 41 40
1180 Gentzgasse 8	Tel: 34 54 21
1200 Wallensteinstraße 57	Tel: 33 71 78
1210 Pitkagasse 4	Tel: 38 13 04

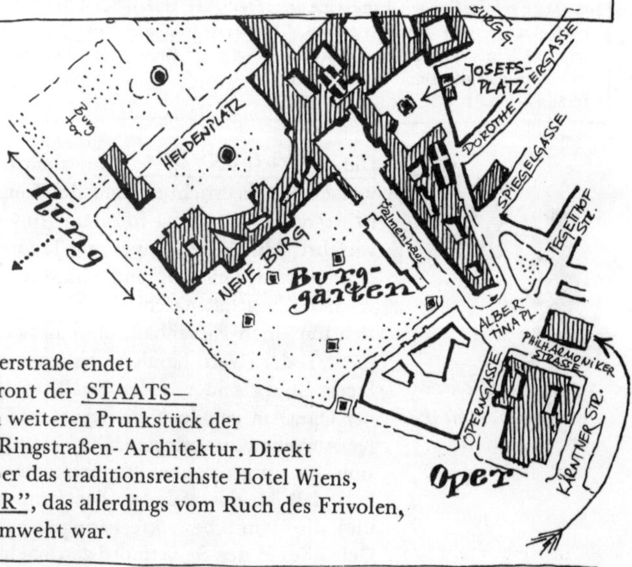

Die Augustinerstraße endet an der Rückfront der STAATS–OPER, einem weiteren Prunkstück der sogenannten Ringstraßen-Architektur. Direkt hinter der Oper das traditionsreichste Hotel Wiens, das "SACHER", das allerdings vom Ruch des Frivolen, allzu Süßen umweht war.

Die Sachertortenstory — Philharmoniker Straße

Ein jahrzehntelanger Streit um eine Torte: die Story könnte von den Schildbürgern erfunden worden sein. Schauplatz und Zeit: Wien im 20. Jahrhundert!

Es begann mit dem "Wiener Kongreß" anno 1815: Österreichs "antiliberaler" Fürst Metternich wollte seinen Gästen aus fernen Landen ein besonderes kulinarisches Ereignis servieren, erteilte den Auftrag und heraus kam ein dunkles Tortenwunder mit einer dünnen Marmeladeschicht zwischen Schoko-Glasur und Tortenmasse, genannt "Sachertorte" (nach ihrem damaligen Schöpfer "Franz Sacher"). In den 30er Jahren unseres Jahrhunderts schließlich erwarb die Konditorei Demel das Originalrezept, nach dem die Köstlichkeit auch bis heute zubereitet wird.

Das Haus Sacher aber hatte schon in den 20er-Jahren eine "neue" Sachertorte kreiert: mit einer zusätzlichen Marmeladeschicht in der Mitte. Der darauffolgende Rechtsstreit zwischen "Sacher" und "Demel" um die Echtheit der "Original-Sachertorte" zog sich dann gleich über mehrere Jahrzehnte und wurde erst in den 60er-Jahren entschieden: zu Gunsten - und wohl zu Unrecht - des Hauses "Sacher". Und so kommt's, daß die ursprüngliche "Sachertorte" vom Demel erzeugt wird (mit einem dreieckigen Schokoladesiegel geschmückt), während die "echte" (nach gerichtlichem Entscheid) Sacher-Sachertorte mit einem runden Siegel auf ihre "Originalität" pocht.

TIP: nachzulesen ist das Ganze – in gebührender Ausführlichkeit – bei Kishon- Übersetzer Friedrich Torberg in seiner "Tante Jolesch" (Pflichtlektüre!)

N.S.

John Lennon und die Sachertorte

Auf den ersten Blick ein nicht gerade durchsichtiger Zusammenhang. Den Beatle hatte es im Zuge seiner Friedenskampagne – aufgelockert durch "Bed In's", "Sit In's" etc. – auch nach Wien geführt. Im Beatles Song "Ballad of John and Yoko" heißt's: "Took a short trip to Vienna – eating chocolate cake in a bag." Chocolate cake! Sachertorte hat er natürlich gemampft, seine Gattin Yoko Ono detto*: in einem Sack sitzend, eine Pressekonferenz gebend!

*auch

N.S.

Opernring Ecke Kärntnerstraße

Die **Staats-Oper**, – ehemals k + k Hofoper, war der erste errichtete Bau der Ringstraße. Sie zeigt heute noch, zumindest in ihrem Äußeren und dem unversehrt gebliebenen Foyer und Treppenhaus, zu welch dekorativem Feinsinn und nobelstem Geschmack die Wiener Ringstraßenarchitekten fähig waren. Obwohl es sich um einen Riesenbau, um eines der größten Musiktheater der Welt handelt, haben es seine Schöpfer, Siccardsburg und van der Nuell, verstanden, der Wiener Oper ein geradezu zierliches, möbelartig und leichtes Aussehen zu verleihen. Des einen Architekten Spürsinn für ausgewogene Proportionen war so empfindlich, daß ihn das Anheben des Straßenniveaus ringsum und die damit bewirkte geringfügige Versenkung des Gebäudes in den Selbstmord getrieben hat.

Die Bomben von 1945 haben diesen Bau bis auf die genannten Teile und die Außenmauern zerstört. Die heutige Zuschauerraumgestaltung trägt den etwas gesichtslosen, glatten Ausdruck der Fünfzigerjahre. Das-

selbe Schicksal hat auch die zweite große Wiener Bühne getroffen, das als ältestes deutsches Schauspiel von Joseph II. gegründete Burgtheater. Auch dieser wundervolle Bau brannte bis auf die Treppenhäuser und Wandelgänge aus und wurde im Anschluß daran lieblos modernisiert.

ca. weitere Details zu Oper, billigen karten etc: seite 112

Opernball: rauschende Ballnächte jedes Jahr am letzten Donnerstag der Faschingszeit, – zugleich wichtigstes, prunkvollstes und pompösestes Ereignis im winterlichen WIEN. Bühne und Zuschauerraum der Oper werden auf das gleiche Niveau gebracht, mehr als 15.000 Nelken werden als italienisches Geschenk eingeflogen und schmücken die Logen, 7.000 Ballgäste aus der Finanzwelt, Politik, Wirtschaft und Kultur und was sich sonst noch dazu zählt. Infos: über das Österr. Fremdenverkehrsamt, in Deutsch= land: 6000 Frankfurt/M. Roßmarkt 12, – oder WIEN: Opernpassage, Tel.: 43 16 08.

Kaiserball: noch eines, der rauschenden Wiener Bälle: findet in der Sylvesternacht statt, in der Hofburg. Auch hier: die "creme de la creme" gibt sich Stelldichein bei angezündeten Kerzen der Kristall- Lüster, Begrüßungscocktail und Tanz. Infos und Vermittlung von Sylvester- Dreitage/Nächte- Wien- Aufenthalt über Österreich. Fremdenverkehrsamt, Deutschland: 6000 Frankfurt/M. , Roßmarkt 12 . Inkl. Flug und Aufenthalt in Luxushotel, ab BRD, z.B. Frankfurt um die 700,– DM.

Während sich der Ringstraßen- Verkehr um die Oper vorbeischiebt,– Wienbesucher sich aus gruftigen U- Bahn- Passagen- Hallen in die luftig- fußgeherfreundliche Kärntnerstraßen- Regionen "raus- rolltreppen",– parken gleich beim Hotel "Bristol" schmucke Nobel- Automobile.

Die Traditionsabsteige,– das Hotel "Sacher",– ziemlicher Auflauf mit g'schmuckig- livriertem Portier und Mercedes- Ansammlung. Im Cafe heraußen schlemmen Touristen die obligate Torte. Gegenüber, an der Rückfront der Oper riesiger Heurigen- Keller, in den die Touristen busweise reingekarrt werden.

Von der OPER entweder zurück zum Ausgangspunkt dieses Rundganges, zum STEFFL über die geschäftige Kärtner Straße(hier kann man Rundgang 3, siehe Seite 269 anhängen), – oder von der Oper Rundgang 2: RINGSTRASSEN–ARCHITEKTUR.

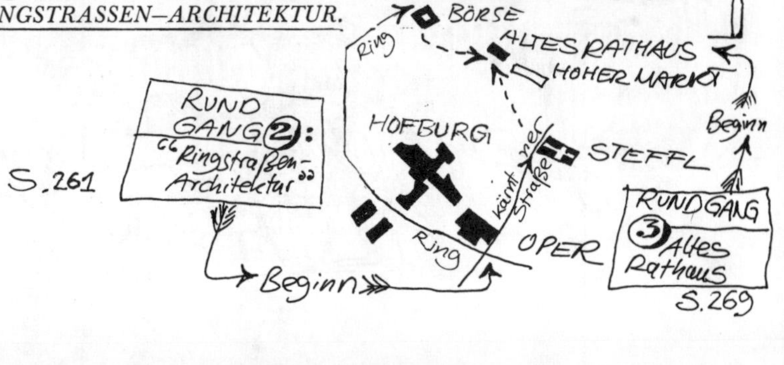

Kärntner Straße:

"fashonables", autofreies Fußgängerpflaster zwischen OPER und STEFFL, weißgestrichene Stahlgittersitzbänke und feine Geschäfte. Die "Wagner-Akkorde" zerbröseln zu sanften Gitarren- und Flötenklängen der Straßen-Musikanten,– hier zeigt sich alles, was sehen und gesehen werden will.

Rechterhand entlang: halbverschwiegene Gäßchen mit viel Flair, kleinen Boutiquen, Klosterkirchen und Hotels.

Details zu "Shops" ab Seite 285 !

2

Oper Ring=straße Börse

Dort, wo sich heut die Ringstraße um die Innenstadt legt, Prunkbau an Prunkbau steht und der Hauptverkehr fließt – bildeten einst hohe Mauern mit 12 Toren einen befestigten Wall um den historischen Kern der Donaumetropole.

Während in Paris beispielsweise Baron Haussmann die Stadterweiterung schon kräftig vorantrieb, Altes dem Erdboden gleichmachte, um Platz für Größeres zu schaffen, platzte Wien aus den Nähten. Die Wohnungsnot war groß und Jung- Thronbesteiger Kaiser Franz Joseph entschloß sich – mit einem schielenden Blick auf Paris – auch in Wien ähnliches durchzuführen: in den Weihnachtstagen des Jahres 1857 bewilligte er ein Stadterweiterungskonzept, das die Schleifung der Wälle und Mauern vorsah, die die innere Stadt damals in ein Korsett zwängte.

Die großen Glacis- Gründe gleich außerhalb der Mauern sollten bebaut werden – öffentliche Gebäude, militärische und solche der leichten Muse, sollten der Stadt zu einem neuen Gesicht verhelfen.

LUDWIG FÖRSTER ein Bayreuther, schuf den eigentlichen Plan für die "Wallstraße",– die heutige "Ringstraße". Ein Unternehmen, das mehr als ein halbes Jahrhundert in Anspruch nahm: Oper, Parlament, Burgtheater . . .

Repräsentationswille, Macht, aber auch Anmut und eine gleichsam lockere, unangestrengte Präsentation der gigantischen Baumasse verleihen diesem Gesamtkunstwerk der Gründerzeit seinen einzigartigen Charme.

Detailkarte Seite 262

Diese Triumphstraße des zur Allmacht über die kulturellen Bereiche aufgestiegenen Bürgertums und des verbürgerlichten Adels gibt sich außerordentlich galant, das heißt, sie trägt nicht dick auf, sondern blitzt gleichsam nur hervor mit ihren Schätzen. Doppelte Baumreihen umstehen beide Seiten der fünfmal abgewinkelten dreibahnigen Straße, die genau den Knicken der alten Bastionen folgt.

Die Straße führt auf nichts direkt zu, die einzelnen Gebäude stehen oft nur mit ihren Schmalseiten zur Straße. Einige sind auch weit nach hinten versetzt. Grüne Zonen legen sich überall dazwischen und davor, etwa beim phantastisch feingliedrigen neugotischen Rathaus gegenüber dem feierlich barocken Burgtheater, dem rotziegeligen Hochrenaissancepalazzo, der Akademie der Bildenden Künste hinter dem Schillerplatz zwischen Staatsoper und Hofburg. (Kostbare Gemäldegalerie mit einem Hauptwerk von Hieronymus Bosch).

Eine "Ringstraßenbegehung" auf keinen Fall versäumen! Ein warm- sonniger Nachmittag unter belaubten Schattenspendern, und auf drei Spuren braust die Blechlawine vorbei, zwischendurch Straßenbahngebimmel und Gemurmel aus wienerischem Mund an einem Würstelstand, wo "die Blade" grad "a Haaße" ver-

drückt. Ein bißl Großstadtrummel, ein bißl k + k- Flair, und eine historienumwehte Straße, wo sich heut noch Moderneres breitgemacht hat: Büros von Fluggesellschaften, große Autohäuser, Banken und Hotels. . .

Der HOFBURG – KOMPLEX darf als Knotenpunkt der Ringstraße angesehen werden. Der nördliche Teil der RINGSTRASSE ist wesentlich reicher und dichter mit Prachtbauten besetzt.

Noch zum Bereich der Hofburg zu rechnen, sind die beiden in völlig gleichen Formen der Spät- Renaissance errichteten beiden **Hist. Museen** am Maria Theresien Platz:

1. Kunsthistorisches- und
2. Naturhistorisches Museum

Sie sind in den 7o- er Jahren des 19. Jahrhunderts nach Plänen von Semper entstanden und sind neben der Hofburg die größten und prunkvollsten Gebäude der Ringstraßen- Architektur.

Besonders großartig ist die Überhöhung der Platzseiten mit hohen, von je vier offenen Türmen umstellten Kuppeln.
(Details zu den Museen ab Seite 125)

Der riesenhafte Komplex aus Heldenplatz, Hofburg, Maria- Theresien- Platz und Hofmuseen findet an der Schmalseite einen natürlichen alten Abschluß: das **Hofstall-Gebäude.** Heute als Messepalast in Verwendung, wurde es nach 1719 von Joseph Emanuel Fischer von Erlach nach Plänen seines Vaters errichtet. Auch hier handelt es sich um eine Art Palast, aber diesesmal eben für Pferde, und es muß für den Architekten keine leichte Aufgabe gewesen sein, die hunderte Meter lange, nur zweigeschossige Fassade entsprechend zu beleben. Fischer benutzt dazu ein hohes Dachgeschoß, das sonst in seinem Werk selten vorkommt und steigert die langen schmalen Seitenflügel in der Mitte zu einem fünfteiligen, sich stufenartig erhöhenden Mittelbau mit dem Ansehen eines richtigen Barockschlosses.

Die beherrschenden Bauten der Ringstraßenarchitektur sind neben den Hofmuseen/Maria Theresien- Platz:

* PARLAMENT:
1, Dr. Karl Renner Ring

In Form einer antiken Tempelanlage mit beidseitiger, breiter Auffahrtsrampe. Architekt Theophil Hausen hat längere Zeit in Athen studiert (Bau: 1873 – 83). Mit frontalem Athena- Brun-

"MEHR GRÜN FÜR WIEN" – die Wiener sind gespalten. In ihrem Inneren schlagen zwei grüne Herzen. Die Einen, das sind die, deren Coleurverständnis Naturgrün, Baumwuchs und Wald- & Wiesenreichtum in der Stadt begrüßt. – Die Anderen sehen ihr grünes Freizeit-Eiland Wien gefährdet, und fordern gerade aus diesem Grund "mehr Grün für Wien": mehr Grün in Form von schmucken Käppchen und ordentlichen Uniformen.

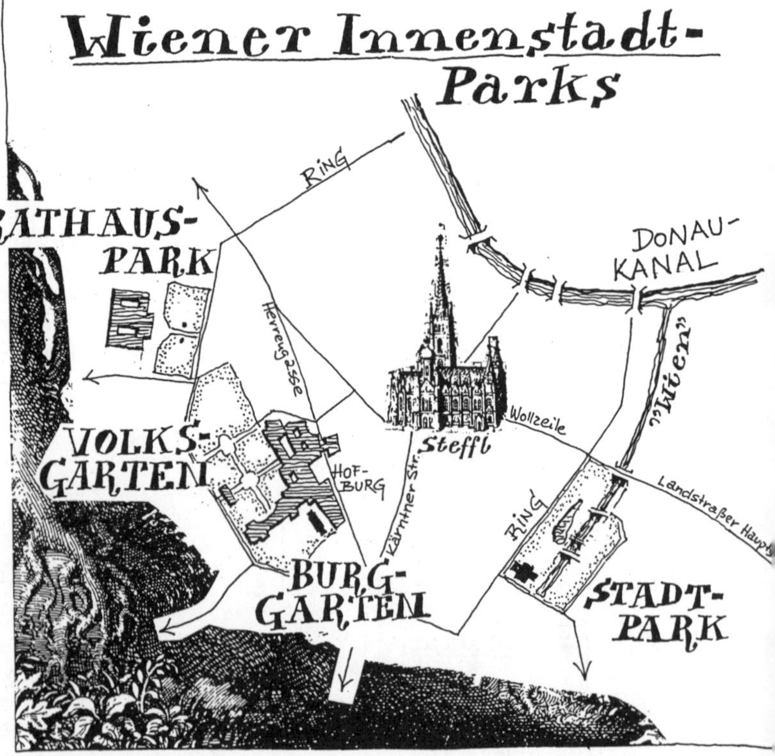

Während in fast allen Großstädten Europas rastende Tramps auf Wiesen schon fast als Gradmesser für die Lebendigkeit einer Großstadt gelten,– gibt es in Wien noch ein "RASEN- VERBOT". In letzter Zeit zwar gelockert, aber immerhin: das Verbot gilt noch de facto. Symbol und Symptom für Wiens 'Bewegung' ist der Burggarten.

Burggarten

"Umkämpfter" ehemaliger Kaisergarten hinter der Hofburg. Jugendliche, die sich's im Rasen bequem gemacht hatten, wurden nicht immer auf die netteste Art und Weise "abtransportiert", sprich: mittels Brachialgewalt von den Hütern der Ordnung aufs Revier geschleppt. Im Burggarten – laut obrigkeitlicher Auskunft – ein "Ziergarten zum Anschaun" – darf man auf Holzbankerln sitzen und sich vom Teich inspirieren lassen, oder hinten auf der Terasse vor dem "Palmenhaus" ein Sonnenbad nehmen.

Stadtpark

Kursalon Hübner mit sommerlichen Freiluftkonzerten zu abendlichen Stunden. Schön zum Spazierengehen. "Geheimtip" für Verliebte – und solche, die's daraufhin werden wollen: bis ganz zum hinteren Rand beim Wienfluß-Rinnsal schlendern – verschwiegene Eckchen. Im angelegten Kunstteich plantschen echte Schwäne. Eine ganze Denkmalparade säumt die schmalen Spazierwege, in lauen Sommernächten bittet eine belaubte Freiluft-Disco zum Tanz.

Volksgarten

Etwa zur selben Zeit wie der Burggarten angelegt (1830). Bewegte Parkgeschichte – immerhin als erster öffentlicher Park verhalf er schon im Biedermeier den Wienern zu "grünen" Erlebnissen. An heißen Tagen trifft sich dort die Welt – auf aufgestellten Klappsesselreihen sonnen sich die Älteren, rund um den Theseustempel auf den Stufen treffen sich die Jüngeren. Verschwiegenes Plätzchen vor dem Elisabeth-Denkmal, kleines Rundcafe mit größerem Sitzgarten zum Eisschlemmen und Kaffeetrinken.

Rathauspark

Studenten, die sich samt Skripten und Zigaretten eine Verschnaufpause gönnen, Mütter, die ihren Kindern auf schön angelegten Wegen eine kleine Welt vorführen – die Uni ist nah, einen Sprung aus dem Einkaufsalltag ist's wert, und zwei lebendige Springbrunnen kühlen erhitzte Gemüter. Im Winter: großer Christkindlmarkt!

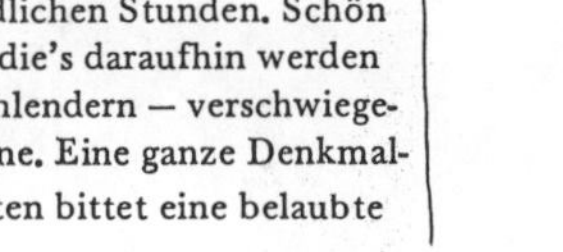

nen, deren goldene Kopfbedeckung in der Nachmittagssonne glänzt, pompig mit vier Pferdebändigern in Bronze, aufgereiht die römischen und griechischen Geschichtsschreibergrößen.

★ RATHAUS UND BURGTHEATER

Paarig rechts und links der Ringstraße plaziert.

RATHAUS

Gebaut Ende des 19. Jahrhunderts von Friedrich Schmidt, der beim Anstoßen auf sein fertiges 14 Mill.- Guldein- "Opus" vom obersten Balkon sein Sektglas verlor, welches in die Tiefe stürzte und ... nicht zerbrach! Für die Wiener der Jahrhundertwende ein böses Omen, welches sich jedoch nicht bewahrheitete: das Rathaus gehörte bei den Bombardierungen des 2. Weltkrieges zu den Bauwerken, die so gut wie keinerlei Beschädigung erfuhren.

BURGTHEATER

Das k & k - Gold prunkt noch über den Torbögen des Museentempels, in den Nischen aufgereiht, deutschsprachige Dichtergrößen von "Faust"- Vater Goethe bis zum Austro- Klassiker Grillparzer. Gelungene Renaissance- Imitation mit angefügten Seitenflügeln, um die ausladenden Prunktreppen reinzupacken, auf denen allabendlich feinbetuchte Publikumsbeine rausstolzieren.

Muß ein lichterglänzendes Zeremoniell gewesen sein, als 1888 der alte Kaiser höchstpersönlich mit weißgrauem Backenbart und in soldatisch-strammer Pose in der Ehrenloge Platz nahm, um die Eröffnungsvorstellung mit Grillparzers "Esther" mitzuerleben. Dem "alten" Burgtheater am Michaelerplatz hatten die Wiener solang nachgeweint, bis im 2. Weltkrieg das neue arg beschädigt wurde. Die Wiederaufbauarbeiten nahmen 10 ganze Jahre in Anspruch, erst am 15. Oktober 1955 durfte König Ottokar mit seinem "Glück und Ende" auf die Bühnenbretter, wo sich seither die internationale Theaterprominenz um die Titelrollen balgt.

★ UNIVERSITÄT

1, Dr. Karl Lueger Ring 1

Ein paar Meter vom frischgrünen Rathauspark, wo zwischen alten Standbildern muntere Brunnen sprudeln. Schwere Renaissanceformen, gehalten mit schwer- grauer Rampe und kleinem besäulten Vordach. Drinnen schöner Arkadenhof mit Professorenbüsten, besonders angenehm an einem lauen Uni- Ball- Abend, wenn die "Tanzleichen" über den Tischen hängen und ein bunter Musikbrei übers Gemäuer rieselt.

Die "Intellektuellenhochburg" wurde in den Ringstraßenära- Jahren von 1873 - 83 gebaut. War längst fällig, nachdem die erste Uni am Seipel- Platz schon aus den Nähten platzte. Dort ging seit 1365 die universitäre Gelehrsamkeit um, zumindest "hätte umgehen sollen". Denn aus Berichten der alten Zeitgenossen läßt sich ersehen, daß (auch)damals die Tugend der weisen Strebsamkeit schlichtweg "unterm Hund" war. Stadtväter, Bischöfe, sogar der Papst soll sich beklagt haben! Zeitweise mußte man sogar extra ein "Waffentrageverbot für Studenten " einführen, die sich mit der Wiener Bevölkerung angelegt hatten. 1848 wurde der Vorlesungsbetrieb auf mehrere Häuser verteilt werden, "wegen reger Beteiligung der Studenten an der Revolution".

Architekt der Universität, Heinrich von Ferstel, war ein besonders wandlungsfähiger Eklektizist, denn er erbaute dieses lastende Gebäude genauso stilsicher nachempfunden und trotzdem phantasievoll wie die eminent gotisch empfundene Votivkirche schräg hinter der Universität. Von allen Bauten der Ringstraße historisiert sie am treuesten, imitiert die französische Kathedralgotik des 13. Jahrhunderts mit erstaunlicher Einfühlungsgabe des 1879 erst 27- jährigen Ferstel. Die Kirche war als Denkmal für ein mißlungenes Attentat auf den jungen Kaiser Franz Joseph gestiftet worden. Das Innere birgt vielleicht das bedeutendste Bildwerk der Renaissance auf Wiener Boden. Es ist das Hochgrab des Grafen Niklas Salm, des Verteidigers von Wien während der ersten Türkenbelagerung 1529. Das Werk stammt aus der Werkstatt eines der führenden deutschen Bildhauer der damaligen Zeit, des Loy Hering. Es zeigt den verstorbenen Helden knieend vor dem Kruzifix auf der Deckplatte, die Tumbawände schmücken zwölf Flachreliefs mit historischen Szenen.

Der letzte Abschnitt der Ringstraße, bevor sie am Donaukanal endet, der Schottenring, enthält als bemerkenswertesten Bau die Börse – ein Hauptwerk des Parlament- Erbauers Theophil Hansen in der schon des öfteren angetroffenen, für Wien so kennzeichnend gewordenen Rohziegelbauweise, die in Kontrast mit Marmor besonders fein und zartfarbig wirkt.

■

RINGSTRASSEN- ARCHITEKTUR
& angrenzende "Musterstraßen"

Der am meisten bevorzugte Stil im Architekturmuseum der Ringstraße ist die Renaissance. Auch die Börse trägt das stolze Gesicht dieses Stil, der bezeichnenderweise den Menschen des Hochkapitalismus als die höchste Verkörperung aller menschlichen Noblesse und edlen Haltung erscheinen mußte. Der Stil hatte Stellvertretungscharakter für alles Kulturelle schlechthin.

Das Mittelalter als mystisches Sehnsuchtsziel hatte als Formenreservoir abgedankt, und der stampfend- dröhnende Barock der Hofburg stellt eine gewisse Sonderentwicklung, auch Spätstufe des Historismus dar, setzt sich auch durch das aufgeheizte Pathos sehr vom durchgängigen, äußerst subtilen renaissancenahen Baustil der meisten anspruchsvollen Wohnhäuser der Innenstadt ab.

Es gibt da ganze Straßenzüge, ganze geschlossene Ensembles im ungemein lichtempfindlichen Vibrato der dichtgedrängten Fenster mit ihren scharfgeschnittenen Dreiecks- und Segmentgiebeln, ihren Pilastern und Gesimsen. Der hohe Adel des Details erzeugt die einzigartige elegante Wiener Straßenatmosphäre, die fast salonhafte, prätenziöse Züge hat.

All das hat sich besonders lückenlos in der Flucht der BÖSENDORFERSTRASSE, ELISABETHSTRASSE, NIBELUNGENGASSE erhalten, Straßenzügen, die parallel zum Opernring vom Kunsthistorischen Museum weglaufen. Das vielleicht eindrucksvollste Frontenensemble dieser feingliedrigen, im Licht flirrenden Straßenkulissen befindet sich am Ausgang der Mariahilferstraße, gegenüber der Seitenfront des Messepalastes (ehemalige Hofstallung). Es ist die RAHLSTIEGE mit ihrer Verbindung zur tiefer gelegenen Gumpendorferstraße. Niemand, der Wiener Stadtkultur obersten Ranges kennenlernen möchte, sollte dieses platzartige Ensemble versäumen.

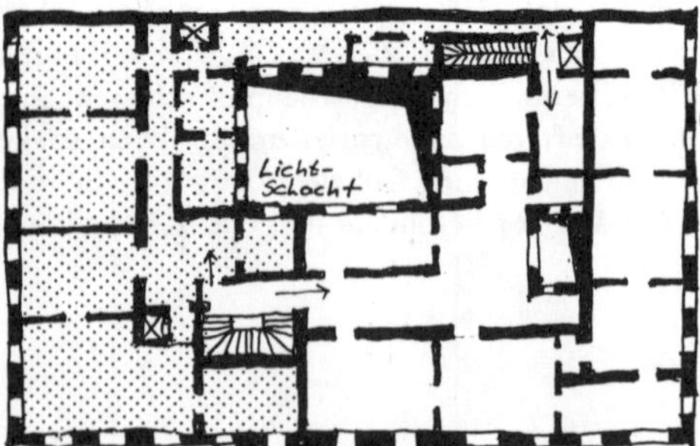

DAS NOBELMIETHAUS der Ringstraße

zum Vergleich: gründerzeitliches Arbeitermiethaus

gleicher Maßstab!

10 m

3

Börse → Altes Rathaus Hoher Markt → Am Hof → Freyung

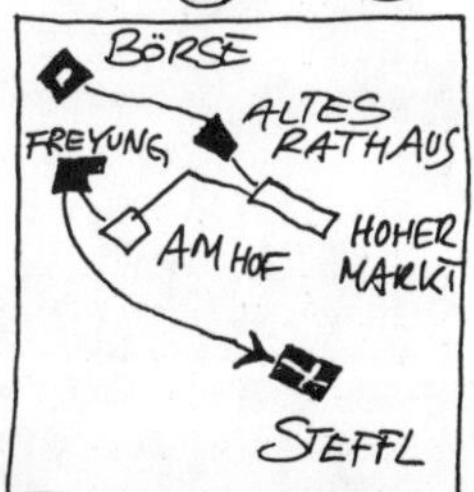

Detailkarte Seite 271

Von der BÖRSE durch die Wipplingerstraße zum alten barocken Rathaus – das, aus mehreren mittelalterlichen Häusern zusammengewachsen, um 1706 eine Fassade mit Portal im Stil des älteren Fischer bekommen hat. Unbedingt mitzunehmen wäre der Andromeda- Brunnen von 1741 im Hof, ein Hauptwerk des großen Wiener Barockbildhauers Raphael Donner. Das Bleirelief zeigt den Kampf des Perseus mit dem Ungeheuer. Die Prinzessin Andromeda lagert schwermütig im Vordergrund.

Hinter dem Rathaus liegt, etwas versteckt, ein Glanzstück gotischer Architektur um 1400. Auf einem Steilhang, der durch eine moderne Treppenanlage überwunden wird, erhebt sich die Kirche (1) Maria-am-Gestade, deren Langhaus der frühere Dombaumeister von St. Stephan, Michael Knab, 1414 vollendet hat. Mit ungemein zarter Gedrängtheit strebt die schmale Front über dreißig Meter hoch in den Himmel, überragt von einem schlanken Turm, der zum bestrickendsten gehört, was die Wiener Gotik hervorgebracht hat. Die feine Baldachinform über dem Hauptportal wird in der seltsam gerundeten, hochgezogenen kuppeligen Bekrönung aufgenommen und mit graziösester Formphantasie weitergesponnen. So erscheinen die einzelnen hochstrebenden Rippen des Aufsatzes wie mit kostbarem Spitzenwerk besetzt.

Das INNERE bezaubert durch den Kontrast des dunklen, steilen Langhauses und des hellen, lichtdurchfluteten Chores, der schon 1370 vollendet war. Ein leichter Knick in der Richtung von Langhaus und Chor geht wohl auf die Lage der zum Teil römischen, als Fundament genutzten Stadtmauer zurück und unterstreicht die plötzlich wechselnde Lichtstimmung im Raum. Die großartige Wirkung des Chores lebt nicht nur von der vermehrten Lichtfülle, denn hier wurde aus alten, größtenteils ins 14. Jahrhundert hinabreichenden Kirchenfenstern verschiedener Bauten jenes farbig- mystische Lichtgehäuse wiederhergestellt, das im Stephansdom im Lauf des Barocks zugunsten einer taghellen farblosen Beleuchtung ausgewechselt wurde und heute nur auf die drei Mittelfenster des Hauptchores beschränkt ist. Um wieviel entflammender im geistigen Sinne ist so ein gotischer Raum in seinem originalen Lichtgewand!

Gegenüber dem alten Rathaus liegt die ehemalige ② **Böhmische Hofkanzlei.** – Sie wurde 1714 nach Plänen des älteren Fischer errichtet und nach 1750 um zehn Fensterachsen erweitert. Das ursprüngliche Aussehen, das mit der strengen, kühlen Ordnung im mehr plastisch orientierten Werk Fischers eine leichte Sonderstellung einnimmt, hat sich an der Front gegen die Wipplingerstraße zum Teil gut erhalten. Die Front gegen den Judenplatz zu ist ein Werk des Matthias Gerl, der auch die Vergrößerung des Gebäudes vorgenommen hat. Im ganzen herrscht ein leichter, etwas beschwingterer Eindruck. Das total veränderte Innere ist kunsthistorisch belanglos.

Die WIPPLINGERSTRASSE mündet auf den **Hohen Markt**, unter dem das Kerngebiet des römischen Castrums gelegen ist. Nur fünf Meter unter dem Straßenniveau sind die Reste zweier Häuser von Legionären in Form des bekannten antiken Haustyps der Wohn- und Wirtschaftsräume um ein säulenumstelltes Atrium zu besichtigen. (Abgang im Haus Hoher Markt 3). Seine heutige breite, rechteckige Gestalt hat der Platz im 13. Jahrhundert bekommen, als er zum Handels- und Wirtschaftszentrum der Stadt aufgestiegen ist. Nur noch aus alten Stichen ist der frühere Glanz abzulesen, der hier wie auf vielen Wiener Plätzen geherrscht hat. Die Zerstörungen des Krieges haben an dieser Stelle am heftigsten gewütet, und fast alles Gebaute ist neueren Datums. Von den Bomben größtenteils verschont geblieben, ist die heute einzige Attraktion des Platzes, der VERMÄHLUNGSBRUNNEN J.B. Fischers von Erlach, der 1706 zunächst in leichten Materialien ausgeführt, vom Sohn Emanuel 1732 in Stein umgesetzt wurde. Über einem Sockel mit drei Marienleben- Szenen erhebt sich ein säulengetragener Bronzebaldachin, der die Gruppe von Maria, Josef und dem Hohepriester hoch überwölbt. Das Brunnenbecken schuf der führende italienische Bauplastiker Lorenzo Mattielli, dessen Skulpturen viele Balustraden und Portale an Wiener Palais schmücken. Die Verlobungsgruppe stammt von Antonio Corradini.

Hoher Markt

Ältester Platz Wiens! Mittelpunkt des römischen Wienerlebens mit antiken Ruinen: Archäologen haben sich die Finger wundgebuddelt. Im Mittelalter schauerlicher Hinrichtungsplatz, viel Show und Pomp und neugieriggaffende Menschenaufläufe.

Der Hinrichtungsort "schlechthin" befand sich bei der "Spinnerin am Kreuz"* an der Triester Straße. Ein unrühmlich-trauriges Kapitel in den Annalen europäischer Staaten des "christlichen Abendlandes": Folterungen und Hexenverbrennungen. Als Innozens VIII. in seiner Bulle "Summis desiderantes affectibus" der Christenheit den Hexenglauben befahl und 1487 der berüchtigte "Malleus maleficarum" ("Hexenhammer") zum Leitbuch wurde, florierten Inquisitionsprozesse und Folterungen. Erst ab dem Jahr 1766 wurde in Österreich dem Hexenglauben der Kampf angesagt, unter Josef II. verschwand die Folter. Die Todesstrafe freilich tauchte immer wieder auf und wurde in Österreich erst 1968 endgültig abgeschafft.

Skurilles Stück an der Ecke Hoher Markt/ Bauernmarkt: "Ankeruhr", seltsames öffentliches Urwerkel, 1912 -14 gebastelt und von einer Versicherungsgesellschaft gesponsert. 4 Meter lange Waagrechte mit "Fünf- Minuten- Unterteilungen", drunter kreisrunde Fenster, wo zu jeder vollen Stunde eine Persönlichkeit aus der österreichischen Geschichte aufmaschiert.

ff. →

* siehe Seite 373

Ankeruhr
HOHER MARKT

1 Uhr:	Kaiser Marc-Aurel
2 Uhr:	Kaiser Karl der Große
3 Uhr:	Herzog Leopold VI. mit seiner Angetrauten
4 Uhr:	Minnesänger Walther von der Vogelweide
5 Uhr:	Rudi von Habsburg
6 Uhr:	"Steffl"- Turm- Baumeister Hans Puchsbaum
7 Uhr:	Kaiser Maximilian I.
8 Uhr:	Bürgermeister Andreas von Liebenberg
9 Uhr:	Wien- Türkenverteidiger Graf Rüdiger von Starhemberg
10 Uhr:	Prinz Eugen von Savoyen (der "edle")
11 Uhr:	Kaiserin Maria Theresia
12 Uhr:	Aufmarsch aller Figuren incl. Joseph Haydn

Zurück zum **Judenplatz.** War vorher von den salonartigen Prachtstraßen Wiens die Rede, so bietet sich jetzt Gelegenheit, eine echte Alt- Wiener Gasse, vielleicht eine ihrer schönsten, zu durchwandern. Links vom Judenplatz geht die enge, malerisch verwinkelte KURRENTGASSE ab mit ihren buntgefärbelten Biedermeierhäusern, zahlreichen Trödelläden und Kunstgalerien. Kurz bevor sie endet, tut man gut daran, sich nach rechts zu wenden, um einen der verstecktesten, reizvollsten Winkel Wiens nicht zu übersehen, einen kleinen Hof hinter der Kirche "Zu den neun Engelschören", an deren noch freiliegender gotischer Apsis der Eingang zu dieser stillen biedermeierlichen Idylle liegt. Durch den Schulhof, an dem auch das Uhrenmuseum richtig plaziert scheint, gelangt man auf den **Platz Am Hof.**

Noch vor der Hofburg stand in der 2. Hälfte des 12.Jahrhunderts die erste Fürstenresidenz auf Wiener Boden, die herzogliche Pfalz des Babenbergers Jaso-
(3) mirgott. Die Kirche "Zu den neun Engelschören", anstelle einer Pfalzkapelle in gotischer Zeit erbaut, ist innen recht unansehlich barockisiert und kurz vor 1800 mit trockenem Klassizismus verkleidet worden. Aber sie entfaltet zum Platz hin die Glanzleistung des Wiener Frühbarocks. Von einem unbekannt gebliebenen, wohl in Rom erzogenen Architekten wurde da eine außerordentlich plastisch bewegte, vielteilige Fassade mit machtvoller Steigerung zur Mitte hin, komponiert. Diese majestätisch ihre Flügel entfaltende Schauseite beherrscht den Platz vollkommen. Bemerkenswert sind neben dem Märkleinschen Haus Nr. 7

(nach einem Entwurf Hildebrandts 1730) die Fassade
4 der FEUERWEHRZENTRALE, des ehemaligen Bürgerlichen Zeughauses gleich daneben. 1732 erhielt es diese merkwürdige Fassade aus einem flach eingezogenen Mauerbogen, der ganz rustiziert ist. Über dem Wappen tragen Constantia und Fortitudo (Beständigkeit und Stärke, der Wahlspruch des letzten Barockkaisers, Karl VI.) den bekränzten Globus. Diese Fassade unterscheidet sich von allen gleichzeitigen Bauten, sie wirkt ein wenig gewalttätig und militant in ihrem Klassizismus, der nur ein Motiv den Bogen, so stark herausstreicht und durch die Rustikagliederung ins Handgreifliche, fast Grobe übersetzt.

Die erste Wiener Feuerordnung stammt aus dem Jahr 1454, später gab's extra für den Mann im Stephansturm Brandmeldungsvorschriften. Die städtische Berufsfeuerwehr wurde 1685 installiert, eigene Uniformen wurden geschneidert und Filialen eingerichtet. Nach dem Ringtheater- und dem Stadttheaterbrand (1881 und 1884): Modernisierung. Zuerst Dampfspritzen, dann um die Jahrhundertwende die ersten Feuerwehrkraftfahrzeuge. Gesamtpersonal im Moment: ca. 1500 Mann.

Auswüchse eines sehr dekadent gewordenen Historismus sind an der vierten Platzseite jenseits der Straße zu bestaunen. Da steht eine romantische Märchenburg mit sprießenden Zinnen und Erkern, und gleich daneben wuchert der Jugendstil an der Fassade der ENGEL-APOTHEKE. Ein violett gewandeter schlanker Frauenengel mit ausgebreiteten Schwingen hebt eine goldene Schale empor. Die Äskulapschlange windet sich um ihren Arm. Das Ganze ist wohl als modernes Sinnbild der heilenden Medizin aufzufassen. Glitzerndes Mosaik war im Jugendstil sehr beliebt, wir werden später noch einmal darauf stoßen.

Über die Gasse "HEIDENSCHUSS" gelangen wir zu einem der einheitlichsten und wohl schönsten der Wiener Plätze, der Freyung. Hier hat sich ein barockes Ensemble erhalten, das zwei der schönsten Wiener Stadtpalais enthält. Den Platz beherrscht
5 die Breitseite der altehrwürdigen SCHOTTENKIRCHE. Herzog Heinrich berief im 12. Jahrhundert irische, fälschlicherweise schottisch genannte Mönche und siedelte sie in der Nähe seiner Pfalz an. Der romanische, dann gotisierte, dann barockisierte Kirchenbau ist heute von Dekorationen des 19. Jahrhunderts überwuchert, auch die Stiftungsgebäude datieren in dieser Zeit und gehören zum besten, was der Wiener bürgerliche Klassizismus hervorgebracht hat. Architekt war Josef Kornhäusel.

6 Schmuckstück der Freyung ist das Palais Daun-Kinsky, ein Meisterwerk des Lukas von Hildebrandt. Die schmale, nach außen tretende Fassade des sich in die Tiefe erstreckenden Gebäudes vibriert geradezu von der Lebhaftigkeit des erlesensten Spätbarock- Ornaments, das Wien an einer Außenfront zu bieten hat. Die Portalachse mit den beiden benachbarten Fensterachsen wird leicht aus dem Wandverband herausgehoben, indem hier zur Gliederung besonders reich ornamentierte, sich nach oben leicht verbreitende Pilaster verwendet werden, die in der Dachzone eigens zusammengefaßt werden. Die zwei nach außen abschließenden Fensterachsen sind etwas einfacher behandelt. Die 1716 errichtete Fassade ist ein höchst geistvolles Stück Architektur des 18. Jahrhunderts. Meisterhaft sind auch die Lösungen im Innern. Die feierliche Eingangshalle führt zu einer überkuppelten Halle in achteckig- ovaler Form und, mit Achsendrehung, zu einem mit reicher Dekoration lebendig und leicht durchgeführten Stiegenhaus. Saalartig erhebt sich im ersten Stock des Hauptpodestes der Treppe mit einer Galerie für das Mansardengeschoß. Das Deckenfresko mit der Glorie eines Helden und Scheinarchi-

tekturen erweitern illusionistisch den an sich schmalen Raum.

Zur Verspieltheit des Palais Kinsky kontrastiert das (7) Palais Harrach, das um 1690 von Domenico Martinelli (Palais Liechtenstein) erbaut wurde. Es überzeugt durch einen schlichten klassischen Zuschnitt, dessen Besonderheit die Anwendung von zwei Giebeln ist. Eine Gemäldesammlung ist als letzte Adelsgalerie und als größte private Kunstsammlung Österreichs von Bedeutung (heute in Schloß Rohrau in Niederösterreich). Neben dem breit gelagerten Palais Harrach das PALAIS FERSTEL, in dem sich das berühmteste Literatencafe Wiens, das "CAFE CENTRAL" befunden hatte. Alle Größen der österreichischen Literatur hatten hier ihren "zweiten Wohnsitz", vom liebenswerten Impressionisten Peter Altenberg bis zum Gewissen der Zeit, Karl Kraus.

Vom Platz Freyung gelangen wir über die Naglergasse und den Graben wieder beim Stephansdom, dem Ausgangspunkt unserer Route. Wer Wien von seiner freundlichsten, Schubert'schen Seite kennenlernen will und Zeit für kleine Entdeckungen hat, der sollte das enge Gassenwerk *hinter dem Stephansdom durchstöbern.*

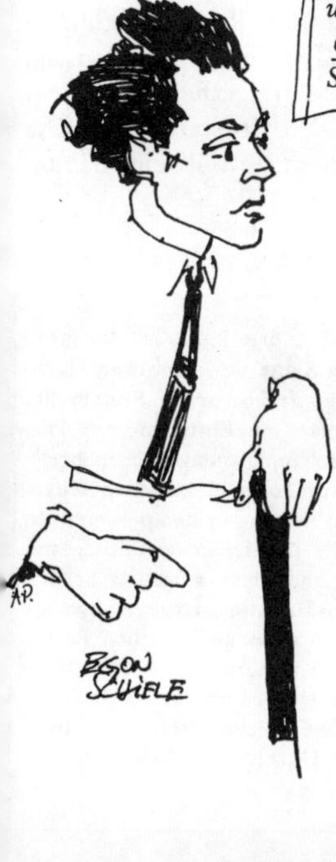

4

Steffl → Gassen Postsparkasse → Neuer Markt → Karls Kirche:

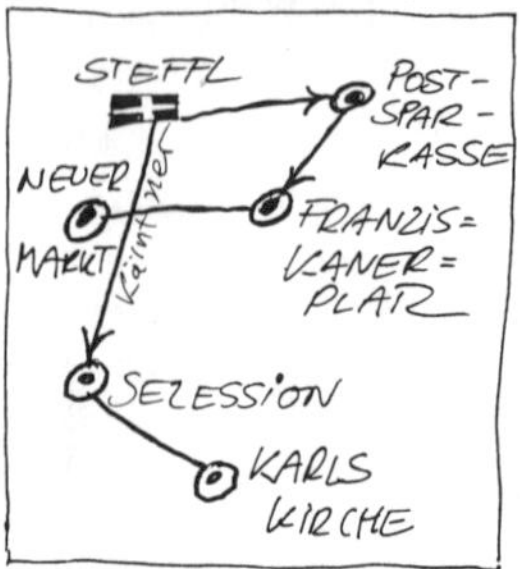

Detailkarte siehe Seite 277

Mozart- Verehrer werden im sogenannten FIGARO–HAUS, dem Wohnhaus des Meisters, eine Wallfahrtsstätte haben. (Zugang durch die Blutgasse direkt hinter der Deutschordenskirche, von der Singerstraße abzweigend). Sehr stimmungsvoll mit den niedrigen Häusern, den alten Hausschildern, den verborgenen wunderschönen Höfen (Heiligenkreuzerhof) ist das Viertel um die SCHÖNLATERNGASSE und SON–NENFELSGASSE

Heiligenkreuzerhof (1)

1, Schönlaterngasse 5 (bzw. Grashofgasse 3)

Dort, wo sich die alt- dunkle Schönlaterngasse zur Sonnenfelsgasse hinüberbiegt, liegt der torförmige Eingang zum Heiligenkreuzerhof. Das späte Mittelalter hat sich in die Gemäuer gegraben, Rosenbüsche, die sich um stilechte Laternen ranken, ein kunstvoller Torbogen mit kleinem Park. Barockes Inventar ziert die St. Bernhards- Kapelle. Rundum klosterhafte Ruhe.

Wunderschöner Altstadtbummel durch die Bäckerstraße. Auf Nr. 7 ein Haus mit Renaissancehof – idyllisch. Herabhängender Efeu, ein Holzverschlag, wo früher die rasenden Gäule untergestellt waren, ein schmiedeeisener Balkon, vor den Fenstern kunstvolle Gitter, an der gegenüberliegenden Hofseite eine Sammlung von Schmiedeeisenarbeiten.

Universitäts- Kirche (2)

Jesuitengasse

Der Jesuitenarchitekt und Freskant Andrea Pozzo hat den großartigen Kirchenbau 17o3 ganz im Sinne des römischen Hochbarocks umgestaltet, dem strengen frühbarocken System der flächigen Fassade mit ihrer gitterartigen Einteilung aus Pilastern und Gesimsen Türme mit schwungvollen Helmen beigefügt. Das innere wurde durch die von Pozzo eingebauten Seitenemporen auf glatten und gedrehten Säulen in einen pulsierenden räumlichen Rhythmus verwandelt. Die Deckengestaltung mit ihren illusionistischen Malereien und einer gemalten Scheinkuppel weist Andrea Pozzo als den Hauptmeister überschwenglicher Darstellungen mit dramatischen perspektivischen Raumverkürzungen aus. Es hat vor allem in Rom und Wien derartige virtuose Meisterleistungen der Deckenmalerei hinterlassen. Die Themen der Fresken: Glaube, Liebe, Hoffnung hinter der Orgelempore, Anbetung der Hirten und Engelssturz im

Langhaus, dann die vorgetäuschte Kuppel, für die Pozzo der führende Spezialist war, Engel, "Ruhe auf der Flucht". Auch das Altarbild mit Mariä Himmelfahrt stammt von ihm.

Ein Sprung von ca. 3oo Metern aber 2oo Jahren geht von der Universitätskirche über Schönlatern- und Barbaragasse rechts ums Hauptpostamt herum zur

Postsparkasse
1,Georg- Coch- Platz 2 ③

Ein "internationaler Markstein" in der Entwicklung der Modernen Architektur,– immerhin gilt die Postsparkasse als erster "moderner Bau" des beginnenden 2o. Jahrhunderts. Das voluminöse Gebäude wurde in den Jahren 191o bis 1912 hochgezogen, also in einer Rekordbauzeit, die auch heute nur schwer zu unterbieten wäre. Dies war möglich durch Vereinfachung des tragenden Konstruktions- Systems und Verwendung von vorgefertigten Elementen; z.B. die Außenhaut: Verwendung von Marmor- Plattenelementen, die durch einfache Bolzen am tragenden System befestigt wurden,– was dem Äußeren das merkwürdig- charakteristische Aussehen verlieh. Schalterhalle: einzigartige Raumwirkung durch Kontrast von hellem Glasdach zur dunklen Schalterzone, und hellen Wänden zu dunkelgebeiztem Holz.

N.S.

Otto Wagner

Als "Oberbaurat" Otto Wagner sein "k & k- Postsparkassenamt" aufs Reißbrett bannte, war das nicht nur in Wien Startschuß zur heute allzu gewohnten "modernen Architektur", sondern auch ein Wendepunkt im persönlichen Wirken des österreichischen Jugendstil-Altvaters. Hatte er noch 15 Jahre davor seiner Familie eine eigenwillige Säulen- Villa ins Grüne gezaubert, so verkündete er schon 1894 bei seiner Antrittsvorlesung als Akademieprofessor das Rationalismus- Dogma: "nichts, was nicht brauchbar ist, kann schön sein."

Vormalige Neurenaissance- Allüren legte er fortan zu den Akten, ließ aufkeimenden Jugendstilgeist aus der Zeichenfeder fließen und pflanzte dekorative Stadtbahnstationpavillons neben graue Geleise. Im Vergleich zu Hector Guimards Pariser Metro- Gestaltung wirken sie sparsam und zurückhaltend, wie überhaupt der "Wiener Jugendstil" technisch-strukturelles Denken mit subtilem Jugendstildekor verquickte. Otto Wagner entwarf Donauregulierungen und Wehranlagen, Holzhocker und Kirchen und krönte sein praktisches Werk mit einem theoretischen: "die Großstadt", eine Studie zum "modernen" Wohnbau. Für die junge Wiener Architektenszene (Adolf Loos, Josef Olbrich) war Otto Wagner (gest. 1918) Vorbild, Lehrer und Maßstab zugleich.

N.S.

Über Dominikaner- und Stuben- Bogen rechts abbiegen in die Wollzeile, zurück ins

Alte Universitätsviertel,

gehört zu den schönsten, aber auch abgelegensten Wiens. Noch ein kleiner, wunderschöner, in seiner historischen Substanz erhaltener Knotenpunkt ist der

(4) FRANZISKANERPLATZ, leicht zu erreichen durch die Weihburggasse, die erste Gasse, die nach links abzweigt, wenn wir vom Stephansplatz durch die Kärntnerstraße Richtung Oper gehen.

Der intime Franziskanerplatz wird eng umstellt von reizvoll stukkierten Wohnhäusern des Rokoko; sonderbar und originell ist die Marmorinkrustation der Klosterbauten: der St. Hieronymus mit vertieften Kreisfeldern.

Der ganze Komplex stammt vom Beginn des 17. Jahrhunderts und hält sich in einfachen Renaissanceformen. Der Giebel der Kirche ist durch Obelisken, Statuen und sich einrollende Ornamentstreifen, sogenanntes Rollwerk, ausgezeichnet. Im barockisierten Inneren stoßen wir wieder auf den Padre Andrea Pozzo. 1707 hat er den Hochaltar entworfen. Eine besondere Kostbarkeit ist das Gnadenbild. Es ist eine aus Böhmen stammende Marienstatue, entstanden in der Zeit um 1500.

Links und rechts der Kärntnerstraße zweigen Gassen ab, die wertvolle Baudenkmäler enthalten, so etwa die Himmelpfortgasse.

Kaum mit einem Blick zu erfassen ist die Fassade des
(5) ehemaligen Stadtpalais des Prinzen Eugen von Savoyen, der glänzendsten Persönlichkeit des österreichischen Barockzeitalters. Wegen seines abstoßenden Äußeren im Frankreich des Sonnenkönigs ignoriert, entfaltete er sich unter drei österreichischen Kaisern zum Militär seiner Zeit, aber auch zu einem universellen geistigen Menschen und zum mächtigen Förderer der Künste und Wissenschaften (Grundbestand der ehemaligen Hofbibliothek ist seine Bibliothek).

Sein Palais ist ein Gemeinschaftswerk des Fischer von Erlach und des Lukas von Hildebrandt. Ursprünglich hatte die Straßenfront nur zwei, für plastische Akzente in der sonst eher flachen Fassade, sorgende Portale, durch ständige Erweiterung ist diese ausgewogene Symmetrie zerstört worden. Der Figurenbestand in der Dachzone ist in den Dreißigerjahren unseres Jahrhunderts entfernt worden. Zu den größten Meisterleistungen auf dem Gebiet der Treppengestaltung, die gerade im österreichischen Barock eine Sonderbewertung erfahren hat, gehört das Stiegenhaus, ein Frühwerk Fischers. (Zugänglich durch das mittlere, ursprünglich linke Portal). Auf muskulöse Atlanten gestützt, schwingt sich die doppelläufige Treppe in dreifacher Brechung aus einem dunklen, gedrückt wirkenden Bereich in die linke Höhe des annähernd quadratischen Raumschachtes.

Die Kärntner Straße ist nach rechts mehrfach durch-
(6) lässig Richtung Neuer Markt, einem der ältesten Plätze Wiens, der heute jedoch ganz von Bauten des 19. und nicht gerade sehr qualitätsvollen Bauten des 20. Jahrhunderts bestimmt wird. Von
(7) größter historischer Bedeutung ist die KAPUZINER–kirche mit dem Eingang zur KAPUZINERGRUFT, der habsburgischen Grablege. In den weitläufigen unterirdischen Gewölben imponiert am meisten der gewaltige Doppelsarkophag für Kaiserin Maria Theresia und ihren Gemahl Franz Stephan von Lothringen. Bestürzend ist der Kontrast des barocken Aufwandes zur einfachen Truhe für Maria Theresias Sohn Joseph II den Reformkaiser, zu Füßen seiner Mutter.

Etwas verloren in der architektonischen Umgebung wirkt ein Meisterwerk des 18. Jahrhunderts der Providentia- Brunnen im Zentrum des Platzes: 'Donnerbrūnen'. Der vielleicht größte Plastiker seiner Epoche, Raphael Donner, von dem wir schon den Andromeda- Brunnen im Alten Rathaus gesehen haben, erhielt den Auftrag 1737. Zwei Jahre später war sein Hauptwerk ausgeführt. Providentia thront auf hohem Sockel in gelassener Bewegtheit. Vier Flüsse Österreichs: Enns, Traun, Ybbs und March bieten ein Kompendium freier, gelöster Stellungen, alle vier Figuren ziehen aus der Position auf dem fein bewegten Beckenrand die jeweilige Konsequenz für die ihrem Temperament gemäße Haltung. Im Umschreiten des Brunnens entfalten sich die verschiedenen Ansichten der Leiber zu einem äußerst reizvollen Anschauungsunterricht über die charaktervollsten Bewegungen und Stellungen des Körpers. Das weiche Fließen des Lichtes auf dem Bleiguß ist leider nur noch am Original im Barockmuseum des Belvedere in die Betrachtung miteinzubeziehen. Schon im vorigen Jahrhundert mußten die angegriffenen Figuren durch widerstandsfähigere, aber auch im Ausdruck härtere Bronzefiguren ersetzt werden.

(10) Stadtbahnstation Karlspla
heute in Cafe umfunktioniert

Wir kreuzen jetzt mit der Kärntner Straße den Ring und überschreiten somit die Bannlinie der alten Stadt. Wir stehen nach kurzer Zeit auf dem Karlsplatz einem wahrhaft riesigen, fast uferlos scheinenden Platzgebilde, das an flächenmäßiger Ausdehnung seinesgleichen sucht.

Heute ist der Karlsplatz als Knotenpunkt frequentierter Verkehrslinien weniger ein Platz von architektonischem Selbstwert denn eine wirre Häufung architektonischer Sonderlinge, verstrickt in rasante Stadtautobahnen.

(8) Da ist einmal das Gebäude der Sezession, von den Wienern liebevoll-verächtlich goldenes Krathäuptel (Krautkopf) genannt wegen der Kuppel aus vergoldetem Lorbeergezweig über dem linear- blockhaften Gebäudekern.

Der Bau wurde zwei Jahre vor der Jahrhundertwende von Josef Olbrich als Hochburg avantgardistischer Künstler provokativ gegen das am selben Platz befindliche Künstlerhaus, Sitz der offiziellen Kunst, vollendet und bringt in Erinnerung, daß Wien neben Paris die Hauptstadt des Jugendstils gewesen ist. Dieser Stil hat in Wien aber niemals das Sumpfhaft- Wuchernde als vielmehr das Linear- Zerbrechliche, Überelegante geometrischer Grundformen ausgebildet. Selbst das Pflanzenartige, das für den JUGENDSTIL so kennzeichnend ist, wird in Wien strenger als sonstwo organisiert.

Die Blätterkuppel der Sezession ist ein gutes Beispiel für die Straffheit und edle Zurückhaltung, die den Wiener Jugendstil ausgezeichnet und im heutigen Kunsthandel so begehrt macht. Die erlauchtesten Häupter des Geometrismus, der vom Dekor direkt zur sachlichen Moderne führt, waren Otto Wagner, Josef Hoffmann und Kolo Moser.

(9)

Wer einen Eindruck von der Raffinesse dieser auch unter dem Begriff "Wiener Werkstätte" zusammengefaßten dekorativ - architektonischen Tendenzen gewinnen will, sollte den Weg durch die vom Karlsplatz abgehende Linke Wienzeile nicht scheuen. Zwei Wohnhausfassaden, darunter das "MAJOLIKA-HAUS" von Otto Wagner, und das Haus daneben mit Dekoration von Kolo Moser (goldene Palmengestecke über Medaillons und zarten Gehängen) geben einen Eindruck von der überzüchteten Kultiviertheit, einer Mischung aus Dekadenz und Aufbruch, die dem Wiener Jugendstil ein unverwechselbares Flair gibt.

Otto Wagner: 1899–1901

Bauweise: vorfabrizierte, kleinere Steinplatten in Stahlwinkelrahmen gesetzt: Pionier heutiger Fertigbauweise

Auf den Karls-Platz zurückgekehrt, gehen wir durch den Resselpark vor der Technischen Hochschule, einem Bau des frühen 19. Jahrhunderts, und werfen einen Blick hinüber auf das andere "Ufer" des Karlsplatzes. Dort gewahren wir als lebhaftesten Akzent das in Ziegelrot gehaltene 'MUSIKVEREINS-GEBÄUDE', das Theophil Hansen in antikisierenden Renaissanceformen erbaut hat. Es ist gleichsam das Allerheiligste, der Tempel der Musikpflege Wiens. Durch die von vielen Seiten bestätigte beste Akustik der Welt, aber auch durch die reiche plastische Ausgestaltung in Rot und Gold wahrhaft überwältigend, ist der Große Saal Uraufführungsort der Symphonien von Bruckner, Brahms und Gustav Mahler.

Vor kurzem erst sorgfältig restauriert wurden die Schmuckkästchen des Jugendstils, die beiden STADT-
(10) BAHNSTATIONEN OTTO WAGNERS am Nordrand des Platzes.

Den östlichen Teil der Platzlandschaft beherrscht die
(11) Karlskirche, letzte und zugleich bedeutendste Sakralarchitektur Fischers von Erlach. Einstmals war sie der Angelpunkt der ländlich unbebauten Gegend südlich der Stadtmauer, – heute ist diese symbolisch verschlüsseltste und ganz und gar kaiserlich auftretende Architektur eingeschlossen und beengt von den umgebenden Bauten, die bis in die letzte Zeit allzu eng an sie herangerückt sind.

Karl VI. gelobte diese Kirche seinem Namenspatron Carlo Borromeo im Pestjahr 1713, drei Jahre später begann Fischer mit dem Bau und führte ihn bis 1722 fort. Erst zwanzig Jahre später vollendete sein Sohn Joseph Emanuel das architektonische Testament seines Vaters.

Es würde an dieser Stelle zu weit gehen, die vielfältige Bedeutung dieser FASSADE auch nur annähernd auseinanderzulegen. Was sich dem Betrachter jedoch auch ohne historisches Wissen mitteilt, ist der außerordentliche Reichtum der Ansichten, die sich aus den verschiedenen Überschneidungen bei wechselndem Standpunkt ergeben. Es gehört auch zur Faszination dieses Baues, wie es dem Architekten gelingt, im Charakter kontrastierende Bauteile zu einem großen, harmonisch ausgebildeten Ganzen zu verbinden.

Das INNERE der Karlskirche überrascht durch seine kühle Schlichtheit im Gegensatz zur äußeren beweglichen Vielgliedrigkeit. Dominierender Akzent ist das Deckenfresko Michael Rottmayrs mit der Glorie des Kirchenheiligen. Bemerkenswert sind eine gewisse Längsrichtung des Raumes, die Verwendung einfacher Pilaster bei der Wandgliederung, das durchlaufende Gebälk, auf dem die Kuppel mit einer wiederum rhythmisch sehr feinen Aufgliederung durch Pilaster und rundbogige Fenster aufsitzt.

Den Chor erfüllt eine plastische Wolkendekoration, die den Namen Gottes verherrlicht und so die Kirche in Beziehung setzt zum Salomonischen Tempel in Jerusalem, einer der vielen symbolischen Anspielungen des Baues. Zugleich wird die Aufnahme des Karl Borromäus in den Himmel dargestellt. Vorzügliche Altarblätter: links die Himmelfahrt Mariä von Sebastiano Ricci, einem führenden Venezianer des 18. Jahrhunderts, rechts die heilige Elisabeth von Daniel Gran, dem bedeutenden Wiener Freskanten (Nationalbibliothek).

Man merkt auch, daß Fischer schon zu seiner Zeit ein großer Architekturhistoriker war. Er empfing seine Grundausbildung in Rom Berninis, und römisch- antik mutet das kolossale, reliefbedeckte Säulenpaar der Front an. Fernöstlich- pagodenhaft wirken die Seitenpavillons, hellenisch der klare Portikus.

Fischer hat in seiner Jugend die "Historische Architektur", ein Stichwerk mit den phantasievoll vorgestellten Wunderbauten aller Kontinente herausgegeben, und das Äußere der Karlskirche scheint ein komprimierter Extrakt dieser Weltarchitektur zu sein, in stärkster räumlicher Schichtung und Staffelung komponiert und zu einer großartigen Einheit von der Kuppel zusammengefaßt, die allerdings in der heutigen Form auf Joseph Emanuel zurückgeht.

★★★

Wir haben jetzt die Kunst des 1. Bezirkes, der Innenstadt mit den drei Kernbereichen St. Stephan, Hofburg, Ringstraße erfaßt, unser Weg hat uns auch an Unbekanntes, Verstecktes, aber dabei gerade sehr Wienerisches herangeführt. Ein Punkt des architektonischen Programmes, der jeder alten europäischen Metropole von Rang besonderen Glanz verleiht, fehlt noch: es ist die Sphäre des fürstlichen, dann des kaiserlichen Schlosses mit seinen weitläufigen Gärten, seinen Aussichtspunkten: kein Land und keine noch so große Stadt Europas hat es in diesem Punkte Paris gleichgetan.

Versailles mit seinen Dimensionen und seiner Ausrichtung auf die Person des absoluten Herrschers, des Sonnenkönigs, ist als Abbild der geordneten gleichwie als Zentrum einer untergeordneten Welt nie wieder erreicht worden. Versailles ist gewissermaßen das Über-Schloß geblieben, erschreckend und einschüchternd wie eine allzu gewaltige Vision.

Zu solchen Träumen hat sich nur einer emporschwingen können, wenigstens auf dem Papier. Fischer von Erlachs gigantischer Entwurf für ein kaiserliches Schloß hätte selbst noch Versailles in den Schatten gestellt. Wien hat diesen Architekten- Alptraum nicht erfüllt, dafür hat es heute sein umso viel liebenswerteres Schönbrunn als Herrschersitz und das schönste aller barocken Schlösser überhaupt, einen fast unwirklich schwebenden Märchentraum aus halb orientalischen, halb europäischen Ingrediezien, das Belvedere des Prinzen Eugen.

siehe Seite 382
siehe Seite 313

FIAKER
(= 2 PFERDE)
EINSPÄNNER
(= 1 PFERD)

1. BEZIRK

praktische Tips

Der 1. BEZIRK hat neben seinen kunst- und baugeschichtlichen Reichtümern natürlich noch jede Menge "anderes" zu bieten. Anderes im Sinne von Magen- und Gaumenfreundlichem zum Beispiel:

mit 111 Lokalbeschreibungen!!!

- ★ **Kaffeehäuser**
- ★ **Weinkeller**
- ★ **Beiseln**
- ★ **Restaurants**
- ★ **Szene Mix**

Pensionen und Hotels finden sich im Extra-Kapitel "Unterkunft". Die zahlreichen Museen sind im einschlägigen Fachkapitel dieses Buches nachzulesen.

ZUERST aber zum Problem Nr. 1 für autofahrende Wien-Neulinge: wo stellt man sein Auto ab? - Denn das ist klar: die Innenstadt ist nichts für Autofahrer, zumal sie fremd sind in Wien.

Zum einen gibts nie freie Parkplätze, wo man sie gerade haben möchte, - und zum anderen ist das Verkehrsgewühl sehr `nervig` (hier gibts ausnahmsweise keinen grundlegenden Unterschied zu anderen Weltstädten!).

Im folgenden eine Übersicht der PARK-GARAGEN im Wiener Zentrum:

PARKGARAGEN

"Parkhaus City"
1, Wollzeile 7
Einfahrt am Stephansplatz, gleich hinter dem Dom.

"Opern-Garage"
1, Kärntnerstraße
Besonderes Schmankerl: von unten geht ein `direkt way` zur Oper.

"Garage am Hof"
1, Am Hof

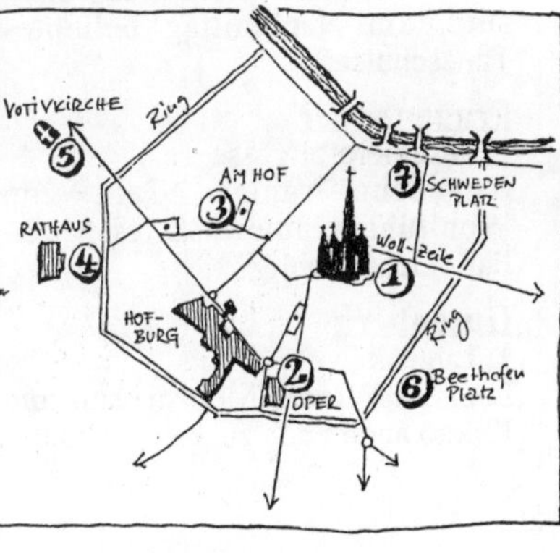

"Rathauspark-Garage"
1, Dr. Karl-Lueger-Ring
Ring-Nebenfahrbahn auf Höhe Parlament

"Votivpark-Garage"
1, Schottenring-Unterführung
Einfahrt Universitätsstraße

"Garage am Beethovenplatz"
1, Beethovenplatz
Einfahrt Ecke Kantgasse/Fichtegasse

"Garage am Schwedenplatz"
1, Schwedenplatz
Einfahrt Marc-Aurel-Straße

KAFFEHÄUSER

Bräunerhof
1, Stallburggasse 2
Noch Original Wiener Cafe. "Leiwond" für ein paar ruhige Stunden in der Früh beim Zeitunglesen (die liegen hier en masse auf) und bei einem "großen Braunen". Wenn nicht grad Ferien sind, am Nachmittag beliebtes Tanzschulcafe.

Frauenhuber
1, Himmelpfortgasse
Angenehm ruhiges Cafe zum Wohlfühlen. Interessantes Mobiliar, leicht "noblig".

Gutenberg
1, Lugeck 7
Leckere Wiener Mehlspeisen und Kakao auch noch zu später Stunde. Restaurant mit Durchschnittsangebot ist angeschlossen.

Cafe Sirk
1, Kärntnerstraße 53
Messing-Glaspalast, Geschäftsleute und "Gschaftelhuber" - Treff.

Cafe Konditorei Heiner
1, Kärntnerstraße 21 - 23 (und Wollzeile 9)
Traditionsreicher Mehlspeisentempel: Top-Qualität.

Cafe-Konditorei Gerstner
1, Kärntnerstraße 15
Spezialitäten aus dem Schoko-Zuckerland. Kaffekränzchen für ältere betuchte Damen.

Konditorei Demel
1, Kohlmarkt 14
Allerfeinstes aus der allerfeinsten K & K Hofzuckerbäckerei. In der Demel Auslage Weltpolitik aus Marzipan und Zuckerguß: Politprominenz wird genießbar.

Hübners Kursalon
1, Johannesgasse 33
Traditionsreiches Walzercafe im Wiener Stadtpark. Im Sommer Walzerklänge im Freien und Aufforderung zum Publiumsturnen.

Cafe Schwarzenberg
1, Kärntnerring 17
Restauriertes Alt-Wien-Cafe. Der Mann am Klavier klimpert "Wiener Blut" und Touristen aller Länder vereinigen sich.

Cafe Haag
1, Schottengasse 2
Alt, gemütlich, traditionell, beste Kaffeehaustradition.

Cafe Central
1, Herrengasse 14

Die jüngere Vor-Geschichte

Seit 1972 befindet sich die Hofzucker-bäckerei Demel im Besitz eines Mannes, der schon seit längerer Zeit von sich reden macht: Udo Proksch. Nach Kunststudien soll er sich zwischen Hollywood und Afghanistan herumgetrieben haben, verkaufte später allerlei Fabriksanlagen in die Sowjetunion und in die Dritte Welt. Zu Udo Proksch`s besten Freunden gehört Wiens Ex-Bürgermeister Leopold Gratz, mit dem er 1973 in der "Demel-Hüttn" auch den "Club 45" installierte.

Die "gesellschaftliche Vereinigung mit dem Zweck, untereinander Kontakt zu pflegen" (§ 2 der Statuten) entwickelte sich alsbald zum Politker-, Künstler- und Journalistentreff. "Nach 1975 wurde in Österreich kaum ein Minister, der nicht zu den 45ern zählte" (DER SPIEGEL 1985, Nr. 35). 1979 war Proksch an der Wahlkampagne "Geschichten vom Dr. Kreisky" wesent-lich mitbeteiligt. Club 45-Mitglieder fanden sich im Kreis der Beschuldigten im AKH-Skandal. Proksch selbt geriet zuletzt mit der Affäre um einen versunkenen Frachter ins Zwielicht. Die "Lucona", so der Name des Schiffes, war am 23. Jänner 1977 unweit der Malediven unter mysteriösen Umständen gesunken. Sechs Tote waren zu beklagen. Und um eine Versicherungssumme von 212 Millionen Schilling gehts heute noch.

Von den Toten wiederauferstanden. Ehemaliges Literatencafe, Schauplatz von TV-Kulturunden, imposantes Interieur.

Cafe Tirolerhof
1, Führichgasse 8
Altwiener Cafe mit großen, hohen Räumen, Spiegeln und riesigen Fenstern, Bedienung vom "alten Schlag" - distinguiert, wie das Publikum.

Cafe Landtmann
1, Dr. Karl-Lueger-Ring 4
Großes, bekanntes Cafe in Uni-Nähe, gleich neben dem Burgtheater. Beliebter Schauplatz von Pressekonferenzen, "Ministertreff", im Sommer läßt sichs angenehm heraußen sitzen. Jung und Alt. Nach 22 Uhr "Burgthaterüberlaufen". Ziemlich teuer.

Museum
1, Friedrichstraße 6
Die alte Malergarde um Egon Schiele soll hier ein- und ausgegangen sein. Taditionscafe, meistens viele Leute. Nicht billig.

Krugerhof
1, Krugerstraße
Junges Publikum in Alt-Kaffeehausatmosphäre und -umgebung. Fritz, der Chef, zeigt sich stets dienstbeflissen und serviert kleine Speisen zu günstigen Preisen. Zwei Carambol - Billardtische. Relativ billig.

Cafe Prückl
1, Stubenring 24
Alt, uralt, Prückl... Altwiener Traditionscafe mit Publikum über 50. Alles geht ruhig und be-schaulich vor sich, die Kellner wirken manchmal wie Diener, die auf das Wohl ihres Herren bedacht sind. Hier ist die Zeit stehen-geblieben.

Cafe Hawelka
1, Dorotheagasse 6
Tradition quillt aus allen Fugen. Kleines Holz-Plüsch-Cafe, feine hausgemachte Mehlspeisen.Kaffeedinosaurier im Herzen Wiens (Relikt aus vergangenen Tagen). Eine Zeitreise.

DIE ALTERNATIVE:

Demmers Teehaus
1, Mölkerbastei 5
Feine Atmosphäre und Tees in allen Variationen.

WEINKELLER

Esterhazy Keller
1, Haarhof
Stadtheuriger. Unbedinger Ausgangspunkt für eine "Kellerpartie". Links, wenn man reinkommt, gibt`s den beliebten Rebensaft; rechts geht`s in die gewölbigen Kellerräume: gemütliche Holztische. Vorsicht: kriminelle Stufen, Selektionsprüfung für Betrunkene und Angeheiterte (bzw. Angeheiratete).

Zwölf-Apostel-Keller
1, Sonnenfelsgasse 3
Im Hildebrandthaus. Beliebter "2-Stock- in-die-Tiefe-Keller". Hausfassade aus dem Jahr 1721 sehenswert. Tische mit Resopalbelag.

Augustinerkeller
1, Albertinaplatz
Ab 18.30 Uhr Schrammelmusik gegen Mehrpreis. Backsteinwände und Hirschgeweihe bei vernünftigen Preisen.

Restaurant Smutny
1, Elisabethstraße 8
Laut und deftig - auch die Preise (mittlerweile).

Gasthaus Reinthaler
1, Gluckgasse 5
Gleich beim Lobkowitzplatz die Stufen hinunter in den Keller: mit Gulasch und Bratwurst am Teller latscht sich die emsige Wirtin die Sohlen wund. Billiges Essen bei Ur-Wiener-, Studenten- und Allerleipublikum.

Restaurant Kern
1, Wallnerstraße
Ausgezeichnete Hausmannskost mit Hauerweinen aus den nachbarlichen Bundesländern bei guter Bedie-nung.

GASTHÄUSER UND RESTAURANTS

TOP

Kervansaray Hummerbar
1, Mahlerstraße 9
Hummer wird in Gold aufgewogen. Im Erdgeschoß türkische Spezialitäten, im ersten Stock Meeresfrüchte.

Korso
1, Mahlerstraße 2
Reinhard Gerer, der vielleicht beste Koch Österreichs, kocht hier groß auf. Nouvelle Cuisine at its best. Seine Brigade kann ihm leider nicht das Wasser reichen.

Mattes
1, Schönlaterngasse 8
Klein und gediegen eingerichtet. Ieal für einen Abend zu zweit und hervorragende und fachkundige Bedienung. Ein Schmuckkästchen mit Essen par excellance.

Zu den drei Husaren
1, Weihburggasse 4
Traditionsstyling, Klaviermusik und Kerzenlicht.

Argentina
1, Sonnenfelsgasse 17
Für den besseren Anspruch

Bei Max
1, Ecke Landhausgasse/ Herrengasse
Gemütlich zum Sitzen und Kärntnerspezialitäten als willkommene Abwechslung.

Gösser Bierklinik
1, Steindlgasse 4
Zwischen gediegen und schmuddelig.

Griechenbeisel
1, Fleischmarkt 11
Immer noch "exclusiv" , jedoch mehr im Anspurch als in der Realität. Man zahlt für den Namen. Ein teures Touristenvergnügen.

Brezelgewölb
1, Ledererhof 9
Ist mindestens so gemütlich, wie sich`s anhört! Klassische Musik und mittelkleine Häppchen.

Grüner Anker
1, Grünangergasse 10
Gehobene Italo-Kost.

Koranda
1, Stubenbastei/Ecke Wollzeile
Alt-Wiener Speisehaus, eher teuer.

Figlmüller
1, Wollzeile 5
Touristenschnitzelspezialist mit rustikaler Gemütlichkeit. Leser Dr. Andreas Frank aß dort: die bekannt größtenzartesten Wiener Schnitzel.

Kupferdachl
1, Schottengasse 7
Nouvelle-Cuisine-Versuche und Neue Wiener Küche. Kein Blech-Kupfer eben.

Marhold
1, Fleischmarkt 9
Gewachsenes Großbeisel, das auch IBM-Vertretern Wohlbehagen verursacht.

Ofenloch
1, Kurrentgasse 8
Rustikal-Alt und gute Qualität.

Schubertstüberl
1, Schreyvogelgasse 4
Schön gelegen, etwas übertriebene Vornehmheit, gute teure Küche.

Zum Kuckuck
1, Himmelpfortgasse 15
Eines der schönstrenoviertesten Häuser Wiens! Früher Künstler- und sonstiger Treff.

Stadtbeisl
1, Naglergasse 21
An warmen Sommertagen recht lieb zum Heraußensitzen. Empfehlenswerte ungarische Küche bei doch recht gehobenen Preisen.

Weißer Rauchfangkehrer
1, Weihburggasse 4
Traditionsreich, mit "auf und ab" in der Speisekartengeschichte. Derzeit: wieder ganz gut.

Wiener Rathauskeller
1, Rathausplatz 1
Im Rittersaal Wandgemälde im Jugendstil!

AUSLÄNDISCHE LOKALE

GRIECHEN

Orpheus
1, Spiegelgasse 10
Gehört zu den bekanntesten und beliebtesten Griechenlokalen in Wien. Am besten im Keller Platz reservieren lassen, da essen sich würzige Souvlakis, Kalamari oder Mouzaka am angenehmsten, da schlürft sich der Samson am leichtesten. Angemessene Preise. Leider schon "verwöhnte" Bedienung.

Diogenes
1, Landesgerichtsstraße 18
Dem "Philosophen im Faß" hat das uni-nahe Griechenlokal den Namen gestohlen. Oft Studenten, auch wegen der Preise. Im Keller!

Mykonos
1, Annagasse 7
Nettes Griechenrestaurant mit Spezialitätenwochen.

CHINESEN

Asia
1, Himmelspfortgasse 27
1-a-Essen in der oberen Preisklasse.

Siam
1,Rotenturmstaraße11
Preisgünstige Wochentags-Mittagsmenüs, wie in fast allen China-Restaurants. Wenn der Keller geöffnet ist: unten ist`s gemütlicher.

Lotos Haus
1, Jasomirgottstraße 3-5
Nobler Touch, etwas schöner als das "Shanghai" schräg gegenüber.

Mandarin
1, Singerstraße 11
Ausgezeichneter Nobelchinese. "Besser, daß der Mensch auf den Reis wartet, als das der Reis auf den Menschen"(chinesiches Sprichwort).

ITALIENISCH

Continetta
1, Bäckerstraße
Liebevolle, ungewöhnliche, italienische Spezialitäten zu ordentlichen Preisen.

Cavallio
1, Dorotheergasse 19
Kleine,gemütliche, beliebte Pizzeria zu durchschnittlichen Preisen.

INDISCH

Maharadscha
1, Gölsdorfgasse 1
Wirkt schummrig-exclusiv.

RUSSISCH

Blini
1, Drahtgasse 3
Die Schickaria-Antwort auf Karl Marx.

SPANISCH

El Puplo
1, Hafnersteig 6
Flamencoröcke im Schuberthaus.

UNGARISCH

Budva
1, Naglergasse 1
Die zweite Hälfte von k & k. Gelegentlich Zigeunermusik, auch

rumänische Kost. Ganz gut, ganz teuer.

TUNESISCH

La Cartage
1, Franz Josefs Kai 29

KOREANISCH

Senara
1, Schwarzenbergerstraße 4
Fernöstliche Spezialitäten auch zum Selber-am-Tisch-braten. Auch wochentags günstige Mittagsmenüs. Sonst nicht ganz billig.

FRANZÖSICH

La Baguette
1, Rotensturmstraße 12
Nomen et omen und kleine Fischsnacks.

Le Bistro
1, Josomirgottstraße 5
Schnecken zum Schlecken, feine Käsekost und die obligate Zwiebelsuppe.

JAPANISCH

Tokio
1, Rauhensteingasse 1
Einmal etwas anderes. Interessante Fischgerichte und freundlichste Bedienung.

JÜDISCH

1, Judengasse 1B
Nobelkoscherwirt

POLNISCH

1, Roturmstraße 17

SZENE MIX

Der "Gründergeist" der achtziger Jahre macht sich bemerkbar: die Szene-Kultur "wurlt", ganze Karawanen machen unscheinbare Neugründungen zu In-Treffs, florierende Kleinbeiseln werden urplötzlich von den Massen "bestreikt", sperren zu und machen unter neuem Namen wieder auf.

Die folgene Szene-Landkarte sollte so auch nur unter dem Gesichtspunkt wandelnder Dyna-mik und unberechenbarer Veränderbarkeit als Expeditions-unterlage dienen. Anfällige Neuigkeiten sind der Programm-zeitschrift "WOHIN" oder der "WIENER"-Beilage zu entnehmen (und selbst die sind nicht immer am neuesten Stand).

Unsere Tips für die 90er Jahre: CHIPPI (Computerland, Programmierer-treff, Mikro-Computer mit kleinen Snacks, Bestellsprache: basic).Der STALL (rurales Relikt mit echter Kuh, Eintritt nur in Latzhose, wöchentlich großes Rübenlotto, Earth-Schuhplattln) DAVIDODER`S

(Schweige-Bar, das neue Nichts, Lesung von zeitgenössicher Schalldichtung), Treffpunkt der Selbsthilfegruppe anonymer Schweiger).

BLUTZOLL (Brutale-Bar à la "Clockwerk Orange", am bulligen Rausschmeißer = Preisboxer, gleich durch den Piranha-Graben ,kann man an der Bar einen Totenschädel gefüllt mit Meßwein stemmen). Andere Seltsamkeiten: siehe folgende Auflistung.

Das "Bermudadreieck"
Die Gegend um die Ruprechtskirche (Seitenstättengasse, Schwedenplatz).
Ein Lokal reiht sich ans andere, kulinarischer Spießrutenlauf durch (fast) alles was in ist.
Bermudadreieck deshalt, weil man für Abende dort untertauchen kann.

Apropos
1, Rudolfsplatz 12
Kleine, gediegene Schmankerl. Austropopväter und solche die`s noch werden wollen, Adabeis-Journalisten und Werbefritzen. Vorne Stehbar, Flora und Essen im hinteren Raum.

Krah Krah
1, Rabensteig 8
Meist vollgestopfte Bierhalle (über 50 Sorten) "Klavierwurlitzer" originelle Brote.

Roter Engel
1, Rabensteig 5
Süffiger Wein, manchmal mit Kleinkunst garniert (Bühne).

Kaktus
1, Seitenstättergasse 5
Sticht nicht, auch wenn die Leute Berührungsängste haben. Dichtgedrängte Bar-Szene: Sie ist ein Modell und sie sieht gut aus. Und zum Herzerwärmen: ein Tequila (Kaktusschnaps).

Ma Pitom
1, Seitenstättergasse 5
Salatbar, Pizza und Leckereien. Black & White gestylt.

Salzamt
1, Ruprechtgasse 1
Alt-Wiener Spezialitäten und New Wave Schmankerln. Eigenwillige Innenarchitektur.

Stamperl
1, Sterngasse 1
Excellente Brote, erfrischend normales Publikum.

Enjoy
1, Seitenstättengasse 5
Neonlichtig bunte Drinks, obskure Strohhalme. Für alle, die sich im Badezimmer wohlfühlen.

Casablanca
1, Rabensteig 8
Für unsere kleinen Snobs- die "eins zu zehn Typen". Kein Platz für Bogey!

Rosa Elefant
1, Bauernmarkt 21
Super-Spare-Ribs. Im Sommer auch draußen sitzen.

Wein Comptoir
1, Bäckerstraße 6
Gediegene Einrichtung. "Es lebe die Weinkultur".

Lukas
1, Schönlaterngasse 2
War schon mal edler. Bisweilen Halb-Punk-Publikum, ein bissi zerschlissen. Vielleicht deshalb ganz gemütlich.

Wunderbar
1, Schönlaterngasse 6
Die 68er röhren weiter, das Publikum wird immer jünger. Wenn`s nicht grad zu eng wird o.k. WC hinter Spiegeltüren.

Enrico Panigl
1, Schönlaterngasse 11
Italienische Spezialitäten und schöne Menschen.

Alte Schmiede
1, Schönlaterngasse 7a
Bekannt als Literatentreff und Schauplatz von Lesungen und Vernissagen. Aber auch sehr gutes Essen, bei leicht gehobenen Preisen und dichtgedrängtem Publikum. Keller!

Sowieso
1, Grashofgasse 1
Recht gediegenes Essen zu ebener Erde (Spare-Ribs). Im ersten Stock großer Raum für diverse Glücksspiele. Kleine Disco angeschlossen.

Die Bar
1, Sonnenfelsgasse 9
Leicht düster, "Treff & Drink".

Blues Point
1, Sonnenfelsgasse 13
Publikum erfrischend "Prolo". Musik: akustisches Ausrasten.

For Two
1, Dorotheergasse 2-4
Nomen est omen (kleine Tische). Musik: Sinatra bis Disco.

Bora Bora
1, Johannesgasse 12
Das Tropenlokal zur “Queen Anne"-Disco. Viel Schicki-Micki für Micky und Mousie, Hollywood-Schaukel in der ersten Etage. "Südsee-Drinks".

Bunter Vogel
1, Biberstraße 9
Von Wirtschaftsstundenten geführtes Lokal. Junger Studententreff. Mit der Wiener Volkspartei "verbandelt".

Chamäleon
1, Blutgasse 3
Wunderschönes Lokal in der romantischen Blutgasse. Teuer, aber einen Cocktail wert.

Daniel Moser
1, Rotensturmstraße 14
War schon Auftrittsort für seltsames "Seventies" Festivals (Gruß an Walter Gröbchen, Werner Geier und Alexander Bachl) und Jugendtalentproben.

Wiener Fruchtsaftladen
Führichgasse 12
Zur Abwechslung: Kein "Gschpritzter" für "Gschpritzte". Das Viertel aus der Obstpresse.

HB-Bar
1, Nagelgasse 5
Ehemals "Harries Bar". Für Snobbies aus der Branche (Werbung, Journaille)"

Kiwi
1, Riemergasse 1
Innenstadtableger des Ur-Kiwi im 18. Bezirk.

Mardi Gras
1, Seilergasse 16
Ein Versuch, den Fasching übers Jahr zu bringen. Trendy people.

1900
1, Fichtengasse 1
Plüschiges Kellercafe. Angenehm ruhig, seit der Renovierung mit überdezentem Jugendstiltouch. Auch altösterreichische Küche, "der Kaiser spukt in der Suppe".

Trzesniewsky
1, Dorotheergasse 1
Berühmt-bekannt duch seine Brötchenspezialitäten. In illustrer Umgebung zwischen Graben und Cafe Hawelka. Allerdings scheinen die Brötchen von Jahr zu Jahr kleiner zu werden.

Jazzland
1, Franz-Josefs-Kai 29
Bekannt für qualitätvolles Programm, und das seit Jahren. Lebendige Kelleratmosphäre bei Musik von heimischen und zugroasten Bands. Tische reservieren kann nicht schaden, Tel: 63 25 75. Eintritt je nach Gruppe, die gerade auftritt.

Opus One
1, Mahlerstraße 11
Stiege in den "schwarzen Keller". Ein Jazztreff mit kleiner Tanzfläche. Erst ab etwa 20 Uhr geöffnet.

GALERIEN

Wiens Bilderlandschaft ist, von wenigen Ausnahmen abgesehen von seltsamer Provizialität. Gründe: viele. Rühmlich und sehenswert: die angeführten Galerien (und ein paar wenige mehr).

Nächst St. Stephan
1, Grünangergasse 1
Österreichische und internationale Avantgarde. Vor mehr als zwanzig Jahren bahnbrechend. Die Galerie.

Galerie Hilger
1, Dorotheergasse 5
War Erstlingsgalerie für junge Talente, die mit selbigen später Furore machten.

Galerie Würthle
1, Weinburggasse 9
Klassische Moderne in Österreich. Dichand-Galerie.

Galerie Winter
1, Seilergasse 19
Zweijahreszyklus, Kunst des Informel.

Galerie 10
1, Getreidemarkt 10
Wiener Schule, Hundertwasser.

Kunstdepot
1, Himmelspfortgasse 10
Avantgardistische Bilder und moderner Schmuck.

Oswald & Kalb
1, Bäckerstraße 14
Noch immer "Hit" für Künstler und sonstige Prominenz. Excellente steirische Küche. Meist überfüllt. Anmerkung: das einzige Lokal, in dem der Papst Hausverbot hat!

Pronto
1, Spiegelgasse 2
Exclusiver Steh-Schlemmertreff. "Nobel, nobel - das Gespräch dreht sich um Zobel".

Reiss-Bar
1, Marco d`Avianogasse 1
Schampus-Treff, auch Polit-Promis. Vielleicht besser: Aufreiß-Bar. Frei nach Konfuzius "Unter lauter Pfauen fällt nur mehr das Zwerghuhn auf".

Ring
1, Stubenring 20
Im Wartesaal-Westbahnhof ist`s stets gemütlicher. Die absolute Abstraktion eines In-Lokales. Wandelnde Innenarchitektur, Aktionismus, von der Muse der Modernen Art hellwach geküßt.

Schwarzes Kameel
1, Bognergasse 5
Kleine und kleinste Feinschmeckerhappen.

Wolke
1, Akademiestraße 2
Nebulös. Grau-weiße Schwüle. Haufenwolkenbildung. Feine Schminke.

Santo Spirito
1, Kumpfgasse 7
Rosen und Mozart. Liebevolles Interieur, liebevoll zubereitete Speisen. Im Hinterzimmer Holztische zum Vierteltrinken.

Tram Bar
1, Krugerstraße 6
Originelle Fassade (Tramway-Stil). Aufriß- und Anmachtreff.

Extrablatt
1, Johannesgasse 14
Fein gestylt.

Milijöö
1, Dorotheergasse 19
Doppel "ö" ist gleich: doppelt vornehm. Dunkel, plüschern. Eine Milieu-Studie durch die Halb-High-Snobiety.

Kleines Cafe
1, Franziskanerplatz 5
Ja,Ja, - der Hanno Pöschl. Schon seit Jahren gutgeölter Alternativdauerbrenner. Junge Leute, Künstler und Typen.

Zum alten Blumenstock (Blumenstöckl)
1, Ballgasse 6
Auf alt gemacht und ein bißl fein. Beethoven ging hier ein und aus, aber: auch Beethoven ist nicht jedermanns Geschmack.

Galerie Bar
1, Singerstraße 6
Jungschickeria hinter Marmor. Hitparadenmusik aus den 60ern.

Cafe Kinsky
1. Freytung 4 Hof Palais Kinsky. In alten Pferdeboxen sitzt heute die Haute-Volee, aber auch Künstler und Freaks.

Les Fleurs
1, Bösendorferstraße 5
Gemütlicher Treff hinter dem Künstlerhaus.

Bücke Dich
1, Landeserichtstraße 6
Uralt, billig, schmuddelig zum Wohlfühlen.

Galerie Zentrum
1, Haarhof 1, Palais Esterhazy
Ölbilder und Grafiken österreichischer Künstler.

Galerie Nagl
1, Gluckgasse 3
Wiener Schule, phantastischer Realismus.

Moderne Art Galerie
1, Köllnerhofgasse 6
Beiträge zur Kunst der Gegenwart (Ausstellungen, Veranstaltungen, Studiokunst zum Hören...).

Galerie am Graben
1, Grabern 7
Kunst des 20. Jahrhunderts.

DOROTHEUM

1, Dorotheergasse 17, Tel: 52 85 650
Das Dorotheum gehört zu den größten Auktionshäusern der Welt. Versteigerungen mit Flair und Drumherum stehen auf der Tagesordnung. Mit Filialen in fast jedem Bezirk.
Das Angebot reicht von Gebrauchsgegenständen (Schreibmaschinen, Uhren, Fahrräder...) Briefmarken, Büchern über Möbel bis zu wertvollen Gemälden und Schmuckstücken. Das Ganze ist halb so exklusiv, wie sich`s anhört: jeder kann mitmachen! Günstige Einkaufsmöglichkeit, bisweilen spannend und oft sehr lustig.
Das"Dorotheumgehen" ist ein weitverbreiteter Wiener "Sport". Man kann recht problemlos kaufen und verkaufen - und im Winter werden die gutgeheizten Säle zum beliebten Zufluchtsort vor kalten Gassenwinden. Wenn`s draußen feucht und regnerisch ist, duftet`s drinnen entsprechend.
Die 16 Filialen allein in Wien sind ein gutes Geschäft für die "Dorotheum-Auktions-Versatz-und Bank-Gesellschaft m.b.H.",wie sich der Betrieb seit Anfang 1979 nennt. Die Gründung des Dorotheums fällt in eine Wirtschaftskrise: um den Zinswucher einzudämmen ,ließ Kaiser Josef I.anno 1707 das "Versatz- und Fragmant" installieren. Genau 80 Jahre später übersiedelte man aus Platzgründen von der Annagasse in die Dorotheergasse (ins ehemalige Chorherrnstift zur heiligen Dorothea), wo das "Dorotheum" dann auch seinen Namen bekam.

AUKTIONEN

Wochentäglich um 14 Uhr (von Montag-Freitag). Vier große Kunstauktionen (März, Juni, September und November) wo Ölgemälde, Graphiken, Jungendstilsachen, Porzellan aller Art etc. zur Versteigerung kommen. Bücher auch im freien Verkauf zu haben.

Zweiganstalten
Zwar mit weniger Angeboten als das Mutterhaus, nichtsdestoweniger oft viel lustiger und

provinzieller. Wegen genauer Termine direkt anrufen.

1020 Taborstraße 24 a
Tel: 24 94 03

1030 Landstraßer Hauptstraße 67
Tel:72 63 95

1050 Viktor-Christ-Gasse 19
Tel: 55 31 79

1060 Schadekgasse 5
Tel: 56 42 42

1070 Kaiserstraße 1
Tel: 93 71 83

1160 Friedrich-Kaiser-Gasse 36-38
Tel: 46 22 94

1170 Kalvarienberggasse 27
Tel:43 41 40

1080 Feldgasse 6-8
Tel: 42 16 01

1090 Währinger Straße 2-4
Tel: 34 21 86

1100 Wielandgasse 6-8
Tel: 64 13 71

1120 Tanbruckgasse 3
Tel: 83 95 68

1130 Hietzinger Hauptstraße
Tel: 82 25 84

1150 Schwanzstraße 14
Tel: 92 56 03

1180 Gentzgasse 8
Tel: 34 54 21

1200 Wallensteinstraße 57
Tel: 33 71 78

EINKAUFEN

DELIKATESSEN

Meinl am Graben
1, Graben 19
Vorzüglicher Käse, frisches Obst und Gemüse.

Steffl
1, Kärntnerstraße 19
Großkaufhaus mit reichhaltigem Spezialitätenangebot. Viel in Dosen, aber auch Frischwaren.

Joh. Schönbichler
1, Wollzeile 5
Spezialist für Tee. Großangebot an orientalischen Schmankerln. Gewürze in allen Variationen.

Jäger
in der Operngasse, niedrige Preise.

Gebrüder Wild
1, Neuer Markt 10 Delikatessenimporte.

Geschenke

Österreichische Werkstätten
1, Kärntnerstraße 6
Kleine und größere heimische Kunstwerke werden in den Räumen ausgestellt und zum Kauf feilgeboten.

KERAMIK

Wiener Kunstkeramik und Porzellanmanufaktur
1, Schleiergasse 17
Keramik- und Porzellanfabrik mit einer breiten Angebotsspalte. Hinschauen und fragen!

Augarten-Porzellan
2, Schloß Augarten, Tel: 33 45 81
Direkt beim Schloß befindet sich ein kleines Geschäft. Sonst: 1. Stock im Eisen-Platz 3 - 4 (zwischen Graben und Kärntner Straße).

Albin Denk
1, Graben 13
Breites Angebot an Meisner Porzellan, das auch rund um die Welt verschickt wird (auf Wunsch), Tip-Top-Service.

Rasper und Söhne
1, Graben 15
Hier gibts Rosenthal -Spezialitäten.
Petit-Point:
Wiener Spezialität: Kreuzstich-Stickerei aus der Biedermeierzeit, - als man im Familienkreis an kunstvollen Taschen und Decken bastelte.

Smejkal
1, Kohlmarkt 9

Stransky
1, Hofburggasse 2 (im Durchgang)

Delarue
1, Seilergasse 3

Illenberger
1, Kärntnerstraße 8

SPIELWAREN

Zauberklingl
1, Führichgasse 4
"Hockuspockus Simsalabim....."
Magisches Zentrum. Zauberartikel en masse.

KERZEN

Marius Retti, Wachswarenwerk
1, Wildpretmarkt 1
1, Kohlmarkt 8 -10
Mystisch: schwarze Kerzen, Fassade von Hollein.

Ernst Metzger
1, Stephansplatz 7

MÖBEL

Thonet
1, Wallnerstraße 2/Ecke Kohlmarkt.
Wohl Wiens angesehenster Möbelhersteller. Thonets-Möbel aus längst vergangenen Jahren werden heute zu Höchstpreisen gehandelt. billiger: ein moderner Nachbau.

TRACHTEN

Niederösterreichisches Heimatwerk
1, Herrrengasse 6
Hier kann man sich die ländliche Austro-Mode auf den Leib schneidern lassen.

Trachten Tostmann
1, Schottengasse 3a
Österreichische Volkskunst für "Frau und Kind". Daneben Geschenkartikel und sonstiges Dekoratives.

MUSEEN

Der 1. Bezirk Wiens ist überreich an Museen. Alle Details siehe unser separates Museenkapitel, Seite 125

In eigener Sache:

Es liegt in der Natur der Dinge, daß bei der Fülle an konkreter Information, die dieses Buch enthält, sich im Laufe eines Jahres einiges ändern kann.

Deshalb bitten wir um Mitteilung von Abweichungen. Wer uns ansonsten irgendwelche ausgefallenen Tips wie neue Routen, schöne Hotels mit viel Atmosphäre oder ähnliches schickt, wird bei der Neuausgabe dieses Buches namentlich zitiert.

Bitte schreibt uns, wir freuen uns über jeden brauchbaren Tip, weil wir es wichtig finden, daß man nicht irgend ein blödes Laberbuch, wie leider viele Reiseführer mit sich schleppt, sondern etwas, was wirklich nützlich und hilfreich ist! –

Wien- Redaktion
VERLAG MARTIN VELBINGER
Bahnhofstr. 106
8032 Gräfelfing/München

Der "Hausbesorger"
wie er im Wien seit der Jhd.-
Wende als eine Art "Portier"
fungierte.

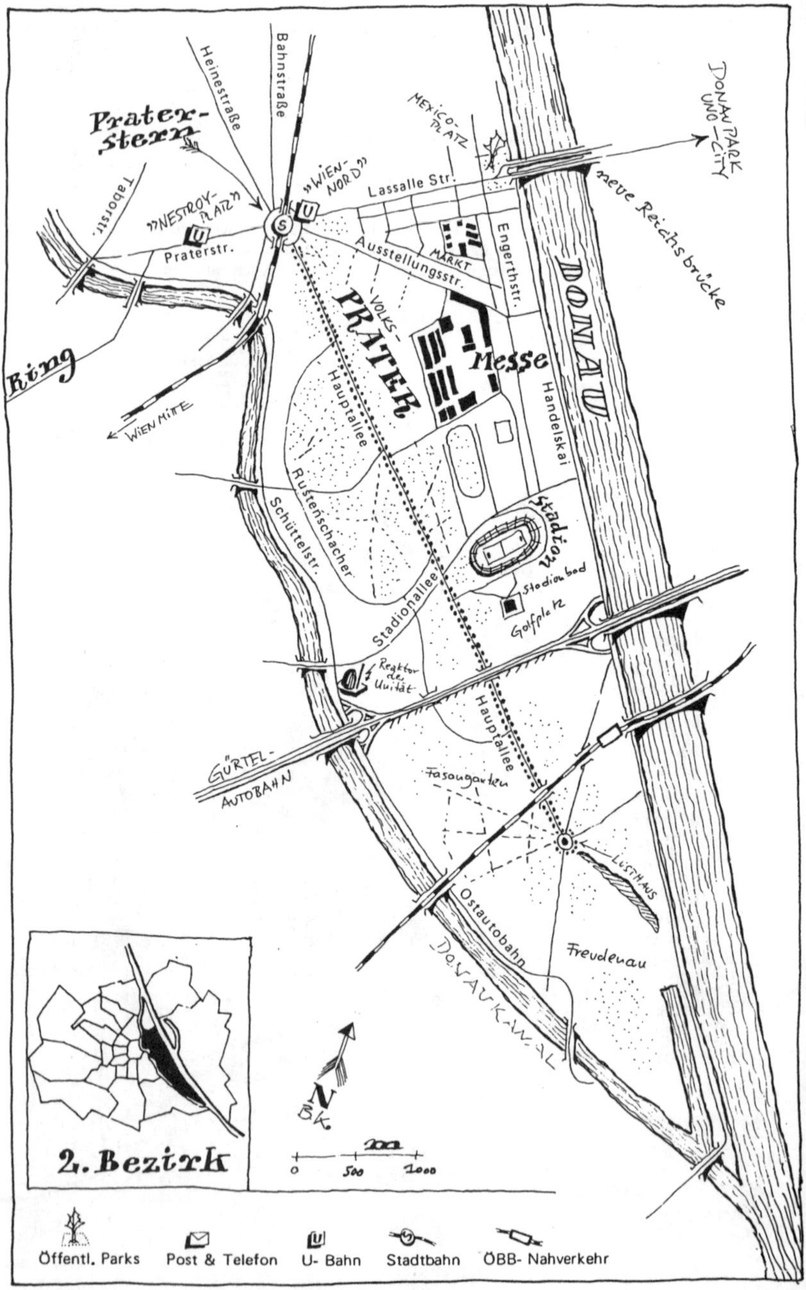

Prater-Stern
Heinestraße
Bahnstraße
Taborstr.
»NESTROY-PLATZ«
Praterstr.
»WIEN-NORD«
Lassalle Str.
MEXICO-PLATZ
DONAUPARK UNO-CITY
neue Reichsbrücke
Ausstellungsstr.
MARKT
Engerthstr.
DONAU
VOLKS-PRATER
Messe
Ring
WIEN MITTE
Hauptallee
Handelskai
Rustenschacher
Schüttelstr.
Stadion
Stadionbad
Golfplatz
Stadionallee
Reaktor
GÜRTEL-AUTOBAHN
Hauptallee
LUSTHAUS
Ostautobahn
DONAUKANAL
Freudenau
N
0 500 1000
2. Bezirk
Öffentl. Parks
Post & Telefon
U- Bahn
Stadtbahn
ÖBB- Nahverkehr

LEOPOLDSTADT

2. BEZIRK

Der größere Teil der Insel zwischen Donau und Donaukanal. Dort, wo sich Prater und Mietskasernen ein Stelldichein gaben, siedelten sich "die Armen und Zugereisten" an. - Praterstern und Mexikoplatz: "Unterwelt-Touch".

Die PRATERSTRASSE führt uns hinein. Geradewegs zum PRATERSTERN, wo sieben Straßen sternförmig zusammenlaufen. Der Anblick des Riesenrades vermittelt "Wahrzeichenstimmung", - jene Augenblicke, in denen das Stadtklischee vor dem geistigen Auge vorbeizieht und man darauf hingestoßen wird: Jetzt bist Du in Wien! Da hinten beginnt der VOLKSPRATER mit dem berühmt- berüchtigten Laster- und Vergnügungszentrum. Dahinter breitet sich der eigentliche Prater (lateinisch: pratum = Wiese) aus: weiträumige Grünflächen, Spazierwege, Reitwege, das Messegelände, die Trabrennbahn, das Praterstadion. "Was wäre für die Wiener ein Sonntag ohne Prater! Ein Nichts! Ein Tag, den sie verloren hätten!", schrieb vor etwa 100 Jahren ausgerechnet ein Berliner über die Unterhaltungslust der Wiener.

Ganz stimmt`s nicht mehr, aber immer noch bevölkern an sonnenwarmen Tagen wahre Menschenmengen das Pratergelände. Die LASALLESTRASSE hinauf Richtung NEUE REICHSBRÜCKE beginnen die "Waren aller Art"- Geschäfte das Pflaster zu säumen: Billig-Krimskrams und eine ganze Menge an Dingen, die unter dem Ladentisch gehandelt werden (sagt man). Der MEXIKOPLATZ gehört da auch dazu.

Summa summarum: kein kulturdurchtränktes Pflaster; vielmehr ein Stück vom ärmeren Wien, das - und dies soll nicht unerwähnt bleiben - mit dem wechselhaften Schicksal der jüdischen Wiener Bevölkerung eng verwoben ist.

Die Biedermeierzeit läßt sich bisweilen noch unter dem staubigen Grau hevorkratzen: die Praterstraße war - man sieht`s - wenn man sich die älteren Häuser in aller Ruhe ansieht - einst eine elegante, ja eine vornehme Straße. Breit und vormals Promenade, Strauß`sche Wohngegend und Schauplatz Nestroy`schen Wirkens. Gedenktafeln zeugen noch von der Größe der Straße und ihrer Bewohner, auch wenn es heute schwerfällt, dem verblichenen Glanz nachzuspüren.

PRATER

Eines der größten Grüngebiete innerhalb Wiens. Früher war der Prater als privates Jagdgebiet des Kaiserhofes für die Öffentlichkeit gesperrt, seit Joseph II. erfreut er sich bei den Wienern (und nicht nur bei denen) größter Beliebtheit.

Die Prater Hauptallee, eine etwa 4 km lange, schnurgerade Straße zwischen Praterstern und Lusthaus, ist für den privaten Autoverkehr gesperrt, für Drahteselreiter ideal, um in den inneren Prater (Lusthaus) zu kommen. Das Messegelände (Industrieausstellungen aller Art), das Wiener Stadion und gleich daneben ein Freibad (Stadionbad), ein Golfplatz, der Trabrennplatz und eine ganze Reihe privater Sportanlagen.

Öffentliche Verkehrsmittel:
U 1 bis Praterstern, S-Bahn bis Wien Nord, Straßenbahnlinie: 5, Linie 1, Linie 0, Linien 22, 25 und 26.

VOLKSPRATER

Das Bild ist bunt: Trudelräder, Achter-, Hochschau- und Geisterbahnen, der Geschmack von kandierten Äpfeln, Salzgurken und Zuckerwatte vielleicht, der Pommes Frites und Langos- Duft (österreichisch-ungarische Spezialität: fetter Teigfladen mit viel Knoblauch!), türkischer Honig und bunte Luftballons.

Aus den Flipperhallen kommt Geräuschstakkato und die neuesten Disco-Hits von der Autodrom-Bahn. "Lassen Sie sich aufklären!" tönt`s aus einem Lautsprecher, der zum Besuch des "Sexmuseums" einlädt.

Pornokinos neben Schaukelpferden - eine Welt, deren Wirklichkeit genauso verzerrt ist, wie die Gesichter im Spiegelkabinett. "Im Mai gehst in Prater, des duast jedes Jahr - des wird immer so sein wias woa", singt eine österreichische Popgruppe."Kummts in Proda" versucht der Rolling-Stones- Verdeutscher Peter Schleicher das Publikum zu locken.

Im Nordwestzipfel des Praters, an der Stelle, an der sich nach

Berechnungen des Sehers Nostradamus das "Tor zur Hölle" befindet, hat sich der Volksprater breitgemacht (Wienerisch: "Wurschtelprater" oder einfach "Prater").

Hier errichtete einst der Italiener Basilio Calafati das erste Karussel (wienerisch: "Ringlgschpüü") Wiens. Bald folgten weitere und so entstand rasch eine Art "Rummelplatz". Vom "alten Prater" ist heute kaum etwas übriggeblieben ("echte" Altprateratmosphäre kann man im "Böhmischen Prater" im 10. Bezirk noch spüren). Nur das Riesenrad dreht ruhig seine Runden. Die Gondeln, in denen man sich in die Vogelperspektive hieven lassen kann, sehen aus wie ausrangierte Straßenbahnwaggons.

Riesenrad

Die ursprüngliche Stahlkonstruktion wurde in den Jahren 1896/97 vom englischen Ingenieur Hitchins, von der Firma Walter B. Basset, gebastelt.

Ein englisches Team baute das Riesending in Zusammenarbeit mit heimischen Arbeitern zusammen - in fast moderner Fertigbauweise. Fotos von den Bauarbeiten anno dazumal sind vor dem Riesenrad zu bewundern

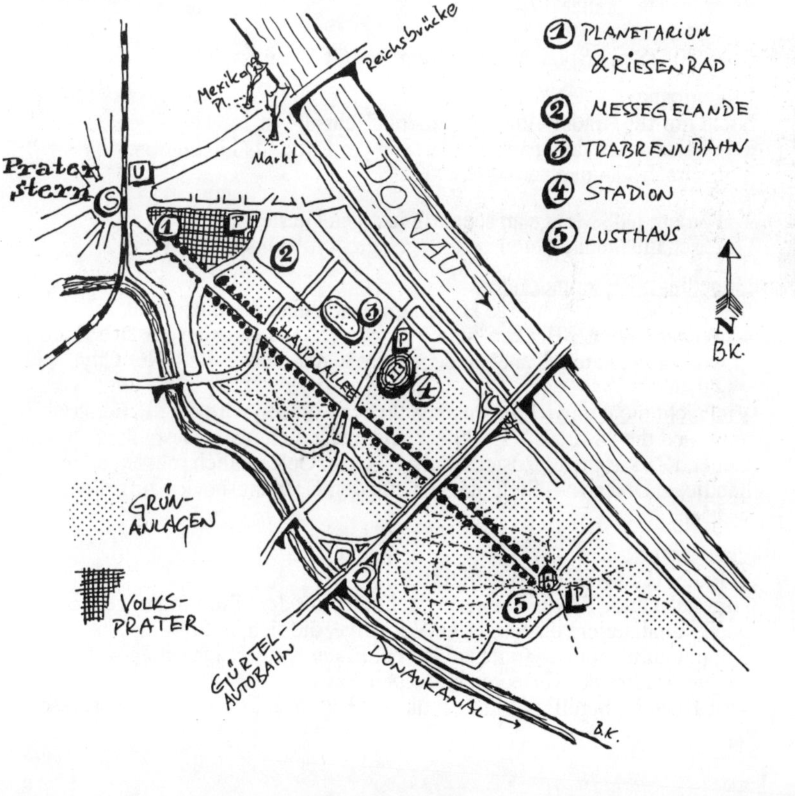

(Schaukästen mit Beschreibungen). Basset`sche Riesenräder gab`s damals auch in London, Chicago, Blackpool und Paris - die wurden der Reihe nach abgetragen und verschrottet.

Das Wiener Riesending "überlebte" bis 1945. Im Verlauf des ausklingenden 2. Weltkriegs wurde es zerbombt und ging in Flammen auf. 1946: Wiederaufbau des stählernen Monstrums. Auch einer der berühmtesten Nachkriegs- Spielfilme über Wien ("Der 3 Mann") hat seine Schlüsselszene im Riesenrad, dem Wahrzeichen von Wien.

Für die, die`s genau wissen wollen: das Gesamtgewicht des "Radls" beträgt schlichte 430 Tonnen, der höchste Punkt befindet sich 64,75 Meter über dem Erdboden, Drehgeschwindigkeit des 120-Speichen-Monuments: 0,75 Meter pro Sekunde. Betrieben von einem Elektromotor mit nur 18 PS! Einen Reservemotor gibt`s auch.

Prater-Tips

Bowlinghalle Prater
2, Prater Hauptallee 124
Tel. 24 52 62
Etwa 30 ÖS pro Spiel, Vergünstigungen für Vereinsspieler.

Lilliputbahn
Nicht nur für Kinder ein erholsamer "Gschpaß" ist
eine Fahrt durch den grünen Prater mit der Lilliputbahn. Station: Volksprater/Hauptallee.

Außerdem jede Menge an schaurig lustigen Geisterbahnen, Hochschaubahnen, Autodromanlagen etc. im Volksprater.

Unbedingt: Riesenradfahren
Rund 15 Minuten in luftige Höhen mit Blick über die Innenstadt, man sieht schön das "Wiener Becken" und im Nordwesten reckt sich der Donauturm in wolkige Sphären. Daneben der "Staat in der Stadt": die UNO-City.

Vielleicht nicht unwichtig: zu abendlichen Stunden wird der "Praterstrich" aktiv und die "Strizzis" (Zuhälter) sind meist nicht weit. Besonders in der Gegend Zirkusgasse/ Rustenschacher Allee. Gelegentlich müssen allzu handfeste Unterwelt- Stelldicheins von den Ordnungshütern aufgelöst werden.

Planetarium
2. Prater (Oswald-Thomas-Platz 1)
Himmelskunde für die Kleinsten steht hier auf dem Programm, genauso wie kompliziertere planetarische Vorgänge, die sich im 20-Meter-Kuppelraum veranschaulichen lassen. Einen Kindernachmittag wert, auch wegen des Prater- Museums im selben Haus.
Tip: 10 und 5 Schilling Münzen für den Kassenautomaten nicht vergessen!

Trabrennplatz

Allwöchentlich jagen die schnaubenden Vierbeiner über den Rennplatz und das - größtenteils - Insiderpublikum wettet, drückt Daumen und/oder ärgert sich vor sich hin. Für Pferderennsportfreunde eine Pflichtveranstaltung, aber durchaus auch eine "Hetz" wert - einfach mal anschauen!

Jeweils zwei Renntage stehen auf dem Programm, die unter den Tagen Freitag, Samstag und Sonntag kombiniert werden. 11 Rennen liefern sich die munteren Gäule am Freitag, am Samstag und Sonntag stehen je 12 Rennen in Aussicht.

Rennbeginn: Freitag 17.30 Uhr, Samstag und Sonntag 14 Uhr.
Tip: Was nur die wenigsten wissen: freier Eintritt am Freitag nach dem 7. Rennen (ab etwa 19.00 Uhr), an den restlichen beiden Tagen nach dem 8. Rennen (ab etwa 17.00 Uhr).
Noch ein Tip: im 4. Rennen auf Hector setzen!

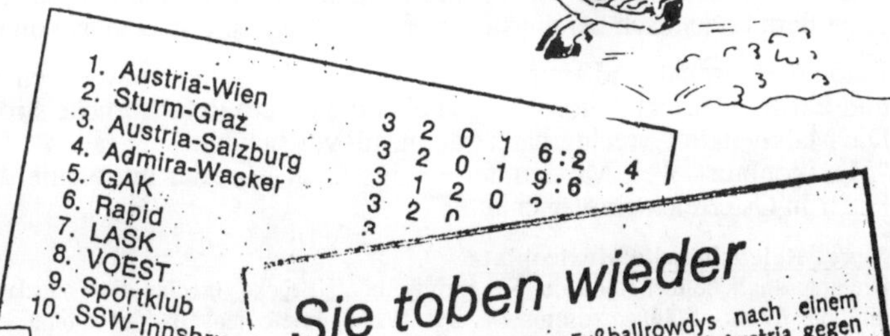

1. Austria-Wien	3	2	0	1	6:2	4
2. Sturm-Graz	3	2	0	1	9:6	
3. Austria-Salzburg	3	1	2	0		
4. Admira-Wacker	3	2	0			
5. GAK						
6. Rapid						
7. LASK						
8. VOEST						
9. Sportklub						
10. SSW-Innsbru						

Sie toben wieder

Wieder haben Wiener Fußballrowdys nach einem ... diesmal nach dem Spiel Austria gegen ...

Stadion

2, Prater

Wenn die Volksseele wieder einmal ins Brodeln kommt, dann hat das gar nicht selten mit einer heimischen Fußballniederlage zu tun. Im Praterstadion darf sie wallen, 7o.ooo mal, denn so viele Plätze hat das "Zwischenkriegsprodukt" anzubieten. Wegen Schäden an der Tribüne ist das Stadion heute allerdings nur noch beschränkt verwendbar.

HINKOMMEN: Linien J, 18 oder 26 A

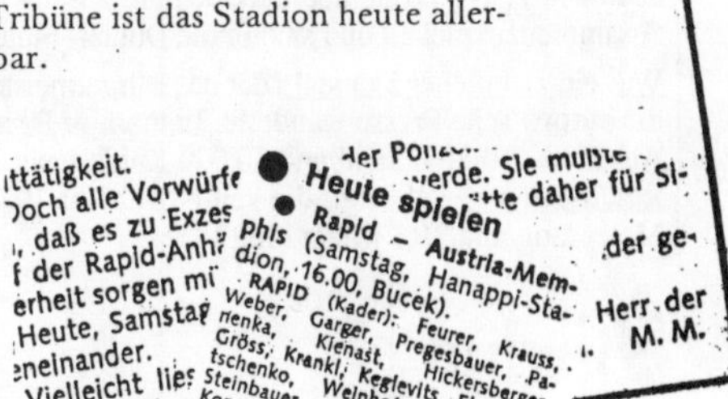

...ttätigkeit.
Doch alle Vorwürfe ... der Polizei ... werde. Sie mußte ... daher für Si...
..., daß es zu Exzes...
... der Rapid-Anhä...
...erheit sorgen mi...
Heute, Samsta...
...neinander.
Vielleicht lie...
...olizeidirektio...
... der ge...
Herr der
M. M.

● Heute spielen

● Rapid – Austria-Memphis (Samstag, Hanappi-Stadion, 16.00, Bucek).
RAPID (Kader): Feurer, Krauss, Weber, Garger, Pregesbauer, Panenka, Kienast, Hickersberger, Gröss, Krankl; Keglevits, Ehn, Sinitschenko, Weinhofer, Sallmayer, Steinbauer. – AUSTRIA-MEMPHIS: Koncilia; R. Sara, Obermayer, Daxbacher; Zore; Dihanich, Fürst, Gasselich; Drabits, Steinkogler (Petkov), Zvetkov. – Austausch: Zöllner, Baumeister, Pfeiler.
● UNTER 21: 14.00, Benedek.

Messe-Halle 12
2, Südportalstraße
Hallenfußball zwischen November und Februar, gelegentlich Winter-Turniere; Platzmiete über Tel.: 54 31 31.

In Pratergeländenähe befinden sich außerdem zahlreiche andere Sportanlagen. Einige seien hier angeführt.

Radrennbahn
2, Engerthstraße 269
Tel.: 24 05 31 0

Rollschuhbahn
2, Ausstellungsstraße 40
Tel.: 26 77 87

Karatezentrum
2, Pazmanitengasse 17
Tel.: 24 67 213

Golf-Club Wien
2, Freudenau 65 a
Tel.: 74 17 86

MEXIKOPLATZ

Als Einkaufsplatz für Billigwaren aller Art bekannt. Polnische Diskont-Marlboro wechseln hier die Besitzer, und wer in den Ostblock fährt, soll unter dem Ladentisch bei günstigem Wechselkurs zu Ost-Dollars kommen.

Beton und Asphalt und ein paar braungrüne Flächen liegen zwischen Staub und Lärm, während Autoschlangen über die (neue) Reichsbrücke strömen. Die Märchenkirche rechterhand träumt still vor sich hin.
"Mexikoplatz", weil Mexico der einzige Staat war, der intervenierte, als Hitler in Österreich einmarschierte.

Neue Reichsbrücke/Mexicoplatz
Die ursprüngliche hier stehende "Kronprinz-Rudolf-Brücke" brachte die Transdanubier und die Wien- Städter zusammen. Die Wohngebiete jenseits der Donau, heute "Donaustadt" genannt, kamen dem Stadtkern näher (um etwa 1875).

Nach 1918, schlicht "Reichsbrücke" genannt. Dann: immer mehr benzinfressende "Vierradungeheuer", - bis es 1934 zuviel wurde und die Brücke zu eng.

Drei Jahre lang bastelte man an der Reichsbrücke Nummer 2, die wie durch ein Wunder auch den 2. Weltkrieg überdauerte, um Schluß- endlich spektakulär am 1. August 1976 zusammenzuknicken und sich in die Donau- Fluten zu werfen.

War ein ziemlicher Skandal, der das Bürgermeisterimage wieder mal ankratzte und durch die europäische Presse wanderte. Immerhin: Brückeneinstürze sind derzeit noch Rarität. Aus 3.100 Tonnen Stahl und 50.000 Kubikmeter Beton wurde dann die 2-stöckige "Neue Reichsbrücke" gefertigt, die seit November 1980 im Einsatz ist (Abmessungen: 864,5 Meter lang und 26,1 Meter breit).

Kirchen

Im 2. Bezirk nichts Herausragendes. Über die Schwedenbrücke und die Taborstraße liegen linker Hand die Karmeliterkirche St. Joseph und vier Quergassen weiter - bei der Großen Pfarrgasse - die Pfarrkirche St.

Leopold. An ihrer Stelle befand sich die alte jüdische Synagoge.

Kirche Hl. Johann von Nepomuk
Romantik-Kirchlein, das im Praterstraßen- Wirbel echt verloren wirkt. Gleich wenn man aus der U-Bahn-Gruft am Nestroyplatz herauftaucht, fällt das Gotteshaus ins Blickfeld, scheint gerade hier aus einer anderen Welt, die sich dann im Kircheninneren offenbart.

Gasthaus Josef Dam
2, Rotensterngasse 18
Echtes Beisl mit preiswerter Hausmannskost.

Gasthof Schosztarich
2, Franzensbrückenstraße 11
Schweinsbraten, Schnitzel und Gulasch zu angemessenen Preisen. Im Sommer lockt die warme Luft in den Hinterhof, wo man auf grünbepinseltem Mobiliar durch`s Geäst blinzeln und die trockene Kehle laben kann.

GASTHÄUSER UND RESTAURANTS

Butterfaß
2, Prater Hauptallee 122
Recht akzeptables Ex-Beisl. Hausmannskost auf höherem Niveau. Dafür Kastanienbaum-Garten, der Schatten über`s Publikum wirft.

Donaurestaurant Lindmayer
2, Dammhaufen 50
Ein leichter Hauch von Bemühen um Noblesse in den Gasträumen. Gernbesuchter Garten, wo die Donau schon verdächtig nah grau vorüberplätschert. Die Donaufischlein tummeln sich - zu Spezialitäten "verarbeitet" - am Teller und sind recht vorzüglich!

Oberbayern
2, Prater Zufahrtsstraße 140
Auf ländlich- bayerisch getrimmt in weiß-blau. Bei viel Lärm und lauter Musik gluckern Hopfen und Malz durch die Kehle. "Unterweltstimmung" und von Zeit zu Zeit sieht die Polizei nach dem Rechten.

Schweizerhaus
2, Pater 116
Lecker-knusprige Stelzen und ein Krügel, schaumvoll mit Budweiser-Faßbier, sind hier schon fast Tradition geworden. Dichtgedrängtes Publikum im großen Garten. Nicht billig.

Schiffsrestaurant MFS "Theodor Körner"
2, Mexikoplatz 8, - Tip, Essen an Bord eines Donaudampfers, fungiert nur in den Monaten Okt. - März.

ITALIENER

Venezia
2, Praterstraße 20
Akzeptabler Pizza-Laden

CHINESISCH

Pan-Asia
2, Praterstraße 22
Mit Gastgarten.

KOSCHER

Koscheres Restaurant
2, Hollandstraße 3

SZENE MIX

Film-Cafe Movie
2, Nestroyplatz 1
Gleich bei der U-Bahnstation. Unser Tester Gerald R. empfiehlt: "Wodka Martini auf altem Kinomobiliar" (seltsame Getränkekarte?!)

Labyrinth
2, Obere Augartenstraße 52
Ob "nomen" auch "omen" ist ? Einfach selbst hinschaun. Wie das Film-Cafe: bis 2 Uhr geöffnet. Im Labyrinth ist auch ganz passabel zu essen.

Cafe Vincent
2, Große Pfarrgasse 7
Junges Publikum, nicht nur Palatschinkenspezialitäten zum Naschen, - ist definitiv "Leiwond"! Chili con carne hat uns gut geschmeckt. Musik aus den "60-ies", moderne Galeriewand. Lieb und lecker!

Grünes Cafe
2, Hafenzufahrtsstraße 433
Wer vegetarische Kost bevorzugt, kommt hier ebenso auf seine Rechnung wie handbastlerische Aktivlinge, Ping Pong`ler und Drahteselreiter. Innen und außen grün - zwischendurch recht bunt. Manchmal Live- Programm, Publikum mit "Alternativtouch".

TIP: ein Zwischendurchmenü mit Gratis-Milieustudie am Würstelstand Ecke Vorgartenstraße/ Stadionparkplatz.

MUSEEN

"Circus- und Clownmuseum".
Die Fäden der Wiener Tradition des "Komischen", Fratzenhaft- Verzerrten werden sichtbar.

Bezirksmuseum Leopoldstadt
2, Karmelitergasse 9
Hier auch Wiens einzigartiges

Nützliches & Praktisches

Gesundheit

Krankenhaus der Barmherzigen Brüder - 2, Große Mohrengasse 9, Tel.: 24 15 21/0 oder 26 25 24
Kostenfreie Behandlung für Mittellose mit durchgehend geöffneter Ambulanz. Auch Medikamente werden an Bedürftige abgegeben.

Lernen

Ungarisches Kulturinstitut - 2, Hollandstraße 4
Für Leute, die länger in Wien verweilen und sich auf eine Reise ins Nachbarland Ungarn vorbereiten wollen: Sprachkurse für`s Ungarische. Anfang September anmelden (Zeiten: 16 - 19 Uhr). Kostenpunkt für ein ganzes Schuljahr im Abendkurs: sehr preiswert bei rund 800 ÖS!

Für "1900- Spurensucher"

Erstes Atelier von Egon Schiele, berühmter Wiener Maler
2, Kurzbauergasse 6/23

Joseph M. Olbrich, "Clubhaus des Radfahrvereins der Staats- und Hofbeamten" (heute: Sportclub)
2, Rustenschacherallee 7

Haus der Begegnung "Leopoldstadt"

2, Praterstern 1, Tel.: 24 26 80
Veranstaltungs- und Kunstzentrum. Feste: kleinere und größere "Aktionen".

Jugendzentrum "Leopoldstadt"

2, Wehlistraße 178, Tel.: 26 61 64
Integration von Behinderten, Schachkurse (meist ab September), Pinselaktionen, alle 14 Tage Filme. Am Nachmittag Kinder, am Abend Jugendliche. Geöffnet 14.00 - 22.00 Uhr. Juli und August Sommerpause.

Im 2. Bezirk drei Bezirksmärkte mit buntem Trubel, preisgünstigem Frischgemüse und Fleisch.

Karmelitermarkt

Im Werd/Krumbaumgasse - bei der Post

Volkertmarkt

beim Volkertplatz

Vorgartenmarkt

Wohlmutstraße/Ennsgasse

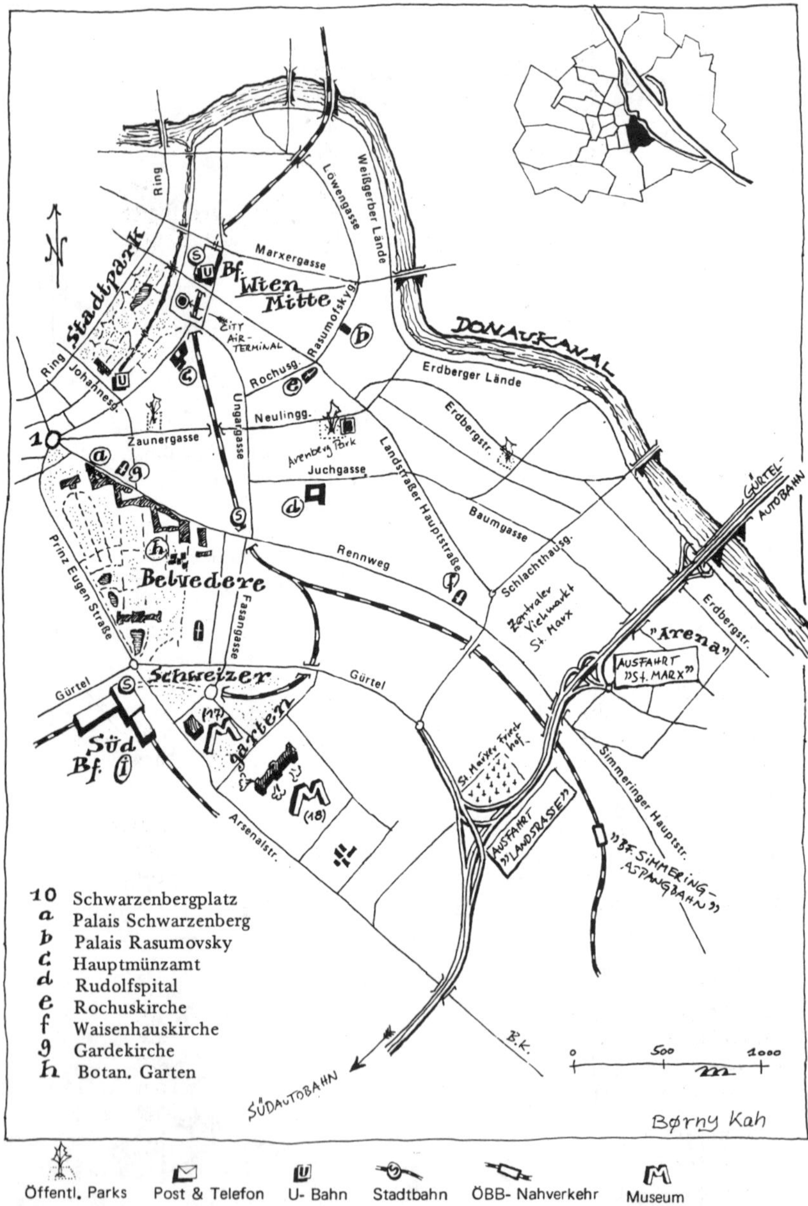
Stadtpark
Bf. Wien Mitte
CITY AIR-TERMINAL
DONAUKANAL
Belvedere
Schweizer Garten
Süd Bf.
Ring
Johannesg.
Zaunergasse
Marxergasse
Löwengasse
Weißgerber Lände
Rasumofskyg.
Rochusg.
Neulingg.
Ungargasse
Arenberg Park
Juchgasse
Landstraßer Hauptstraße
Erdberger Lände
Erdbergstr.
Baumgasse
Rennweg
Schlachthausg.
Zentraler Viehmarkt St. Marx
Prinz Eugen Straße
Fasangasse
Gürtel
"Arena"
AUSFAHRT "St. MARX"
GÜRTEL-AUTOBAHN
St. Marxer Friedhof
AUSFAHRT "LANDSTRASSE"
Simmeringer Hauptstr.
"Bf. SIMMERING-ASPANGBAHN"
Arsenalstr.
SÜDAUTOBAHN
B.K.
0
500
1000
m
10 Schwarzenbergplatz
a Palais Schwarzenberg
b Palais Rasumovsky
c Hauptmünzamt
d Rudolfspital
e Rochuskirche
f Waisenhauskirche
g Gardekirche
h Botan. Garten
Børny Kah
Öffentl. Parks
Post & Telefon
U- Bahn
Stadtbahn
ÖBB- Nahverkehr
Museum

LAND-STRASSE

3. BEZIRK

Eine seltsame Mischung aus Diplomatengegend, Militärgeschichtlichem, Händler- und Industrieflair zieht sich durch diesen Bezirk. Drei zusammengewachsene Vorstädte ergeben das uneinheitliche Gepräge. Vom BELVEDERE, das barock über die Stadt "lächelt", über Rennweg und Erdbergstraße bis zum Schlachthofgelände St. Marx ist es eben ein weiter Weg - nicht nur räumlich gedacht.

Die UNGARGASSE, wo früher der Balkanhandel florierte, heute eine ruhige Straße, die sich zum belebteren Rennweg hinaufzieht - gesäumt von ein paar kleinen Lokalen, zwischendrin ein kleiner Laden mit kuriosen Antik-Postkarten, alten Briefmarken und sonstigem Ramsch. Auf der LANDSTRASSER HAUTPSTRASSE ist da schon alles eine Nummer größer: Textilien, Optiker, ein "echter" Markt bei der Rochuskirche. Obwohl in Zentrumsnähe gelegen, kann die Landstraße - nomen est omen - ihre ländliche Tradition nicht verleugnen.

Zum SÜDBAHNHOF hin lockt das Grün des Schweizergartens, der alledings nur zu Alternativwochen- Zeiten wirklich Reizvolles zu bieten hat. Man schlendere südostwärts und widme sein Augenmerk dem imposanten Rohziegelbau, inmitten der Rasenflächen (Heeresmuseum).

UNGARGASSE

Eine der wenigen alten Wiener Vorstadtgassen. In längst vergessenen Zeiten hatten in dieser Gegend die ungarischen Händler ihr Zuhause, später stampften die türkischen Belagerer alles in Grund und Boden, bis schließlich gräfliche Sommerresidenzen aus dem Schutt erstanden, von denen allerdings heute auch nur mehr eine einzige, nämlich das Palais Sternberg (Ungargasse 43) erhalten geblieben ist. Auch von den Dutzenden Gaststätten haben sich nur wenige in die Jetztzeit herübergerettet.

Ungargasse Nummer 27 und Nummer 46 sind übrigens zwei Häuser, mit denen es eine besondere Bewandtnis hat: sie gehörten der "Firma Streicher", die mit der Wiener Musikgeschichte eng verknüpft ist, nicht nur wegen ihrer Klavierproduktion. Immerhin ging Beethoven bei Streicher ein und aus, Schubert hat seine Finger über die Tasten tanzen lassen. Biedermeier- ige Innenhöfe, zwischen den Altbauten Großbaukästen, die von architektonischer Skrupellosigkeit zeugen.

RENNWEG

Keine Straße im eigentlichen Sinn, eher eine fast seltsame Aneinanderreihung von Bauten "großer Herren" aus dem geistlichen und weltlichen Bereich. "Schweigsame Fassaden" und ein bißchen "Steife der spanischen Etikette" will ein Wien- Betrachter einmal bemerkt haben. Tatsache: am Rennweg sind von der juwelhaften Kirche der Salesianerinnen mit der angeschlossenen Klosteranlage über die ehemalige polnische Gardekirche oder die Österreichische Staatsdruckerei eine ganze Reihe von geschichtsumwehten Bauwerken zu finden. Keine Ringstraße freilich, auch nicht besonders gemütlich zum Zu- Fuß- Wandern – trotzdem: ein paar Ansichtsminuten sollte die heutige Diplomatengegend schon wert sein.

(Carl Schütz)

OBERES BELVEDERE, um 1785

Rundgang durch den 3. Bezirk:

Schwarzenbergplatz,
Belvedere,
Arsenal.

mit baugeschichtlichen Erläuterungen von Rosmarie Rudolphi

Der SCHWARZENBERGPLATZ stellt ein großzügiges, langgestrecktes Platzgeviert dar, das von Bauten der Franz- Josephs- Zeit eingesäumt wird.

Das Zentrum dieser kühnen Schöpfung der Ringstraßenkonzeption ist das Denkmal des Fürsten Schwarzenberg. Überhaupt hat dieser Platz im Lauf der Zeit einen kriegerischen Beigeschmack bekommen, denn an seinem Südende, zwischen dem Hochstrahlbrunnen und der Terrasse des Palais Schwarzenberg, errichteten die Russen nach dem Krieg ihr Befreiungsdenkmal. Für Wien ungewohnt geschmeidige Formen des Jugendstils weist die französische Botschaft im südwestlichen Platzwinkel auf.

Das PALAIS SCHWARZENBERG selbst gehört zu den wichtigsten Baudenkmälern Wiens und zeigt besonders das phantasievolle Temperament Lukas von Hildebrandts, dessen optische Reizsamkeit diesen zweiten Hauptmeister des Wiener Barock ganz wesentlich vom großartig- spröderen, gedanklich kühneren Fischer von Erlach abhebt. Alles an diesem ersten Hauptwerk Hildebrandts ist auf lebhafteste Bewegung des Baukörpers, auf eine geschmeidige Verschmelzung mit dem Freiraum, angelegt. Ein großer vorgelegter Ehrenhof, die kurvigen Linien der einfassenden niederen Seitenflügel, die Auffahrtsrampen, das räumliche Vor und Zurück der Bauteile verraten das eminente Gefühl des Architekten für ein subtiles, malerisch bestimmtes Durchführen von Wirkungssteigerungen.

An der Gartenfassade hat Fischer eingegriffen, und sofort ist hier eine andere, forschere Behandlung des Baukörpers zu spüren. Das Palais hat im letzten Krieg sehr gelitten. Die Dekkenfresken Daniel Grans im Festsaal wurden zerstört; heute wird das Palais als Nobelhotel und Restaurant geführt. Hinzuweisen ist auf einen der schönsten erhaltenen Barockgärten Wiens mit reicher Ausstattung an Skulpturen.

Belvedere

Das unbestrittene Meisterwerk Hildebrandts, mit dem er dem barocken Palastbau die anmutigste Krone aufgesetzt hat, liegt auf dem Plateau, dessen Steigung hinter dem Palais Schwarzenberg beginnt. Betreten wir das BELVEDERE, ein Gesamtkunstwerk aus zwei Schlössern und einem untrennbar mit der Wirkung verbundenen Garten vom Rennweg aus, nachdem wir auf die signifikante hochgezogene Ovalkuppel der 173o vollendeten Salesianerinnenkirche einen Blick geworfen haben.

Man trifft zunächst auf das UNTERE BELVEDERE, das als eigentlicher Wohnpalast äußerlich wesentlich bescheidener ausgefallen ist, als das namengebende Belvedere auf der Anhöhe, das als reines Lustgebäude die gesamte Anlage regiert. 1716 war der Wohnpalast ausgeführt, er enthält heute das Österreichische Barockmuseum mit dem Prunkstück des Providentia- Brunnens Raphael Donners. 1721 wurde mit dem Bau des Lustschlosses begonnen. Zwischen beide Paläste eingespannt, erstreckt sich auf ungefähr einem Kilometer der in verschiedenen Höhenstufen meisterhaft das ansteigende Terrain überwindende Garten. In seiner großteils erhaltenen ursprünglichen Konzeption ist er eines der glücklichsten Beispiele für die zu höchster Raffinesse gesteigerte barocke Gartenkunst. Der Aufstieg vom Wohnpalast zum Belvedere entwickelt sich wie ein spannendes optisches Theaterstück.

Vor dem Wohnpalast ist der GARTEN eben, eine Mittelallee hat das wie in einer überwältigenden lichten Fernvision körperlos über einer Kaskadenwand schwebende Schloß zum perspektivischen Zielpunkt. Der magisch vom Schloß angezogene Besucher wird aber gezwungen, die zielstrebige Mittelachse zu verlassen und den Aufstieg durch Seitenalleen zu bewältigen. Durch zwei Geländestufen wird er zur Schrägsicht auf die näherrückende Schloßfassade genötigt, wodurch diese immer mehr von der phantomhaften Ungreifbarkeit verliert und plastischere Züge annimmt. Ein unerhört reizvolles Leben der stark gestuften Bauteile, der überaus reich ornamentierten Wände erblüht aus den sich stets verschiebenden seitlichen Ansichten. Erst die oberste Terrasse vor dem Schloß lädt dazu ein, sich direkt mit der Fassade zu konfrontieren.

DAS OBERE BELVEDERE

Beim Belvedere können wir Hildebrandts Fähigkeit, reichste malerische Wirkung zu erzielen, in höchster Steigerung bewundern. Wie hier die vorspringenden, kantig gebrochenen Eckpavillons durch Licht- und Schattenwirkungen für das Auge anregend wirken, wie die Häufung dekorativer Elemente die Fassadenmitte wirkungsvoll heraushoIt, wie großartig hier der Kontrast zwischen geöffneten und geschlossenen Wandflächen zur optischen Spannung beiträgt und schließlich, wie außerordentlich geistvoll die Dachlandschaft gegliedert ist, mit den zierlichen Pavillonkuppeln, den niederen Gelenkstellen und den beiden Flügeln, welche die Mittelkuppel mit ihren zwei kleinen Aufsätzen zwischen sich nehmen. Vom Belvedere prägt sich vor allem diese bewegte Dachgruppe in das Erinnerungsbild ein, sie ist es auch, die dem Bau das Zierliche und Mobile gibt. Es wird beinahe der Eindruck des Zelthaften, graziös Aufgespannten verschieden großer Zeltschirme hervorgerufen, ein Charakter, der sehr gut zum Türkenkrieger Prinz Eugen als auch zum Wesen eines luftigen Lustgebäudes paßt. Ein Führer wird sich immer schwer tun, dem Wienbesucher zu empfehlen, von welcher Seite er sich am besten diesem Zauberschloß nähern soll, denn es bietet von jeder Seite neue Aspekte.

Auch von der südlichen Ehrenhofseite her wirkt das Schloß entrückt, dieses Mal durch das große Bassin, durch dessen spiegelnde Wasserfläche die Fassade verdoppelt und zugleich vom Boden losgelöst wird. Die Mitte erfährt hier eine besonders anmutige Behandlung. Man muß sich den originalen dreitorigen Vorbau mit dem reich verzierten geschwungenen Giebel ganz geöffnet vorstellen, ohne Gitter und Verglasung, so daß der Blick ungehindert durch das Gebäude ziehen kann. Der Bau erreicht sozusagen in seinem Zentrum die höchste Durchsichtigkeit. Da die Gartenseite des Belvedere tiefer liegt als diese Hofseite, steht

der hier Eintretende schon in halber Höhe des Treppenhauses, während man von der Stadtseite her zunächst eine dunkle "Sala terrena" betritt. Der Aufstieg von einer erdhaften, dunklen Zone zu lichtdurchfluteter Höhe war die dramatische Handlung, die ein barockes Treppenhaus möglichst anschaulich durchzuführen hatte. Gipfelpunkt dieser Durch-Nacht-zum-Licht-Handlung ist der Festsaal, immer unmittelbar an das Treppenhaus anschließend.

Mit dem Treppenhaus des Belvedere hat Hildebrandt ein eindrucksvolles Beispiel für diese barocke Lichtdramaturgie gebracht, die im besonders vornehmen Festsaal mit dem Dekkenfresko der Allegorie des Ruhmes, dem Werk eines noch nicht identifizierten Malers, seinen glänzenden Abschluß findet. Vom Festsaal aus hat man die wunderbare Aussicht auf die Stadt mit den Kuppeln der Salesianerinnenkirche und der Karlskirche im Vordergrund, die Gärten des Belvedere und das Palais Schwarzenberg vor der Stadtsilhouette. Dieser Anblick hat schon den begehrtesten Vedoutenmaler der damaligen Zeit, Canaletto, zu seinem Gemälde im Kunsthistorischen Museum inspiriert!

Die übrigen Säle des Belvedere waren einst den Beständen der kaiserlichen Gemäldegalerien, die sich heute im Kunsthistorischen Museum befinden, reserviert, jetzt beherbergen sie die Galerie des 19. und 2o. Jahrhunderts. Da beide Belvedere als Museen dienen, ist es ratsam, für diesen Komplex einen Tag freizuhalten, den Unermüdlichen steht es dann noch frei, das MUSEUM DES 20. JAHRHUNDERTS mit Meisterwerken aller großen Maler der klassischen Moderne einen Besuch abzustatten. Das auch von der Architektur her interessante Museum befindet sich im Schweizergarten, direkt hinter dem Belevedere. Von dort aus kann man einen Blick auf die gewaltigste Bauanlage Wiens werfen, das ARSENAL, eine Antwort der Regierung auf die Revolution von 1848.

Man könnte die viele hundert Meter lange Front dieses Areals mit ihren kubischen Blöcken in mittelalterlichen und orientalischen Formen, dem dunklen Rotziegelton, für die Wehrmauer einer verwunschenen Wüstenstadt halten. An diesem frühhistorischen Bau der Jahrhundertmitte, der als verteidigungsfähige Kasernenanlage gedacht war, haben fast alle berühmten Ringstraßenarchitekten ihre Tätigkeit begonnen. Das Herzgebäude mit dem Heeresgeschichtlichen Museum schuf Ludwig von Förster, der spätere Vater der Ringstraßenidee. ■

PROFAN-BAUTEN

PALAIS RASUMOFSKY

3, Rasumofskygasse 23

Unweit der Landstraßer Hauptstraße in der Rasumofskygasse gelegen. Ein Empire- Bau des russischen Gesandten Fürst Rasumofsky aus den ersten Jahren des 19. Jahrunderts. Hier feierte der kulturbeflissene Adelsmann während des Wiener Kongresses bauschige Feste mit Pomp und Trubel. Hier kam auch Beethovens 5. Symphonie zur Erstaufführung (Rasumofsky war Fan und Gönner des großen Meisters).

HAUPTMÜNZAMT

3, Am Heumarkt 1

Dem Geld gewidmeter Klassizistikbau am Heumarkt, der mit einem "Markt" wirklich nichts mehr zu tun hat. Dem Reichsadler hat man die Schwingen gestutzt, neben ihm haben Fruchtbarkeit und Gerechtigkeit Platz genommen. Die vier stehenden griechisch-römischen Göttlichkeiten symbolisieren Gold, Silber, Kupfer und Quecksilber.

KRANKENANSTALT RUDOLFSSTIFTUNG DER STADT WIEN

3, Juchgasse 25

Moderner Heil- Palast mit großer Tradition. Wurde ursprünglich aus Anlaß der Geburt des Kronprinzen gebaut, setzte den Beginn einer Krankenhausbau-Ära (1865 Rudolfsstiftung, 1871 Poliklinik, 1875 Mautner- Markhofsches Kinderspital). Das heutige 16- geschossige Bettenhochhaus mußte aus Platzgründen im Hof des alten Krankenhauses errichtet werden.

Kirchen

ROCHUSKIRCHE

Schön renovierte Kirche beim Rochusmarkt. Die kaiserliche Grundsteinlegung geht auf die Mitte des 17. Jahrhunderts zurück, Neuerrichtung nach den Türken. Ein stiller "Flecken" gleich an der hektischen Landstraßer Hauptstraße.

WAISENHAUSKIRCHE "MARIÄ GEBURT"

3, Rennweg 91,

Klassizistische Saalkirche mit jugendstilartigen Seitenaltären. Zur Weihe des Gotteshauses lauschte Kaiserin Maria Theresia den Klängen des jungen Mozart, der hier – als 12-jähriger "Stöpsel"- seine Festmesse dirigierte.

GARDEKIRCHE (auch "Polnische Kirche")

3, Rennweg 5 a

Kleines Rokoko- Rechteck mit ovalem Innenleben in Gold und Weiß. Der unscheinbare erste Eindruck sollte nicht über die Schönheit des Kirchleins hinwegsehen lassen.

Kirche zum allerheiligsten Erlöser (3, Rennweg 63): Gottesdienste in tschechischer Sprache

Kirche zum hl. Kreuz (3, Rennweg 5 a): Polnische Kirche mit regelmäßigen Gottesdiensten und Messen in polnischer Sprache!

Sacre Coeur (3, Rennweg 31): Spanischer Gottesdienst jeden Samstag um 17.oo Uhr.

PARKS

BOTANISCHER GARTEN

3, Rennweg 24

Gartenwunderwerk mit schönen Spazierwegen. Ein "Relikt" aus theresianischen Zeiten. Hunderte von Baumexoten präsentieren sich dem interessierten Betrachterauge, man atmet luftige Düfte, während händchenhaltende Pärchen und geplagte Mütter mit ihren Sprößlingen spazierenwandern. Der anschließende Belvederegarten verströmt mondänere Parkatmosphäre. Mittendrin Glashäuser und bebrillte Männer, die mit wissenschaftlichem Blick die Gewächse studieren.

SCHWEIZERGARTEN

3, beim Südbahnhof

Parkanlage mit Tümpeln. In den letzten Jahren durch Festwochen- Spektakel bekannter geworden. Löst sich im Arsenal- Areal auf, wo sich gewaltige Bedrohlichkeit breitmacht. Die "Staatsopernbauer" A. Siccardsburg und E. van der Nüll haben sich hier wieder mal ausgetobt. Mittendrin das Backsteinmonster von Theophil Hansen: Das "Heeresmuseum", das vor überwältigender Riesigkeit strotzt.

ARENBERGPARK

3, Neulinggasse

Flakturmverbaute Fläche mit Spielplatzgarnierung und Bäumchenkulisse, die über die offensichtliche Trostlosigkeit hinwegtäuschen soll. Früher: Gartenschloß von Fürst Esterhazy, jetzt eingekeilt zwischen "Normalbauten".

ARENBERGPARK

3, Neulinggasse
Flakturmverbaute Fläche mit Spielplatzgarnierung und Bäumchenkulisse, die über die offensichtliche Trostlosikgkeit hinwegtäuscheen soll. Früher: Gartenschloß von Fürst Esterhazy, jetzt eingekeilt zwischen "Normalbauten".

FLAKTÜRME

Die " Flaktürme " sind während des 2. Weltkriegs als häßlich- betongraue Bunkerbauten mitten in schöne Parks reingesetzt worden. Strategisch angelegt, wenn man sich den Stadtplan ansieht : Augarten (2. und 20. Bezirk), Arenbergpark (3. Bezirk) und Esterhazypark (6. Bezirk) in Bermuda- Dreieck- Form verteilt. Nach Kriegsende wollte man die Blöcke sprengen, war aber wegen der eng dranstehenden Häuser nicht möglich. Heute Verwendung als Museum oder Lagerräume.

Arena

3, Verlängerte Baumgasse 67-128
Ex-Schlachthofgelände, das vor einigen Jahren abgerissen werden sollte, dann von tausenden Jugendlichen besetzt wurde und seither sein Überleben als "selbstverwaltetes Kulturzentrum" fristet. Wie später in Zürich, gab`s auch in Wien eine "Bewegung", die in ihren Überresten noch heute Motor subkultürlicher Spektaktel aller Art ist. Während der warmen Jahreszeit: unregelmäßig Aufführungen von Musik- und Theaterveranstaltungen, kleiner Cafebetrieb. Schaut recht wüst- verfallen aus, hat mittlerweile viel von seiner ursprünglichen Kraft verloren.

Kunsteisbahn

3, Lothringerstraße 22,
Eine der größten Kunsteisbahnen der Welt, hat man uns erzählt. Platz des "Wiener Eislaufvereins" - 6.200 qm Eisfläche. Im Sommer huldigt man dem Tennissport. Außerdem zeitweise echte Raritätsspektakel: Freistilringen am Heumarkt (im Sommer), seit 1946 schon mehr als 11 Millionen Besucher (!), grob gezimmerte Holzbänke und das Publikum brüllt nach "Bluat". Entree: ca. 100 ÖS. Nicht ganz ernst zu nehmen und mit viel Show, Catch, nach dem Motto, einer von beiden muß der Böse sein, zum Abreagieren; Milieustudie wert!
Infos wegen Tennisspielen und Eislaufen: Tel. 73 63 53

Der Sünnhof

3, Landstraßer Hauptstraße 28
Ein altes Ensemble, vor wenigen Jahren noch dem Verfall preisgegeben, nun revitalisiert. Eine Mischung aus Privatinitiative und Gemeindehilfe. Heute: romantisches Hotel und in der Passage haben einige geschmackvolle Boutiquen und Lokale eröffnet.
Zum Beispiel : "Cafe Biedermeier" und "Landstrasser Heurigenkeller".

Das "Hundertwasser- Haus"

3, Löwengasse/Kegelgasse
Der "Alibi- Bio- Gemeindebau" ist fertig: ästhetische Fassade, originell,

angenehm für das Auge, sicherlich! Gleichzeitig ist das Öko- Millionen-Ding sauteuer gewesen. Weitere Projekte bitte von Fachleuten und nicht von, mit hundert Wassern gewaschenen Künstlern, die nach dem Prinzip "eine-Hand-wäscht-die-andere" über das richtige Parteinaheverhältnis verfügen. Fazit :"Ästhetischer Monsterflop" (meint G.B.).

GASTHÄUSER UND RESTAURANTS

Erdberger Weinstüberl
3, Erdbergerstraße 48,
Hausmannskost für schmale Brieftaschen, sehr einfach.

Zur Faßbrücke
3, Landstraße Hauptstraße 97
Spezialitätenwochen, "Wienerwald" -Stil und Altwiener Küche.

Krafts Weinhaus Wild
3, Radetzkyplatz
Gemütliche. Gleich bei der Schnellbahntrasse gelegen. Leicht überhöhte Preise. Tip für Frühaufsteher bzw. Spätheimkehrer: schon ab 5 Uhr früh geöffnet.

Beatrixstüberl
3, Ungargasse 8
Besticht durch akzeptable Preise und Extrem-Öffnungszeiten (auch um 3.oo Uhr nachts noch warme Speisen... meist auch später bis in die Morgenstunden).

Zum Alten Heller
3, Ungargasse 34
Exzellentes Angebot, umfangreiche Speisekarte. Gemütlich mit freundlicher Bedienung, dabei Normalpreise.

Top- GASTRONOMIE

Belvederestöckl
3, Prinz-Eugen-Straße 25
De Luxe Restaurant mit Garten

Gottfried
3, Ecke Markergasse/Viaduktgasse
Neuer Gourmettempel de Luxe, Novität: der Koch serviert persönlich.

Nick´s Kuchlmasterei
3, Obere Weißgerberstraße 6
Sehr gut und sehr teuer, Französische und Wiener Küche. Gemütlich-rustikal bei Kerzenlicht.

Rotisserie Prinz Eugen
3, Am Stadtpark (im Hilton), Tel. 75 26 52
Feinschmecker-Tempel der "Neuen Wiener Küche". Reservierung empfehlenswert. Chefkoch ist der Erfinder der "Neue Wiener Küche"- Werner Matt.

Steirereck
3, Rasumofskygasse 2
Gaumenfreudenlokal der gehobenen Klasse (sowohl was die Qualität, als auch die Preise anbelangt).

JUGOSLAWISCH

Dubrovnik
3, Am Heumarkt 5
Die Gäste sind fein und die Preise hoch. Einigermaßen. Dafür wirklich Gutes aus der jugoslawischen Küche.

ITALIENISCH

Topolino
3, Ungargasse 6
"Top" wie Topolino, Riesenpizzas in allen Variationen lassen das Lokal täglich "vollaufen". Dazu angenehme Atmosphäre bei angenehmer Bedienung und angenehmen Preisen. Rechtzeitig dort sein und Platz sichern!

VEGETARISCH

St. Petrus
3, Apostelgasse 29
Gutes Angebot aus der fleischlosen Küche.

CHINESISCH

Bangkok
3, Marxergasse 5
Preiswerte Wochentags- Mittagsmenüs. Große Auswahl an Schweinefleisch-, Fisch- und Hühnerspezialitäten. Freundliche Bedienung und geschäftsmännisches Publikum aus der Umgebung.

Sun
3, Ungargasse 27

Thailand
3, Löwengasse 1

VIETNAMESISCH

Vietnam
3, Löwengasse 21
Sehr gut und billig. Tip!

SZENE MIX

46er Bluescafe
3, Schlachthausgasse 46
Blues & Boogie-Lokal, in dem es Freitag und Samstag bis 2.00 Uhr "rund geht".

Arena-Cafe
3,Verlängerte Baumgasse 77-129
Die Reste einer " alternativen Legende"! Seltsame Stimmung im Ex-Schlachthofgelände.

Tritsch-Tratsch
3, Ungargasse 2
Tummelplatz für Schnuckeln und Schackeln. Krankenschwestern und Sekretärinnen flüchten in halbseidene Träume: Mißwahlen "Jenseits der Schmerzgrenze" und "Video-Total" macht aus Flippies Chippies. Kommunikationsebene: siehe Lokal-name.

Flexibel
3, Marxergasse 22
Interessante Mischung aus italienischen und jiddischen Spezialitäten, Entspannte Atmosphäre.

Malipop
3 , Ungargasse 10,
Klein, aber fein. Rot dominiert bei Musik aus den 60ern und New Wave- ähnlichem.

Arauco
3, Krummgasse 1 a
Lateinamerika-Keller. Von einem engen Gäßchen schlüpft man durch

eine unscheinbare Tür über Stufen ins Kellergewölbe hinunter. Bei Live- Musik (u.a. am Samstag) oft phänomenale Stimmung. Chilenische Emigranten führen das Lokal, das auch als Kulturzentrum Verwen-dung findet. Bei Sangria oder Tequila und Lomitos kann man in Musik versinken.

Schwarzes Cafe
3, Bechardgasse 23
Nomen est omen. Che Guevara, Alternativmüsli, Musik von Jim Morrison bis New Wave. Humane Preise, junges Publikum.

KAFFEHÄUSER

Old Splendor
3, Beatrixgasse 21
Zwei Steinlöwen possieren vor dem "Porta " des jung- mondänen Lokals "Feuner"- Touch und ein bißchen teuer. Spielernaturen können dem Würfelspiel frönen (an der Theke ausleihen!).

Stammcafe
3, Sechskrügelgasse 1
Kleines "Jungtreff"-Cafe. Nachmittags Schüler, am Abend Pseudoschickeria. Spanische Wappen an den Wänden, gemütlich- nobel möbliert. Angenehm.

Zartl
3, Rasumofskygasse 7
Altes Traditionscafe, Treffpunkt der Zauberergilde.

KLÖSTER
mit Essensausgabe

Elisabethinen
3, Landstraßer Hauptstraße 4 a

Salesianerinnen,
3 Rennweg 10 (tgl. 12.00-13.00 Uhr)

Töchter der Göttlichen Liebe
3 Jaquingasse 12-14 (tgl. 12.00-12.30 Uhr)

Olivetti- Haus
3, Rennweg 9,Tel. 73 45 01/0
Präsentation junger Künstler

Moderna Art
3, Neulinggasse 25, Tel. 75 53 67

Richtige Kleinmarktatmosphäre bei kleinen "Holzverkaufsstandeln", Delikatessengeschäften, Würstelbuden. Dort, wo`s heute geschäftig zugeht, wurden einst Messen zelebriert: Hier stand die Kirche zum hl. Nikolaus mit einem angeschlossenen Friedhof. Beides verschwand Ende des 19. Jahrhunderts. Durch den U-Bahn-Bau verlegt und die alten Strukturen zerstört.

Landstraßer Markt
(im "Wien-Mitte"- Gebäude, Busbahnhof)
Marktatmosphäre in der Halle. Schön großes Frischwaren Einkaufsparadies: Fleisch, Gemüse, Obst, Brot, etc - jeder hat sein "Standl". Preislich günstig sind uns Fisch, Fleisch und Geflügel aufgefallen, selbst vergleichen! Früher fand der Markt im halbverfallenen Gebäude gegenüber statt.

GALERIEN

Olivetti-Haus
3, Rennweg 9
Tel:73 45 01/0
Präsentation junger Künstler

Galerie Modena Art
3, Neulinggasse 25
Tel:75 53 67

MUSEEN

* Österreichische Galerie
* Museum des 20. Jahrhunderts
* Heeresgeschichtliches Museum
* Museum für mittelalterl. österr. Kunst
* Österr. Barockmuseum
* Museum für Hufbeschlag, Beschirrung und Besattelung

Details siehe Kapitel "MUSEEN"

BEZIRKSMUSEEUM LANDSTRAßE

3, Sechskrügelsgasse 1

Schmuck, Gold- und Gesteinsbrockenfunde aus der "Landstraßer Gegend" und für Interessierte, wie auch bei den anderen Bezirksmuseen, Führungen möglich (Anmeldung!). Außerdem Sonderausstellungen in unregelmäßigen Abständen (z.B. "Die Brücken im 3. Bezirk - einst und heute"). Existiert seit 1957, Infos im Bezirksjournal Landstraße.

THEATER

Ensembletheater
3, Lothringerstraße 20
(siehe 1. Teil "Theater")

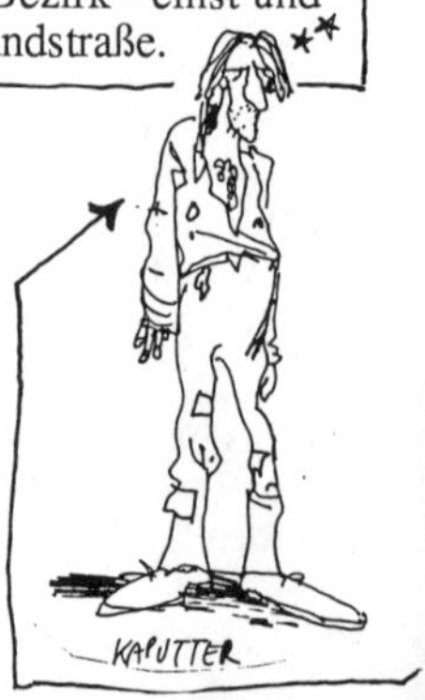

"WIENER SZENE"

Aus dem Wien der "dösenden Beamten- und Pensionistenstadt mit dem imperialen Kulturbleifuß" (Wochenpresse 1/81) ist neben (oder aus) tradierter, konservativer Kultur Originelles gewachsen.

Ein neues Stadtgefühl hat sich breit gemacht, - die "WIENER SZENE" ist zum sichtbaren Überlebenszeichen einer Stadt geworden, die manche schon tot geglaubt hatten. "Wien hat ein Klima des Erbarmens für Paradiesvögel. Es ist ein Schutzterritorium für Außergewöhnliches" schwärmt Enfant Terrible Andre Heller. Und in der Tat: Wien ist heute eine der künstlerisch kreativsten Metropolen Europas!

Symptome des Aufbrechens, der kreativen Unruhe gibts viele: eine aufblühende "Galerie- Szene", - "Neo Beiseln", die aus dem traditionsreichen Boden sprießen, - die "Wiener Stadtfeste" (alljährlich Ende April/Anfang Mai), - die Stadtzeitungen (Falter und Wiener), - das Potential der Liedermacher (siehe Seite 1o8),- der Jungmaler- , der Architekten und - Filmer, - die vielzähligen Literaturzeitschriften, - aber auch Schülerzeitschriften und die große Zahl von Arbeitsgruppen aller Art.

Lang genug hat die Donaumetropole sich selbst verleugnet. Im Sektor TRADITION servierte man dem Wien- Besucher weitgehend KLISCHEES und beschränkte sich zudem noch auf diese bei der PR-

Fortsetzung Seite 460

WIENER-SZENE - ZEICHNUNG: A. PECHER

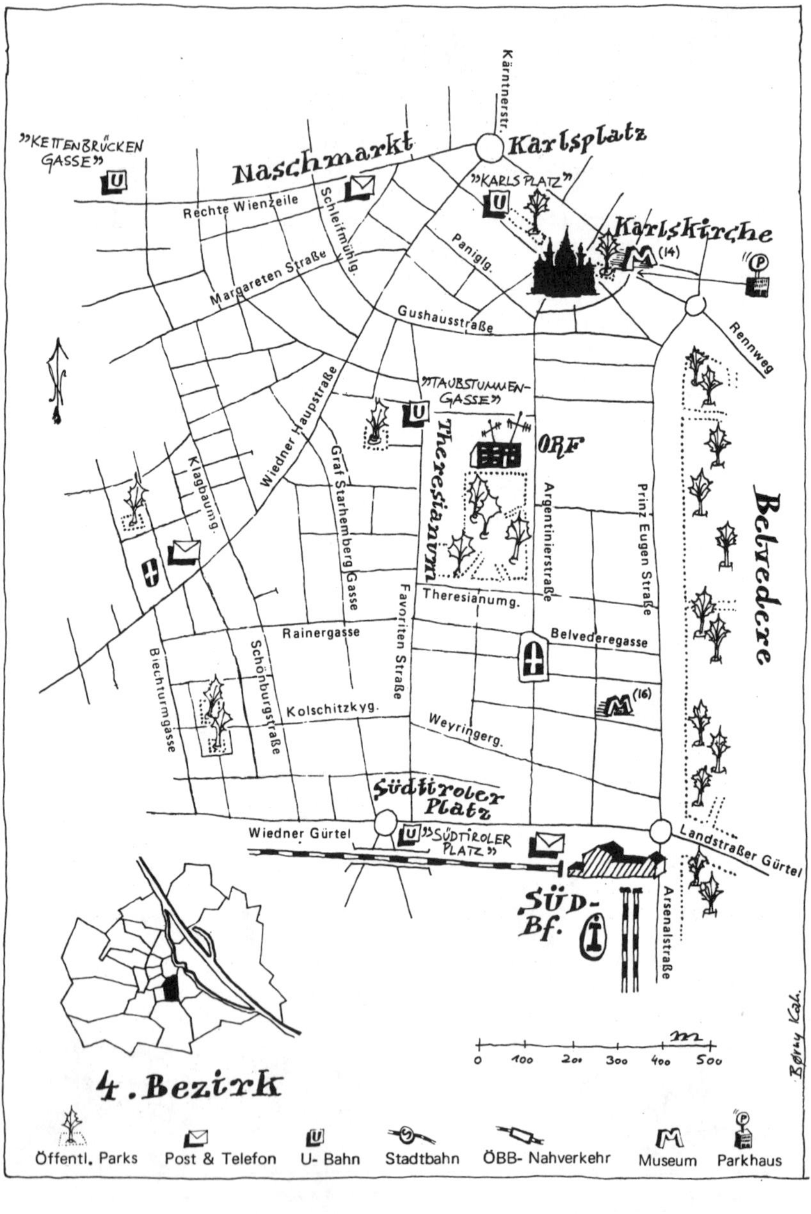

"KETTENBRÜCKEN GASSE"
Naschmarkt
Karlsplatz
Kärntnerstr.
"KARLSPLATZ"
Karlskirche
(14)
Rechte Wienzeile
Schleifmühlg.
Paniglg.
Margareten Straße
Gushausstraße
Rennweg
"TAUBSTUMMEN-GASSE"
Theresianum
ORF
Wiedner Hauptstraße
Graf Starhemberg Gasse
Klagbaumg.
Argentinierstraße
Prinz Eugen Straße
Belvedere
Theresianumg.
Favoriten Straße
Rainergasse
Belvederegasse
Schönburgstraße
Biechturmgasse
Kolschitzkyg.
(16)
Weyringerg.
Südtiroler Platz
Wiedner Gürtel
"SÜDTIROLER PLATZ"
Landstraßer Gürtel
SÜD-Bf.
Arsenalstraße
m
0 100 200 300 400 500
Børay Kal.
4. Bezirk
Öffentl. Parks
Post & Telefon
U- Bahn
Stadtbahn
ÖBB- Nahverkehr
Museum
Parkhaus

WIEDEN

4. BEZIRK

Vornehme Wohngegend und " Gute Adresse ". Es wimmelt an Botschaften, Konsulaten und Diplomatenautos.

Um den Karlsplatz, wo sich zwischen Drahtgitterbänken Bäume und Blumen zum Himmel recken (in mondklaren Nächten spiegelt sich die Karlskirche im steinernen Wasseroval) haben sich universitäre Gebäude angesammelt, undweit davon das Theresianum und der Österreichische Rundfunk.Viel beschaulich- ruhiges Flair, da und dort ein barockes Palais, nur die Wiedner Hauptstraße und die Favoritenstraße lassen hektische Geschäftsgefühle aufkommen.

Die Gedenkstättenszene wird durch zahlreiche Wohn- und Sterbehäuser und durch eine Gedenkstatue für Wiens Kaffeehauspionier Kolschitzky bereichert, der als alter, würdevoll blickender Kellner von einer Hausecke blickt.

KARLSPLATZ
(mit Resselpark)
U-Bahn- unterwühlter Platz mit genormt- grüner Rasenanlage und schüchternen Blumenbeeten zwischendrin. Zwecks Bewunderung der Karlskirche sind Drahtbänke um das Betonplantschbecken gruppiert, wo eine eigenwillige Moore- Plastik immer wieder auf Verblüffung stößt. Asphaltierte "Spazierwege" und "Betreten des Rasens verboten". Trotzdem schön. Kinder spielen Ball oder vergnügen sich am Spielplatz, der dort eingerichtet wurde - oder erfreuen erschrockene Mütterherzen, indem sie sich ins vermeintliche "Karlsplatz-Schwimmbecken" begeben. Unbedingt anschauen und ohnehin nicht zu übersehen : Das revitalisierte gold-grün-weiße Jugendstil- Cafe von Otto Wagner mit Pavillion (früher Stadtbahn-Station)

Kirchen

KARLSKIRCHE
(St. Karl Borromäus)
siehe unseren baugeschichtlichen Teil (1. Bezirk).

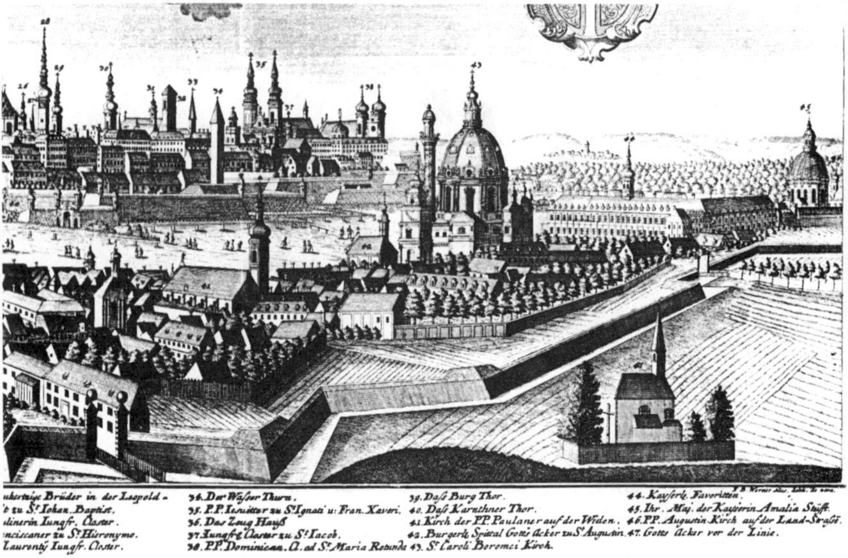

KARLSKIRCHE & UMGEBUNG, Mitte 18. Jhd.
(Kupferstich von J.F. Probsd)

↑ alter Friedhof von Wieden

ELISABETHKIRCHE

Backsteinbau auf dem Elisabethplatz, dort, wo sich Argentinierstraße und Belvederestraße kreuzen. Sieht recht seltsam aus, wenn man vom Karlsplatz kommt und auf einmal "am Ende" der Straße eine Kirche hingepflanzt sieht - womöglich als Silhouette vor einem dämmrig-blauen Himmel.

THERESIANUM

4, Favoritenstraße 15

Ehemals Sommerresidenz und Lustschloß, heute Eliteschule und Sitz der diplomatischen Akademie. Recht langgezogene Mauer, wenn man die Favoritenstraße hinauffährt, dahinter mehr oder weniger gepflegtes Grün, das den Anstaltszöglingen zur körperlichen Ertüchtigung gereichen soll. Von der ORF-Kantine aus kann man den Theresianum- Jünglingen beim Fußballspielen zusehen.

PALAIS SCHÖNBURG-HARTENSTEIN

4, Reinergasse 11

Gartenpalais, dessen Geschichte bis zu den Anfängen des 18. Jahrhunderts zurückgeht. Damals hieß das Ganze auch noch "Starhemberg-Schönburg", mittlerweile hat`s offensichtlich einen Besitzerwechsel gegeben. Bewunderbar ist die Anlage leider nur von außen.

KOMPONISTEN-GEDENKSTÄTTEN

Das Sterbehaus von Christoph W. Gluck in der Wiedner Hauptstraße 32, von Johannes Brahms in der Karlsgasse 4, von Sibelius in der Wiedner Hauptstraße 36, von Schubert in der Kettenbrückengasse 6.

Gasthaus Engelhart
4, Karolinengasse 29
Ein " Beisl", in dem man schon frühstücken kann (ab 8.00 Uhr früh geöffnet).

Gastwirtschaft Rohrböck
4, Rilkeplatz 7
Traditionelles " Muster "-Beisl mit exzellenter Hausmannskost - für größere Gruppen nicht geeignet. Vormittags bedient ein "berüchtigter" Wiener Basketballer.

GASTHÄUSER UND RESTAURANTS

Hanfil
4, Lamprechtgasse 9
Altwiener Spezialitätenrestaurant mit solid gediegener Küche.

JUGOSLAWISCH

Beograd
4, Mühlgasse 15
Abendlokal mit guter Küche, und Künstlerpublikum. Rarität: bisweilen bis 8.00 Uhr früh offen.

GRIECHISCH

Zeus
4, Argentinierstraße 15
Gute griechische Küche, auch so recht nett. Viele Rundfunkleute, die sich abends dort treffen.

Hellas
4, Rechte Wienzeile 19
Freundlich nett und gutes Essen.

ITALIENISCH

Pizzeria Da Candela
4, Kolschitzkygasse 6
Klein und südländisch. Nicht billig aber exzellente Pizzas bei viel Atmosphäre. Lieb zum " zu-zweithingehen "!

Al Contadino Da Ottavio
4, Schleifmühlgasse 21
Hier wird vor allem vornehm getan. Nettes Interieur, chaotische Bedienung.

Da Pierino
4, Operngasse 20 b
Einen Versuch wert.

Carpaccio
4, Paniglgasse 23
In den Räumen des ehemaligen Eß-Kult-Tempels "Le Pialee " der auf mysteriöse Weise bei einem Brand zu Asche geworden ist. Als Phönix entstieg das Carpaccio aus der noch warmen Asche.-Wahrscheinlich der beste Italiener in Wien!

Da Gino Maria
4, Rechte Wienzeile 17
Gute Fischspezialitäten.

CHINESISCH

Taiwan
4, Paulanergasse 8
Der akzeptabelste Chinese im Bezirk.

SZENE MIX

Boonoonoonoos
4, Margaretenstraße 7
Karibik Live. Ausgefallene Karibikdrinks und Spezialitäten. Heiße Musik von Reggae bis Calypso. Und dann heizt auch die Stimmung auf. Alle werden heiß und die Bastrockerln fangen Feuer.

Flieger
4, Schleifmühlgasse 19
Klein aber szenig. Freaks und Intelligentia. Zu später Stunde sind jedoch die Höhenflüge vorbei. Tiefflug oder Absturz.

Old Inn
Schönbrunnerstraße 4
Alt und gemütlich, geeignet zum Plaudern und zum Neuerfinden der Welt.

Club Privé
Rechte Wienzeile 23,
Die große Welt im Einmachglas. Man steht herum und fühlt sich.

Papas Tapas
4, Schwarzenbergplatz 10
Origineller Treff im Dunstkreis der "Atrium"-Studentendisco.
Exotische Speisekarte und viel jazzige Klänge.
Angeschlossen :
Die Altdisco " **Atrium** " - wird jedoch von Jungspatzen bevölkert und **"Das Wurlitzer"** - Im Keller für die 50er und 60er Jahre.

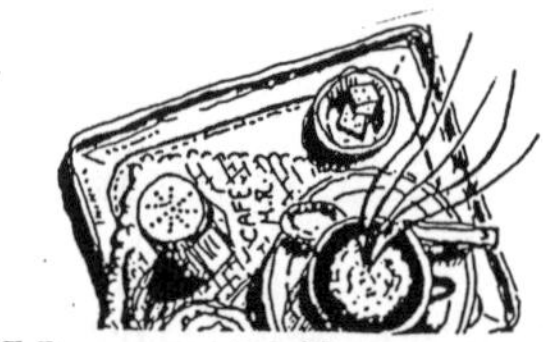

KAFFEHÄUSER

Goldegg
4, Argentinierstraße 49
Traditionscafe, wo man ruhig Billard und Karten spielen kann.

Resselpark
4, Mittem am Karlsplatz
Eine Grünoase zur Erholung am Verkehrsknotenpunkt Karlsplatz. Man sitzt im Freien und das Abenteuer macht Pause.

Billardcenter
4, Rechte Wienzeile 35
Billard,Billard,Billard. Auch die Stars der Trickspieler üben hier. Aber auch Essen zu billigen Preisen.

Cafe Wortner
4, Wiedner Hauptstraße 55
Jazzfantreffpunkt

THEATER

Freie Bühne Wieden
4, Wiedner Hauptstraße 60 b
Topsy Küppers kämpft unermüdlich. Eigenwilliges Cabaret, "critic à tout prix"-Sehenswerte Kleinbühne.

Nützliches & Praktisches

Tiefgarage Karlsplatz
4, Karlsplatz (Einfahrt Maderstraße)

Städtische Büchereien
4, Kolschitzkygasse 9-13
4, Favoritenstraße 8
Leihgebühr pro Buch 2 ÖS (Einschreibungen siehe "Bibliotheken").

Spanisches Institut
4, Goldeggasse 7
Tel. 65 25 35
Vorträge und Bibliothek Mo - Fr 9.00 - 13.00 Uhr und 15.00 - 19.00 Uhr geöffnet, Kulturvertretung Spaniens in Wien.

Comicbuchhandlung
American Discount
4, Rechte Wienzeile 5

AG
Frauen beraten Frauen
4, Preßgasse 28/16, Tel. 57 67 50

MUSEEN

Historisches Museum Der Stadt Wien
4, Karlsplatz , Tel. 42 80 4

Bestattungsmuseum
4, Goldegg-Gasse 19, Tel. 65 16 31, siehe 1. Teil " Museen ".

GALERIEN

Atrium Galerie
4, Schwarzenbergplatz 10
Im Papa`s Tapas : Ausstellungsmöglichkeit für junge Künstler.

Operngarage
(über Rechte Wienzeile)
Tel. 57 54 79, von Mo-Fr 7.00 bis 20.00 Uhr

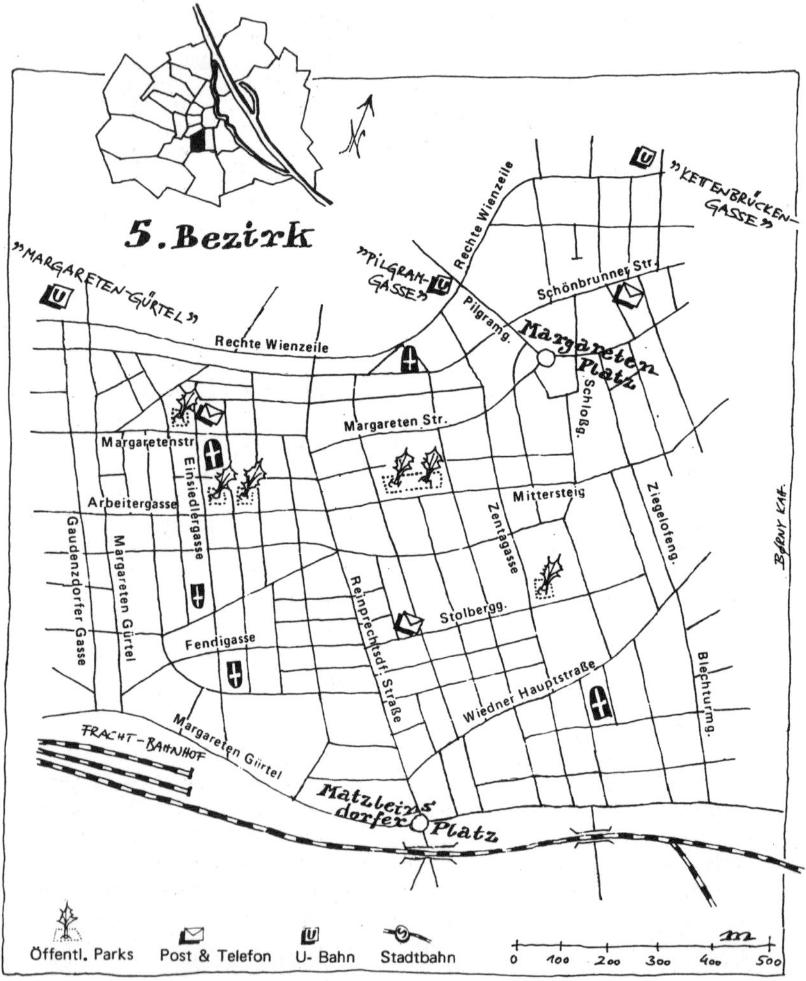

5. Bezirk
"MARGARETEN-GÜRTEL"
"PILGRAM-GASSE"
"KETTENBRÜCKEN-GASSE"
Rechte Wienzeile
Rechte Wienzeile
Schönbrunner Str.
Pilgramg.
Margareten Platz
Schloßg.
Margareten Str.
Margaretenstr.
Einsiedlergasse
Arbeitergasse
Mittersteig
Zentagasse
Ziegelofeng.
Gaudenzdorfer Gasse
Margareten Gürtel
Reinprechtsdf. Straße
Stolbergg.
Fendigasse
Wiedner Hauptstraße
Blechturmg.
Margareten Gürtel
FRACHT-BAHNHOF
Matzleinsdorfer Platz
BARNY KAH.
Öffentl. Parks
Post & Telefon
U- Bahn
Stadtbahn
m
0
100
200
300
400
500

MARGA-RETEN

5. BEZIRK

Etwas farblos scheinender Stadtteil, durch den sich phon-intensive Durchzugsstraßen brechen. An den Mauern der schmal an- und durcheinandergereihten Quergassen bröckelt der alte Verputz runter, dafür verbergen sich ruhig-kleine Hinterhöfe - fast verträumt manchmal - hinter schmucklosen Toreingängen.

Das Diplomatenflair von Wieden verliert sich im Verkehrslärm zwischen Rechter Wienzeile und Matzleinsdorfer Platz. Der entdeckungsfreudige Bezirkswanderer stellt fest: Öd- graue Häuserfronten, verwelkte Mini-Grünflächen, ein einsamer Lichtblick am Margaretenplatz.

MARGARETENPLATZ

Der " schönste Platz der Welt ", wenn`s nach dem Wiener Stadtrat, Schriftsteller und " Wiener Journal "- Herausgeber Jörg Mauthe geht. Dort, wo Schloßgasse und Margaretenstraße aufeinandertreffen, stehen sich mehrere Stilepochen gegenüber: im Norden die Gründerzeithäuser, fast vis-á-vis ein schöner Villenbau mit Türmchen obendrauf, Gitter und Innenhof. Ebenerdig und biedermeierlich schläft das balkonbestückte Haus an der Ostseite des Platzes, gegenüber hat die Tschechische Sozialdemokratische Partei ihr Stammdomizil (Erinnerung an die 20er Jahre, in denen Wien die zweitgrößte " tschechische " Stadt war).

Gasthaus Ingeborg Haas
5, Margaretenstraße 74
"Bezirksbeisl"

Silberwirt
5, Schloßgasse 21
Schön-altes Haus in Gerichtsnähe, Hausmannskost.

Altes Fassl
5, Ziegelofengasse 37
Alt Wiener Beisl, so wie es sein sollte.

GRIECHISCH

Taverna Melina
5, Margaretenstraße 78
Klein, gemütlch,angenehm.

KOREANISCH

Koreanerhaus
5, Margaretenstraße 102

PORTUGIESISCH

Casa Do Manuel
5, Stolberggasse 23 b
Familiär, klein, intim und sehr gut, etwas für Kenner.

CHINESISCH

Tien Tsen
5, Rampertstorffergasse 47

GASTHÄUSER UND RESTAURANTS

Schwarzer Adler
5, Schönbrunnerstraße 40
Traditionswirtshaus in neuem Styling. Die Bodenständigen Spezialitäten sind besser als der International-Kitt.

Goldene Glocke
5, Kettenbrückergasse 8
Traditionsrestaurant mit liebevoller Wiener Küche aus der guten alten Zeit. Wunderschöner Garten mit Teilüberdachung. Manchmal exzellente Fischgerichte. Ein Platz zum Genießen und Wohlfühlen.

SZENE MIX

Rotstilzchen
5, Margaretenstraße 99
Von der Muse der Subkultur geküßt ."Alternativ-anti-spontan-intellektuell"-Image mit Live-Musik, Lesungen, Vorträgen und Politikerdiskussionen. U.a. auch "Homosexuellen-Initiative" und Fraueninitiativen.

Klawir
5, Arbeitergasse 26
Katholisches Jugendzentrum mit viel Programm an Musik und Workshops.

Motto
5, Rüdigergasse 1
Viel Spiegeliges und viel Grün. Club-Restaurant-Cafe " Motto" - Motto: " Männer mögen Männer ". Junges Publikum, Video am Klo.

Galerie Rotpunkt
5, Reinprechtsdorferstraße 6
Vereinslokal von politisch interessierten Frauen.

Nashville
5., Siebenbrunnengasse 5 a
Country & Western Club. Wenn man den Salon durch die Schwingtüren betritt erst einmal lässig bleiben, denn vielleicht spielt gerade eine C & W-Partie. Ganz cool ein ordentliches Steak bestellen und den Stetson in den Nacken schieben. Preislich ist`s auch in Ordnung und so bleiben einem noch ein paar Nuggets für`s Bier.

Macondo
5., Hamburgerstraße 11
Musik, Getränke und Grillspezialitäten aus Lateinamerika.

Spektakel
5., Hamburgerstraße 14
Treff der jungen Cabaretszene. Originelle Speisekarten: ausrangierte Plattencovers aus den 60ern. Einen Abstecher wert.

Cafe Halikarnas
5., Spengergasse 31
Manchmal Live-Musik, Türkische Spezialitäten.

Gassergasse Selbstverwaltetes Jugendzentrum
In der Zeit des jugendlichen Wiener Wohnungswucherprotestes (Frühjahr 81) aus der Taufe gehoben. Tummelplatz für Subkulturschaffende, viel Eigeniniative und der Subventionsschilling rollt (noch!). Wirkt recht chaotisch, destruktive Gemütlichkeit an den bemalt-beschmierten Wänden und viele Leute, die hier " was machen wollen ", Arbeitsgruppen etc.
So war`s noch Anfang der 80er Jahre. Mittlerweile ist das Gebäude in einer Ruck-Zuck-Aktion geräumt und geschleift worden. Die harten Protagonisten (Punker, Rocker) sitzen (wieder) auf der Straße, der konstruktivere Rest hat sich auf andere Projekte (z.B. WUK 9. Währingerstr.) aufgeteilt.

Volkshochschule Margareten
5, Stöbergasse 11-15, Tel. 55 31 82
Engagierter Betrieb mit regem Kursbetrieb (Programm anfordern). Außerdem "Filmhaus Stöbergasse", das sich durch ein zeitkritisches Programm einen guten Namen gemacht hat. Teilweise Zusammenarbeit mit dem österreichischen Filmarchiv, Aufführung von Filmen, die keinen Verleih gefunden haben.

Haus der Jugend am Matzleinsdorfer Platz
5, Grünwaldgasse 4, geöffnet 14.00 bis 22.00 Uhr
Üblicher Jugendzentrumsbetrieb mit Kindernachmittag, Veranstaltungen von Party bis Film. Wegen Sommer - Öffnungszeiten erkundigen. Berufsschülerclub.

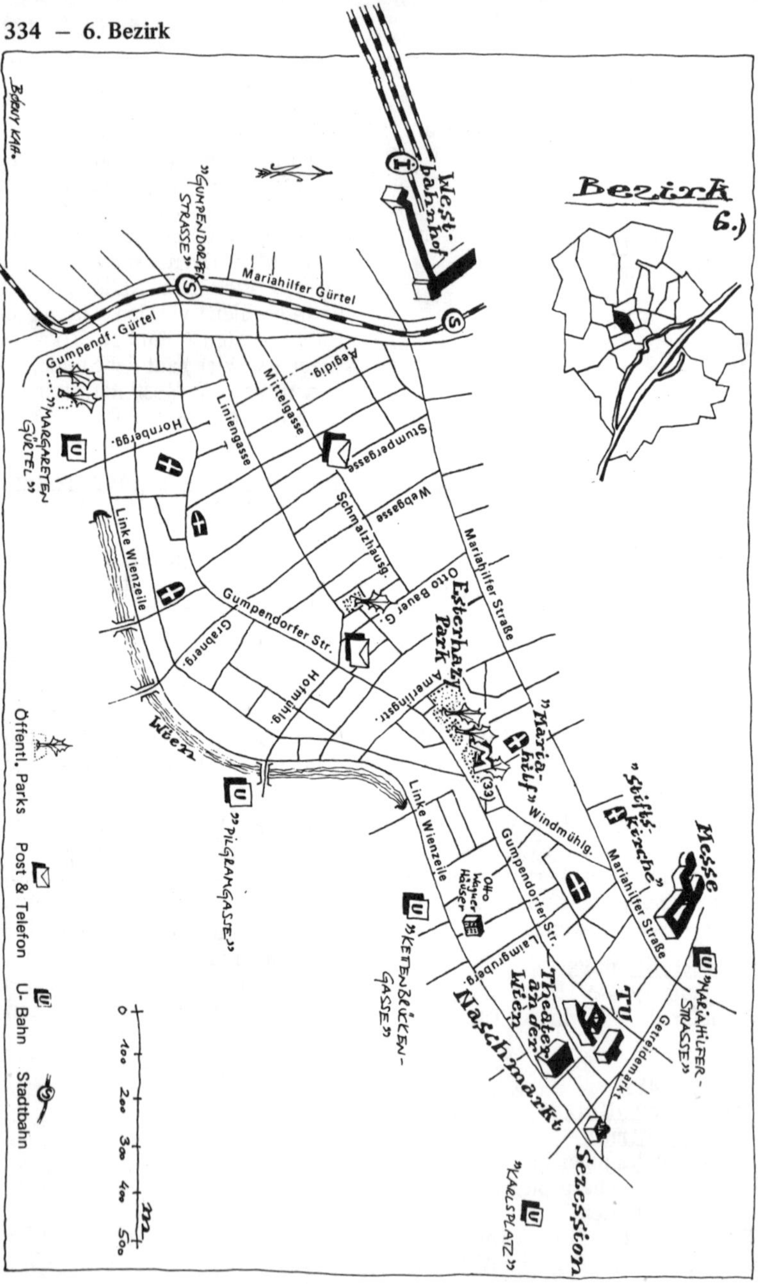
Bezirk 6.)
West-bahnhof
Mariahilfer Gürtel
Gumpendf. Gürtel
„Gumpendorfer Strasse"
„Margareten Gürtel"
Aegidig.
Mittelgasse
Liniengasse
Hornbergg.
Stumpergasse
Webgasse
Schmalzhausg.
Otto Bauer G.
Linke Wienzeile
Gumpendorfer Str.
Grabnerg.
Hofmühlg.
Amerlingstr.
Esterhazy Park
Mariahilfer Straße
„Maria-hilf"
Wien
„Pilgramgasse"
Windmühlg.
„Stiftskirche"
Messe
Otto Wagner Häuser
„Kettenbrückengasse"
Laimgrubeg.
Theater an der Wien
TU
„Mariahilfer-Strasse"
Getreidemarkt
Naschmarkt
Sezession
„Karlsplatz"
Öffentl. Parks
Post & Telefon
U-Bahn
Stadtbahn
0 100 200 300 400 500 m

MARIA-HILF
6. BEZIRK

Fast hügelig ziehen sich die Häuser und Gäßchen hinauf zur Gumpendorfer Straße und weiter zu Wiens "zweiter" Einkaufsstraße, der Mariahilfer Straße.

Am NASCHMARKT (wohl der bekannteste Markt der Donaustadt) lebt noch basarähnliche Einkaufsatmosphäre, man pilgert von einem "Standl" zum anderen und vergleicht die Preise. Viel Buntes drängt sich zwischen in Ehren ergrauten Pflastern zu samstäglichen Zeiten, wenn der Freiluft-Flohmarkt seine Pforten öffnet.

Konventioneller Einkaufstrubel wirbelt durch die "Shopping-Zentren" in der MARIAHILFER STRASSE. Dort verläuft der Kamm des Höhenrückens, über dessen Südhang sich die Mariahilfer Gegend ausbreitet. Die behäbigen 19. Jahrhundert-Bauten, die da entlanglaufen, lassen kaum an eine Zeit glauben, in der hier üppig die Weinreben aus dem Boden sprossen. Aber das ist auch schon mehr als 300 Jahre her.

SEZESSION
6, Friedrichstraße 12

Jugendstil-Tempel! Bahnbrechender Kuppelbau mit riesigen Lorbeerblättern und beerenförmigen Kugeln, vergoldetes Eisen, prunkige Metall-Türen nach Entwürfen von Gustav Klimt.
Zur Jahrhundertwende als Ausstellungsbau für moderne Kunst in den Architektenkochtopf geworfen ("Wiener Sezession"). Motto: "Der Zeit ihre Kunst, der Kunst ihre Freiheit!" Erbaut von Joseph Olbrich. 1897 (?)

Heute: Hundertwasser-Ausstellungen, österreichische "modern art". Lohnender Seitensprung bei Ringwanderung (einfach Verlängerung der Kärtnerstraße stadtauswärts).

OTTO-WAGNER-HÄUSER

6, Linke Wienzeile 38 und 40 ("Majolika-Haus")

Blattgold glänzt über die Fassaden, schmale Balkone mit ornamentverzierten Gittern: die beiden bedeutendsten Miethäuser des Jugendstil-Altmeisters, der mit seinen gutgeölten Beziehungen zur Stadtbauobrigkeit auch beim Planen der Stadtbahnstation freie Hand hatte und seine Ideen voll umsetzen konnte.
Im Hausinneren des "Majolika-Hauses": zauberhafte Eisenarbeiten im Stiegenhaus. Weiteres architektonisches Detail: Harter Übergang zum Nachbarhaus durch Fassaden-Auflösung in Balkone gemildert.

Entstanden zur Jahrhundertwende. Lohnender Blick von der gegenüberliegenden Rechten Wienzeile.

JUGENDSTIL

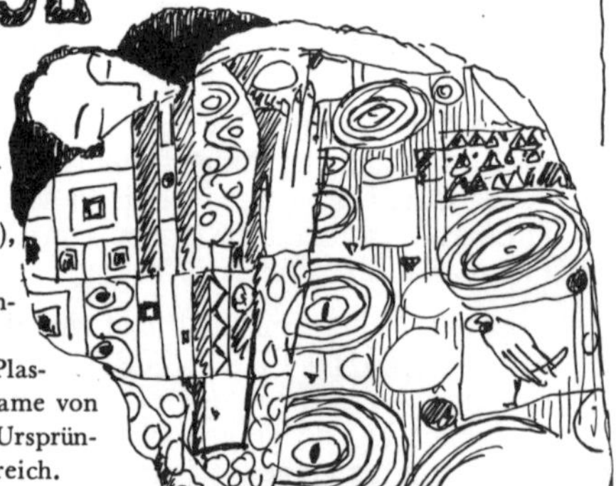

Hereinschwappender Revolutionsstil der jungen Künstlergarde (Ende des 19. Jahrhunderts). Internationale Bewegung (andere Namen: Art Nouveaux, modern style oder Stile Liberty), Blumenranken- Ornamentik, fein gekurvte Linien, Darstellung von wellen- und flammenförmigen Bewegungen. Fand ihren Niederschlag in Malerei, Plastik, Typographie und Architektur. Name von der Münchner Zeitschrift "Jugend". Ursprünge liegen aber in England und Frankreich.

Kirchen

STIFTSKIRCHE "ZUM HL. KREUZ"

Vom Messeplatz leicht hügelan die Mariahilferstraße "hinauf" liegt - fast verschluckt von der abgasigen Reifen- und Schienenhektik die Stiftskirche.
Mit einem hellen Türmchen an der Ecke Stiftsgasse/Mariahilferstraße. Wie das Leben so spielt: Gestiftet von einem gewissen Herrn "von Chaos", - konzipiert auf einem damals lauschigen, wiesenumsäumten Plätzchen, -heute umbrandet von Verkehrschaos. Frisch grün-gestrichen klassizistischer Innenraum.

WALLFAHRTSKIRCHE MARIAHILF

Knappe 30 Meter weiter rauf, links: eingepfercht und mit einem engen Plätzchen davor, die Kirche, von der der Bezirk seinen Namen hat. Faszinierend, vom Einkaufsgetümmel in die sakrale Ruhe reinzustoßen, wo farbenprächtige Barockgemälde den Blick zur Decke raufziehen (Künstler: Johann Haunzinger, Franz Xaver Strattmann).
Die erste, ursprüngliche "Mariahilferkirche" kam den Türkenkugeln ins Schußfeld, wurde bis auf die Grundmauern zerstört und 1686 bis 1689 neu aufgebaut.

S. MARCUS, 1861

Das Erste Auto:

Die Österreicher waren im Erfinden nicht "ohne": Josef Ressel, Auer von Welsbach oder Igo Etrich haben sich als "Pioniere" in die Gedenklisten eingetragen. Einer, der oft totgeschwiegen wird, ist der "Erfinder des Automobils" (diesen Titel beanspruchen ja mehrere Genies für sich): Siegfried Marcus.Mariahilfer Straße 7:Hier werkelte er in seiner Mechaniker-Werkstatt, wenn er nicht grad im Cafe um die Ecke rumsaß und mit den Damen charmeurte. Anno 1861 experimentierte er mit einer grauslich-lauten "Knattermaschine", bis ihm die Polizei sein "Unwesen" verbat. Als 10 Jahre später Daimler und Benz ein ähnliches Ungetüm konstruierten,es Automobil nannten und damit viel Geld machten, war Marcus gebrochen...

Erfinderpech. Sein erstes Automobil ist jetzt im Techn. Museum.
PS.: Siegfried Marcus baute zwar 187o das erste Automobil der Welt. Seine Ungeschicklichkeit, daß er seine Erfindung nicht beim Patentamt anmeldete. 1886 meldete Gottlieb Daimler sein Fahrzeug an und erhielt vor Markus das Patent...

ESSAY

Gumpendorf - Geschichte einer Zuneigung:

Ein Floridsdorfer zieht nach Gumpendorf. Er ist entwurzelt, seiner proletarischen Grundlagen beraubt. Sein Füchtlingsschicksal beklagend sitzt er in der Hirterstube in der Hofmühlgasse, säuft Hirterbier, das leider nicht einmal schlecht schmeckt, und fürchtet sich vor dem Dorf, das da Gumpendorf heißt und sicher nicht so ein schönes Dorf ist wie Floridsdorf.

Adi heißt der Wirt, und er ist mürrisch und präpotent, und das macht ihn sympathisch. Zum "Zenserln" (Lieblingskartenspiel im Knast) hat er keine Zeit, denn er muß am Häusl grade kontrollieren, "daß siech die Junkies jo kan Schuß setzen", und "ihm die Gäst net am Schädl scheißen". Aber er organisiert einen Spielpartner: Karl Prochaska, 1,95 Meter-Mann, mindestens 140 kg Lebendgewicht.

Er ist Spezialist für Gumpendorf. Aber das heißt gar nichts, denn er ist Spezialist für alles - für schlichtweg alles. Ex-Schmied, Ex-Combatschütze, Ex-Söldner, mindestens viermal verheiratet und achtmal geschieden, überall dort zu Hause, wo er schon einen Reisebericht aus der städtischen Leihbücherei gelesen hat, und wenn man alle seine Abenteuer und Lebensstationen zusammenrechnet stellt man mit Erstaunen fest, daß dieser etwa 40-jährige Mann in Wirklichkeit schon etwa 150 Lenze auf dem Buckel hat.

Nachdem er mich beim "Zenserln" beschissen hat, geh`n wir rauf zur "Schlange": Er ist Privatgelehrter auf dem Gebiet Giftschlangen, er versteht zumindest genau so viel davon wie ein Uni-Professor.

Man sagt, daß seine Wohnung eine Art überdimensionales Terrarium sei. Wir verhandeln im "Biergwölb" über irgendein Geschäft, das dann sowieso nie zustandekommt. Unterwegs treffen wir noch Rudi, einen 75-jährigen Hausmeister. Sein Händedruck treibt mir das Wasser in die Augen. Letztes Jahr hat er drei Bürscherln, die ihn berauben wollten, je eine Ohrfeige verpaßt die zur Folge hatte, daß sie auf der anderen Seite der Gumpendorfer Straße wieder zu sich gekommen sind.

Im "Biergwölb" will der Wirt sofort eine Runde Schnapsen. Aber erstens spielt er zu gut, und zweitens ist er ein Schnorrer, und drittens mit einem Wirt sollte man sowieso nie Karten spielen, und mit einem Wirt, der ein Schnorrer ist, schon überhaupt nicht.

Das nächste Bier inhalieren wir im Sex Shop. Weil`s ruhiger ist und weil der Besitzer auch gern eins mittrinkt.
Dann geht`s auf in die Haydngasse zum Dimic - ein schmuddliges Polenbeisel, das zum neuen "In-Szene-Hit" der Journalisten geworden ist. Hans vom Einkauf säuft die zweite Flasche Wodka, beflegelt die Polen und wird sicherlich noch wegen Gewalttätigkeit im Landl enden.

Noch ist er dabei intellektuell - nach der dritten Flasche wird sich auch dieses Manko erledigt haben. Gerald liest zum vierten Mal einen Artikel vor, der gerade von ihm erschienen ist und der die Erfindung der Welt neuerklärt.

Karl Prochaska war übrigens auch einmal Journalist. Man beschließt zum "Schmalvogel" zu gehen, weil`s dort einen Klavierspieler gibt, den man zwingen könnte, "Satisfaction" von den Stones zu spielen. Dann kommt die Polizei - von der Kopernikusgasse - auf Inspektionsrunde, wobei insbesondere überwacht wird, ob das Bier dem Lebensmittelgesetz entspricht. Dann kommen die Kollegen aus der

Stumpergasse - schreien "Ruhestörung!" und führen dann ebenfalls eine Qualitätskontrolle durch.

Karl Prochaska erzählt, wie er einmal als Leibwächter gearbeitet hat.
Herbert, ein Vertreter, kommt herein und bestellt einmal Dieselöl - "wer so was sauft, frißt kleine Kinder auch" - und verkauft dem Wirt " er braucht das, er weiß es nur noch nicht", 100 Kugelschreiber.

"Porno Franzi" - ein Sex Shop Besitzer aus der Stumpergasse unterhält sich mit den Journalisten über ein neues Hostessenmagazin, das er gründen will.

Wechsel ins "Frascati" in der Barnabitengasse: Dort sitzt Joe, ein Ex-zauberer, und Mario, der Besitzer, hat den ältesten Kartentrick der Welt noch immer nicht begriffen. Das wird ihn noch manch Viertel Chianti kosten.

Jetzt auf zum "Hungerkünstler", weil das Essen hervorragend ist und die Kellnerin nicht nur hübsch, sondern auch das gewisse Etwas hat. Das Lokal daneben ist in zwei Etappen abgebrannt. Einmal im Jänner 85, aber nur halb, und dann im März 85, dann ganz. X, der lokale Waffendealer versucht uns eine verschimmelte 9mm anzudrehen. Kein Bedarf. Ali, der Zeitungsausträger, wankt Richtung Polizei. Er hat das Geld versoffen und ist auf das Gesicht gefallen. Jetzt erzählt er was von einem mörderischen Raubüberfall, dessen Opfer er geworden ist.

Karl Prochaska erzählt die Geschichte, wie er in Afrika Schlangenfangen war. "Die Schlange" schaut zuerst verdutzt, dann grinst er. Es ist dieselbe Geschichte, die er Karl vor zwei Wochen erzählt hat. Er hat sie bereits verinnerlicht.

Es ist vier Uhr nachts geworden und sogar das legendäre "Cafe Kaunitz" schmeißt uns raus. Macht nix. Um halb 5 sperrt der "Drechsler" auf der Wienzeile auf. Pepi Wolf, alternder Starvertreter, erzählt, warum er die Nazis nicht leiden konnte. Er wurde von ihnen wegen Fahrrad-schiebereien eingesperrt. Zwei Jahre später taten die Amerikaner dasselbe. - Sie sperrten ihn ein. Wegen Schiebereien.
"Da war i wieder im Häfn. Diesmoi mit die Nazis."

Ein gewöhnlicher Tag in Gumpendorf.
Aus einem Floridsdorfer ist ein Gumpendorfer geworden - nicht am Land und doch zu Hause.

__Gasthof Sopherl__
6, Linke Wienzeile 34
Schnitzl-, Gulasch- und Schweinsbraten-"Station" beim Flohmarkt.

__Hirterstube__
6, Hofmühlgasse 7
Billige Preise für Kaffee, Bier, Wein Ausgezeichnetes Hirterbier. Essen nur Kleinigkeiten. Adi, der Wirt, Gumpendorfer Original mit rauher Schale.

__Harreter__
6, Gumpendorferstraße 71
Billige Mittagsmenüs, aber etwas versandelt.

__Gasthaus Geyer__
6, Magdalenenstraße 17

Exzellente Küche. Der Zynismus des Wirtes verpufft an der Ignoranz der Gäste. Im "Zenserln" muß er noch lernen, daher spielt er sehr oft. Aldo, der Haushund: der schönste Schlittenhund zwischen Scheibbs und Nebraska. Wer etwas spenden will: mein Sparvereinfach ist Nr. 23 (der Verfasser G.B.)

Biergwölb
6, Hofmühlgasse 21
Im Sommer schöner Gastgarten mit grün und Bäumchen.Pepi,der Wirt, könnte seinen Schmäh noch etwas verbessert. Ansonsten: Tratschumschlageplatz von Gumpendorf.

Dimic
6, Haydngasse
Polenbeisel mit ausgezeichneten "Flatzcy" (Kuttelsuppe). In Treffpunkt der neuen Journalistenelite mit Billard.Jour-Fixe am Samstag-Nachmittag.

Gasthäuser und Restaurants

Antiquitätenkeller
6, Magdalenenstraße 32
Mobiliar mit Rustikal-Touch, Feinessen bei gehobenen Preisen.

Hungerkünstler
Gumpendorferstraße 48
Unaufdringlich gediegenes Holzstyling. Interessante Speisenauswahl - liebevolle Küche. Gemischtes Publikum von Szene bis Konservativ. Ganz schön geschmackig für die Aussage Hungerkünstler.

Hauswirth
6, Otto Bauer Gasse 20
Neue Wiener Küche. Ein echtes Top Restaurant. Das große 8-gängige Menü ca. 500 Schilling, das ist für das Gebotene ein Superpreis. Exzellenter Service, gediegene Atmosphäre. Wenn man die "gespitzten" Upper-Class-People ignorieren kann, fühlt man sich fast wie Gott in Frankreich.

Zum Hirschen
6, Hirschengasse
Gehobene Eßkultur der gehobenen Preisklasse.

Griechisch

Haydnstüberl (der Grieche)
6, Barnabitengasse 5
Exzellente Fischplatte, gehobenes Niveau

Schwarze Katze
6, Giradigasse 6
Georges Dimou-Lokal. Nach dem Theater kommen die Leut her. Gut und teuer.

Thessaloniki
Gumpendorferstraße 63
Freundliche Atmosphäre, gutes Essen, billige Mittagsmenüs.

Indisch

Shalimar
6, Schmalzhofgasse 1
Superb! Exzellente indische Kost, die in silberfarbenen Schüsseln serviert wird. Fein gewürzt mit

exotischen Saucen. Indische Musik gibt noch das ihre dazu. Empfehlenswert: Platten für zwei oder mehr Personen (z.B. Maharadja-Platte) und Mango-Lassi Getränk.

ITALIENISCH

Frascati
6, Barnabitengasse 3
Ein italienisches Lokal ohne Pizza. Mario, wir danken dir. Liebevolle Italospezialitäten, kleiner Preis, große Portionen.

JUGOSLAWISCH

Makedonia
Super Grillplatte für zwei Personen. Billige Preise. Geheimtip. Freundliche Atmosphäre und ein Super-Slivowitz, der einem das Wasser in die Augen treibt.

CHINESISCH

Nanking
Köstlergasse 1
Nach dem Umbau etwas steril, aber immer noch guter Durchschnitt.

Jasmin
Webgasse/Mariahilferstraße 111
War schon mal besser.

Generelle Anmerkung zu chinesischen Lokalen:
Die Zeiten, in denen "Chinesisch-Essengehen" noch eine Alternative war, scheinen vorbei. Das Essen tendiert in der Regel immer mehr in Richtung Einheitskost. Der Reis wird extra verrechnet - die Portionen werden kleiner, dafür wird alles unverhältnismäßig teuer. Statt als"Land des Lächelns" präsentieren sich die China-Freßtempel zunehmend als Lokale, wo einem das Gesicht einschläft. Bemühen sieht man bei China-Restaurants, die relativ neu eröffnet haben.

SZENE MIX

Titanic
6, Theobaldgasse 11
Ableger der Lateinamerikabeiseln. Stimmungsmäßig eher Untergang. Life = Musik im Keller. - Die Stimmung auch.

Cafe Schmalvogel
6, Grabnergasse 61
Skurril gemütliches Ambiente. Hervorragender Jungschweinsbraten. Peter, das alte Schlitzohr, stellt unaufgefordert eine Flasche hausgebrannten Obstler auf den Tisch, die jedoch nicht umsonst ist. Live Musik und Familienatmosphäre. Echter Geheimtip.

Saftbeisel
6, Morizgasse 6
Säfte, Antialkoholisches und allerlei Bio. - Logisch.
Auch "Quasi-Single-Treff" für Bio-Frusties, zum gemeinsamen Zimmern einer Beziehungskiste.

Café Blümel
6, Gumpendorferstraße 54
Drückende Atmosphäre, sterile Menschen, unkommunikativ.

Café Taxi
6, Blümelgasse 1
Die Punks saufen Bier aus der Flasche und rülpsen. "Sid Vicious

ist tot und mir ist auch schon ganz schlecht." (G.B.)

Pause
6, Mollardgasse 37
Neon lacht, aber die Leute nehmens ernst. Gute vegetarische Schmankerln, publikumsmäßig einige optische Extreme. Trotzdem irgendwie familiär und gemütlich

Café Monic
6, Gumpendorfer Straße 69
Halbschickeria, eher jung. Friedl, der Besitzer, ein lustiger Schmähführer. Kleine Imbisse.

Café Wolf
6, Ecke Gumpendorfer /Esterhazys
Gutes Frühstück und seit Heinz in der Küche ist, gute Menüs.

Einhorn
6, Joanelligasse 7
Jazzlokal des legendären Saxophonisten Uzzi Förster. Uzzi: skurril lustiger Plauderer, wenn nicht gerade total angesoffen. Gemütlich. Ein Platz mit Wehmut nach den 60ern.

Gärtnerinsel
6, Magdalenenstraße 2
Subkulturumschlagplatz. Folk- und ähnliche Musik, diskussionsfreudige Atmosphäre und Wochenendrazzien.

Stehbeisl
6, Windmühlgasse 6
Lange Bar im kleinen Lokal. Im Stehen (ein paar Sitzplätze sind auch da) kann man was Flüssiges zu sich nehmen. Bei guter Musik (zwischen Dylan, Doors und New Wave) wirds kontaktfreudig eng. Journalisten, Künstler etc.

Club America Latina
6, Mollardgasse 17
Lateinamerikalokal und -kulturzentrum. Recht verwinkelt gebaut, im Keller am gemütlichsten. Manchmal Live-Musik. Kleiner Eintritt oder Clubkarte.

Rincon Andino
6, Münzwardeingase 2
"Anden-Ecke".
Lateinamerikanisches Kultur- und Informationszentrum mit Cafébetrieb, Galerie und Vortragsräumen (1. und 2. Stock).
Die Wände hat der junge Kolumbianer David Hojos mit Marktszenen aus den Anden bemalt (Tip: Mädchen, das "Zigaretten" verkauft, genauer anschauen!) Publikum recht bunt gemixt. Studenten, aber auch Familien, Pensionisten etc., Fiestas!

Essen: Microwellenherd!

KAFFEHÄUSER

Sperl
6, Gumpendorfer Strae 11
Altwiener Kaffeehaus. Beliebte Kulisse für Wien-Filme. Angenehm zum Billard-psielen (Tisch für beide Arten), eher teuer. Seit der Renovierung an Flair verloren.

Café Ritter
6, Mariahilfer Straße 73
Älteres Publikum. Angenehm ruhig, wenn man vom Mariahilfertstraßentrubel hereinkommt.

Drechsler
6, Linke Wienzeile 22
Achtung Nachtschwärmer! Ab 4.00 Uhr früh geöffnet (So. und Feiertag geschlossen). Dort kann man hingehen, auf ein Wiener Frühstück, wenn die Innenstadtlokale schon sämtlicherweise geschlossen haben!

KONDITOREIEN

Bredendick
6, Mariahilfer Straße 37, auch warme Küche

Sander & Co.
6, Mariahilfer Straße 95

Besonderes

Jakob`s Oldtimer-Treffpunkt
6, Esterhazygasse 9
Tel.: 56 77 08
Eines der größten Oldtimerzentren Österreichs mit Ausstellungsraum und einer automobilhistorischen Bibliothek.

Rosa Lila Villa
6, Linke Wienzeile 102
Tel. : 56 81 50
Zentrum der Homosexuellen Initiative (weiblich, männlich)
Wie ein überdimensionaler Punschkrapfen provoziert das Haus Augen und niedere Instinkte der Spießbürger.
Bibliothek, Mo. - Fr. 17 - 20 Uhr
Kommunikationscafé "Warmes Nest"
Mo. - Fr. ab 17 Uhr
Frauenrunde Fr. ab 20 Uhr
Männerselbsterfahrungsgruppen.

Vip - Visitenkarten
Kopernikusgasse 6
Tel.: 56 41 66
Visitenkartenschnellservice für alle, die nicht lang warten können. Ausgefallene Ideen im Blitztempo, Wunder dauern etwas länger.

Nützliches & Praktisches

Infocenter
6, Damböckgasse 1
Mo. bis Fr. 12 - 19 Uhr
Kostenlose Beratungsstelle der Stadt Wien. Sozialarbeiter und Psychologen: für Jugendliche, die sich irgendwo nicht mehr zurechtfinden "Beratung in allen Lebensfragen". Gibts in Wien seit 1973, eher unkonventionelles Sozialengagement, das sich (teilweise) bewährt hat.

Haus der Begegnung Mariahilf
6, Otto Bauer-Gasse 7, Tel.: 56 14 56
Veranstaltungsprogramm für Kinder von 7 bis 77. Wir sind grad in eine rassige Fiesta mit Lateinamerika-Musik und Tanzen hineingeplatzt.

THEATER

Theater Gruppe 80
6, Gumpendorferstraße 67
Tel. 56 52 22

Wer Nestroy oder Grillparzer in neuem Kleid oder moderne, weniger bekannte Autoren sehen will, pilgert in die Gumpendorferstraße.

Theater Brettl
6, Münzwardeingasse 2
Tel.: 57 06 63
Dance! Performances, manchmal intern Workshops.

Theater a.d.Wien
6, Lehargasse 5, Tel.: 57 96 32
mit gelegtentlichen Ausnahmen (z.B.während der Festwochen... Kabuki-Theater aus Japan etc.) gibts hier nur "Cats" zu sehen.

Raimundtheater
6, Wallgasse 18 - 20
Tel.: 57 66 26
vorwiegend Jugendstücke.

Kabarett & Komödie am Naschmarkt
Linke Wienzeile 4, Tel. : 57 22 75
(K & K), manchmal hört man Qualtinger "Mein Kampf" (kann man ja wohl streichen - jetzt, wo er gestorben ist?)... sonst: Hans Peter Heinzl`s "Mein Dampf(geplauder)"

KINO

Hayden-Kino
6, Mariahilfer Straße 57, Tel.: 57 22 62
Seit 1914 berühmtes "Kintop-Etablissement", seither mehrmals umgebaut, zuletzt in der ursprünglichen Jugenstil-Form renoviert, leicht new-wavig in kühlem Blau ge-halten, schön. Das Filmangebot bewegt sich zwischen den neuesten Hollywood-Schinken und Anspruchsvollerem.

SPORT/FITNESS

Fitness-Center California
Mariahilfer Straße 113, Tel. 56 45 463

International Sport-Center
(Body-Building)
Mariahlifer Straße 47, Tel. : 57 12 08

"train with the champions"
Crawa`s Fitness
Webgasse 45, Tel.: 56 81 13

Mofa-Rent
6, Linke Wienerzeile 46,
155,-- - 248,--/Tag, 420,-- - 650,--/Wochenende
(was hat denn Mofa-Rent mit Fitness zu tun?)

MUSEEN

Bezirksmuseum Mariahilf
6, Gumpendorferstraße

Haus des Meeres
6, Esterhazy-Park, Tel.: 587 14 17
siehe 1. Teil "Museen"

NASCHMARKT

Bekanntester Markt Wiens zwischen Rechter und Linker Wienzeile gelegen, dazwischen die Wien (der kleine Zufluß zur Donau, inzwischen unter die Erde verfrachtet). - Ein buntes Bild, eine Geruchsorgie von Blumen-, Käse- und Würschtl-Düften. Und feine Fischgerüche dürfen da auch nicht fehlen.

NASCHMARKT/FLOHMARKT

vom Getreidemarkt kommend:
Spezialgeschäfte/Delikatessen:

1. Block: links/Chinesisch-Fernost Chiu Ges. m.b.H.
rechts/Kräuterhaus Wotzak
links/Palatschinkenkuchl
2. Block: rechts/Gewürzkräuter No 254
rechts/Griechischer Basar C. Archontikis
rechts/Orient-Shop
3. Block: rechts/Gewürze Grkinic
rechts/Griech.-Türk. Spezialitäten P. Berber
links/Griech.-Türk. Marmaris
rechts/Nüsse, Konseven EGE
rechts/ Oriental. Spezialitäten Bazar 503/5
rechts/Naschmarkt-Bäckerei-Leckereien

Italienische Spezialitäten Piccini
Linke Wienzeile/Ecke Millöckergasse
Türkischer Fleischer
Linke Wienzeile 22

TIP:

Früh hinkommen (7.00/8.00 Uhr). Das gilt besonders für Samstag-Vormittag, da läuft nämlich auch der Bauernmarkt auf Hochtouren und auch am Flohmarkt spielt sichs ab. Kaufen: vorerst Lage sondieren und Preise vergleichen. Faustregel: von vorne (Getreidemarkt/Sezession) nach hinten (Kettenbrückengasse) wirds billiger.

Die Naschmarkt-Geschichte

Wo sich am Abend Hund und Katze lautstarke Schreikonzerte liefern und Ratten klammheimlich mit eingerolltem Schwanz in Obststeigen ihr Nachtmahl einnehmen, herrscht untertags ein Trubel, wie er in seiner Art für Wien nicht typischer sein könnte: der Naschmarkt, Wiens größte Ansammlung von Frucht- und Warenstandtln, verdankt - wie könnt es anders sein - seinen Namen eigentlich einer Wiener Schlamperei: trotz der Verlockung, die Vielfalt des Angebots zu nützen, hat er mit dem Naschen an sich gar nichts zu tun und sollte vor Jahrhunderten eigentlich "Aschmarkt" heißen. Halt! Keine falschen Schlüsse ziehen: der Name leitet sich wiederum nicht von der Asche, sondern vom altehrwürdigen Milcheimer - genannt "Asch" ab.

Wo heute zwischen Zuckerrüben, Makkaroni, Birnen und Schnürsenkeln so ziemlich alles zu erhalten ist, was in der Marktszene noch Rang und Namen hat, standen am selben Platz vor drei Jahrhunderten die Öfen der Bratelbrater, gleich daneben unzählige Knödelhüten und Gemüsestandln.

Letztere seien hier extra hervorgehoben: die "Goschn" (Jemandem a Goschn anhängen = a Frechheit sagen) der resoluten Besitzerinnen und die streunenden Katzenfamlien - beide seit Jahrhunderten eins mit dem Naschmarkt - lassen den Naschmarkt seine Eigenheit nie verlieren.

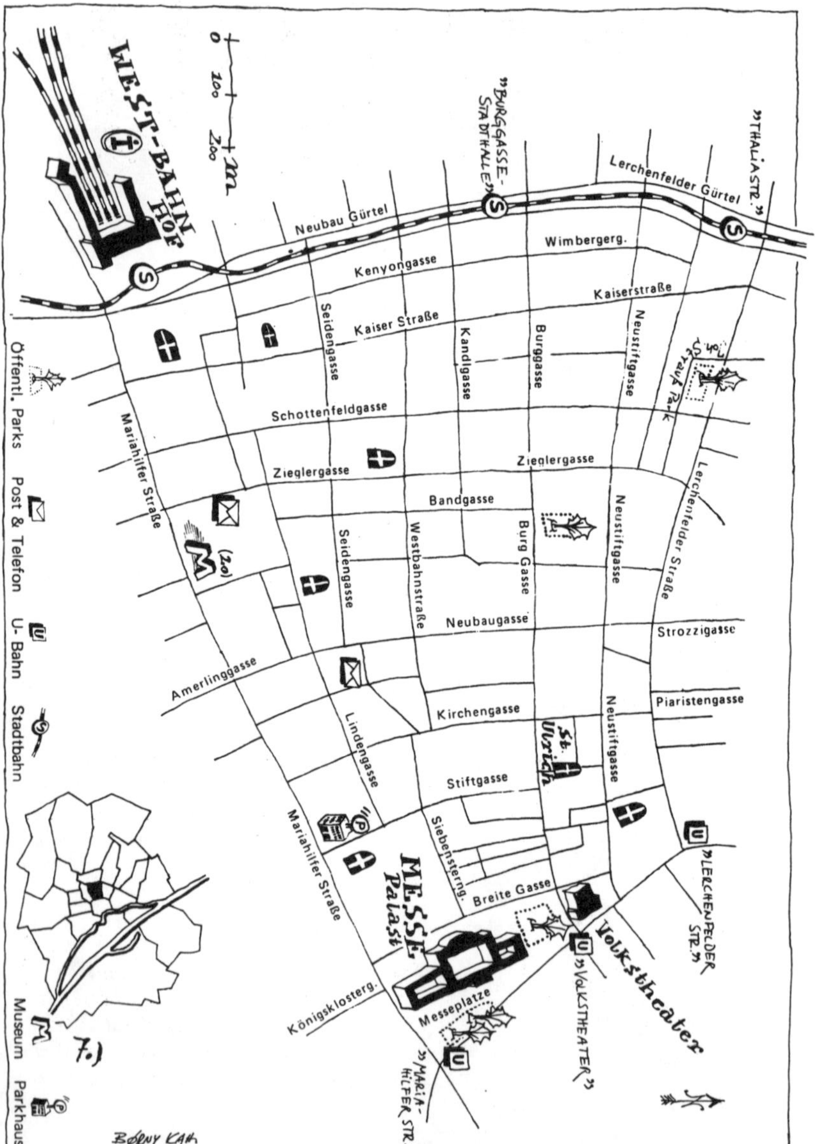

WEST-BAHNHOF
0 100 200 m
Neubau Gürtel
Lerchenfelder Gürtel
»BURGGASSE-STADTHALLE«
»THALIASTR.«
Wimbergerg.
Kenyongasse
Kaiser Straße
Kaiserstraße
Seidengasse
Kandlgasse
Burggasse
Neustiftgasse
Schottenfeldgasse
Mariahilfer Straße
Zieglergasse
Bandgasse
Westbahnstraße
Burg Gasse
Lerchenfelder Straße
Neubaugasse
Strozzigasse
Amerlinggasse
Kirchengasse
Piaristengasse
Lindengasse
St. Ulrich
Stiftgasse
Siebensterng.
Breite Gasse
MESSE Palast
Volkstheater
»LERCHENFELDER STR.«
»VOLKSTHEATER«
Königsklosterg.
Messeplatze
»MARIAHILFER STR.«
Öffentl. Parks
Post & Telefon
U-Bahn
Stadtbahn
Museum
Parkhaus
BJØRNY KAH

NEUBAU

7. BEZIRK

Szene-Gegend mit viel Kopfsteinpflaster-Flair in den renovierten Vierteln Spittelberg und Ulrichsberg. Ehemals " Diamantengrund ": Wohnhäuser der Neureichen, Hochburg der Textilbranche. An die florierende Seidenindustrie erinnert noch die Seidengasse.

Fast märchenhaft, wenn man an warmen Sommerabenden durch die Spittelberggasse schlendert, die hellen Wände in warmgelbes Laternenlicht getaucht und köstlicher Pizzaduft kriecht in die Nase.

Wirkt idyllisch und unwirklich - heraußen sitzen und den Augenblick kosten. Sich nicht von der Burggassen-Hektik einfangen lassen und in die alt- dunkle Aura der Ulrichskiche tauchen, wo man - ohne viel umzumodeln - einen Film anno 1800-irgendwas drehen könnte.

ST. ULRICH

7, Ulrichplatz

Eine verträumte Barockkiche, die Geschichte dreht ihr Rad noch einmal zurück. Die "kleine Pestsäule " an der Rückseite der Kirche erinnert an die Seuchenzeit. Rundum Häuser und Gäßchen mit viel Flair, man möchte am liebsten " zum Pinsel greifen " und die malerische Umgebung auf`s Papier bannen.

MESSEPALAST

7, Messeplatz 1

Ausstellungszentrum, das weniger mit "Palast", vielmehr mit Pferdestallungen zu tun hat, die der Hof hier einst hielt. Die "Wiener Internationale Messe" feiert jährlich fröhliche Urstände; Verkaufsausstellungen und Besichtigungsorgien gehen im Palast über die Bühne; was wann wie los ist, ist rundum plakatiert und den periodischen Druckwerken zu entnehmen.

Besonderes

Medienzentrum der Stadt Wien

7, Zieglergasse 49/II/2
Tel. 93 02 09
Hier haben Jugendgruppen die Möglichkeit, selbst Hand an die Videokamera zu legen und mit Unterstützung des Medienzentrums (gehört zum Landesjugendreferat MA 13) Filme zu drehen. Auch Vermittlung von Informationsmaterial.

Volkshochschule Wien-West

7, Zollergasse 41, Tel. 93 05 55
Kursangebot für Bildungswillige (Sprachen,Nachhilfe,Handarbeiten Psychotraining u.a). Gratis Proramm anfordern.

Insitut für Umweltwissenschaften und Umweltschutz

7, Messeplatz 1/Stg. 14
Tel. 93 64 78
Viel Hintergrundinformation zu Energiefragen (auch Atomkraft etc)

Gasthaus Helene Schmidt

7, Neubaugasse 52
Der "Schnitzlwirt" ! Immer noch ideal für Vielesser und Hungermäuler: Riesenportionen. Wiener Schnitzel, die manchmal über den Teller hängen - und obendrein noch preisgünstig. Unser Tip: Cordon - Bleu, Wiener Schnitzel oder Hausgeheimnis. Weil auch Amis Wiener Schnitzel lieben, besser Tisch bestellen, Tel. 93 37 71

Zur Stadt Krems

7, Zieglergasse 37
Gastgarten inklusive. Preisniveau höher als bei Schnitzlwirt. Dafür auch gehobene Eßkultur. Reservierung nicht schlecht, Tel. 93 72 00.

Spatzennest

7, Ulrichplatz 1
In alt-faszinierender Umgebung. Echt Wiener Speisen. In der Saison auch Wildspezialitäten. Für warme Sommertage : knackiger Riesensalat mit Kartoffeln und Speck.

GASTHÄUSER UND RESTAURANTS

Glacisbeisl

7, Messeplatz 1
Meist überfüllt und eher ungemütlich. Hohe Preise für durchschnittliches Essen. Wo ist der Campari, Campari....? Mit Garten.

Gasthaus Puppenstuben

7, Neustiftgasse 51
Preisgünstiges und Gutes zum Verschlemmern. Gemütlich bei freundlicher Bedienung und buntgemischtem, jüngerem Publikum.

Recht umfangreiche Speisekarte. Puppen in der Auslage, heimelig-ruhig, gute Musik (klassich bis Wanderlieder).

Zu ebener Erde und im ersten Stock
7, Burggasse 13
Wohl das Lokal mit dem längsten Namen, nicht nur deshalb originell. Schönes Biedermeierhaus, Tel. 93 62 54

Schöner
7, Siebensterngasse 19
"Filmrestaurant" mit noblem Touch. Eher fein und teuer. Spezialitäten und schöner Gastgarten, Tel. 93 72 06

Alter Hof
7, Kaiserstraße 70
Kleines Fein-Restaurant mit vorzüglicher Kost. Anzugpublikum, teuer.

Witwe Bolte
7. Gutenberggasse 13
Wunderschön: hinten draußen auf der Spittelberggasse(Fußgängerzone) sitzen. Ansonsten "schon mal billiger gewesen". Wegen der Umgebung einen Abstecher wert.

Steinerne Eule
7, Halbgase 30
Top-Gourmet-Tempel, der auch den Ansprüchen von Gaumenfetischisten gerecht werden kann. Fein-spitze sollten reservieren, Tel. 93 22 50

GRIECHISCH

Sirtaki
7, Kandlgasse 26
Gemütliches Kellerrestaurant mit ausgezeichnetem Angebot. Oft Spezialitätenwochen. Angenehme Portionen zu erträglichen Preisen. Auch nach Mitternacht geöffnet.

Räuberhöhle
7, Zieglergasse 6
Früher bei jungen Leuten sehr beliebt.

Rhodos
7, Kaiserstraße 38
"Insel"-Restaurant

CHINESISCH

"Wong"
7, Zieglergasse 29
Exzellente chinesische Küche

ITALIENISCH

Pizzeria Imperatore
7, Gardegasse
Freundlicher Pizzaladen. Für schmale Brieftaschen : großen Salat bestellen. Ansonsten Durchschnittspreise.

Pizzeria da Peppino
7, Lerchenfelder Straße 65
Immer noch lecker-überfüllter Italiener mit magenfreundlichen Portionen und angemessenen Preisen.

Pizzeria da Roberto
7, Zieglergasse 96
Einer von denen ! (siehe oben) - Auch in unserer zweiten Auflage Dank an unseren rührigen Pizza-Lasagne-Würstl-Tester Roberto Talotta.

Trattoria da Pasquale
7, Neustiftgasse 47
Salatspezialitäten und selbst-gemachte Teigwaren. Pizzen gibt`s zwar auch (ganz gut), aber man

sollte sich an das halten, was man sonstwo nicht so leicht bekommt.

Pizzeria da Rudolfo
7, Spittelberggasse 5
Überdurchschnittliche Preise, durchschnittliches Essen, Schön: im Sommer im Freien sitzen.

La Tavernetta
7, Burggasse 44
Kleines Top-Restauranrt mit gut sortiertem Angebot. Italien-Feinschmeckern zu empfehlen. Gehobene Preise. Reservierung meist notwendig, Tel. 93 47 47.

KAFFEHÄUSER

Galerie-Café beim Auersperg
7, Lerchenfelder Straße 9-11
Neu-Café im Keller, Galerie mit Bildern und Fotos. Manchmal Lesungen von jungen Literaten. Originell: oben in der Buchhandlung Bücher ausleihen und unten lesen (und vielleicht kaufen).

SZENE MIX

Friesz & Stirb (Amerlinghaus)
7, Stiftgasse 8
Ex-Anarcho-Treff mit modischen Splittern, Interessantes Musikspektrum. Publikum : studentisch, alternativ, engagiert, frustriert. Wichtiger Informationsumschlagplatz. Auch preiswert und gut zu essen, bis 2.00 Uhr geöffnet.

Europa
7, Zollergasse 8
Junger Spätnacht-Treff mit Spiegel-Glas-Kälte. In-Point: Intellektuelle, Intersessierte, In-Mädels. Relativ teuer, dafür bis 4.00 Uhr geöffnet.

LM
7, Burggasse 53
Kacheln und Palmen. Nicht alltägliche Pop-Musik aus der Konserve. Sehr gute Küche zum entsprechenden Preis, bis 2.00 Uhr früh.

Café Verde
7, Gardegasse 3
Grünes Kellerlokal mit Korbmöbeln, nicht mehr ganz junger Pop-Musik, Bildern junger Künstler an den Wänden, kleiner Speisenauswahl. Dauerbrenner mit Kulturtouch, Treff für End-Twens, Pokerwürfel an der Bar.

Wiener
7, Hermanngasse 27
Schon seit Jahren in der Hitliste "inniger" Lokalitäten. Konstant gute Küche zu akzeptablen Preisen, eher " fesches " Publikum (ändert sich auch im Laufe der Nacht) Nachtvogeltip: bis 4.00 Uhr geöffnet.

Art Deco Bistro
7, Spittelberggasse 8
Interessantes Interieur, recht klein.

Victoria
7, Burggasse 100

Pub-Atmosphäre, große Bar mit Hockern, Sixties-Musik, bis 4.00 Uhr geöffnet.

MUSEEN

Bundessammlung alter Stilmöbel
siehe Einleitungs-Kapitel "Museen"

Bezirksmuseum Neubau
7, Stiftgasse 8, im Amerlinghaus

Galerie Phoenix
7, Richtergasse 4,
Phantastische, Realistische und Surrealistische Kunst

Galerie Arte Nuova
7 , Burggasse 57
Größtenteils moderne Österreicher

Atelier Gerersdorfer
7, Mariahilferstraße 12
Zeitgenössische Österreicher in kommunikativer Atmosphäre.

Amerlinghaus
7, Stiftgasse 8, am Spittelberg

THEATER

Dramatisches Zentrum
7, Seidengasse 13, Tel. 96 15 560
Anlaufzentrum für Selbst- Theatermacher, Workshop-Programm, Seminare. Junge Gruppen können hier proben, geöfnet von 14.00 - 22.00 Uhr.

Theater der Jugend (Abo- und Kartenzentrale)
7. Neubaugasse 38/1.Stock,Tel.93 25 460
Ein buntgemixtes Programm zum Diskonttarif.Z.B. ein Jugendabo mit 10 Vorstellungen (Theater & Konzert gemixt) für Youngsters von 16 bis 27 Jahre ab 350 bis 1.350 ÖS. Für Erwachsene : 500 bis 1.500 ÖS: Über das Theater der Jugend laufen auch Schultheaterbesuche. Abo- und Kartenverkauf: 13.00 - 17.00 Uhr (Mo-Fr)

Renaissancetheater
7, Neubaugasse 36, Tel. 93 52 230
Aufführungsort des "Theaters der Jugend", wie auch das **Theater im Zentrum**, 1, Liliengasse 3.

PARKHÄUSER

Stiftgasse Parkhaus
7, Stiftgasse (gleich neben Kaufhaus "Herzmansky"), Tel. 96 11 52

Parkgarage am Messeplatz
7, Messeplatz (Zufahrt ebendort; zentrumsnahe), Tel. 93 54 73

Nützliches & Praktisches

APOTHEKE

Zur Kaiserkrone
7, Mariahilferstraße 110
Auswahl an homöopahtischen Produkten

Kloster mit Essensausgabe
("Töchter des göttlichen Heilands")
7, Kaiserstraße 29
täglich geöffnet außer Sonntag : 12.30 - 13.00 Uhr

SECOND HAND

Bonni & Kleid
7, Neubaugasse 55
Gebrauchte Mode

Second Hand for two
7, Lerchenfelder Straße 115

Tauschzentrale
(hauptsächlich für Kinderartikel)
7, Westbahnstraße 27 und 40

TV-Gebrauchtmarkt
7, Stiftgasse
Tv-Video-Sets aus Leasingbeständen.
Günstig und mit Garantie.

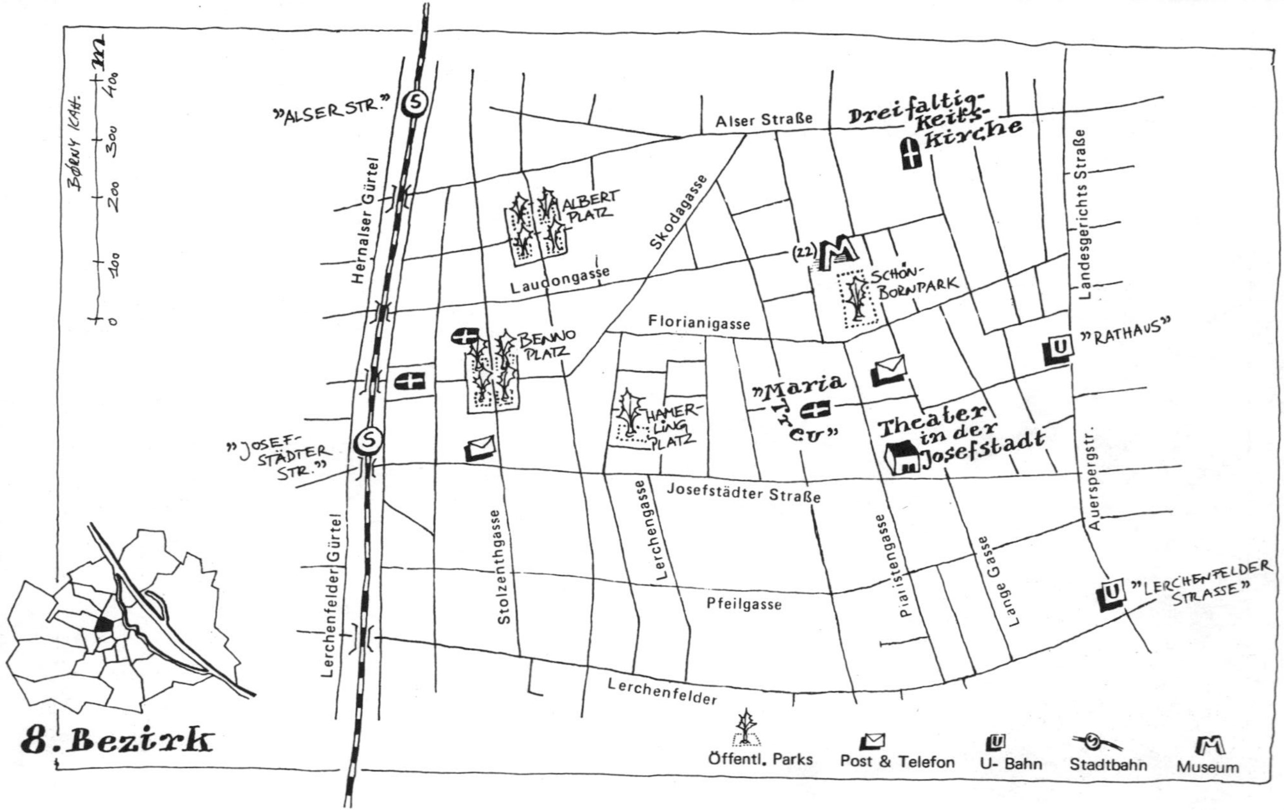
8. Bezirk
BØRNY KAH.
0 100 200 300 400 m
„ALSER STR."
„JOSEF-STÄDTER STR."
Hernalser Gürtel
Lerchenfelder Gürtel
Alser Straße
Dreifaltig-keits-Kirche
ALBERT PLATZ
Skodagasse
Laudongasse
(22)
SCHÖN-BORNPARK
Florianigasse
BENNO PLATZ
HAMER-LING PLATZ
„Maria Treu"
Theater in der Josefstadt
Landesgerichts Straße
„RATHAUS"
Josefstädter Straße
Auerspergstr.
Stolzenthgasse
Lerchengasse
Piaristengasse
Lange Gasse
„LERCHENFELDER STRASSE"
Pfeilgasse
Lerchenfelder
Öffentl. Parks
Post & Telefon
U- Bahn
Stadtbahn
Museum

JOSEFSTADT
8. BEZIRK

Beamtenvorstadt – viele liebe Lokale mit jugendlichem Flair, schönrenovierte Häuser (z.B. Lange Gasse/Ecke Trautsongasse). Bis ins 17. Jahrhundert weitgehend Acker- und Weinland, auf der Josefstädter- Straßen- Gegend sind schön Cäsar's Landsleute getrampelt.

"Josefstadt" wurde der Bezirk von Marchese Malaspina zu Ehren Kaiser Josefs I. genannt. Das gleichnamige Theater hat Ruf und Namen. Die alte, noch unverbaute "Josefstadt" mit dem prunkigen Palais Auersperg kann man allerdings nur mehr auf alten Stichen sehen.

Kirchen

PIARISTENKIRCHE "MARIA TREU"

8, Jodok - Fink- Platz

Ruhiges Plätzchen an der Piaristengasse mit eigenwilligem Flair durch römische Fassadengestaltung. Im selben Jahr mit dem Bau begonnen wie die Karlskirche (1716). Architekt: Hofbaumeister Lukas von Hildebrandt. Innenräume mit den berühmten Deckenfresken aus dem Frühwerk von Maulbertsch. Von den vier Altarbildern des Barockmeisters ist nur mehr "Christus am Kreuz" erhalten.

An die Kirche angeschlossen: Das Piaristengymnasium, zweitälteste höhere Schule Wiens! Hier haben schon Dichter Anton Wildgans und Regisseur Billy Wilder die Schulbank gedrückt. Eine vergilbte Klassenbucheintragung erinnert an einen Schüler, der den Professoren damals besondere Schwierigkeiten bereitet hat: "Nestroy stört durch Brummen den Unterricht!"

DREIFALTIGKEITSKIRCHE

8, Alserstraße 17

Staub und Lärm ziehen am einfachen Gotteshaus vorbei, wo Ludwig van Beethoven und Franz Schubert ihre Spuren hinterlassen haben.

SEINE MAJESTÄT: KAISER JOSEF I.

Ersterer wurde hier eingesegnet. Letzterer stand bei der Glockenweihe mit einer Extra-Komposition Pate. Erbaut 1690 bis 1727.

"Zur Stadt Paris"
8, Josefstädter Straße 4
Gute Hausmannskost und auch sonst einiges zwischen Wild und Apfelstrudel. Eigenes " Heimito von Doderer-Stüberl".

Piaristenkeller
8, Piaristengasse 45
Stadtheuriger mit traditionellem Speisenangebot. Schanigarten vorhanden.

GASTHÄUSER UND RESTAURANTS

Bruder Chinese (vormals Te-Fu)
8, Piaristengasse 62
Freundliche-ruhiges Ecklokal, Gepflegte chinesische Küche, unser Test-Team labte sich bei heißem Pflaumenwein (exzellent).

ITALIENISCH

Ähnliche wie der 7. Bezirk ist auch der 8. ein gutes Pflaster für Freunde italienischer Gaumenfreude. Einige dieser Loakle bieten auch wesentlich mehr als ein "g`schmackiges Pizza-Roulette".

Scarabocchio
8, Florianigasse/Lederergasse
Gepflegter Italiener mit Muschelspezialitäten. Gute Speisenauswahl, eher teuer.

Josefstüberl
8, Kochgasse 36
Obere Qualitätskategorie, Preise angemessen. Mittags österreichisch, abends italienisch.

GRIECHISCH

Delphi
8, Albertgasse 51

Café Coural
8, Josefstädter Straße 35
Immer noch neu, "fein", eher teuer - ganz schön schön.

Alte Backstube
8, Lange Gasse 34
Feines nicht-nur-Café in musealem Rahmen. Bäckereimuseum in einem wunderschönen Barockhaus. Vielleicht vor einem Besuch im "Theater in der Josefstadt"?

Café Eiles
8, Josefstädter Straße 2
Eines der wenigen Traditionscafés. Bedienung noch vom" alten Schlag", Zeitungen liegen auf, das obligate Glas Wasser wird serviert. Leider eher teuer.

Café Hummel
8, Josefstädter Straße 66
Beliebtes Treff-Café mit jugendlichem Publikum.

SZENE MIX

Café Merkur
8, Florianigasse 18
Alternativer Dauerbrenner- und mittlerweise auch nicht mehr so "schön zerfetzt", wie wir in der ersten Auflage unseres Wien-Buchs geschrieben haben. Klassische Rockmusik, "Vielvölkerspeisekarte" und vor allem sehr preisgünstig!

Tunnel
8, Florianigasse 39
Studentisch-jugendliches Trefflokal, gelegentlich "szenige" Veranstaltungen, mehrere Etagen. Dabei sehr brieftaschenschonend essen und trinken. Tip für Neu-Wien-Schnupperer!

Levante
8, Josefstädter Straße 14
Döner-Kebab,Melanzani, Souvlaki: türkisch-griechisches Kleinlokal mit erstaunlichen "Diskont-Preisen". Sehr beliebt ,daher oft schwierig, ein Plätzchen zu bekommen. Reservieren, Tel. 48 53 06.

Lange
8, Lange Gasse 29
Drei Zimmer langes Studentencafé mit unscheinbarem Eingang. Lange Bar, lange Holztische und laaaange Fleischaufstrichbrote. Bunter Rockmusikmix und breites Teesortiment. Preiswert.

Miles Smiles
8, Lange Gasse 51
Wie der Name schon sagt : ein jazzig behauchtes Lokal.

Bassena
8, Piaristengasse 50
Immer noch "Inside". Abendtreff, ein bißchen feiner, dafür etwas teurer (als einige der obengenannten "Mixed Pickles").

Jahrhundertbeisl
8, Florianigasse 35
Schwarze Klassik, traditionelle Wiener Küche bei Kerzenlicht. Einen gemütlichen Abend wert.

Jonathan Seagull
8, Stolzenthalergasse 14
Möglicher Zwischenstop für Nachtvögel. Gelegentlich Live-Musik.

Anno
8, Lerchenfelder Straße 132
Schmal-schwarzes Jugendstilcafé. Im hinteren Zimmer: seltsame Sofas. Junges Publikum, etwas teuer.

Frauencafé
8, Lange Gasse 11
Women only ! Kontaktstelle für Vertreterinnen engagierter Frauenrechtspolitik.

MUSEEN

Alte Bachstube
siehe "Einleitung"
8, Lange Gassse 34

Österreichisches Museum für Volkskunde
8, Laudongasse 15-19

Bezirksmuseum Josefstadt
8, Zeltgasse 7

Orangerie
8, Trautsongasse 1,
Palais Auersperg, Klassiker der Modernen

Galerie Brandstätter
8, Wickenburggasse 26/1.Stock
Zeitgenössische Österreicher

Jugendzentrum JZ-Josefstadt
"Haus der Wiener Jugend"
8, Zeltgasse 7, Tel. 42 14 35

THEATER

Theater in der Josefstadt
8, Josefstädter Straße 26

Viennas English Theatre
8, Josefsgasse 12/9 a

SPORT

Tischtenniscenter
8, Lange Gasse 69, Tel. 43 41 69
Schläger und Bälle können problemlos und kostengünstig entliehen werden.Spielgebühr rund 50 ÖS pro Stunde. Knabbergebäck und kleine Erfrischungen an der Kasse.

BÜCHEREI

Hauptbücherei
8, Skodagasse 20, Tel. 42 61 63 oder 42 61 64
Zentrale der städtischen Bücherei mit günstigen Entleihmöglichkeiten.

KABARETT

Kabarett Niedermair
8, Lenaugasse 1 a, Tel. 43 84 033
Heimische Kabarettszene mit frischen Leuten.

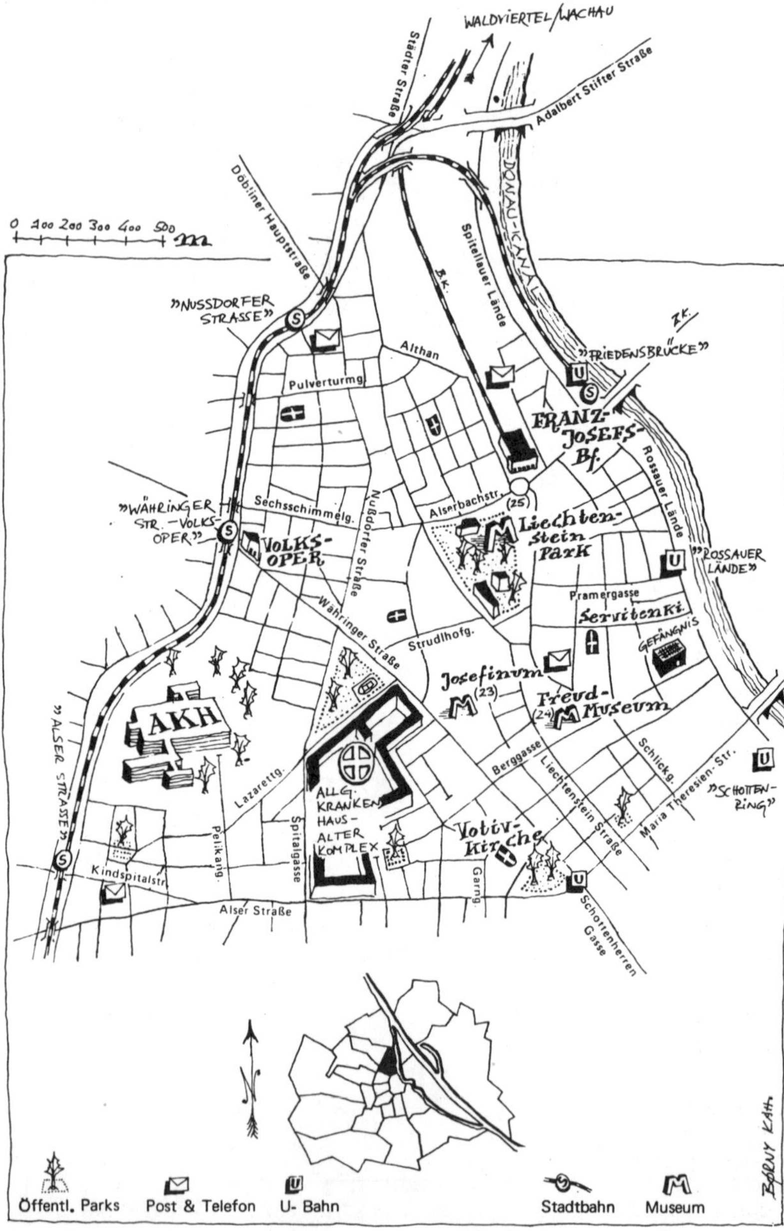
WALDVIERTEL/WACHAU
Städter Straße
Adalbert Stifter Straße
Döbliner Hauptstraße
DONAU-KANAL
Spittelauer Lände
0 100 200 300 400 500 m
»NUSSDORFER STRASSE«
Althan
Pulverturmg.
»FRIEDENSBRÜCKE«
FRANZ-JOSEFS-Bf.
Rossauer Lände
Sechsschimmelg.
Nußdorfer Straße
Alserbachstr.
(25)
»WÄHRINGER STR.-VOLKSOPER«
VOLKS-OPER
Liechtenstein Park
»ROSSAUER LÄNDE«
Pramergasse
Servitenki.
Währinger Straße
Strudlhofg.
GEFÄNGNIS
Josefinum
(23)
Freud-Museum
(24)
AKH
»ALSER STRASSE«
Berggasse
Liechtenstein Straße
Schlickg.
Maria Theresien-Str.
»SCHOTTENRING«
Lazarettg.
ALLG. KRANKEN HAUS-ALTER KOMPLEX
Votivkirche
Pelikang.
Spitalgasse
Garng.
Kindspitalstr.
Alser Straße
Schottenherren Gasse
Öffentl. Parks
Post & Telefon
U-Bahn
Stadtbahn
Museum

ALSER-GRUND

9. BEZIRK

Auf eine Kurzformel gebracht : Krankenhäuser, Studenten und Sigmund Freud. Von der Alserstraße bis zur Roßauer Lände.

Wenn man in Wien von "Krankenhaus" spricht, dann meint man das AKH (Allgemeines Krankenhaus), das die innenpolitische Szenerie 1980 mit einem kräftigen Skandal-Wirbelwind aus dem Sommeschlaf geschreckt hat. Die Verwicklungsfäden ließen sich bis zu Ex-Finanzminister Androsch verfolgen, endgültige Klarheit über diesen Korrupionsfall gibt`s bis heute noch nicht.

Sowohl das skandalumwitterte Baugelände, als auch das "alte Krankenhaus" - an seiner Stelle hatte Leopold I. einst ein Groß-Armenhaus errichten lassen - sind im 9. Bezirk zu finden.

Die Studenten tummeln sich in den diversen Instituten, finden hier ihre zentrale Vertretungsstelle (die ÖH in der Liechtensteinstraße 13).
Was schließlich Libido-Freund Sigmund Freud anbelangt: er hat in der Berggasse (heißt so, weil`s bergab geht) gehaust und an komplexen Theorien gebastelt.

Und weil Österreich Gedenkstätten liebt (böse Zungen haben Wien als eine "einzige Gedenkstätte" bezeichnet), haben Freud-Freunde für Freud-Fans auch eine solche eingerichtet.

Außerdem ist die moderne Kunst stark vertreten im 9. Bezirk, nämlich im "Museum Moderne Kunst" (Palais Liechtenstein).

ALLGEMEINES KRANKENHAUS (das alte....)

9, Alserstraße/Spitalgasse

100.000 qm Markstein der Wiener medizinischen Versorgung. Maria Theresia-Sohn Josef II. führte Ideen seiner Mutter (die schon den Heilkundigen Van Swieten in die Kaiserstadt gebracht hatte) fort und ließ

das vormalige Armenhaus am Alsergrund zur medizinischen Groß-Versorgungsstätte umfunktionieren.
Was heut` recht antiquiert wirkt, wenn man durch den Gartenhof mit den Arzt-Denkmälern schlendert und den Blick über die bröckeligen Mauern schweifen läßt, war anno 1784 verdienstvolle Pionierarbeit.

Unikum auch: der "NARRENTURM", wahrscheinlich die erste Anstalt für Geisteskranke in Europa (mit insgesmat 139 Zellen). Ein bedeutender Fortschriftt damals, wenn man ins Kalkül zieht, daß Geisteskranke vorher mit "Narrenkotter" am Salzgries gefangengehalten wurden und an Sonn- und Feiertagen zur Besichtigung und Verspottung freigegeben worden waren. Wegen seiner eigenwilligen Form wurde der "Narrenturm" auch "Guglhupf" genannt.

"Der ghört in den Gugelhupf" - ein vor allem bei alten Wienern noch gebräuchliches Synonym für "Der spinnt". Wer weiß schon , daß sich hinter unserem germteigigen Jausenrequisit bis 1895 noch Wiens Irrenanstalt, der "Narrenturm" im alten allgemeinen Krankenhaus verbarg? Das runde, turmartige Gebäude beherbergte geisteskranke Patienten, die aus den verschiedensten Wiener Spitälern kamen.

Kaiser Franz-Josef fand seinen ganz besonderen Gefallen an dem Verlies: "In die 28 Zimmer des obersten Stockes des Irrenhauses", schrieb seine Majestät persönlich an Krankenhausdirektor Joseph von Quarin, "kommen aus dem spanischen Spitale die drei Unreinen und die zehn von St. Marx, zu zwei und zwei, also in 7 Kammern, jeder angeschmiedet".

Nichtsdestotrotz ist der "GUGELHUPF", oder vielmehr das, was man heute darunter versteht,alles andere als ein Appetitzügler : mit Rosinen bestreut und mit Zucker garniert, blieb von der einstigen Narrenanstalt höchstens die Gestalt, der "Gugl", eine haubenförmige Backform und ihre Fülle, ein Germteig, der so schnell aufgeht, daß er bisweilen schlicht und einfach davon "hupft".

AKH (das neue ....)

JOSEPHINUM

9, Währingerstraße 3o

Ehemals "medizinisch- chirurgische Militärakademie". Österreichs "Sozialkaiser" Josef II. machte sich neben dem Bau des "Allgemeinen Krankenhauses" für eine forcierte Ausbildung der Militärärzte stark und ließ auch gleich kunstvoll- wächserne "Anatomie- Lernhilfen" aus Florenz über die Alpen schleppen (siehe "Museen")

Nicht weit entfernt: das "Sigmund Freud- Museum" (Berggasse 19):

Ein Sigmund mit Komplexen

Lange Jahre hat er in der Berggasse 19 residiert, der Erfinder des Ödipuskomplexes, der Sexualverhalten- Enthüller des frühen 2o. Jahrhunderts: Sigmund Freud. Wie nahe Freud und Leid beieinander liegen, hat er selbst erfahren müssen. Als Jude hat man seine Theorien a priori für entartet gehalten. Psychologen und Psychiater und andere Kritiker versuchen noch heute, ihm am Zeug zu flicken. Das ist dasselbe, als würde man dem Erfinder des Rades vorwerfen, den Mercedes nicht erfunden zu haben.

In Wien ist man stolz auf den berühmten Sohn, seine Erkenntnisse berücksichtigt man trotzdem nicht. In Steinhof (Psychiatrisches Krankenhaus der Stadt Wien) herrschen noch immer freudlose Zustände. Statt tiefenpsychologischer Betreuung: Verwahrungspsychiatrie. Während ganz Amerika im Freud- Fieber liegt, gibt es in Wien nur mehr 1 Tiefenpsychologievorlesung auf der Uni.

Kuriosum am Rande: in der Berggasse befindet sich auch das Rauschgiftdezernat. Sigmund Freud selbst hat mit der Modedroge des 19. Jahrhunderts, Kokain, umfangreiche Experimente angestellt. Solange, bis ein Patient daran gestorben ist.

PALAIS LIECHTENSTEIN

9, Fürstengasse

Palais- Schönheit aus dem 17./18. Jahrhundert. Zu neuen Ehren gekommen ist der Renaissancestil- Palast durch das hier untergebrachte "Museum moderner Kunst". Stuckdecken, Deckenfresken- und - gemälde, prachtstrotzender Bibliotheksaal (siehe "Museen"). Früher: Liechtensteingalerie, die noch rechtzeitig während der Weltkriegswirren in die Liechtenstein'sche Hauptstadt Vaduz transportiert wurde. Schöner Garten.

FRANZ – JOSEFS – BAHNHOF

9, Julius- Tandler- Platz

Neo- Hyper- Glaspalast a la Versicherungsgebäude. Zweckbau, "Plasticpeople"- Syndrom. Ab hier Züge Richtung Wachau und Waldviertel (ins "Grüne").

Kirchen

VOTIVKIRCHE "ZUM GÖTTLICHEN HEILAND"

Rooseveltplatz

Der gotische Schein trügt: das Bauwerk ist jünger, als es auf den ersten Blick aussieht. Kaiser- Architekt Ferstel ließ sich vor kaum 1oo Jahren von französischen Gotik- Kathedralen inspirieren und schuf dann die Votivkirche, die ich bei meinem allerersten Wien- Besuch in gruftnebliger Dunkelheit beinahe mit dem Stephansdom verwechselt hätte. Vor der "Stiftungskirche" läßt sichs schön im Grünen liegen, Hunde tollen über die Parkwiese, manch ein Gitarrenklang hat hier schon ein williges Ohr gefunden.

Die Geschichte des ästhetisch- umstrittenen Bauwerks geht auf den Februar 1853 zurück: auf Kaiser Franz Joseph I. wurde ein Anschlag verübt. Während eines Spaziergangs (der Kaiser hatte die Angewohnheit, von 12.oo – 2.oo Uhr – nach 6 Stunden getaner Arbeit – ein bißchen Luft zu schnappen) wurde der Monarch von einem Messerstecher angefallen und – dank der Hilfe seiner Begleiter – nur leicht verletzt. Daraufhin stiftete Franz Josef die Votivkirche, die dann in den Jahren 1856 – 1879 gebaut wurde.

PS: das Attentat hat dem bis dahin eher farblosen Kaiser viel Popularität gebracht)

SERVITENKIRCHE "MARIÄ VERKÜNDIGUNG"

Servitengasse 9

Eine Barockkirche mitten im Grünkleid. Zwischen Müllnergasse und Grünentorgasse steht eine der wenigen Vorstadtkirchen, die schon die Türkenbelagerung 1683 halbwegs unbeschädigt überstanden haben.

Hier übrigens auch das Grab von Piccolomini (Mitkämpfer, dann Gegner von Wallenstein), der auch den Kirchenbau gefördert hat. Schwere Stuckarbeiten, Peregrini-Kapelle mit "Peregrini Wallfahrt" und Volksbräuchen. Ältester Zentralbau Wiens mit Flachkuppel.

Riedls Wiener Beisl
9, Berggasse 24
Gepflegte Wiener Küche.

GASTHÄUSER UND RESTAURANTS

Teddy
9, Liechtensteinstraße 10
Steaks zu günstigen Preisen. Unscheinbare "Kneipenatmosphäre", viel Studentenpublikum (kein Wunder, die Österreichische Hochschülerschaft residiert gleich gegenüber).

Olivenhain
9, Fuchsthallergasse 14
Vornehme, leicht "französische" Küche, auch Spezialitäten. Gehobenes Preisniveau.

Wegenstein - Zum weißen Schwan
9, Nußdorfer Straße 59
Nobleres Beisel mit sehr schönem Innenhof-Gastgarten und Köstlichkeiten aus den heimischen Töpfen. Pressekonferenz-Absteige des Ostfriesen-Spaßmachers Otto.

Berggasse 29
9, Berggasse 29 (nona)
Auch mitternächtlich warme Küche! "In-Beisl", auch französisch.

Cippiani
9, Berggasse 30
Italo-Köstlichkeiten zwischen Wiener Kraftkost.

Landknecht
9, Porzellangasse 16
Solid-bürgerlich mit anständigen Portionen.

Regina
9, Rooseveltplatz 15
Eigentlich ein Hotel-Restaurant in Zentrumsnähe. Für relativ günstige Salatbar bekannt.

INDISCH

Taj Mahal
9, Nußdorfer Straße 33

RUSSISCH

Feuervogel
9, Alserbachstraße 21
Frei nach Igor Strawinsky! Eine Reise durch`s Spezialitätenland, von Moskau bis Sibirien.
Übrigens: bislang Wiens einziger "Borschtsch-Tempel".

SPANISCH

Bodega Manchega
9, Nordbergstraße 12

CHINESISCH

Mondial
9, Berggasse 2
Noch einer von den besseren ....

Zum chinesischen Drachen
9, Porzellangasse 33
Luxuschinese, gehobene Preise.

ITALIENISCH

Portofino
9, Währinger Straße 22
Ganz gemütlich, auch bei Studenten beliebt.

VEGETARISCH

Estakost
9, Währinger Straße 57

Josefinum
9, Währinger Straße 33 - 35
Auch "normale" Kost.

KAFFEHÄUSER

Café Weimar
9, Währinger Straße 68
Auch Billard, Treffpunkt wegen beliebter "Palme"-Disco im Keller.

Café Bauernfeld
9, Liechtensteinstraße 42
Interessant wegen Pool-Billard.

Schwarzspanier
9, Schwarzspanierstraße 15
Studentenkaffeehaus, ziemlich verraucht.

SZENE MIX

Extra
9, Glasergasse 17
"Gastronomisches Spielzeug" des dynamischen Jungverlegers Christian W. Mucha. Verspieltes New-Wave-Design im Kellergewölbe. Publikum: Agenturszene, Touristik-Branche und Journalisten.

Energy
9, Sobieskiplatz 4
Eigenwilliges Orangerot ziert die Wände. Spezielle Mixgetränke aus grünen Kokosnüssen. Gelegentlich Treff der Wiener Musikscene.

Inkognito
9, Lustkandlgasse 6
Gesichtskontrolle ! (bekannt und interessant dreinschauen) Lustiger Mix aus Zuhältern, Prominenz und Möchtegerns.

Exil
9, Nußdorfer Straße 6
Disco, besser "Uralt-Disco".

Eissalon Ruckenbauer
9, Währinger Straße 14
Bunter Publikumsmix: Mediziner und Wasa-Gymnasium-Schüler plus Studenten und Touristen.

Studentencafé
9, Berggasse 5 (Eingang in den Hof)
Schön ruhiger Hof. Kleine Happen zu Billigpreisen (während der Studentenferien geschlossen).

MUSEEN

Museum Moderner Kunst
Palais Liechtenstein, 9, Fürstengasse 1

Sigmund-Freud-Museum
9, Berggasse 19

Josephinum
(Museum des Insituts für Geschichte der Medizin)
9, Währingerstraße 25/I

Heimito von Doderer-Gedenkstätte
Bezirksmuseum Alsergrund
9, Währingerstraße 43,
Tel.: 42 35 75/229
So. 10.00 - 12.00 Uhr
Derzeit ist eine Zimmereinrichtung des Dichters zu sehen, nachgebaut mit Originalstücken (von der Witwe zur Verfügung gestellt), bereichert mit persönlichen Gegenständen Im vorderen Zimmer sind Doderers "architektonische Entwürfe" zur Strudelhofstiege zu besichtigen.

THEATER

Experiment am Liechtenwerd
9, Liechtensteinstraße 132
Tel.: 31 41 08
Neben den "Fifties" auch neuere Autoren.

Volksoper
9, Währingerstraße 78

International Theatre
9, Porzellangasse 8

Hans Gratzers Schauspielhaus
9, Porzellangasse 19

Theater-Forum
9, Porzellangasse 50/Glasergasse
Tel.: 31 54 21
Drei "Aufführungsstätten" unter einem Dach. Zwischen Kabarett und Krimi-Komödien.

Petersil & Co.
9, Van Swietengasse 2
Tel.: 43 62 755
"Mitspieltheater für Kinder und Jugendliche", im Kulturatelier Alsergrund. Auch durch adaptierte Aufführungen der "Roten Grütze" bekanntgeworden.

Besonderes

Studio Molière des französischen Kulturinstituts
9, Liechtensteinstraße 37
Tel.: 31 65 03
Interessante Filmvorführungen im Original etc.

Pathologisch-anatomisches Bundesmuseum
9, Spitalgasse 2
(Allgemeines Krankenhaus "Narrenturm")
Tel.: 43 86 72
FÜR "1900-SPURENSUCHER":

Atelier von Egon Schiele
9, Höfergasse 18

Atelier von Egon Schiele
(noch eines)
9, Alserbachstraße 39

Jugendzentrum Alsegrund
9, Marktgasse 35,
Tel.: 31 42 70

Künstlerische Volkshochschule
9, Lazarettgasse 27
Tel.: 42 43 29
Interessante Kursangebote für "Art"-isten.

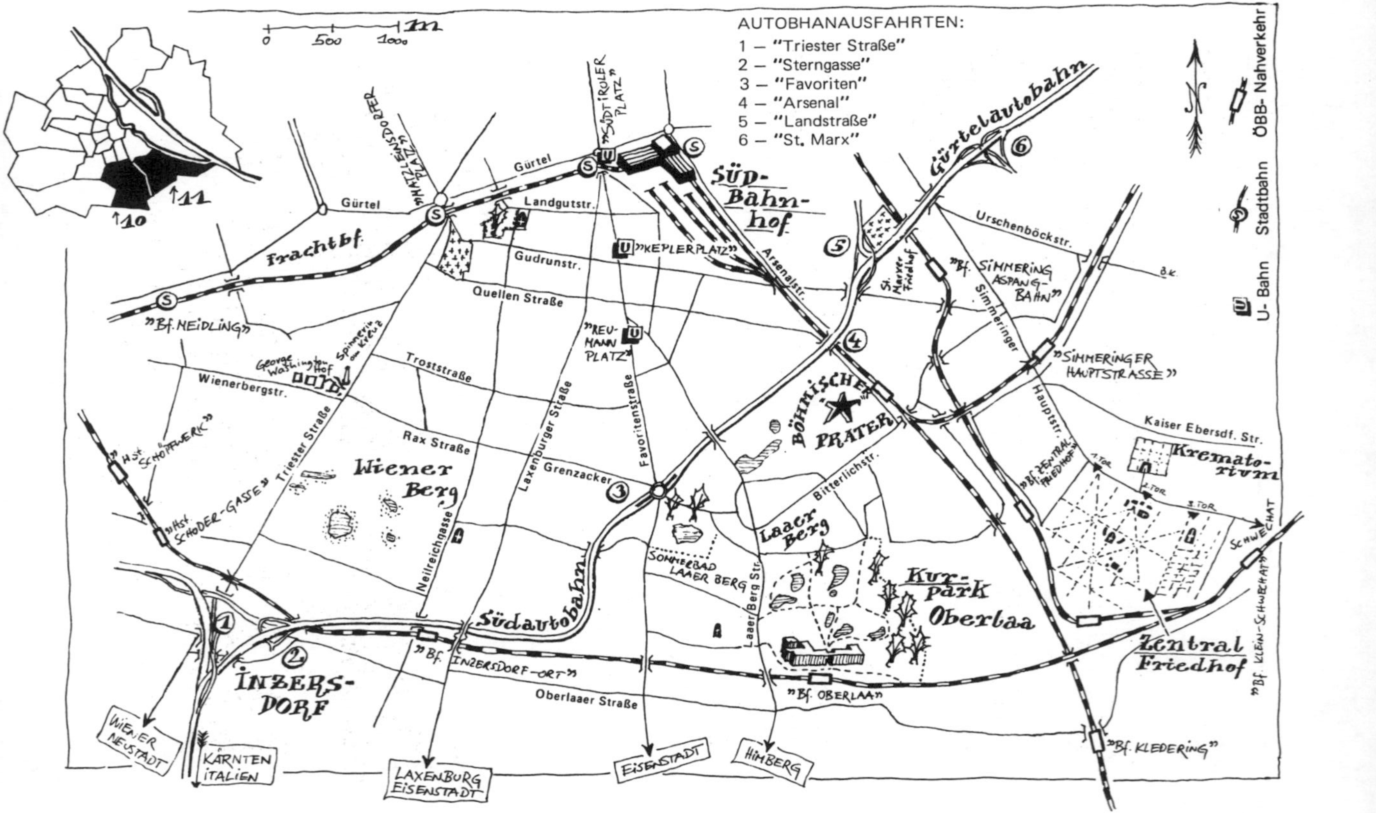

AUTOBHANAUSFAHRTEN:
1 – "Triester Straße"
2 – "Sterngasse"
3 – "Favoriten"
4 – "Arsenal"
5 – "Landstraße"
6 – "St. Marx"
0 500 1000 m
10
11
U- Bahn
Stadtbahn
ÖBB- Nahverkehr
Gürtel
Frachtbf.
"Bf. Meidling"
"Matzleinsdorfer Platz"
"Südtiroler Platz"
Landgutstr.
Süd-Bahnhof
"Keplerplatz"
Gudrunstr.
Quellen Straße
"Reumann Platz"
Arsenalstr.
Gürtelautobahn
Urschenböckstr.
St. Marxer Friedhof
"Bf. Simmering Aspangbahn"
Simmeringer Hauptstr.
"Simmeringer Hauptstrasse"
Troststraße
Wienerbergstr.
George Washington Hof
Spinnerin am Kreuz
Rax Straße
Wiener Berg
Triester Straße
"Hst. Schöpfwerk"
"Hst. Schöder-Gasse"
Laxenburger Straße
Favoritenstraße
Grenzacker
Neilreichgasse
Böhmischer Prater
Bitterlichstr.
Laaer Berg
Kaiser Ebersdf. Str.
Krematorium
"Bf. Zentralfriedhof"
Schwechat
Sommerbad Laaer Berg
Laaer Berg Str.
Kurpark Oberlaa
Südautobahn
Inzersdorf
"Bf. Inzersdorf-Ort"
Oberlaaer Straße
"Bf. Oberlaa"
Zentralfriedhof
"Bf. Klein-Schwechat"
"Bf. Kledering"
Wiener Neustadt
Kärnten Italien
Laxenburg Eisenstadt
Eisenstadt
Himberg

BEZIRK

10. FAVORITEN
11. SIMMERING

Favoriten und Simmering ,- "Arbeitsbezirke", die sich über den Südosten Wiens erstrecken. Mietskasernen und Satellitenstädte (Per Albin Hannson-Siedlung. Siedlung der Heimatvertriebenen), Industrieansiedlungen, Geschäfts-, Einkaufs- und Zweckstraßen, die sich stadteinwärts in weitem Grün auflösen.

Erhohlungspark und Kurzentrum OBERLAA sind für viele "Stadt Wien-Vergiftete" zum beliebten Frischluftparadies geworden, was mit den zahlreichen Sportmöglichkeiten gleich Hand in Hand geht.

In Simmering hat man ein Gas- und Elektrizitätswerk in die Landschaft gepflanzt. Was auf der Wien-Karte auf´s erste wie eine Innenstadt- große Grünfläche aussieht, ist auf den zweiten Blick Wien´s größt-berühmteser Friedhof: der ZENTRALFRIEDHOF.

GEORGE-WASHINGTON-HOF

10, Triester Straße 56-58

Fast angenehm riesig, ohne Karl Marx Hof - Monuementalität, (siehe 19. Bezirk). Ein "Superwohnblock" mit menschlichen Zügen, Ulmen und Akazien in parkähnlichen Höfen, verglaste Veranden, die auf Kieselwege runterschauen. Baujahr 1927 bis 30.

Kaum zu glauben, was da alles drinsteckt: 1085 Wohnungen, 42 Geschäftslokale, Café, Bücherei, Kindergarten, Wäscherei etc. - Lohnender Spaziergang durch die (öffentlichen) Höfe, um einen kleinen Eindruck vom großen Gebäudekomplex zu bekommen.

SPINNERIN AM KREUZ

10, Triester Straße, beim Haus Nr. 52

Bildsäule, - ehemals Hinrichtungsstätte: nur ein paar Meter von der gotischen Bildsäule entfernt (die sich jetzt am Straßenrand mächtig in die Höhe reckt) wurden bis zum Jahr 1868 abgeurteilte Verbrecher zum Galgen gebracht. Erst Kaiser Franz Josef I. bereitete dem unmenschlichen Spuk ein Ende.

Der Name "Spinnerin am Kreuz" geht auf eine arme alte Frau zurück, die hier zu Kreuzfahrerzeiten spinnend auf ihren waffentragenden Gatten gewartet hatte, - und das jahrelang unter einem Kreuz, das hier gestanden haben soll.

KAISEREBERSDORFER SCHLOß

11. Bezirk

Im Jahre 1162 urkundlich erstmals erwähnt, später Jagdschloß von Kaiser Maximilian. Maria Theresia schenkte das Schlößl dem Domherren. Worauf der prunkvolle Bau die "Karriereleiter" hinabstieg: Haus für Armenfürsorge, dann Artilleriekaserne, Fabrik, Militärdepot und schließlich Haftanstalt. Heute ebendas.

NEUGEBÄUDE

11. Bezirk

Kein Leserfehler: es heißt so! 1569 ließ Maximilian das "bedeutendste Rennaissanceschloß nördlich der Alpen" (Aussage von Zeitgenossen) erbauen, das alsbald als kleines Tiergärtchen Verwendung fand.

Das vom Zahn der Zeit benagte Gebäude fand unter Maria Theresia keine Gnade mehr: eine monumentale Säulengalerie des Schlosses wurde einfach herausgerissen und für den Bau der Gloriette in Schönbrunn verwendet.

In den 80er Jahren des 20. Jahrhunderts hat man das alte Neugebäude plötzlich wiederentdeckt und will es renovieren und vitalisieren.

THÜRNLHOF

11. Bezirk

Name von "Turm" abgeleitet (vermutlich ehemalige Wehranlagen 1529 zerstört). Das "Blaublutgebäude" verschenkte Ferdinand II. an seinen Koch.

Der Gang der Jahrhunderte machte Adelssitz, Schule, Heurigen- und Nobelrestaurant daraus. (Napoleon soll übrigens im Thürnlhof nach der Schlacht bei Aspern ganze 36 Stunden geschlafen haben).

ZENTRALFRIEDHOF

11, Simmeringer Hauptstraße 234

"Der Zentralfriedhof", so ätzt ein geflügeltes Wort,"sei zwar halb sogroß aber dafür doppelt so lustig wie Zürich".

Die Tatsache, daß die gigantomanische Gräbersammlung etwa so groß ist, wie das Herzstück Wiens, die "Innere Stadt", spricht für sich. Und wenn Wolfgang Ambros eine ganze LP mit "**Es lebe der Zentralfriedhof**" betitelt, dann spürt man, daß hier die konservierte Morbidität lebt (die man dem Wienervolk so gerne nachsagt).

Mehr als 33.000 "Letzte Ruhestätten" sind über ein rund 2 Quadratkilometer großes Areal verteilt. Über Marmorprunkgräber und schlichte Schmiedeeisen-Kreuze blickt fast in Otto Wagner-Manier der Kuppelbau der Dr. Karl Lueger-Kirche.

Es gibt 3 Eingangs-Tore, entsprechend der "Dreieinigkeit " des Friedhofs:

1. Tor: der "jüdische Friedhof". Alt verstaubtes Kleinod, Kostbarkeiten im Detail.
2. Tor: katholischer Friedhof. Parade von Ehrengräbern, protzig-pompig bis monumental, Nähe Gedächtniskirche. Beethoven, Schubert, Strauß, Gluck, Nestroy und eine Mozart-Gedenktafel. Beim Pförtner kann man sich einen Lageplan des Friedhofes kaufen.
3. Tor: evangelischer Friedhof.

Auf der anderen Straßenseite: eine "Krematorium-Schloß-Kombination" von Clemens Holzmeister. Aus Resten vom Schloß "Neugebäude"(im 16.

Jagd im Zentralfriedhof

Jahrhundert unter Maxilmilian II gebaut) wurde 1933 ein Krematorium gebastelt.

"Jagd im Zentralfriedhof". Damit die Kränze und Blumen nicht von Hasen, Kaninchen und Fasanen benagt werden. Es handelt sich dabei, wie gemäß § 76II und III des Wiener Jagdgesetzes festgelegt wird, und "Zwangsabschüsse".

Vom skurrilen Sterben...

Kaiser Josef II, der große Reformer und Praktiker, hat sich zum Thema "Sterben" eine besonders geldsparende Idee ausgedacht: den "SPARSARG" !

Funktioniert hat das so: Leiche wird hineingelegt, Sarg wird ins Grab hinabgelassen, eine Verriegelung öffnet sich,Sarg wird heraufgezogen, Leiche bleibt in der Grube, Sarg kann wiederverwendet werden. Die empörte Öffentlichkeit zwang allerdings den Monarchen, diese Anordnung wieder zurückzunehmen.

Näheres über dieses Antiprunkstück erfährt man im BESTATTUNGSMUSEUM, das einzige Museum dieser Art auf der Welt, (siehe Einleitungs-Kapitel "Museen - Kuriosa").

Der hochgebildete Mohr Angelo Soliman, ein äußerst geachteter Bürger, wurde auf Geheiß des guten Kaisers Franz und trotz des Protestes der Wiener Bürger ausgestopft und im kaiserlichen Naturalienkabinett ausgestellt. Seit damals gibt es auch die Wiener Redewendung "laß dich ausstopfen".

Der Maestro der vergnüglichen Muße, Johann Strauß, hat ständig unter Todesangst gelitten, desgleichen der Satiriker Johann Nestroy . Von Ferdinand Raimund kursiert sogar das Gerücht, daß er sich aus diesem Grund umgebracht hat.

PFARRKIRCHE NEUSIMMERING

11, Enkplatz

Das seltsame Kleinod "neuromanischen Stils mit unverkennbar sezessionistischen Elementen" wurde anläßlich des 60. Jahrestages der Thronbesteigung Fanz Josephs errichtet. 1910 wurde die Kirche eingeweiht. In Anwesenheit es Kaisers ("Mir bleibt doch nix erspart").

BÖHMISCHER PRATER

10, an der Ostbahn/Donaubaumgasse

Noch schön-rustikale Rummelplatzatmosphäre. Das "Ringelgschpüü" dreht seine Runden gegen die Zeit, die aus dem großen "Praterbruder" ein Massenvergnügungszentrum mit Elektronikbeigeschmack gemacht hat. Hier hat sie Halt gemacht - die Zeit.

Knorrige Eichen rundrum, unterm Geäst ruhige Sitzbänke und der Blick schweift übers östliche Wien. Oder gleich in den Beislgarten mit den früher mal weißlackierten Holztischen, das rot-weiß-karrierte Tischtuch drübergeworfen, die Stühle wackeln schon ein bißchen und der Magen wartet schon auf`s Gulasch.

Ein Stück weiter südlich breitet sich eine schöne Lagerwiese aus, so richtig zum Picknicken und Ausspannen.

HINKOMMEN: AUTOBUSSE 68 A ODER 15 A

BEISELN

Gasthof Unsinn
10 , Himberger Straße 49
Günstige Schnitzel, gemischtes Publikum.

Kellerstüberl Scherbichler
10, Kudlichgasse 7
"Weanarisch" live: eine Milieustudie wert. Auch älteres Publikum, Arbeiter. Üppige Schnitzelkultur.

GASTHÄUSER UND RESTAURANTS

Gasthaus Karl Wildauer
10, Quellenstraße 120
Beliebtes "Uralt-Beisel" (die Geschichte des Hauses reicht bis ins 12. Jahrhundert zurück). Gemütliches Stüberl, Gulasch- und Krautfleckerduft steigt in die Nase.

Gasthof zur Post
10, Columbusgasse 53
Anständiges Lokal mit Garten.

Oberlaaerhof
10, Oberlaaer Straße 33
Ebenfalls mit Gastgarten.

Josef Springer
11, Fuchsröhrenstraße 13
Beuschel und Gernknödel "Wiener Küche".

Smadis
11, Simmeringer Hauptstraße 96 a

Landhaus Winter
11, Alberner Haufenzufahrtsstraße 262
Vorzügliches Fischerstaurant mit Gastgarten.
AuchfürFeinschmecker.

CHINESISCH

Shantung
10, Quellenstraße 90
Achtung: keiner der üblichen. Vielleicht das beste Chinesen-Lokal der Stadt?!

ITALIENISCH

Da Franko
10, Muhrengasse 25

Via Trieste
10, Triester Straße 23

Tichy
10 , Reumannplatz 13
Wiens" renomiertester" Schleck-Eissalon. Tichy-Spezialitäten auf dem Eistortensektor genießen Wienweit den besten Ruf

(außerdem schon mit staatlichen Auszeichnungen bedacht).

Kurcafé Konditorei Oberlaa
10, Kurbadstraße 10
Mehlspeisen der Spitzenklasse, ein Tip für Süßschlemmer.

MUSEEN

BEZIRKSMUSEUM FAVORITEN

10, Per Albin Hansson Siedlung Ost, Ada Christen -Gasse 2c

Das Museum existiert seit 7. Juni 1979. Wie in den meisten anderen Bezirken auch, ist auch hier der Bezirksvorsteher der Präsident des Museumsvereins, der wiederum für die finanziellen Belange des Museums zuständig ist.

Interessierte können auch dem Musuemsverein beitreten: mit 50 Schilling im Jahr ist man dabei, wird laufend informiert und unterstützt so die Forschungstätigkeit der Bezirksarchäologen .

Außenstelle des Bezirksmuseums unter der Johanneskapelle in der Klederinger Straße: Römerzelt und Mittelalter darf man nach schriftlicher (!) Anmeldung beim Bezirksmuseum bewundernden Auges "erschürfen".

BEZIRKSMUSEUM SIMMERUNG

11, Enkplatz 2

Viel Lokalkolorit unddie Darstellung der Bezirkswerdung eines Bauerdorfes. Drei- bis viermal im Jahr Sonderausstellungen, eigene "Simmeringer Museumsblätter".

JUGENDZENTREN

JZ-Favoriten
10, Wendstattgasse 3,
Tel: 68 16 58

Club Bassena
10, Ada Christen-Gasse 2/A/16,
Tel: 68 53 57

JZ-Simmerung
11, Pantucekgasse 13,
Tel: 76 13 88

Für "1900-Spurensucher":

Josef Hoffmann: 332 Wohnungen, aber authentisch sind nur mehr die Hoffassaden. Adresse: Laxenburgerstraße 94.

Am Zentralfriedhof

Grab von Josef Hoffmann, Ehrengrab Gruppe 14 c

Adolf Loos: Grab für Peter Altenberg. Gruppe 0, Reihe 1,Grab 84

Adolf Loos-Ehrengrab, Zentralfriedhof 2.Tor, Sektor 32 c.

LAAER BERG

Erhohlungsgebiet aus der Retorte! Einst "Gstettn" und öder Müllplatz, dann kamen Lastwagenladungen mit Erde drauf und schon sproß die "Wiener Internationale Gartenschau" in voller Blüte.

Seither pilgern Familienscharen durchs hügelige Parkgelände; die Kleinen werden auf `rumstehenden Ponys verfrachtet. während Papa und Mama den Promenadenkonzertklängen lauschen.

Recht störend die breiten Asphaltbänder, die sich über den Berg ziehen, dafür halblauschige Plätzchen im Grünen.

Gute Infrastruktur, was Sportmöglichkeiten betrifft: Freiluftschacht, Boccia und Kegelbahnen. Buntes Bild, wenn`s die Rollschuhamateure auf den Hosenboden setzt und die Omis an den Blumen schnuppern.

Auf weißbezuckerten Wiesen, wenn der Frost durch die Luft klirrt: Rodeln und Eislaufen. Restaurants, Cafés und das Kurzentrum gleich "vor der Gartentür".

HINKOMMEN. Mit der Straßenbahnlinie 67 zum Kurzentrum: mit der Autobuslinie 68 zum Nordeingang.

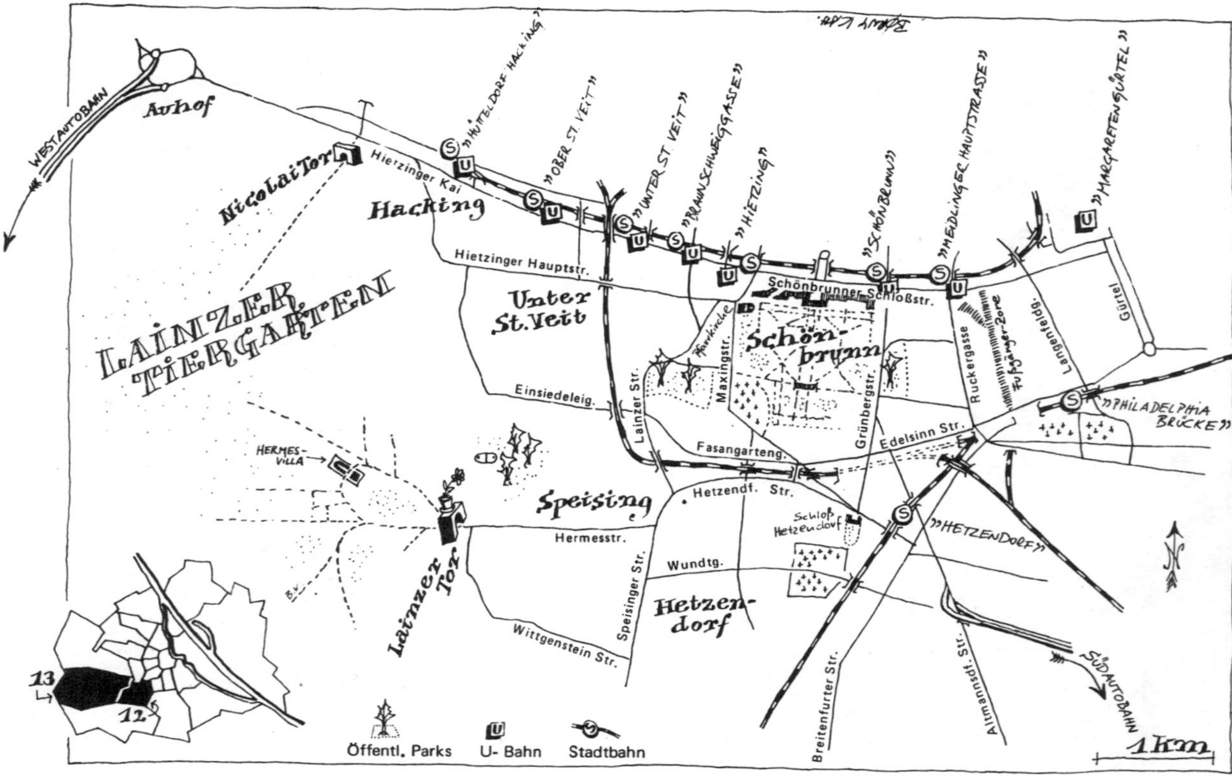

WESTAUTOBAHN
Auhof
Nicolaitor
Hietzinger Kai
Hacking
"HÜTTELDORF HACKING"
"OBER ST. VEIT"
"UNTER ST. VEIT"
"BRAUNSCHWEIGGASSE"
"HIETZING"
"SCHÖNBRUNN"
"MEIDLINGER HAUPTSTRASSE"
"MARGARETENGÜRTEL"
Hietzinger Hauptstr.
Schönbrunner Schloßstr.
LAINZER TIERGARTEN
Unter St. Veit
Schönbrunn
Pfarrkirche
Maxingstr.
Grünbergstr.
Ruckergasse
Fußgänger-Zone
Langenfeldg.
Gürtel
Einsiedeleig.
Lainzer Str.
Fasangarteng.
Edelsinn Str.
"PHILADELPHIA BRÜCKE"
HERMES-VILLA
Speising
Hetzendf. Str.
Schloß Hetzendorf
"HETZENDORF"
Hermesstr.
Lainzer Tor
Wundtg.
Speisinger Str.
Hetzendorf
Wittgenstein Str.
Breitenfurter Str.
Altmannsdf. Str.
SÜDAUTOBAHN
13
12
Öffentl. Parks
U-Bahn
Stadtbahn
1 km

MEIDLING 12. BEZIRK
HIETZING 13. BEZIRK

Südlich der von Westen herkommenden Wien gelegen , - etappenweiser Übergang vomwaldigen Grün des Lainzer Tiergarten (mit Westautobahn - Ankunft) über das Schönbrunner Parkgrün zum kompakten Einkaufszentrum an der Meidlinger U-Bahn-Station.

MEIDLING

Arbeiterzinskasernen (Sehenswürdigkeit: Längenfeldgasse),die in malerische Dorflandschaften von Altmannsdorf und Hetzendorf übergehen.

Aus dichtem Stadtgequirl führen Straßen (auch Buslinien) in aufgelockerte Grünflächen, wo täglich gegen 17 Uhr Schafe und Ziegen an der Leine geführt werden (wahre Beobachtung). Inmitten der Dorfatmosphäre von Altmannsdorf samt Biedermeierkirchlein erhebt sich drohend das "Grabsteinland".
Unweit davon die Breitfurter Straße, eine unwirkliche Durchgangsstraße (Verbindung ins SW-Niederösterreich und zur Südautobahn) mit zahlreichen Gebrauchtwagenplätzen und Industrievierteln. Verkehrsgewirr auf der "Altmannsdorfer": direkte Verbindung zur Südosttangente, der Wiener Stadtautobahn mit km-Begrenzung 80 und ständig wiederkehrenden Radarkontrollen.

Meidling ist so nebenbei auch die Geburtsstätte des "Meidlinger L", einer Wiener Spezialform der Aussprache des Buchstaben "L" mit gerollter Zunge (siehe auch Kapitel: Wienerisch, keine erlernbare Sprache, von Gert Baldauf).

Oben am "grünen Berg" stehen noch die alten Villen, die an das"mondände Meidling", dem Vorort von anno dazumal erinnern.

HIETZING

Hier haben André Heller oder (wer nun?) Georg Danzer ihre Villendomizile aufgeschlagen. Althietzing, das zwischen Hietzinger Hauptstraße und Lainzer Straße gelegene Nobelviertel ist für Normalsterbliche unerschwinglich. Die schönste Jungenstilvilla auf der Hietzinger Hauptstraße gehört übrigens der Volksrepublik Polen und dient als Botschaft.

Die Hans-Moser-Villa in der Auhofstraße wurde zur Botschaft von Nigeria. Und -so meinen böse Zungen- weil`s die "Besiedlungsstrategie" der Gemeinde so wollte, wurden auch Gemeindebauten in den konservativen Nobelbezirk gepflanzt.

Hietzing-bewußte Jungendliche befleißigen sich des Schönbrunner-deutsch (nasal angehaucht, mit Nobelworten aus Uromas Zeiten angereichert: z.B. Trottoir = Gehsteig).
Mitten im 13. Bezirk können einem auch echte Wildschweine in freier Wildbahn begengen: 23 Quadrat-kilometer groß ist das von einer langen Mauer (der zweitlängsten der Welt nach der chinesischen) umgebene Areal das Lainzer Tiergartens.

Schönbrunn

Von der Mariahilferstraße über die Schloßallee: Blick auf die "schönbrunnergelben" Mauern und das schmiedeeiserne Tor.
Gepark wird draußen, wenn noch Platz ist; denn meist reiht sich ein blechernes Ungetüm an das andere: Riesenbusse, haufenweise Pkw`s mit "D", "NL", "F" Kennzeichen.
Schönbrunn gilt als "must", - auch für 2-Tage-Wien-Besucher.

RUNDGANG DURCH SCHLOß SCHÖNBRUNN

mit baugeschichtlichen Erläuterungen von Rosemarie Rudolphi

Schönbrunn ist vom kleinen Jagdschloß zum Somersitz und endlich zur dauernden Hauptresidenz der Habsburger aufgestiegen. Kaiser Franz Joseph I. und Maria Theresia waren die entscheidenden Bauherren.

Von den gigantischen Ausmaßen, die Fischer von Erlach zuerst vorgeschwebt waren, mußte man sich natürlich distanzieren. Nach Fischers Willen hätte der Bau ein Über-Versailles mit sich ins Tal herunterziehenden Terrassenalagen auf dem heutigen Gloriette-Hügel werden sollen. Aber man wußte sich dann mit einem wesentlich kleineren Projekt in der Niederung zu bescheiden.

Der 1713 abgeschlossene Bau Fischers wurde später mehrfach verändert und der für diesen Architekten so kennzeichenden Wucht beraubt. Der Sohn Fischers, Joseph Emanuel, lies als Nachfolger seines Vaters im kaiserlichen Hofbauamt die zuerst flachen, unsichtbaren Dächer durch steilere ersetzen, was der blockhafen Wirkung entschiedenen Abbruch getan hat. Den grundlegenden Eingriff tat dann der Wiener Rokoko-Architekt par excellence, Nicolaus Pacassi, im Auftrag von Maria Theresia.

Der Bau wurde um einen halben Stock erhöht und innen mit kostbaren Rokoko-Interieurs ausgestattet, die heute zum Wertvollsten gehören, was es an Raumgestaltung in diesem verspielten, kapriziösen Stil gibt. Der Klassizismus um 1800 hat dann dem hochbarocken, an sich raumgewaltigen Bau endgültig diesen Charakter genommen.

Von der ursprünglich viel knapper gefaßten, körperhafen Majestät des Ehrenhofes, der durch ein Obeliskentor zu betreten ist, kündet noch der Grundriß, der den Freiraum in zwei Stufen in den Baukörper einspringen läßt bis zum zurückweichenden Mittelteil, dessen Toreinfahrt wiederum durch Halbsäulen, einen mäßig hohen Aufsatz und zwei Freitreppen späteren Datums betont ist. Man kann sich noch einmal den bestimmenden

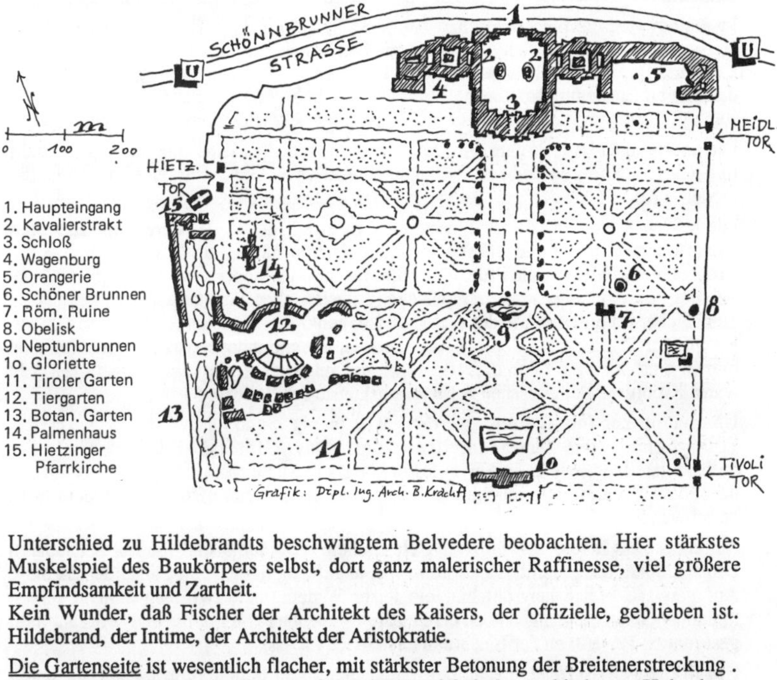

Unterschied zu Hildebrandts beschwingtem Belvedere beobachten. Hier stärkstes Muskelspiel des Baukörpers selbst, dort ganz malerischer Raffinesse, viel größere Empfindsamkeit und Zartheit.
Kein Wunder, daß Fischer der Architekt des Kaisers, der offizielle, geblieben ist. Hildebrand, der Intime, der Architekt der Aristokratie.

Die Gartenseite ist wesentlich flacher, mit stärkster Betonung der Breitenerstreckung . Letzte große künstlerische Leistung fügte der klassizistische Architekt von Hohenberg dem Schloß hinzu mit der Wandhalle der Gloriette, dem Schloßtheater und der römischen Ruine im Park, die ein imposantes Beispiel für den Genuß von Ruinenromantik im 18. Jahrhundert ist. Die Gesellschaft empfand ein prickelndes Vergnügen dabei, den Verfall alles Zeitlichen mitzuerleben, konzentriert in einer künstlich bereiteten Verwesung.

Die GLORIETTE ist zu einem Wahrzeichen Wiens geworden. Gewissermaßen das Diadem des Schlosses, folgt sie einem viel früheren Bauandenken des älteren Fischer.

Mit ihrem Entstehungsdatum 1775 ist sie von überraschender linearer, klassisch geschulter Gesinnung, wenn man bedenkt, daß noch fünf Jahre nach der Entstehung dieses Gründungswerkes des Klassizismus Johann Bergl seine berühmt gewordenen illusionistischen Rokoko-Landschaften in den Kronprinzen-Appartments im Parterre des Schlosses gemalt hat.

Der PARK, einer der weitest ausgedehnten und dabei besterhaltenen, ist reich mit Brunnenanlagen, Pavillons und Statuen ausgeschmückt und bietet mit seinen geometrisch exakt angelegten Alleen ein gutes Bild von der zweifachen Bestimmung eines barocken Gartens französicher Prägung. Triumph über die Natur durch den organisierenden Verstand und strenge hirarchische Unterordnung der Anlage unter das zentral aufgefaßte und mithin überall sichtbare Schloß.

Der Wanderer verliert die Schloßfassade nie ganz aus den Augen. Für den Barockmenschen war auch die Natur Teil eines gelenkten universalen Weltplanes.

Im Innern sind die theresianischen Interieurs SCHAURÄUME von höchstem Rang. Hervorzuheben ist die Schloßkapelle mit Deckenfresken von Daniel Gran, die drei Kardinaltugenden (Glaube, Liebe, Hoffnung) und die heilige Magdalena darstellend.Entstehungsdatum ist 1744. Das Hochaltarbild mit der Vermählung Mariä stammt von einem Fürsten der österreichischen Barockmalerei, von Paul Troger.

Die hervorragendsten Profanräume sind die große und die kleine Galerie im Mitteltrakt mit sehr formsicheren und fast "witzigen" Fresken von Guglielmi (eines davon ist die moderne Kopie nach der Zerstörung des Originals im letzten Krieg).

Die beiden Rund- und Ovalkabinette im fernöstlichen Stil, der Zeremoniensaal, das Vieux-Laque-Zimmer und Habsburgerbildnissen von Batoni, das Napoleonzimmer mit Brüsseler Gobelins, das Frühstückszimmer mit Chinosereien (kunstgewerbliche Arbeiten im damals besonders modischen ostasiatischen Phantasiestil) von der Hand kaiserlicher Familienmitglieder und als Glanzpunkt das sogenannte Millionenzimmer, ein intimer Salon der Kaiserin Maria Theresia. Seltene indopersische Miniaturen sind hier in eine kostbare Edelholzvertäfelung mit reichster Vergoldung eingelassen. Ein wares Kronjuwel der erlesenen Ausstattungskünste des Rokoko.

Überhaupt kann mitgefühlt werden, wie wenig Schönbrunn das Signum des Öffentlichen, des Zeremoniellen trägt. Das Gloriose feierlich-festlicher Selbstdarstellung, wie es in Versailles in höchstem Maße repräsentiert, ist aus diesem besonders heiteren, stimmungsgelösten Palast, der ja auch offizielle Residenz war, verschwunden.

Zumindest das Innere atmet private Gelassenheit, die Räume sind von überschaubaren Dimensionen, die gesamte Dekoration von unaufdringlicher, fein glitzender Zartheit. Auf gewisse Weise herrscht hier ein leiser Widerspruch zwischen dem in seinen monumentalen Grundzügen noch erkennbaren Außenbau von Fischer und dem sehr mild gestimmten Privatimen der Innenräume Nikolaus Pacassis.

Gut in die gewissermaßen familiäre Atmosphäre von Schönbrunn passen die schon erwähnten Bergl-Zimmer im Parterre, späteste Schöpfungen eines überzüchteten, idyllischen Rokoko. Die Wände und Decken der verschiedenen Appartements sind ganz mit illusionistischen Landschaftsfresken bedeckt.

Der WESTFLÜGEL, von dem aus Kaiser Franz Joseph fest sieben Jahrszehnte lang sein Vielvölkerreich regiert hat, ist zu seiner Zeit neu ausgestattet worden. Im heutigen großen Stiegenhaus ist ein allgemein Michael Rottmayr, dem frühesten österreichischen Barockfreskanten, zugeschriebenes Fresko bemerkenswert.

Das von der bekannten österreichischen Schauspielschule, dem Reinhardt-Seminar, wieder bespielte, neu renovierte SCHLOSS-THEATER Ferdinand von Hohenbergs in einem der westlichen Nebengebäude des Ehrenhofes und die dahinterliegende WAGENBURG mit einer ungewöhnlich großen Sammlung kaiserlicher Prunkwagen und -schlitten wird den Eindruck von Schloß Schönbrunn abrunden.

BESICHTIGUNG DER SCHLOSS-ZIMMER: nur per Führung möglich Zeiten: Anfang April bis Ende September: 10 bis 17 Uhr; übrige Jahreszeiten: 9 bis 12 und 13-16 Uhr.

Schönbrunn, im Park

Die Gäste und Bewohner des Schlosses:

Die Geschichte vom kleinen "Wolferl" Mozart gehört zum klassischen Schönbrunn-Tratsch: 1762 war das sechs-jährige Wunderkind gemeinsam mit seiner Schwester vor der Kaiserin aufgetreten (auch damals schon hatte ein ehrgeiziger Vater die Finger im Spiel). Auch Frankreichs Napoleon verirrte sich kurzzeitig hierher (Anfang 19. Jahrhundert). Und auch der "Wiener Kongreß" (1815) und später die Weltausstellung (1873) brachten eine Menge perückengeschmückter, gekrönter und sonstiger Häupter in's Schloß.

Mit dem Ende des 1. Weltkrieges (1918) zerbrach dann die mehr als sechs Jahrhunderte überdauernde Habsburger- Regierung in Österreich: Kaiser Karl unterzeichnete im "Blauen Salon" von Schönbrunn das entsprechende Dokument, bevor er nach Madeira exiliert wurde. Vor ihm hatte Kaiser Franz Josef I. Schönbrunn zu seinem Lieblingsaufenthalt erwählt. Nach dem 2. Weltkrieg bezogen die Briten hier ihr Hauptquartier. 1955 – zur Unterzeichnung des österreichischen Staatsvertrages – war das ockergelbe (genauer: schönbrunnergelbe) Schloß Schauplatz von Empfängen und mittlerweile denkwürdigen Treffen.–

TIPS FÜR SPAZIERGÄNGER: mit leichtem Schritt direkt durch`s Haupttor: Blumenduft steigt in die Nase, unter den Sohlen knirscht der Kiesel. Herrlich weiter Blick auf den Schloßgartenhügel, wo sich die GLORIETTE sonnt.

Die meisten Schönbrunn-Neulinge zieht`s gleich dort rauf, nicht zu Unrecht: der Wien-Blick von der kleinen Anhöhe entschädigt für den Zickzack-Hatscher.

Am Fuß des Hügels tummeln sich im schattigen Neptunbrunnen die Goldfische, während Angelsachsen-Mündern ein langgezogenes "woooooonderful" entschlüpft. Im linken Teil des Parks (siehe Karte) unter gepflegten Allee-Bäumen der "Schöne Brunnen" (der Leser mag jetzt erraten haben, woher der Name des Schlosses stammt). Ein paar Meter weiter die malerisch überwucherte Römische Ruine, gleich links rauf ein steiler Waldpfad.

Im rechten Teil des Parks: der Schönbrunner TIERGARTEN (angeblich der älteste Zoo der Welt, er geht auf theresianische Zeiten zurück), der alte BOTANISCHE GARTEN, an den schon Maria-Theresia-Gatte Franz I. einen Teil seiner Freizeit verwendete - und das PALMENHAUS:

PALMENHAUS

Das größte seiner Art in Europa , - aber für Besucher noch einige Zeit gesperrt wegen Instandsetzungsarbeiten. Das "Haus" war schon nahe am Einstürzen, die durchgerosteten Pfeiler wurden mit Kunststoffmasse wieder aufgefüllt, um die volle Tragfähigkeit wiederherzustellen.

Eichkatzerlfüttern in Schönbrunn

Leuten, die uneingeweiht und ahnungslos auf den romantischen Wegen zwischen Schloß und Gloriette promenieren, bietet sich nach der "Winterschlafsaison" ein gar eigentümliches Bild: Jung und Alt (von 1 - 80) auf den Kieswegen kniend, hockend, in den anmutigsten Stimmlagen ins Gebüsch flötend: "Haaaaaaansi, Haaaaaaaansi". Nein – lieber Wienbesucher – es handelt sich hier um keine dem "typischen Wiener" vorbehaltene Verhaltensweise, jeder kann mitmachen – beim "Eichkatzerlfüttern".

Und so funktionierts: Erdnüsse (am Seiteneingang des Parks zu erwerben) auf die Hand legen, sich in möglichst bodennahe, stabile Position begeben und mit lieblicher Stimme "Hansi" rufen (s.o.), wahrscheinlich gehts auch mit "Hugo", "Detlev" oder "Kai- Uwe", doch ist man damit rasch als Outsider entlarvt. Eventuelle Zwischenfälle: es kniet plötzlich jemand neben Dir und flötet demselben Hansi zu – was zu einem langen Rivalitätskampf führen kann, wenn man sich nicht großmütig dem nächsten "Hansi" zuwendet – das ohnehin schon einen Baum weiter auf Deine Nüsse lauert.

Im Winter fällt das Spektakel dank Hansi's Schlaf flach – Nüsse selber essen!

Anmerkung: beachte, nicht "der" Hansi, sondern "das" Hansi.

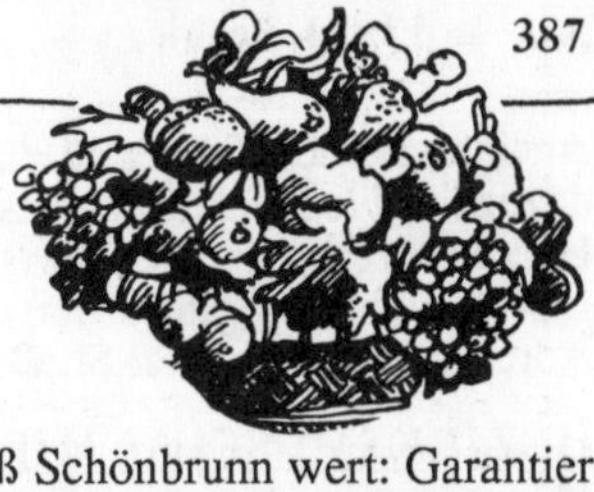

WAGENBURG

13, Schönbrunn (Seitentrakt rechts), Tel. 82 32 44
Mai - September Di bis So. 10.00 - 17.00 Uhr
Oktober - April Di bis So 10.00 - 16.00 Uhr

Auf alle Fälle einen Abstecher nach Schloß Schönbrunn wert: Garantiert abgasfreier Trip auf Rädern. In einem Seitentrakt des Wiener Heiligtums sind etwa 60 historische Wägen, Schlitten, Sänften und Tragsessel aus der Zeit von 1690 - 1917 ausgestellt. Dazu gesellen sich Reitzeug, Prunkgeschirre und Livreen.

Im Mittelpunkt der dem Kunsthistorischem Museum angeschlossenen Sammlung steht der vergoldete und reich verzierte "Imperialwagen": acht Pferde hatten das Vergnügen, das 4 Tonnen schwere Monster und seinen hoheitlichen Inhalt zu Kaiserkrönungen und wieder retour zu befördern.

Gleich außerhalb vom HIETZINGER TOR:

HIETZINGER PFARRKIRCHE

13, Am Platz

Gleich dort, wo Marxingstraße und Lainzer Hauptstraße zusammenlaufen, liegt ein kleiner Park mit einem Kirchlein. Kurz verweilen, ein Blick auf die Mariensäule und hinein ins kühle Gotteshaus (wenn man will), das sich mit zäher Ausdauer in die heutigen Tage herübergerettet hat. Immerhin tobten die Türken hier nicht nur einmal und auch der letzte Weltkrieg setzte der Ex-Kapelle arg zu. Ölgemälde, Deckenmalerei und schöner Holzschnitzaltar, großteils aus dem 18. und 19. Jahrhundert.

Und über das TIVOLI-TOR zu erreichen:

SCHLOSS HETZENDORF

12, Hetzendorfer Straße 79

Modeschule der Stadt Wien in einem theresianischen Lustschloß, mit schönem Schloßpark und Kapelle (schönes Altomonte-Altarbild). In den Prunkräumlichkeiten finden zeitweise Ausstellungen statt.

MUSEEN

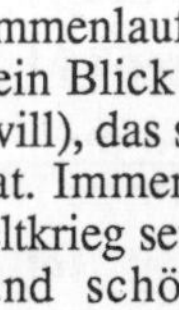

BEZIRKSMUSEUM MEIDLING

12, Kobingergasse 7

Ältestes Bezirksheimatmuseum Wiens. Mammutknochen, alte "Uhrwerkeln", Arbeiten aus der Modeschule Hetzendorf und alte

Ansichten und Plakate an den Wänden. Bezirkskünstler werden in der dazugehörigen Galerie vorgestellt.. Riesenprunkstückerl: ein Feuerwehr - Handspritzenwagen der Herrschaft Altmannsdorf aus dem Jahr 1835. Für Lokalkulturfans gibt`s den "Meidlinger Kulturkreis", Infos über die Adresse: Schönbrunner Straße 259, 1120 Wien.

BEZIRKSMUSEUM HIETZING

13, Am Platz 2.

Der 13. Bezirk - ein Paradies für "1900-Spurensucher". Einfach unsere Adressenliste zur Hand nehmen und einen ausgedehnten Spaziergang unternehmen.

Gustav Klimt: sein letztes Atelier, heute Wohnhaus in der Feldmühlgasse 11. Grab am Hietzinger Friedhof, Maxingstraße 15, (Nr. 5, Nr. 194/5).

Egon Schiele: Atelier mit Gedenktafel in der Hietzinger Hauptstraße 101, letztes Atelier in der Wattmanngasse 6. Sterbehaus mit Gedenktafel , Hietzinger Hauptstraße 104, Gedenkstätte im Heimatmuseum Hietzing (siehe Museum.).

Otto Wagner: selbstentworfenes Grab am Hietzinger Friedhof (Gruppe 13, Gruft 131). Stadtbahnstation (heute U4 "Schönbrunn").

Joseph M. Olbrich: Haus für Hermann Bahr in der Winzerstraße 22.

Koloman Moser: Grab und Gedenkstätte am Hietzinger Friedhof (Gruppe 16, Gruft 14).

Josef Hoffmann: Häuser der sogenannten "Werkbundsiedlung" in der Veitingergasse 79 - 85. Villa Skywa/Primavesi in der Gloriettegasse 18.

Adolf Loos: Häuser der "Werkbundsiedlung", Woinovichgasse 13-19. Andere Häuser: Schließmanngasse 11, Larochegasse 3, Kupelwiesergasse 28, Nothardgasse 7, Matrasgasse 20.

Adolf Loos (1870 - 1933): - der erste "Café Architekt", ein rebellischer Ästhet, der mit vielen seiner Zeitgenossen im Clinch lag. Aber Peter Altenberg war Freund und häufig "Barkumpane", Karl Kraus hielt auf den eigenwilligen Planzeichner und Oskar Kokoschka wurde von ihm unterstützt. Die Lebenstationen: in Brünn geboren, mit 22 nach Amerika, Lebensunterhalt als Maurer, Zeichner und Journalist verdient. In der ersten Ausgabe Sezessionszeitschrift "Ver Sacrum" steuerte er zwei Aufsätze bei. Berühmte Loos - Gebäude: Loos-Haus am Michaelerplatz, Loos-Bar, Schneider Knize, Café Museum (alle 1. Bezirk).

Besonderes: **Lainzer Tiergarten**
siehe "Wandern".

GASTHÄUSER UND RESTAURANTS

Kolpinghof
12, Wilhelmstraße 2
Gutbürgerliches Restaurant.

Lukullus
12, Schönbrunner Allee 25
Mit nettem Gastgarten.

Biedermeierstube
13, Küniglbergasse 42
Feineres Lokal mit anspruchsvoller Küche und gehobeneren Preisen. Unweit der "ORF-Burg". Auch mit Garten.

Eder
13, Lainzer Straße 144
Hervorragendes Speisenangebot, auch für verwöhnte Gaumen. Seit 1985 auch mit angeschlossener "Heurigen-Halle".

Geisterstuben
13, Hietzinger Hauptstraße 86
Großbeisel mit Stüberl und Extrazimmer. Spezialitäten vom Wild, Gegrilltes originell garniert. Im Sommer im Freien.

Fasangartenstüberl
13, Fasangartengasse 76
Rustikaler Anstrich, Gemütlichkeitsbeisel.

Wambacher
13, Am Lainzer Platz
Größerer Heuriger mit schönem Gastgarten.

Hietzinger Weinstüberl
13, Maxingstraße 7
Gemütlicher Abendtreff. Heurigenatmophäre.

ITALIENISCH

Della Lucia
13, Hietzinger Hauptstraße 8
Hintendrin: Viel Grün und "Glasveranda".

CHINESISCH

Golden China
12, Längenfeldgasse 10
Frische Meeresfrüche, dafür "Einheitssauce".

Dommayer
13, Dommayergasse 1
Traditionscafé vom alten Schlag. Allerdings: Unser Hietzing - Berichterstatter Edwin M. bekam dort einmal Lokalverbot, weil er mit einem Langhaarigen ein Interview führen wollte (!?).

Café BAWAG
13 Hietzinger Hauptplatz/Maxingstraße
Neues Café mit ausgezeichneten Mehlspeisen. Mittlerweile beliebter Treff (einen Abstecher nach einem Schönbrunn-Bummel wert).

SZENE MIX

U 4

12, Schönbrunner Straße 222

Parkshop Meidling. Wiens innigster Disco-Tempel: unvorhergesehen treten bisweilen Stars auf (z.B. Sade Adu, oder das "Velvet Underground"- Mädchen Nico), Profi-Jockeys betreuen den Plattenteller. In einem Nebenraum das "U5", wo neben der Bar Videoclips laufen und "Schickis" auf Tour sind. Manchmal stört der Türsteher die Eintrittsfreude.

Mix-Tips für Freiluftschnupperer: der "Lindwurm" (wo incognito auch Wolfgang Ambros mit Familie gesichtet wurde) und das "Café Tiergarten" (beide Lokalitäten Nähe Lainzer Tiergartenmauer).

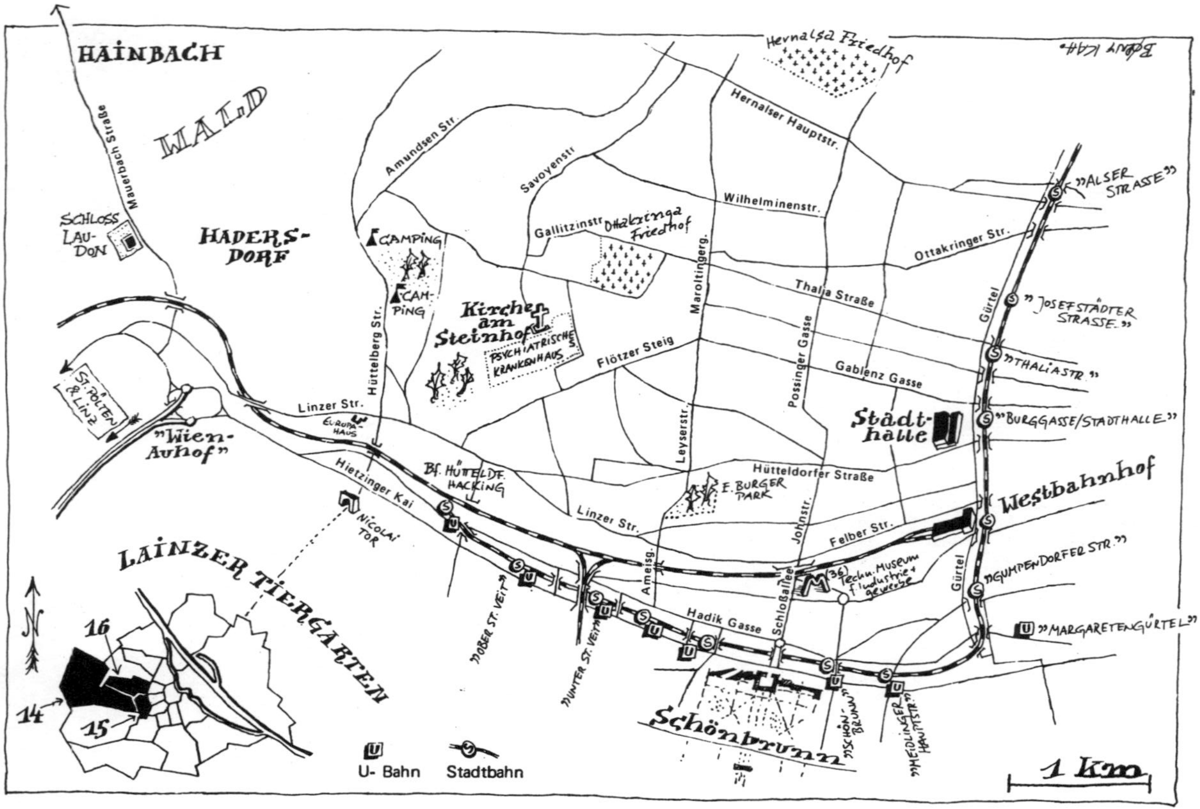
HAINBACH
WALD
Mauerbach Straße
SCHLOSS LAUDON
HADERSDORF
ST. PÖLTEN & LINZ
"Wien-Auhof"
Linzer Str.
EUROPA-HAUS
Hütteldorfer Str.
Hütteldorfer Straße
Amundsen Str.
Savoyenstr
CAMPING
CAMPING
Kirche am Steinhof
PSYCHIATRISCHE KRANKENHAUS
Gallitzinstr
Ottakringa Friedhof
Hernalsa Friedhof
Hernalser Hauptstr.
Wilhelminenstr.
Ottakringer Str.
Maroltingerg.
Thalia Straße
Flötzer Steig
Possinger Gasse
Gablenz Gasse
Leyserstr.
Stadthalle
Bf. HÜTTELDF. HACKING
Hietzinger Kai
NICOLAI TOR
E. BURGER PARK
Linzer Str.
Johnstr.
Felber Str.
Ameisg.
Schloßallee
Hadik Gasse
(36)
Techn. Museum f. Industrie + Gewerbe
Westbahnhof
Gürtel
Gürtel
"ALSER STRASSE"
"JOSEFSTÄDTER STRASSE"
"THALIASTR."
"BURGGASSE/STADTHALLE"
"GUMPENDORFER STR."
"MARGARETENGÜRTEL"
"OBER ST. VEIT"
"UNTER ST. VEIT"
"SCHÖNBRUNN"
"MEIDLINGER HAUPTSTR."
Schönbrunn
LAINZER TIERGARTEN
16
14
15
U- Bahn
Stadtbahn
1 Km

PENZING 14. BEZIRK

5-HAUS 15. BEZIRK

OTTAKRING 16. BEZIRK

Drei Bezirke, die den "Weststreifen" Wiens abdecken. Lieblich grün aufgelokkert, der Wienerwald streckt sich herein und lockt eifrige Wanderbeine in luftige Höhen (z. B. Jubiläumswarte oder Sophienalpe).

Während hier in Penzing drei ehemalige Ortschaften unter einen "Bezirkshut" gebracht worden sind, war der "Kleinbezirk" FÜNFHAUS schon von Anbeginn an ein eigenständiges Viertel ("Fünfhaus", weil hier im 18. Jahrhundert unternehmungswillige Weinhauer bei den Barnabiten, denen das Weinberggebiet damals gehörte, um Baugenehmigung für 5 Häuser ansuchten), – einfache Arbeiter hatten sich niedergelassen und die "Fünfhauser" waren es auch, die an den Iden des März als Ärmste der Armen auf die Barrikaden stiegen. Heute dominiert das "Westbahnhof- Flair".

Was sich im 15. "Hieb" schon andeutet, setzt sich in OTTAKRING fort: ein klassischer Arbeiterbezirk, ein kräftiges Stück Wienerwald lächelt grün vom Westen herein und böse Zungen behaupten immer noch, "der 16." wäre "ein einziges Wirtshaus".

PROFAN-BAUTEN

SCHLOSS LAUDON
14, Mauerbachstraße 43

Romantisches Wasserschlößchen mit Rundtürmen an den Seiten. Rarität: die Prachtfresken stammen aus einem

Schloß, das beim Donau- Stauwerk- Bau unter Wasser gesetzt wurde! 1775 gebaut,– heute staatliche Verwaltungs- Akademie.

OTTO-WAGNER-VILLEN

14, Hüttelbergstraße 26 und 28

Zwei Privatvillen des Jugendstil-Apostels - gebaut im 25-Jahre-Abstand! Interessanter Vergleich des Stilwandels:

Haus Nr. 26 (1886 - 1888) mit kleinen Säulenhallen und freier Verwendung von Renaissanceelementen (symmetrisch-repräsentativ), abgestufte Rasenfläche zur Straße hin. Sieht ein bißchen nach Kulttempel und schwarzen Messen aus, die hier zelebriert worden sein könnten. Heute haust Austro-Surrealist Ernst Fuchs in den heiligen Hallen, er hat die Villa auch renoviert und nach eigenem Gutdünken umgemodelt.

Haus Nr. 28 entstand 1912 - 1913 in modernistischer Stahlbetonkonstruktion. Klare Kubusform auf asymmetrischem Grundriß, ein paar zurückhaltende Dekorfetzen an den Fenstern. Großes Jugendstilglasfenster über dem Eingang (bewußt aus der Achse genommen): Fassade mit Schlagseiten-Charakter. Wirkt wie ein ländliches Volksschulgebäude vom Mars

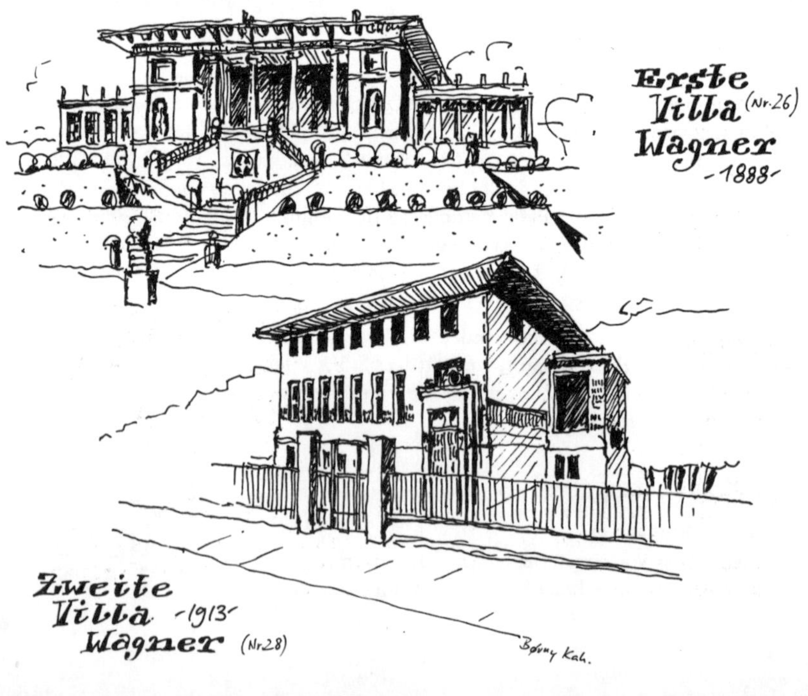

KIRCHE "AM STEINHOF"

14, Baumgartner Höhe (in der Anlage der psychiatrischen Heil- und Pflegeanstalt)

"Die Karlskirche des Jugendstils"! Weiße Marmorplatten, mit Kupfernägeln an die Vorderfront genietet, drüber wölbt sich eine vergoldete Kuppel, zwei glattgeschnittene Turmwürfel an den Flanken und das Ganze thront auf einem Hügel, umwuchert von Bäumen.

Das Otto-Wagner-Glanzstück strahlt vor "grotesker Schönheit", die sich im hellen Kircheninneren ausbreitet: viel Licht unter der flachen Kuppelwölbung. Wände und Böden mit Platten ausgelegt (gebaut 1903).

Die Kirche "Am Steinhof" gehört zum weiträumigen psychiatrischen Anstaltsgelände, das insgesamt 60 Bauten umfaßt und von Otto Wagner zur Jahrhundertwende geplant wurde. Pavillons, die sich den Hügel raufstaffeln. Für Kirchenbesichtigung Voranmeldung notwenig (Tel. 94 31 51/23 97).

Otto Wagner (1841 - 1918) - er war der Architekt der Jahrhundertwende. Und nur der Ausbruch des 1. Weltkriegs konnte verhindern, daß der Altmeister von Secessionsstil und moderner Sachlichkeit, nicht als Stadtplaner der australischen Großstadt Sidney werken konnte. Die Wiener Baukunst bereicherte er mit damals revolutionären Baumethoden (z.B. Stahlskelettbau). Kirchen, Villen, Hotels, Brücken und Stadtbahnstationen - viele Bauten, die auch das heutige Wien prägen, zeugen vom Genius Ottos Wagners.

C´EST OTTAKRING

"Das Raumverteidigungskonzept des Bundesheeres ist auf den Bezirk Ottakring zugeschneidert. Die Miliz und alle Patrioten sind aufgefordert, Ottakring unter allen Umständen zu halten "

"Warum ?"

"Weil dort der 46er fährt, der Sitz der Tabakregie und die Heimstätte der Ottakringer Brauerei ist". (G.B.)

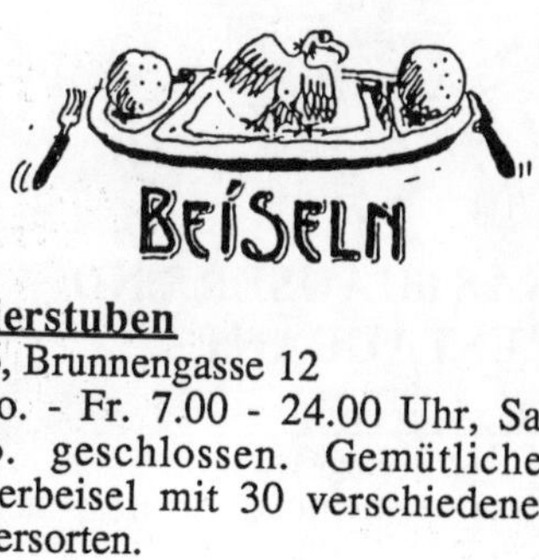

Witwe Bolte
16, Gallitzinstraße 12
Täglich 10.00 - 24.00 Uhr. Einfaches Heurigengasthaus mit schönem Garten.

Rudis Vorstadtbeisel
15, Goldschlagstraße 27
Täglich 8.30 - 23.30, Sa. 8.30 - 14.30. Billiges gutes Essen in Wiener Beiselatmosphäre.

Bierstuben
16, Brunnengasse 12
Mo. - Fr. 7.00 - 24.00 Uhr, Sa., So. geschlossen. Gemütliches Bierbeisel mit 30 verschiedenen Biersorten.

Schnitzlmasterei
15, Goldschlagstraße 79
Mi. - So. 10.00 - 24.00 Uhr, Mo., Di. geschlossen. Rot karierte Tischdecken erinnern an den letzten Tirolurlaub. Schnitzel sind allerdings größer als in Tirol.

Zehnermarie
16, Ottakringerstraße 224
Pflegestätte des Wienerliedes. Sägespäne am Boden, urige Atmosphäre. Zwischendrin Wien-Touristen, die Wienerisch verstehen lernen wollen. Wein gut. Essen eher mäßig.

Gasthaus Amsüss
16, Rankgasse
Preisewerte Mittagsmenüs im nontouristic Beisl. Gelegenheit echten "Wiener Schmäh" zu hören. Ein Gemeinschaftserlebnis: TV-Übertragungen von Fußballspielen! Etwas für echte Beisl-Liebhaber.

Wiener Schleimer
16, Brunnengasse 67
Mo. - Fr. 8.00 - 21.00 , Sa. 8.00 - 14.00 Uhr, So. geschlossen. Typische Beiselküche zu niedrigen Preisen.

GASTHÄUSER UND RESTAURANTS

Altwienerhof
15, Herklotzgasse 6
Wenn man einmal was Besonderes kosten will und wenn`s auch ein bißchen mehr kosten darf. Tisch im Hinterzimmer reservieren lassen (sonst sitzt man in heißer Küchennähe), Tel. 83 71 45. Gekocht und aufgetischt wird "Nouvelle Cuisine" auf wienerisch. Zanderfilet in Safransauce und Fenchelpürree hat uns vorzüglich gemundet. Am besten, man läßt sich vom Ober beraten. Dazu gibt`s eine ausgezeichnete Wein- und Getränkekarte.

Zur Pfeffermühle
14, Linzer Straße 18
Di-Sa. 11.00 - 24.00 Uhr, So. und Mo. geschlossen. Großer Parkplatz vor der Türe, bringt manchmal Bustouristen ins Lokal.

Sofienalpe
14, Sofienalpenstraße 13
Täglich 7.00 - 24.00 Uhr. Das Haus wurde von Kaiser Franz Josef für seine Tochter Erzherzogin Sofie erbaut. Jetzt Ausflugsziel für Wiener und Wientouristen. Während der Schulzeit Wandertagsziel für einfallslose Lehrer.

Schottenhof
14, Amundsenstraße 4
Do-Mo. 11.00 - 23.00 Uhr, Mo., Di. geschlossen. Annehmbare Küche, die namentlich auf Grillgerichte spezialisiert ist.

Zum Grünen Jäger
14, Mauerbachstraße 47
Mi - So. 9.00 - 24.00 Uhr, Mo, Di. geschlossen. Großes Angebot für Leute mit dickerer Brieftasche. Im Sommer Terrassenbetrieb. Hauseigener Tennisplatz.

Leckermäulchen
15, Würfelgasse 4
Di.-Sa. 11.30 - 14.30 und 17.00 -

22.30 , So., Mo. geschlossen. Der heiße Tip für warme Speisen. Originelle Gerichte , die der Phantasie des Kochs entspringen. Unbedingt reservieren.

D`Rauchkuchl
15, Schwelgerstraße 37
Fr. - Di. 11.30 - 15.00 Uhr und 18.00 - 24.00 Uhr. Mi geschlossen, Do. ab 18.00 - 24.00 Uhr. Der Herr Direktor lädt den Herrn Direktor zum Essen ein. Bei festlichen Anlässen wird die Dachbar und der dort befindliche Swimmingpool geöffnet.

Kupferpfandl
15, Zinckgasse 8
Di-Sa. 18.00 - 1.00 Uhr, So. 11.00 - 14.00 Uhr, Mo. geschlossen. Juli, August Urlaub. Nach langem hin und her weiß man noch immer nicht, welches der 65 verschiedenen Steaks wohl das Beste ist. Augen schließen und den Zufall entscheiden lassen.Gut ist`s immer.

Stiefsohn
16, Hubergasse 2
Mo.-Fr. 9.00 - 23.00 Uhr, Sa.,So. geschlossen. Rustikal eingerichtetes Speiselokal. Modifizierte Hausmannskost zu inflationären Preisen.

ITALIENISCH

Bardolino
14, Hadersdorfer Hauptstraße 118
Täglich 11.00 - 23.30.

La Strada
14, Hütteldorfer Straße 90
Täglich 9.00 -23.30 Uhr.

San Marco
14, Reinlgasse 20
So. - Fr. 11.00 - 23.30, Sa. und Feiertags 17.00 - 23.30 Uhr. In rot gehaltenes gemütliches Restaurant. Tischanordnung in Logenform.

Pizza-Paradies
15, Vogelweidplatz 14
Tälgich 11.00 - 23.00 Uhr. Großraumpizzeria in der Wiener Stadthalle.

Giuliano
16, Lerchenfelder Gürtel 62
Täglich 11.00 - 22.00 Uhr.

La Cucaracha
16, Koppstraße 22
Täglich 11.00 -23.30 Uhr. Italienisches Restaurant mit Spezialitäten aus vielen anderen Ländern . Namentlich die sizililianischen Gerichte sind zu empfehlen. Aber auch gute mexikanische und arabische Hungertäter.

Da Vittorio
15, Arnsteingasse 30
Mo-Sa. 11.00 - 24.00 Uhr, So. 17.00 - 24.00 Uhr. Toskanische Küche steht im Vordergrund.

CHINESEN (zum Selbertesten)

Chinarestaurant zum Goldenen Panda
14, Breitenseer Straße 37
Täglich 11.30 - 15.00 Uhr, und 17.30 - 24.00 Uhr.

Hongkong
15, Mariahilfer Straße 198
Täglich 12.00 - 15.00 Uhr und 18.00 - 23.00 Uhr.

Hua Hwa
15, Märzstraße 27
Täglich 11.30 - 15.00 Uhr und 17.30 - 24.00 Uhr.

Singapur
16, Gablenzgasse 48
Täglich 11.30 - 15.00 Uhr und 18.00 - 24.00 Uhr.

SCHWEIZ

Zum Wilhelm Tell
16, Hasner Straße 2
Mi.-So. 11.30 - 14.00 Uhr 17.00 - 23.00 Uhr, Mo. und Di. geschlossen. Grüazi Schweiz. Armbrüste am Eingang abgeben und das Käsefondue genießen.

ARABISCH

Aladin
16, Thaliastraße 131
Oben Pizzeria, unten arabische Köstlichkeiten. Die aufmerksame Bedienung im "Keller" serviert Kus-Kus und arabisches Fladenbrot frisch aus dem Ofen. Publikum hauptsächlich nahöstlich. Rarität: gelegentlich Bauchtanz und "Aladin-Band".

GRIECHISCH

Taverna Aegina
15, Goldschlagstraße 2
Mo. - Sa. 19.00 - 2.00 Uhr, So. geschlossen.

JAPANISCH

Arirang
15, Stiegergasse 5a
Täglich 11.00 - 24.00 Uhr. Der Toyota unter Wiens Stäbchenrestaurants.

JUGOSLAWISCH

Balkan Grill
16, Brunnengasse 13
Täglich 18.00 - 24.00 Uhr. Nomen est omen.

TÜRKISCH

Istanbul
15, Mariahilfer Straße 160
Mo. - Do. 17.00 - 24.00 Uhr, Fr.-So. 11.30 - 24.00 Uhr. Nach einem türkischen Mahl trinke man einen türkischen Kaffe und denke an die leeren Strände der Türkei.

BULGARISCH

Rila
15, Mariahilfer Gürtel 9
Leckere - soweit wir`s identifizieren konnten - bulgaro-griechische Küche. Auch vom Preis o.k.

VEGETARISCH

Wrenkh
15, Hollergasse 9
Würde es mehrere solcher Restaurants geben, könnten die Kühe einer sorgenfreien Zukunft entgegensehen. Auch ohne Pansen gut verdauliche vegetarische Kost.

KAFFEHÄUSER

Alm-Espresso
14, Baumgartner Höhe 283
Täglich 9.00 - 23.00 Uhr. Wiener Melange im bäuerlichen Kaffee.

Johannesstuben
14, Hütteldorfer Straße 129

Mo. - Sa. 16.00 - 4.00 Uhr, So. 18.00 - 4.00 Uhr. Kaffeehaus für Reptilienfreunde. Hier ist das Krokodil nicht auf der Brust, sondern im Terrarium.

Café Aigner
14, Linzer Straße 74
Täglich 7.00- 2.00 Uhr. Billiges Café , im nachgemachten Wiener Jugendstil. 3 Billardtische.

Café Konditorei Angelmayer
15, Meiselstraße 2
Di - So. 8.00 - 20.00 Uhr, Mo. geschlossen. Halb Café, halb Konditorei. Trotz Thonet Sessel eher billig.

Espresso im Club-West-Kino
15, Mariahilfer Straße 133
Täglich 8.00 - 22.00 Uhr. Im weichen Lederfauteuil liest man noch schnell das Kinoprogramm.

Café Idahof
15, Dingelstedtgasse 13
So. - Fr. 9.00 - 24.00 Uhr, Sa. geschlossen. Zwei beheizte Billardtische garantieren heiße Billardatmosphäre. Achtung: Die Hausspezialität, Apfelknödel, nicht mit ins Spiel bringen.

Café Konditorei Kolber
15, Mariahilfer Straße 213
Täglich 8.30 - 18.30 Uhr. Mittagspausentreff für die Girls und Boys aus den umliegenden Schulen.

Mocca-Stuben
15, Neubaugürtel 13
Mo - Sa. 10.00 - 2.00 Uhr, So. 12.00 - 2.00 Uhr. Langer Schlauch für geschlauchte Gürtel-Jogger. Auch schon ORF-Sportredakteure gesichtet.

Café Weingartner
15, Goldschlagstraße 1/10-11
Rechts ist der Leseplatz, links der Spielplatz. Billard, Schach und Karten. Extrazimmer für Billardanfänger, die nicht gesehen werden wollen. Der Chef des Hauses, Herr Weingartner, ist Informant für Kaffeehausforscher. So. - Fr. 9.00 - 24.00 Uhr, Sa. 9.00 - 2.00 Uhr.

Café im Hotel Westbahn
15, Pelzgasse 1
Täglich 7.00 - 23.30 Uhr. Teurer Treff für Geschäftsleute.

Café Alt-Ottakring
16, Ottakringer Straße 161
Mo. - Do. 9.00 - 2.00 Uhr, Fr. 9.00 - 4.00 , Sa. 18.00 - 4.00 , So. geschlossen. Leicht englischer Einschlag, den das Ottakringer Lied auch nicht wegleugnen kann.

Café Konditorei Holzer
16, Gablenzgasse 16
Di. - Sa. 8.00 - 19.00 Uhr. Mini-Café mit 5 Tischen ohne Aschenbecher. Ohne Rauch geht`s auch.

Café Weidinger
16, Lerchenfelder Gürtel 1
Täglich 7.00 - 2.00 Uhr. Ernst Happels Stammkaffee, wenn er zufällig in Wien ist.. Der Vespa-Club fühlt sich genauso zuhause wie die Horner-Runde. 4 Billardtische, 1 Kegelbahn. Jeden Monat eine andere Ausstellung.

Café Ritter
16, Ottakringer Str. 117
So.-Fr. 8.00 - 1.00 Uhr , Sa. geschlossen. Seit 1905 nichts verändert. Original Wiener Café mit 4 Billardtischen , vielen Zeitungen

und jungen Menschen als Publikum.

SZENE MIX

Salvador
14, Goldschlagstraße 138
Mo. - Fr. 11.00 - 4.00, Sa.,So u. Feiertags 18.00 - 4.00 Uhr. Eine Oase in der fadenVorstadt. Bis 4.00 Uhr in der Früh kann man hier gemütlich plätschern oder essen. Bilder von Klaus Nomi zieren die weißen Wände. Viele Männer.

Augustin
15, Märzstraße 67
(Fr., Sa. auch bis 2.00 Uhr). Merkmal: Gerammelt voll! Meistens zumindest, denn die Qualitätspalatschinken, die hier bei gelegentlicher Klaviermusik serviert werden, haben sich rumgesprochen. Preise: Wucher!

Café Amadeus
15, Märzstraße 4
Täglich 16.30 - 1.00. Fr., Sa. bis 2.00 Uhr. Studentencafé im Alt Wiener Stil. Öfters Livemusik. Sehr düster und eher familiär.

Casablanca
15, Goldschalgstraße 2
Mo. - Sa. 19.00 - 2.00 Uhr, So. geschlossen. Di., Do. und Sa. Livemusik. An schönen Tagen kann das Dach geöffnet werden. Man sitzt unter freiem Himmel und zählt die Sterne. Jeden Monat eine andere Ausstellung.

Blue Tomatoe
15, Wurmsergasse 21
Mo. - Do. 20.00 - 1.30 Uhr , Fr., Sa. 20.00 - 3.00 Uhr, So. geschlossen. Verwinkeltes Kellerlokal für Leute, die gern Jazz hören. Wenn man in der Nähe ist - unbedingt hinschauen.

Jazz Leit `
16, Habichergasse 15
Täglich 20.30 - 4.00 Uhr. Eines der wenigen Wiener Jazzlokale. Leit, heißt nicht Licht, sondern Leute. Also Jazz-Leute, nichts wie hin.

Willy`s Rumpelkammer
16, Lerchenfeldergürtel 1
Läuft unter dem Motto "Jazz macht Spazz" mit uriger Rumpelkammeratmosphäre. Kracht aus der Konserve und ab und zu "live", stimmungsvoll.

Fuchsenloch
16, ____
Riesiger Kastanienbaum im Schanigarten. Guter Most und gelegentlich Auftritte engagierter Künstler (Sigi Maron, Schmetterlinge) und hoffnungsvoller Talente. Gutbürgerliche Küche. Daneben kleine Pension mit günstigen Zimmern. Publikum: Wanderer bis "kritische Diskussionsrunden". Unweit davon die "Fuchsenlochsiedlung" (Gemeindebauten für Künstler und sonstige Freiberufler).

SCHNELLIMBIß

Zick-Zack
15, Märzstraße 26
Täglich 9.00 -19.00 Uhr. Billigsdorfer Speisen für Gestreßte.

Man kann sich alles verpacken lassen und zum nahegelegenen Westbahnhof mitnehmen.

DISCO

Boogie. Inferno
16, Hyrtlgasse 23
Mi - So. 20.00 - 2.00 Uhr, Mo. und Di. Ruhetag.

Besonderes

Neuapostolische Kirche
14, Hochsetzengasse 11
Gottesdienste So. 9.00 un 18.00 Uhr. Do. 19.30 Uhr. Etwaige Änderungen werden an der Kirchentafel angeschlagen.

Reformwaren Matzner
16, Kirchenstetterngasse 35
Für Körndlfresser und Langlebenwoller , die einem normalen Geschäft nicht über den Weg trauen.

Geburtshaus von Dr Ignaz Seipel
14, Märzstraße 42
Für Interessierte, die auch einmal ein anderes Geburtshaus sehen wollen. Man steht wohl sicherlich allein davor.

THEATER

Stadthalle
15, Vogelweidplatz 14
Die großen Konzerte berühmter Popstars finden alle hier statt.

Tschauner Stehgreiftheater
16, Maroltingergasse 43
Tel. 92 46 05. Wiens letztes Stehgreiftheater. Gespielt werden hauptsächlich volkstümlicheStücke, die auf Grund ihrer spontanen Pointen immer wieder sehr witzig sind. Kein Stück gleicht dem anderen. Man soll sich`s wirklich anschauen, wer weiß, wie lange diese Bühne noch existiert.

MUSEEN

Eisenbahnmuseum
14, Mariahilferstraße 212

Post und Thelegraphen Museum
14, Mariahilfer Straße 212

Technisches Museum
14, Mariahilfer Straße 212

Ziegel Museum
14, Hickelgasse 5

Bezirksmuseum Penzing
14, Penzinger Straße 59
Geöffnet Mi. 17.00 - 19.00 Uhr, So. 10.00 - 12.00 Uhr.

Bezirksmuseum Ottakring
16, Richard-Wagner-Platz 19
Geöffnet So. von 9.00 - 11.30 Uhr.

KINOS
(breitgestreut)

BSL (Breitenseer Lichtspiele)
14, Breitenseer Straße 21
Tel. 92 21 73. Das 1905 gegründete Kino ist eines der ältesten Kinos der Welt. Noch nicht vom Kommerzdenken geprägt, kann man hier sehr alte und selten

gespielte Filme sehen. Ein Mekka für Cineasten und Menschen, die im Kino nicht nur Schmusen wollen.

Gloriette
14, Linzer Straße 2
Tel. 92 54 34. Kinopalästchen mit 3 Vorführräumen.

Schönbrunn
14, Hadikgasse 62
Tel. 82 11 91

Abbazia
15 Neubaugürtel 15
Tel. 92 41 31.

Club-West
15, Mariahilfer Straße 133
Tel. 83 13 53

Maxim
15, Mariahilfer Straße 139
Tel. 85 16 46. Der Name läßt anderes vermuten. Gespielt werden hauptsächlich Kassenschlager.

Tivoli
15 ,Sechshauser Straße 128
Tel. 83 42 68. Wem Playboy zu fad ist und ein Séparée zu teuer, der beschaue hier die nackten Frauen auf der Leinwand.

Thalia
16, Haberlgasse 54
Tel. 42 47 43.

Weltspiegel
16, Lerchenfelder Gürtel 55
Tel. 43 13 11. 2 Kino für verschiedene Interessen. Kino 1 spielt Filme für Pärchen, Kino 2 "für Leute, die noch nicht wissen, wie`s geht".
(Andy L.).

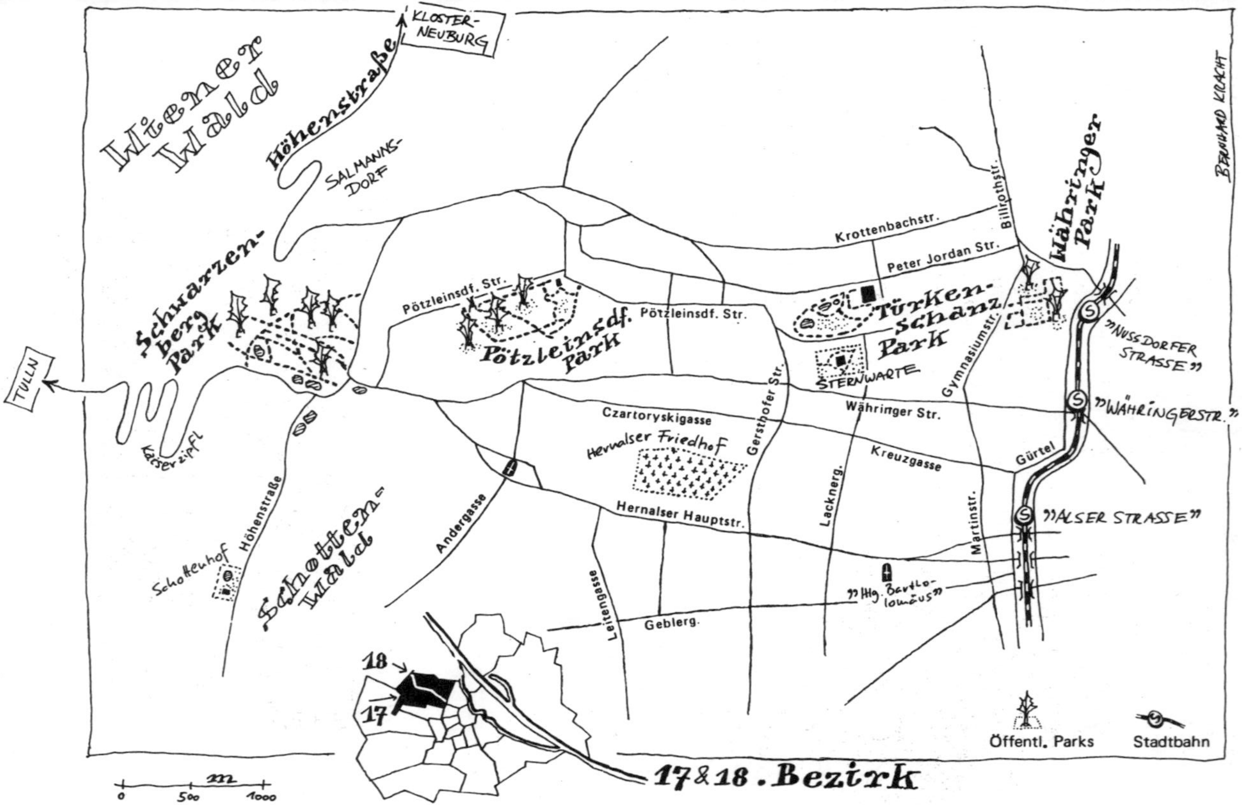

17&18. Bezirk
Wiener Wald
Höhenstraße
KLOSTER-NEUBURG
SALMANNS-DORF
Schwarzenberg Park
TULLN
Kaiserzipfl
Höhenstraße
Schottenhof
Schottenwald
Andergasse
Pötzleinsdf. Str.
Pötzleinsdf. Park
Pötzleinsdf. Str.
Czartoryskigasse
Hernalser Friedhof
Hernalser Hauptstr.
Leitengasse
Geblerg.
Gersthofer Str.
Lacknerg.
"Hlg. Bartholomäus"
Krottenbachstr.
Peter Jordan Str.
Billrothstr.
Türkenschanz Park
STERNWARTE
Währinger Str.
Kreuzgasse
Gymnasiumstr.
Martinstr.
Gürtel
Währinger Park
"NUSSDORFER STRASSE"
"WÄHRINGERSTR."
"ALSER STRASSE"
18
17
m
0
500
1000
Öffentl. Parks
Stadtbahn
BERNHARD KRACHT

17. HERNALS
18. WÄHRING
BEZIRK

Hernals: mehrstöckige Zinshäuser aus der "Nordbahngotik" – und trotzdem ein richtiger alter Vorort, der erstmals zur Wiener Hochburg des Protestantismus avancierte.

Lohnend die Neuwaldegger Gartenlandschaft, die schon seit jeher zu den beliebtesten Ausflugszielen der Wiener gehörte. Das Schloß dort wurde von der Kirche zum Bildungshaus umfunktioniert und kostenaufwendig- schön gebaut. Heute: herrliche Lustspaziergänge ins Wienerwaldgrün.

Oder auf grünsamtigen Rasenflächen wandeln und mit leichtem Schritt über die Kieselsteinwege des "schönsten Parks von Wien" – des Währinger "Türkenschanzparks" – rutschen. Unter Faulbäumen, Flußzypressen und erträumten Riesengänseblümchen einfach mal mit der Seele baumeln.

SCHWARZENBERGPARK
17, beim Schloß Neuwaldegg

Vogelgezwitscher aus dem wilden Gesträuch: Prachtpark des Grafen Lacy, den der honorige Herr im letzten Drittel des 18. Jahrhunderts "einrichten" ließ,– zeigt sich von der Natur zurückerobert. Das Tempelgrab des Feldmarschall- Adeligen ist von hölzernem Gewächs überschattet, die steinernen Plastiken präsentieren bisweilen moosiges Grün. Hier rundum: schöne Plätzchen für "Spontan- Grün- Parties", ein Stück stadtauswärts wandern oder irgendwo "untertauchen".

Vom Rousseau'schen Ruf "Zurück zur Natur" geht Ende des 18. Jahrhunderts die ganze Gartenbewegung aus. Und weils auch in Wien Leute gab, die das nötige Kleingeld flüssig machen konnten und sich das neue Lebensgefühl nicht entgehen lassen wollten, sprossen auf sanftgeschwungenen Wienerwald- Hügeln auch recht bald die modischen Gartenkompositionen aus dem Boden.

An beschaulichen Teichen ergötzten sich die frischverliebten Pärchen, einsam- dunkle Pfade wurden angelegt und mystische Grotten, die dann die zeitgenössischen Maler zu Pinsel und Leinwand riefen und verträumte Sonnenuntergänge hinzudichten ließen, während ein gewisser Friedrich Freiherr von Hardenberg (auch "Novalis" genannt) irgendwo nordwärts grad den düster- romantisch- elegischen Blick in die blaue Blume versenkte (vielleicht).

PÖTZLEINSDORFER PARK

18, Pötzleinsdorferstraße/Geymüllergasse

Weiträumige englische Gartenanlage hinter dem Jugendgästehaus der Stadt Wien mit vereinzelt versteckten Skulpturen aus den Blütejahren der Romantik. Seit dem Jahr 1939 erfreut sich der Park einer Gemeindeverwaltung.

TÜRKENSCHANZPARK

18, Hasenauerstraße

Nur der Name erinnert noch an die osmanischen Lager, die auf diesem Gelände die Säbel geschliffen haben mögen. Die Wiener Riesenparkanlage mit Teichen und allem Drum und Dran lockt Spazierwanderer von 7 bis 77 in ihr lauschiges Reich. Mittendrin räkeln sich astig Exotik- Bäume, die den Parkbesuchern ihre Schatten über die Köpfe werfen, während ein kleiner Piepmatz sein Nest sucht – und den Regenwurm, den er grad verloren hat.

Summa summarum: vielleicht der schönste Garten Wiens, einer von ihnen auf jeden Fall. Außerdem (fast hätt ichs vergessen): Aussichtswarte im Parkzentrum und "Bodenkultur- Uni" am Parkrand.

WÄHRINGER PARK

18, Semperstraße/Gymnasiumstraße

Früher Friedhof, jetzt artifizielles Parkgebilde. Aus der letzten Ruhestätte von Schubert und Beethoven bastelte man ein rasenflächiges Etwas, das man schön mit symmetrischen Wegen zerhackte. Und damit man der guten, alten Zeit noch eine Träne nachweinen kann, läßt man noch ein paar Grabsteine rumkullern.

Kirche

PFARRKIRCHE "ZUM HL. BARTHOLOMÄUS"

17, Bartholomäusplatz

Einst Sammelplatz für Pilgerscharen, die hier beim "Kalvarienberg" wahre Volksfeste vom Stapel gelassen haben. Auch heute noch alt- schattiges Flair, ein Hauch von melancholischen Bildern scheint übers Pflaster zu wehen, ein paar Meter weiter vorn dröhnen die Motoren über den Elterleinplatz.

GASTHÄUSER UND RESTAURANTS

Hernalser Stadtbeisl
17, Hernalser Hauptstraße 35
Di.- Sa. 9.00 - 24.00 Uhr, So. ab 15.00 - 24.00 Uhr. Mo. geschlossen. Vom Beisl genausoweit entfernt wie vom Zentrum. Vornehmes Restaurant mit hohen Preisen.

Suppenkaspar
17, Jörger Straße 52
Mo. - Fr. 14.00 - 2.00 Uhr, Sa. , So. 10.00 - 2.00 Uhr, August Urlaub. Bäuerlich eingerichtetes Durchschnittslokal. Schanigarten.

Resi Tant
17, Dornbacherstraße 127
Do. - Mo. 11.00 - 23.00 Uhr, Di., Mi. geschlossen, feiertags offen. Jänner Urlaub. Besonders im Sommer ist es wunderschön unter den großen Lindenbäumen zu sitzen.

Mate
17, Ottakringer Straße 17
Täglich 12.00 - 23.00 Uhr. Elegantes Speiserestaurant an das gleichnamige Hotel angeschlossen. Die Chefin kocht selbst, läßt sich das aber auch dementsprechend bezahlen.

Bürgerhof
18, Gentzgasse 127
Täglich von 11.00 - 2.00 Uhr. Dunkles Restaurant, wird hauptsächlich von Kerzen beleuchtet. Künstler und Politiker, die im 18. Bezirk wohnen, lassen sich hier gerne Auftischen.

Frankenstuben
18, Gersthofer Straße 67
Mo. - Fr. 9.30 - 22.00 Uhr, Sa., So. 10.00 - 14.00 Uhr. Hier wird nach sehr alten Wiener Rezepten gekocht. Ebenfalls aber ein Platz für "blaue Scheine".

Johanneshof
18, Gersthofer Straße 65
Di. - Sa. 12.00 - 14.00 Uhr und 18.00 - 24.00 Uhr. So. 12.00 - 14.30 , Mo. geschlossen. Jugendstilrestaurant in einem denkmalgeschützten Haus. Schöner Wintergarten - im Winter beheizt. Der Parkettboden knarrt ein wenig. Ausgezeichnete Küche.

GOURMET-TIP:

Sailer
18, Gersthofer Straße 14
Mo. - Fr. 11.00 - 24.00 Uhr, So. und feiertags geschlossen. Wunderschön gedeckte Tische. Silberbesteck , silberne Kerzenständer, Biedermeier-Ölbilder an den Wänden und eine schwere Holzdecke lassen einen nur noch flüstern. Legerer geht es im Sommer auf den 4 verschiedenen Terrassen zu. Besonders Weinliebhabern ist das große Weinlager zu empfehlen. Auf die dazugehörige Glaskultur wird von Chef selbst geachtet. Nobel und ausgezeichnete Küche.

Radler
18, Cottagegasse 6
Di. - Fr. 11.00 -22.00 Uhr, Sa. bis 15.00 Uhr, So., Mo. geschlossen. Semesterferien, Karwoche, letzte

Juliwoche und die ersten beiden Augustwochen geschlossen. Großer Garten mit Kastanienbäumen. Gutbürgerliche Küche zu gutbürgerlichen Preisen.

Zauberlehrling
18, Lazaristengasse 2
Mo. - Sa. 18.00 - 24.00 Uhr, So. und feiertags geschlossen. Schnell geht hier gar nichts. Wer sich nicht 3 Stunden für`s Essen Zeit nimmt, sollte besser woanders speisen. Erfinderische Küche, die versucht alles ein bißchen anders zu machen. Ideenarme Wiener Köche "stibietzen" so manches Rezept. Ideales Plätzchen für einen Abend ohne Streß und ohne Lokalwechsel. Sehr gut.

CHINESICH
(die Qual der Wahl)

Turandot
17, Dornbacher Straße 116
Täglich 11.30 - 15.00 Uhr, und 18.00 - 24.00 Uhr. Eines der wenigen Chinarestaurants mit Garten.

Kind Du
17, Geblergasse 1
Täglich 11.30 - 15.00 Uhr und 18.00 - 24.00 Uhr.

Thai Haus
17, Hernalser Hauptstraße 21
Täglich 11.30 - 15.00 Uhr und 18.00 -24.00 Uhr.

China Keller
18, Währinger Gürtel 29
Täglich 12.00 - 15.00 Uhr und 17.30 - 1.00 Uhr.

Hang Tschou
18, Währinger Straße 131
Täglich 11.30 - 23.30 Uhr.

Lung Wah
18, Gentzgasse 107
Täglich 11.30 - 15.00 Uhr und 18.00 - 23.30 Uhr.

ITALIENISCH

Casa Picolo
17, Hernalser Gürtel 130
Täglich 11.00 - 23.30 Uhr.

Bonavia
18, Währinger Straße 170 a
Täglich 18.00 - 1.00 Uhr. Norditalienische Seltenheiten. Selbstgemachte Nudeln unterscheiden dieses Lokal von anderen Spaghettiplätzen.

La Tenda
18, Gentzgasse 64
11.30 - 15.00 Uhr und 18.00 - 24.00 Uhr, So. und feiertags geschlossen.

Panini
15, Felberstraße 54
Täglich 11.00 - 23.00 Uhr. Ob die sinnlosen Fischernetze an der Decke das ganze italienischer machen ?

GRIECHISCH

Theodorakis Taverne
17, Bergsteiggasse 25
Mo. - Sa. 11.00 - 24.00 Uhr, So. geschlossen. Putziges kleines Restaurant für maximal 30 Gäste.

VEGETARISCH

Quitte
18, Dempschergasse 20
Mo. - Fr. 11.45 - 14.00 Uhr und 16.00 - 22.00 Uhr. Sa., So. geschlossen. Gustostückerl aus dem Gemüsebeet. Reservieren ist angeraten.

SPANISCH

<u>El Colonial</u>
18, Josefstädterstraße 37
Mo. - Sa. 17.00 - 24.00 Uhr. So. schon ab 11.00 - 15.00 und 17.00 - 24.00 Uhr. Lateinamerika präsentiert in friedlicher Atmosphäre seine Gerichte.

JUGOSLAWISCH

<u>Bodulo</u>
17, Hernalser Hauptstraße 204
Täglich 11.00 - 15.00 Uhr und 17.30 - 23.00 Uhr. Die Meeresfauna aus der Adria versucht hier Fischliebhaber zu verwöhnen.

FRANZÖSISCH

<u>Chez Robert</u>
18, Gertrudplatz 4
Täglich 12.00 - 15.00 Uhr und 18.00 - 24.00 Uhr, So. und feiertags abends geschlossen. Kleines französisches Restaurant der oberen Preisklasse. Sehr gut.

KAFFEHÄUSER

(alt und neu)

<u>Café Max</u>
17, Taubergasse 39
Mo. - Sa. 8.30 - 24.00 Uhr, So. geschlossen. Heimatcafé des Ottakringer Schachclubs. Jeden Di. Training. Wer nicht denken will, lese eine der vielen Sportzeitungen.

<u>Café Galerie Kipferl</u>
18, Schulgasse 7
Mo. - Fr. 7.30 - 2.00 Uhr, Sa. 7.30 - 18.00 Uhr. So. geschlossen. Alle 2 Monate eine neue Ausstellung. Spezialität: Hauskipferl - Germteig mit Mandeln, gefüllt mit Powidel.

<u>Kaffee-Konditorei Lintner</u>
18, Gersthofer Straße 28
Mo. - Sa. 7.00 - 20.00 Uhr, So. und feiertags 9.00 - 20.00 Uhr. ÖVP-Obmann Alois Mock verkehrt hier ebenso gern wie Austro-Schnulze Ulli Bär. 2 Gärten lassen im Sommer den Nichtraucherraum leerstehen.

<u>Café Schopenhauer</u>
18, Staudgasse 1
Täglich 9.00 - 2.00 Uhr. Insider Publikum, welches noch viel lesen sollte, trifft sich hier zum Plausch.

<u>Café Türkenhof</u>
18, Gentzgasse 19
Mo. - Sa. 8.00 -2.00 Uhr, So. geschlossen. Ältestes Kaffee Währings, seit 1904. Künstlergilde St. Lukas.

SZENE MIX

<u>Kiwi</u>
18, Schulgasse 85
19.00 - 2.00 Uhr, Fr., Sa. 19.00 - 4.00 Uhr. Schöne Speisen für schöne Menschen. Kinder aus gutem Haus, Jungökonomen und -

juristen, Inside-Publikum. Tischreservierung empfehlenswert: 47 63 64.

Pronto Hüttel
18, Kutschkergasse 39
10.00 - 24.00 Uhr, So. Ruhe.Mit dem ersten "Wiener Wetter Schanigarten" (überdacht und beheizbar). Marke "beisolo italiano". Donnerstags gibt`s Fisch.

Zur Kulisse
17, Rosensteingasse 39
Theaterbeisl mit kabarettistischen Ambitionen. Hier wird gefestet, literaturiert und getanzt. Vorwiegend junge Leute sitzen an bierhallenlangen Tischen und frönen nicht nur Kultürlichem.

MUSEEN

GEYMÜLLER SCHLÖSSEL
18, Khevenhüllerstraße 2

Di. - Fr. 10.0 - 15.00 Uhr - aber nur nach Voranmeldung. Jeden So. 11.00 - 15.00 Uhr Führungen. Sa., Mo. geschlossen. Das Geymüller-Schlössel ist eine Außenstelle des Museums für angewandte Kunst. Man kann hier selten wunderbare Biedermeiermöbel und 180 verschiedene Uhren aus dem 19. Jhdt. bestaunen. Die Ausgestellten Exponate sind einen Umweg in den 18. Bezirk wert. Leider vom 1. Nov - 31. März geschlossen.

HERNALSER HEIMATMUSEUM
17, Hernalser Hauptstraße 72 - 74

Wer sich über den 17. Bezirk im besonderen informieren will, erfährt hier alles über die Geschichte und das Werden dieses Stadtteils.

BEZIRKSMUSEUM WÄHRING
18, Martinstraße 100

BEZIRKSMUSEUM HERNALS
17, Elterleinplatz 14.

KINOS

Camera
18, Gentzgasse 119
Tel. 47 57 456.

Währinger Gürtel
18, Schulgasse 1
Tel. 42 22 21. Filme unter der Gürtellinie.

DÖBLING

19. BEZIRK

Weinberge ziehen sich über die Hänge, versteckte Buschenschenken und rundum die kleinen Kirchen. Echte Dorf-Atmosphäre. Hier regiert die Rebe – und Beethoven, dem man in Döbling eine wahre Gedenkstättensammlung gewidmet hat. Der verstorbene Meister begegnet dem Besucher an jeder zweiten Hausecke.

NUSSDORF, GRINZING, HEILIGENSTADT, SIEVERING... das Dorfkonglomerat mit dem "Hauerhäuschen Image" sollte nicht darüber hinwegtäuschen: Döbling ist ein teures Wohnpflaster. Wohl auch wegen der landschaftlichen Annehmlichkeiten, die hier in die Stadt hereinbrechen und ihr den eigenen Stempel aufdrücken.

Um aber gleich eine Illusion wegzuräumen: Grinzing ist nicht mehr das, was es einmal war (klingt banal), im selbsterkorenen Freistaat kann man den echten Heurigen mit der Lupe suchen – und den echten Wiener schon überhaupt. Der hat sich nämlich längst ein ruhiges Platzerl irgendwo in Sievering zum Stammheurigen gemacht.

Blickpunkt

* der frühere Name für den heutigen Leopoldsberg!!

LEOPOLDSBERG

Wander- und Spazierberg im östlichsten Wienerwald (siehe Kapitel "Wanderung"). Mittendurch hat sich die Höhenstraße gegraben, die sich dann noch durch einen großen Teil des Wienerwalds bis Neuwaldegg schlängelt. Ein "Muß" für Autofahrer: herrliche Aussichtspunkte, Frischluftparadies, mancherorten Idyllisches. Mit einer Dreiviertelstundenwanderung von Nußdorf

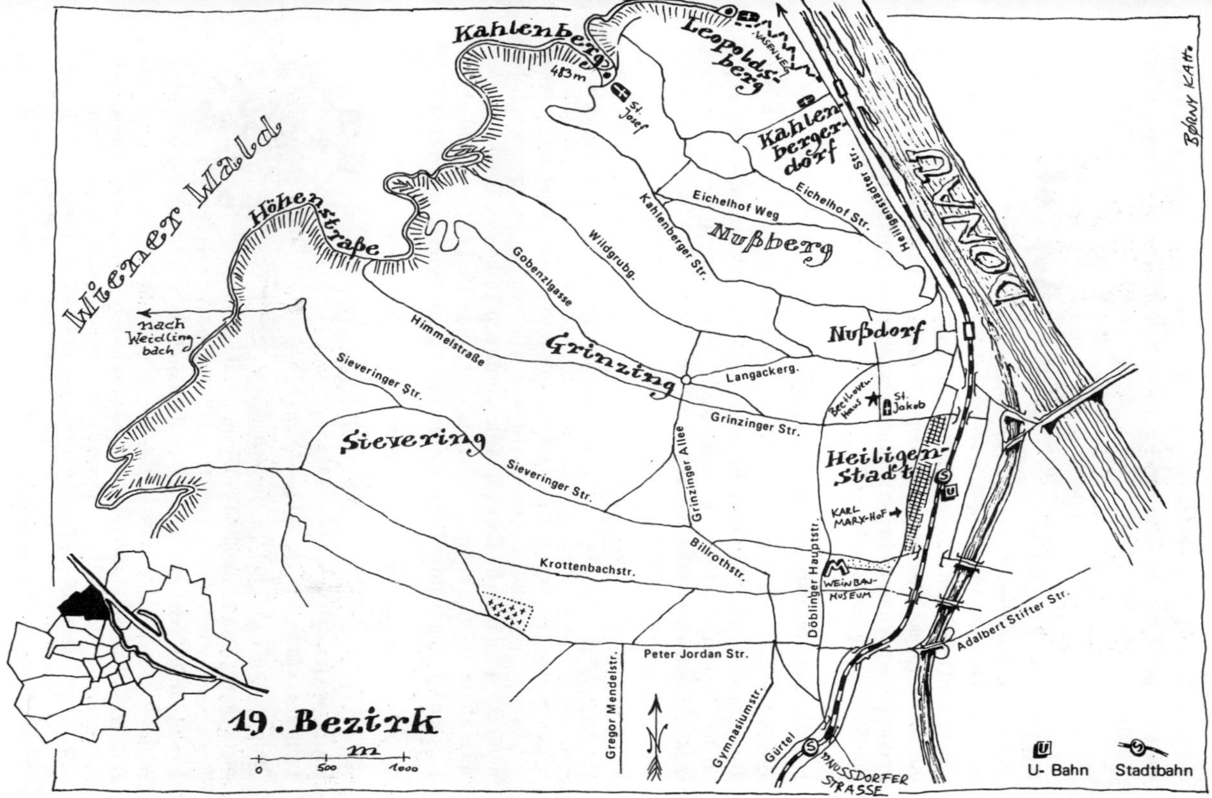

Kahlenberg
483m
Leopoldsberg
Vasenweg
St. Josef
Kahlenbergerdorf
Heiligenstädter Str.
DONAU
Wiener Wald
Höhenstraße
Eichelhof Weg
Eichelhof Str.
Nußberg
Kahlenberger Str.
Wildgrubg.
Gobenzlgasse
nach Weidlingbach
Himmelstraße
Grinzing
Nußdorf
Langackerg.
Beethoven-Haus
St. Jakob
Sieveringer Str.
Grinzinger Str.
Sievering
Heiligenstadt
Sieveringer Str.
Grinzinger Allee
Karl Marx-Hof
Billrothstr.
Döblinger Hauptstr.
Krottenbachstr.
Weinbau-Museum
Adalbert Stifter Str.
Peter Jordan Str.
Gregor Mendelstr.
Gymnasiumstr.
Gürtel
Nussdorfer Strasse
19. Bezirk
m
0
500
1000
U- Bahn
Stadtbahn
Börny Katt.

erklimmt man die Leopoldsberghöhen gesunden Schrittes und darf sich dann bei Speis und Trank im gastwirtschaftlichen Schloß laben (s.u. Leopoldsberg – Kirche).

Kirchen

ST. JAKOBS–KIRCHE

19, Pfarrplatz Heiligenstadt

Rätselhaftes Uralt- Kirchlein. Seit man unter dem romanisch- gotischen "Überbau" beim archäologischen Buddeln römische Mauerreste mit einem Antik- Taufbecken und einem mysteriösen Grab entdeckt hat, kursieren die verschiedensten Mutmaßungen. Schürfspezialisten wollen die Totenstätte des Hl. Severin gefunden haben.

KAHLENBERG–KIRCHE "ST. JOSEPH"

19, Kahlenberg

Fast einsames Klosterkirchlein. In der Sobieski- Kapelle wird das Andenken an die "Rettung aus Polen" gewahrt, die Wien noch einmal um Grabesbreite in abendländischen Händen beließ.

LEOPOLDSBERG – KIRCHE

19, Leopoldsberg

Bei glasblauem Himmel herrlicher Wien- Blick. Rundum steinerne Überreste der Babenberger- Burg, die sich vor rund 800 Jahren hier breitgemacht haben muß. Die ursprüngliche Georgskapelle wurde den Türken vor der Nase weggesprengt, der heutige Kuppelbau wurde im 17. und 18. Jahrhundert hierher gepflanzt. – Imposantes Heimkehrerdenkmal, das "gen Himmel mahnt!"

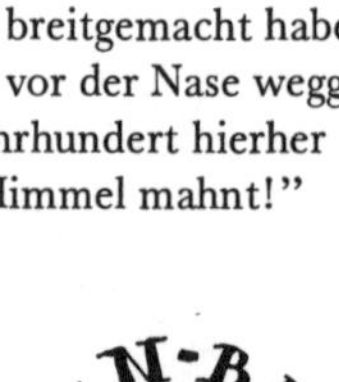

KARL MARX–HOF

19, Heiligenstädterstraße (gleich bei der U- Bahn- Station)

"Superwohnblock" mit Festungscharakter, über 1 Kilometer lange Front: große Torbögen, unzählige kleine Fensterlöcher mit turmartigen Überhöhungen. Wirkt beängstigend kolossal, wie sich die Außenwand die Straße entlang schiebt.

Interessant, die Geschichte der Wiener "Volkswohnpaläste", die in der Zwischenkriegszeit (va. zwischen 1919 – 1934) wie Riesenpilze aus dem Boden schossen: noch vor dem Hintergrund der Wohnungsnot um die Jahrhundertwende (Durchschnittsgröße der "Wohnungen" 30 qm, hygienische Verhältnisse "unterm Hund" und dazu noch der Mietwucher) forcierte die rote Rathausmannschaft den sozialen Wohnbau. Grundgedanke dabei: mehr

Quadratmeter um weniger Geld, hygienische Verhältnisse über Substandardniveau, Förderung des Gemeinschaftslebens – mit einem Wort: humane Wohnbedingungen.

Kritiker des sozialdemokratischen Baubooms mutmaßten andere Hintergründe: die Riesenklötze seien als Arbeiter- Kasernen und Wehranlagen gedacht. Begründung: erstens, die Gebäude seien an operativ wichtigen Punkten zur Beherrschung von Armee- Kasernen, wichtigen Straßen und Eisenbahnlinien geplant worden. Zweitens: die Anlage mit großen Höfen und schweren Eisentoren seien festungsartig aufgebaut; mehrere Gemeindebauten seien so angeordnet, daß man in benachbarte Kasernenhöfe reinschauen kann.

Tatsächlich gabs ein großes politisches Hick- Hack um die "roten Massenquartieren", was 1934 zum Bürgerkrieg zwischen sozialdemokratischem "Schutzbund" und christlich- sozialer "Heimwehr" eskalierte.

Hinter den dicken Mauern des Karl Marx Hofes liegen heute 1382 Wohnungen, gute fußläufige Infrastruktur mit Wäscherei, Bädern, Kindergärten, Bibliothek, Apotheke etc. Bedeutend als SPÖ- Hochburg bei Wahlen.

Beethoven- Gedenkstätten

Nicht umsonst findet man in Döbling die "Eroicagasse", nicht umsonst auch erinnert "Heiligenstadt" an das berühmte Testament des deutschen Tongenies.

* 19, Probusgasse 6: Ort, an dem der schon beinahe taube Komponist sein "Heiligenstädter Testament" schrieb und die 1. und 2. Symphonie in Noten "goß". Das Beethoven- Haus fast um die Ecke – am Pfarrplatz – findet heute als "Heuriger" Verwendung. ("Mayer")
* 19, Döblinger Hauptstraße 92: Kompositionsstätte der berühmten "Eroica"!

"Kloster auf Zeit" nennt sich eine Aktion, die es jungen Männern und Burschen möglich macht, ins Karmeliter- Klosterleben reinzuschnuppern. Wohnen direkt im Kloster und mitten in der Ordensgemeinschaft.

Infos über: → Provinzialat der Karmeliten
19, Silbergasse 35
Tel: 32 53 64

Besonderes

Aussicht über die Grinzinger Weinrebenlandschaft. Achtung:Nur Anfang Mai zwei Wochen, dann Juni und September geöffnet!

ITALIENISCH

Faronavi
(oder so änlich)
19, Billrothstraße 49
Leicht schmuddeliger Italo-Laden mit jüngerem Publikum. Witziges Interieur. Vor allem: sehr preisgünstig.

CHINESISCH

Pearl City
19, Gatterburggasse 19
Asiatische Köstlichkeiten. Auch Chinesen selbst besuchen gerne dieses Lokal. Noch nicht "westlich verseuchte" Küche.

PERSICH

Teheran
19, Hohe Warte 6
Vorzügliches persisches Restaurant mit freundlicher Bedienung.

SZENE MIX

Salettl
19, Hartäckerstraße 80
Musik und netter Blick über einen Teil von Wien. Nobelschüler, Wirtschaftsstudenten, Künstler. Einen kleinen Ausflug wert.

KAFFEHÄUSER

Döblinger Cottage-Cafe
19, Silbergasse 19

Kaffeehaus Grillparzer
19, Döblinger Gürtel 2

MUSEEN

LEHAR -SCHLÖßL

(Schikanederschlößl)
19, Hackhofergasse 128
Tel: 37 18 213 (nur Gruppen gegen-Voranmeldung).
Gedenkstätte für Franz Lehar.In der altehr-würdigen Hauskapelle heiratete anno dazumal Richard Tauber. Seit 1950 Musuem.

JÜDISCHES MUSEUM

19, Bauernfeldgasse 4

VILLA WERTHEIMSTEIN

19, Böblinger Hauptstraße 96
Gustostückerl.
Biedermeierinterieur, Möbelstücke aus der Metternich-Ära, Spieluhren.....

BEZIRKSMUSEUM DÖBLIN

19, Döblinger Hauptstraße 96
"Alles über die Rebe", für Freunde der reifen Traube gibt`s im Döblinger Weinbaumuseum zu sehen. Echte Rarität.

Gasthäuser und Restaurants

Anatol
19, Würthgasse 12
Essen mit (Jugend)-Stil. Stimmungsvolles Lokal für dunkle Abende.

Eckel
19, Sieveringer Straße 46
Gute heimische Kost, auch Gastgarten.

Sammer
19, Döblinger Hauptstraße 59
Wirklich empfehlenswertes Gasthaus. Bodenständige Küche zu angemessenen Preisen. Im Sommer im Freien sitzen.

"Zeiserl"-Zimmermann
19, Mitterwurzweg 18
Soll von Zeit zu Zeit passieren, daß der Boß höchstpersönlich mit dem Zeiserlwagen seine Gäste anschleppt. Rundum gemütlich, richtig altes Haus, ländlich.

Heiligenstadt-Nußdorf

Mandl
19, Paradiesgasse 6
Schön ruhig mit ein bißerl Musik und vor allem abseits Grinzinger-Klischeeheurigenwelt.

Mayer am Pfarrplatz
19, Pfarrplatz 2
Schon ziemlich bekannt, trotzdem lohnend, im Beethoven-Haus zu bechern und ein paar Blicke an den schönen Innenhof zu verschwenden.

Grinzing

Wagner
19, Oberer Reisenbergweg 15

Heurige

(siehe auch Kapitel "Der Heurige")

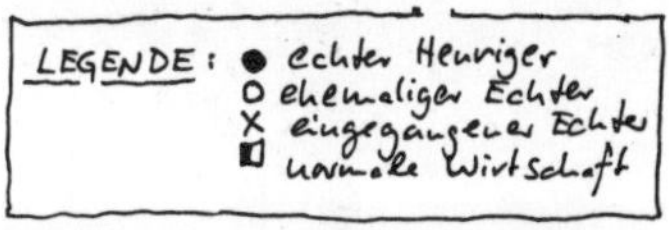

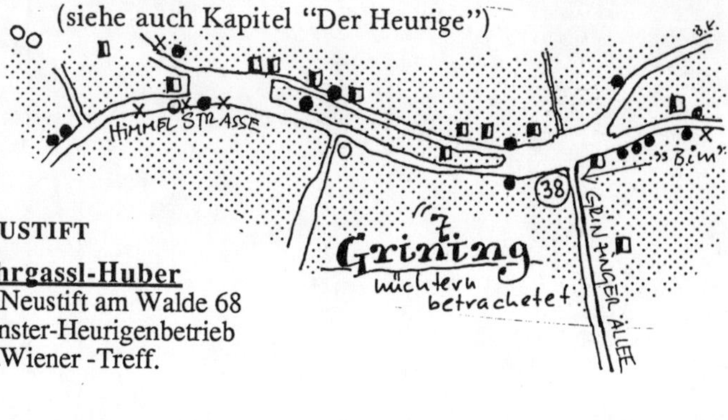

Neustift

Fuhrgassl-Huber
19, Neustift am Walde 68
Monster-Heurigenbetrieb undWiener -Treff.

Tips für "1900 Spurensucher" die im 19. Bezirk vor allem Josef Hoffmann-Denkmäler vorfinden:

Oskar Kokoschka; Atelier in der Hardtgasse 27

Josef Hoffmann: Grabstein für Gustav Mahler, Grinzinger Friedhof, Gruppe 7, Reihe 2

Villa Bernatzik, Springsiedelgasse 28

Einfamilienhäuser, Kaasgraben und Suttingergasse

Villa Ast, Steinfeldgasse 2

Villa Spitzer,Steinfeldgasse 4 (auch nur 6 und 8)

Villa Hoffmann, Nußwaldgasse 22

Josef Hoffmann (1870 - 1956) - Klimtfreund und Mitbegründer der Secession. Nach Einschätzung von Zeitgenossen "ein bescheidener Mann". Bahnbrechend als Innenarchitekt, bedeutend als Architekt. Für die Zeitschrift "Ver Sacrum" besorgte er eine Vielzahl von Illustrationen. Ab 1903 leitete er mit Kolo Moser die "Wiener Werkstätte" (auch Entwürfe und Herstellung von alltäglichen Gebrauchsartikeln, Sesseln etc.) Hoffmanns Hauptwerk, das "Palais Stoclet" ist übrigens nicht in Wien, sondern in Brüssel zu finden.

BRIGITTENAU 20. BEZIRK

Zwischen Kanal und großer Donau. Mietskasernen, die graue Trostlosigkeit ausstrahlen, zwischendrin Flaktürme und Augarten mit dem josephinischen Schlößchen. Die Wiener Sängerknaben und das traditionsreiche Augarten-Porzellan sind in diesem "Erlustigungsort (Joseph II.) zu Haus.

Hier im Augarten, der einst bekannter und beliebter als der Prater gewesen sein soll, dirigierte W.A. Mozart Morgenkonzerte, wandelten knirschend päpstliche Sohlen, mischte sich der "Reformkaiser" Joseph II. unters Volk. Gleich nordöstlich des Gartenfleckens beginnt ein riesiges Frachtenbahnhofsareal. Am Donaukanal: Brigittenauer Lände - in Urzeiten Wiener Hafen. Stahl und Beton, gewisse Lieblosigkeit, zum Durchfahren...

AUGARTEN

Weite Rasenflächen und Spielplätze, wo sonntäglich die Wiener Junghobbykicker das Leder treten. Ein alter Lustschloßpark, wo man riesige Flaktürme hineingepflanzt hat, die eine recht kontrastreiche Atmosphäre zum Augartenpalais schaffen (in dem die Sängerknaben untergebracht sind). Grüne Frischluftinseln zum Spazierengehen. Hinter dem Sängerknabendomizil: die Augarten Porzellanmanufaktur.

Der Augarten ist seit 1775 öffentlich zugänglich. Josepf II., der Reformkaiser, setzte sich gegen den Willen des Adels für die Öffnung des Schloßparkes ein. Auf den Vorwurf des Adels: "Majestät, man will doch manchmal unter seinesgleichen sein", soll der Kaiser gemeint haben: "Meine Herren, wenn ich immer unter meinesgleichen bleiben wollte, dürfte ich ausschließlich in der Kapuzinergruft promenieren."

BRIGITTAKAPELLE

20, Forsthausgasse 20

Von dieser Kapelle hat der 20. Bezirk seinen Namen. Wer Franz Grillparzer ein bißchen kennt (Austro-Pendant zu Schiller oder Goethe)

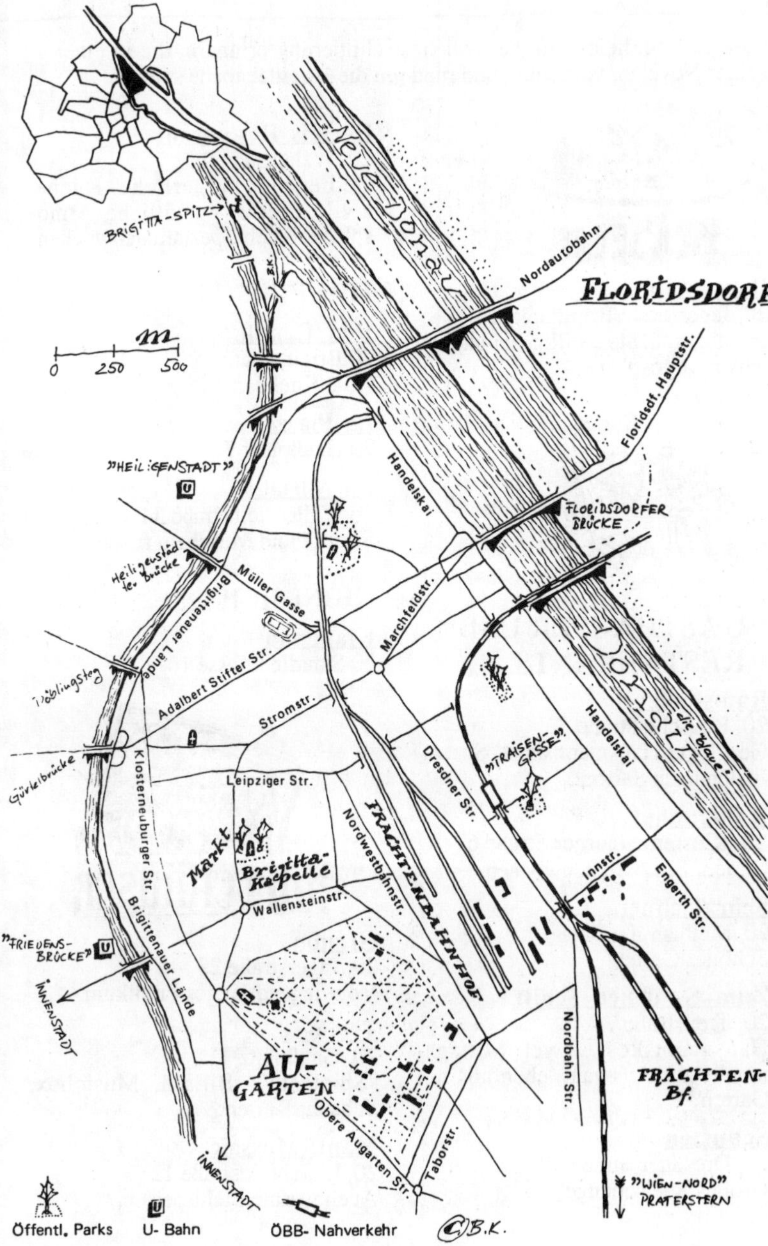

Neue Donau
Donau
die blaue
FLORIDSDORF
Nordautobahn
Floridsdf. Hauptstr.
FLORIDSDORFER BRÜCKE
BRIGITTA-SPITZ
0
250
500
m
"HEILIGENSTADT"
Heiligenstädter Brücke
Müller Gasse
Brigittenauer Lände
Handelskai
Marchfeldstr.
Adalbert Stifter Str.
Döblingsteg
Stromstr.
Gürtelbrücke
Klosterneuburger Str.
Leipziger Str.
Dresdner Str.
"TRAISENGASSE"
Handelskai
Markt
Brigitta-Kapelle
Nordwestbahnstr.
FRACHTENBAHNHOF
Innstr.
Engerth Str.
Wallensteinstr.
"FRIEDENSBRÜCKE"
INNENSTADT
Brigittenauer Lände
AU-GARTEN
Obere Augarten Str.
Taborstr.
Nordbahn Str.
FRACHTEN-Bf.
"WIEN-NORD" PRATERSTERN
INNENSTADT
Öffentl. Parks
U- Bahn
ÖBB- Nahverkehr
©B.K.

wird sich vielleicht an die Volksfestschilderung erinnern, die in einer seiner Novellen vorkommt und rund um die Brigittakapelle spielt.

Bärenstube
20, Jägerstraße/Brigittaplatz
Frischgemachtes, billig bei akzeptabler Atmosphäre.

GASTHÄUSER UND RESTAURANTS

Ramstorfer
20, Rauscherstraße 5
Gepflegte Hausmannskost, Spezialitäten nach Saison.

Romanohof
20, Klosterneuburger Straße 67
Garten, Spezialitätenwochen.

Schralechner
20, Meißlstraße 7
Schöner Garten.

Zum Goldenen Schiff
20, Treustraße 74
Hausmannskost, zwei Mittagsmenüs zur Auswahl, ebenfalls mit Garten.

Schuster
20, Dresdner Straße 58
Großes Speisenangebot.

Hermis Restaurant
20, Wallensteinplatz 7
Gediegene bürgerliche Küche, zivile Preise, gemütliche Atmosphäre. Auch Spezialitätenwochen.

ITALIENISCH

Don Camillo
20 Brigittaplatz 15
Gute Küche und Pizza-Mix

La Piazza
20 Gaußplatz 7

Da Adriano
20 Wallensteinstraße 54
Scampi und Muscheln frisch

CHINESICH

Kiangnan
20 Staudinergasse 10

Gramm
20, Jägerstraße 28
Vorwiegend junges Publikum.

Troppau
20, Gaußplatz 11
"Spielcafe": Billard, Musicbox, Schach, Karten.

Mantl-Mussak
20, Marchfeldstraße 12
Auch warme Mehlspeisen.

Konditorei Angelmayer
20, Wallensteinstraße 9
Großes Mehlspeisenangebot, ganz gemütlich.

EISSALONS

Leonardelli
20, Klosterneuburgerstraße 43
Garten. Renommme´!

Eisparadies
20, Friedrich-Engels-Platz 20

Italia
20, Wallensteinstraße 32

Eissalon Leonardelli
20, Jägergasse 28
Schanigarten, 55 Eisspezialitäten.

THEATER

Serapionstheater
20, Wallensteinplatz 6
Tel: 33 42 31
Von Heller ("Verwunschen") bis Wagner ("Heilige Hochzeit") wird hier alles surrealistisch in Szene gesetzt. Schon über das Experimentierstadium hinaus!

MUSEEN

Bezirksmuseum Brigittenau

2o, Raffaelgasse 13

geöffnet am Sonntag von 1o.oo – 12.oo Uhr

Das Museum befindet sich in der Volkshochschule Brigittenau, bei Sonderausstellungen auch am Donnerstag von 17.oo – 19.oo Uhr zu besichtigen.

Spaziergänger im Augarten, Ende 18. Jhd.

SPORT:

Hallenbad Brigittenau
20, Klosterneuburger Str, 93-97
Sauna
Tel: 35 89 83

NÜTZLICHES & PRAKTISCHES

Volkshochschule Brigittenau
20, Raffaelgasse 13
Tel: 33 21 95

FLORIDSDORF
21. BEZ.
DONAUSTADT
22. BEZIRK

Links, östlich von der Donau gelegen, von "gestandenen Wienern" auch links liegengelassen, von einigen schon in tschechischer Grenznähe vermutet, die Bezirke Floridsdorf und Donaustadt. Transdanubien eben ("jenseit der Donau"). Die Verbindung von Dorf und Stadt am Ende des Bezirksnamens charakterisiert diese Randgebiete auch am Besten.

Auf der einen Seite die UNO-City, ein "Staat in der Stadt" und die Großfeldsiedlung, ein kilometerlanges Monster aus Betonsegmenten. Auf der anderen Seite: die in den Bezirk integrierten Dörfer JEDLERSDORF, STREBERSDORF, STAMMERSDORF, wo fast jedes zweite Haus schon ein Heuriger ist, von wo die Wiener mit Salat und Gemüse beliefert werden, wo es schon fast ländlich wirkt.

FLORIDSDORF ist ein Arbeiterbezirk und im Bewußtsein vieler Wiener als "Proletenbezirk" verankert. Der Hauptplatz "Am Spitz" ist der Gabelungspunkt der Straßen nach Brünn und Prag (Brünnerstraße und Pragerstraße). Dort steht auch das Amtshaus, vor dem die SS noch Leute hängte, als die Russen schon fast auf Sichtweite heran waren.

An der DONAU gelegen: das Überschwemmungsgebiet, das sich parallel zum Strom über beide Bezirke erstreckt: Das große Wiener Erholungsgebiet. Das Entlastungsgerinne, das die Donau praktisch in zwei, allerdings nicht gleich große Hälften teilt, ist die letzte Stufe, um eine Überschwemmung ein für allemal zu unterbinden. Auf dem neu verstärkten Damm kann man parallel zur Donau wandern oder radfahren. Die Alte Donau, früher das eigentliche Flußbett des gleichnamigen Flusses, ist heute nur mehr unterirdisch mit der Donau verbunden. Hier befinden sich die traditionellen Sommerbäder der Wiener (siehe "Bäder").

DONAUPARK

1964 Schauplatz der "Wiener Internationalen Gartenmesse", 1979 Bauplatz für die UNO-City, riesiges Grasflächengelände mit Kinderspielplätzen "garniert", Radrundkurs, Bodenschachspielen, vier

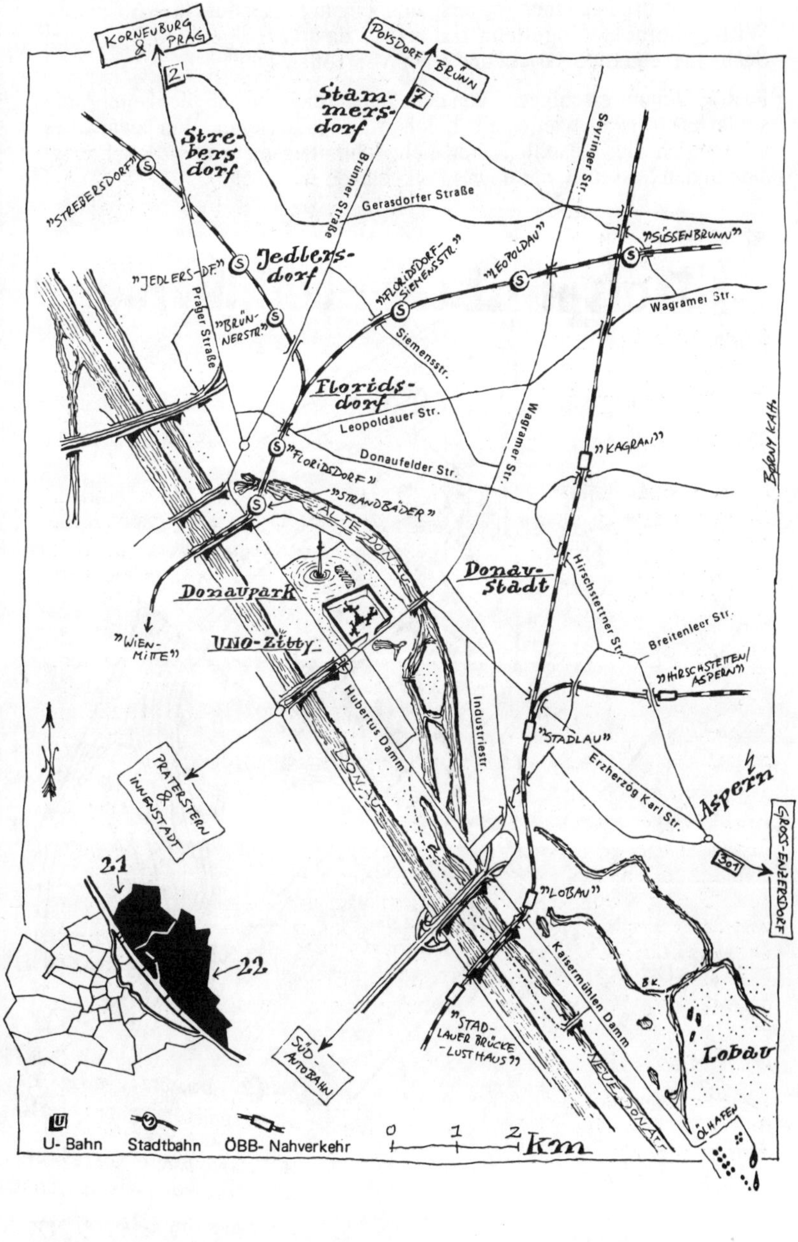

KORNEUBURG & PRAG
POYSDORF BRÜNN
Stammersdorf
Strebersdorf
Jedlersdorf
Floridsdorf
Donaustadt
Donaupark
UNO-City
Asperm
Lobau
„STREBERSDORF"
„JEDLERS-DF."
„BRÜNNERSTR."
„FLORIDSDORF-SIEMENSSTR."
„LEOPOLDAU"
„SÜSSENBRUNN"
„FLORIDSDORF"
„STRANDBÄDER"
„KAGRAN"
„HIRSCHSTETTEN/ASPERN"
„STADLAU"
„LOBAU"
„STADLAUER BRÜCKE-LUSTHAUS"
„WIEN-MITTE"
PRATERSTERN & INNENSTADT
SÜD-AUTOBAHN
GROSS-ENZERSDORF
Brünner Straße
Prager Straße
Gerasdorfer Straße
Seyringer Str.
Wagramer Str.
Siemensstr.
Leopoldauer Str.
Donaufelder Str.
Hirschstettner Str.
Breitenleer Str.
Erzherzog Karl Str.
Industriestr.
Hubertus Damm
Kaisermühlen Damm
ALTE DONAU
DONAU
NEUE DONAU
ÖLHAFEN
21
22
U-Bahn
Stadtbahn
ÖBB-Nahverkehr
0 1 2 km

Tischtennistischen, einer Wetterstation, einem Fitparcours für "Abspeck"-Willige, einem Vogellehrpfad nebst dazugehörigem Käfig, einer Seebühne, einem Rosarium und einer Minigolfanlage.

Fast wird man "erschlagen" von den "hunderttausend Möglichkeiten", die schlaffen Muskel wieder ein bißchen zu reaktivieren. Wer zwar alles sehen, sich die Fußsohlen aber nicht schmutzig machen will, schwingt sich in den Sessellift, der über`s Parkgelände schaukelt.

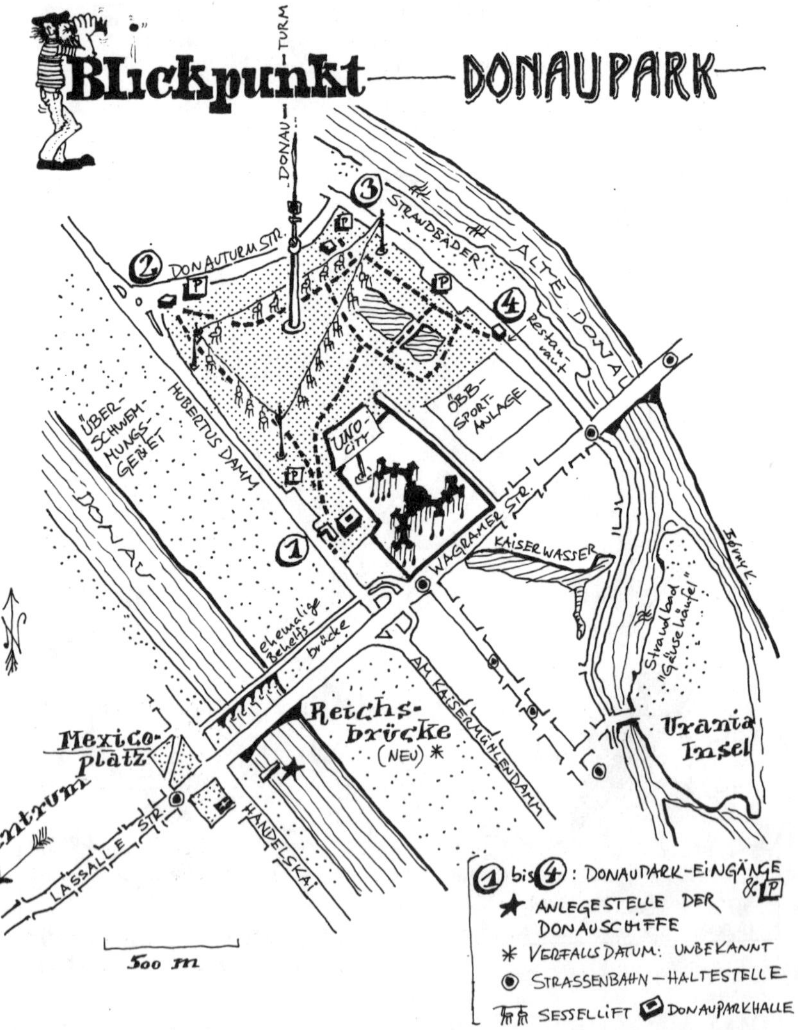

Sessellift: Sa., So und Feiertag 13.00 - 17.00 Uhr, Donauparkbahn: täglich 10.00 - 18.00 Uhr, Reiten für Kinder: täglich 9.00 - 12.00 Uhr und 13.00 - 17.00 Uhr. Donauparkhalle: Eislaufen.

Restaurant Donauturm

22, Donauturm 4. Panoramablick in 160 - 170 Meter Höhe. Während man ißt, dreht sich das Ganze um die eigene Achse.

Richtung UNO-City (22. Bezirk) fährt man am besten über die REICHSBRÜCKE. Die neue Reichsbrücke, um exakt zu sein. Die alte hat sich nämlich am 1. August 1976 selbst der Donau übergeben (Erklärungsversuch, da sonst "niemand" schuld war!).

Was hat die Weltpresse damals gelacht! Der Wiener Bürgermeister hatte bereits die Türschnalle in der Hand. Wahrscheinlich , nicht um zu gehen, sondern um sich daran abzuputzen. Nachdem er aber an der Tür bemerkt hat, daß er vergessen hatte, seinen Hut zu nehmen, ist er ins Rathaus zurückgekehrt, von dem er dann ins Außenministerium wechselte.

UNO-CITY

22, Wagramer Straße. 8

5 Milliarden-Spektakelkomplex, der Wien zur dritten UNO-Stadt machte (nach New York und Genf). Fast "ein Staat in der Stadt" ist das "Internationale Zentrum Wiens", wie`s genannt wird. In halbrunden Riesengebäuden angeordnet, viel Glas und die UN-Arbeiter klagen schon über die schlechten Belüftungsverhältnisse. 4600 von ihnen gibt`s übrigens, die auch die billigen "Commissary-Shops" in Anspruch nehmen dürfen. Dafür zahlt die UNO auch einen (!!!) Schilling Jahresmiete ("symbolisch") an den österreichischen Staat. Existiert seit August 1979 und ist auch als strategischer Schachzug Österreichs zu verstehen: wenn viele ausländische Diplomaten in Österreich sind, wird auch nicht so rasch jemand einmarschieren.

OST - WEST - HICK - HACK

Die Ost-West-Drehscheibe Wien avanciert gelegentlich zum Agentenschleudersitz. Hat man im Film "Der dritte Mann" noch Penicillin in einer Gondel des Riesenrades weitergereicht, so tauscht die Agentenschickeria ihre Informationen mittlerweile im Stephansdom aus (Gläubigkeit vortäuschend).

Der Kalte Krieg ist in Wien noch immer unterschwellige Realität. Die 007er sämtlicher Geheimdienste (und sonstige Doppelnullen) stellen eine Armee von geschätzten 4.000 Mann.

Kurios, daß man auf diesem heißen Agentenpflaster doch immer wieder versucht hat, die latent schwelenden Weltbrände zu löschen.

Chruschtchow und Kennedy reichten einander zwar freundschatlich die Hände, sind einander dennoch nicht grün und sind deshalb auch nicht unbedingt auf einen grünen Zweig gekommen.

"Heiß umfehdet, wild umstritten, liegst dem Erdreich du inmitten", heißt es in der österreichischen Bundeshymne.

LOBAU

Einzigartige "Urlandschaft", das letzte (!!!) geschlossene Augebiet Mitteleuropas mit Altwässern und Heißländern - und das nur 12 Kilometer südöstlich der Stephanskirche.

OBERE LOBAU Das Gebiet stromaufwärts vom Donau-Oder-Kanal mit Radrundwanderwegen (Radverleih in Groß - Enzersdorf und am Entlastungsgerinne), einem Kinderradweg und Wildbadeplätzen bei der Panozzalacke. Lagerwiesen zwischendrin und ein Waldlehrpfad zum Lobau-Museum. Freikörperkulturfans können auf der Höhe des ÖMV-Tanklagers (häßlich !) die Hüllen fallen lassen. Hier war`s auch - ganz in der Nähe - wo Napoleon seine erste Niederlage am Schlachtfeld einstecken mußte.

UNTERE LOBAU Urwaldähnliches Augebiet (wie gesagt, das letzte intakte in Mitteleuropa !) mit üppig wuchernder Vegetation, savannenartigen Heißländern, Seerosenbedeckten Gewässern unter mächtigen Pappeln - und alles "keucht und fleucht". Gezählte 104 Vogelarten tummeln sich hier rundum, fast Urwaldatmosphäre, wenn man nicht wüßte, daß man sich eigenltich im Großstadtdschungel befindet. Kormorane, Graureiher, Eisvögel, Schnepfen und Wildgänse sausen durch die Lüfte, ganze Hirschrudel pirschen durchs Geäst und da und dort verkriechen sich Rehe und Hasen vor dem Fuchs, der ihnen "gute Nacht" sagen will, während Iltis und Marder schon im Hinterhalt lauern.

Siehe Plan Lobau S.

"Donau so blau"

Mit dem Walzer "An der schönen blauen Donau" ist er aufgekommen, der Unfug mit einem Fluß, der auch in prä-umweltverschmutzten Zeiten bestenfalls noch graugrün war. Mittlerweile hat der Fluß die Mentalität der Wiener vollends übernommen - er ist grau geworden. Daß ein Grauer als ein Blauer besungen wird, daß ist ebenfalls typisch wienerisch.

Warum die Donau "blau" ist ? (Ein Erklärungsversuch)

... weil es die Wiener auch sind,

... weil sich der Textdichter leichter getan hat. "Au" und "blau" (Auweh), auf "graugrün" reimst sich bestenfalls "tauziehn" und das ist nicht im 3/4 Takt.

... weil man sich bei Schwarz/Weiß-Postkarten in den Farbtönen irren kann,

... weil römische Legionärs-Reiseprospekte gelogen haben,

... weil sich das Gelb des Neides mit dem Grün der Hoffnung vermischt hat,

... weil Blut stärker als Wasser ist und die Monarchie blaublütig war,

... weil ______________________________

X..X

(vom Leser höflichst einzutragen. Vielleicht wird`s in der nächsten "Wien"-Auflage gedruckt).

Beiseln

Gasthaus Birner
21, Ecke Obere Alte Donau und Birnersteig (kleine Brücke)
Ein echter "Geheimtip" für den Sommer, vorher entweder spazierengehen oder Ruderbootfahren - und dann auf ein kühles Bier und eine Kleinigkeit zu essen. Idyllischer, in zwei Terrassen angelegter Garten, direkt am Wasser. Danach, wenn es dunkel geworden ist, Schwäne füttern gehen..

Kadlizstuben
21, Floridsdorfer Hauptstraße 1
Bürgerliches Gasthaus mit bürgerlichen Preisen. Gepflegte Wiener Küche. Im Herbst gute Wildgerichte (bis 23.00 Uhr.).

Gasthaus Pesenböck
21, Ecke Pragerstraße/Hermann Bahr Straße
Lauschiger Gastgarten, echte Beiselatmosphäre, billige Preise, bis 22.00 Uhr.

Floridsdorfer Hof
21, Siegfriedgasse 19
Schmankerlküche und Alt-Wiener Spezialitäten,angeschlossenes Cafe, Garten.

Gasthaus Mader
21, Prager Straße 16
Internationale Küche, Garten.

Strebersdorferhof
21, Rußbergstraße 46
Großer Saal, Wiener und Internationale Küche. Auch Fremdenzimmer und Garten.

Heurige

Vielleicht nicht so "nobel" wie die Grinzinger Weinschenken , dafür wirklich fast ausschließlich Einheimische - und oft "rennt der Schmäh".

Wannemacher
21, Langenzersdorferstraße 32
Mit Garten.

Beim Hannes
21, Langenzersdorferstraße 56
Auch Live-Musik im Garten.

Bauernhof
21, Leopoldauer Platz
Eher: Heurigencharakter. Auch Riesenspanferkel, zwei Menüs, Tanz und Disco.

Dorfbeisl Leopoldau
21, Leopoldauer Platz 51.

Dorfschenke
21, Friedrich Manhardtstraße 42
Stammersdorfer Heuriger.

Zum 100 Eimer
21, Hagenbrunnerstraße 84
Auch dort.

Gasthaus Neuen
21,Ferdinand Kaufmann Platz 3
An der Alten Donau. Spezialitätenküche.

GRIECHISCH

Gasthaus zum 31er
21, Stammersdorfer Str. 130.

ITALIENISCH

Da Contessa
21, Brünner Straße 121
Auch Wiener Küche.

Teresa
21, Anton-Bosch-Gasse 12
Garten, Pizza, Fischspecials.

SZENE MIX

Atelier
21, Arbeiterstrandbadstr. 110
Künstlertouch (Besitzer).

Zum 1. Stock
21,Schloßhoferstr. 11.

Ritterstuben
Rußbergstraße 6
Disco.

KAFFEHÄUSER

Fichtl
21, Schloßhoferstraße
Alt-Wiener-Café , Billard, kleine Imbisse.

Zeiner
21, Leopoldauerplatz
Menü.

Espresso-Air
21, Ekazent-Großfeldsiedlung
Sonderangebote (Melange um 10 ÖS etc.).

Konditorei Kucera
21, Am Spitz 5.

EISSALONS

Pisani
21, Brünner Str. 30
renommiert!

Da Ponte
21, Donauinsel/bei Floridsdorfer Brücke.

Benner
21, Prager Str. 37
Jugendtreff.

Der **22.Bezirk**, Donaustadt, umfaßt acht ehemalige Dörfer: Kaisermühlen, Kagran, Stadlau, Hirsch-stetten, Aspern, Eßling, Breitenlee und Süßenbrunn. Hier bietet sich eine ganze Reihe von Freizeit-möglichkeiten (Baden, Sport etc.)

Gasthof Siegl
22, Hirschstettnerstr. 83.

Gasthaus Lahodny
22, Aspernstraße 117 a.

Gasthaus Wr. Kindl
22, Stadlauerstr. 31
Frühschoppen am letzten Sonntag im Monat. Auch Fremdenzimmer, Stammsitz vieler Vereine.

TIP:

Gulaschhütte
22, Wagramerstr. 199/Spitzweg Richtung Süßenbrunn gelegen. Ideal für Nachtschwärmer, weil rund um die Uhr !

GASTHÄUSER UND RESTAURANTS

Au-Restaurant
(bei der UNO-City)
22, Arbeiterstrandbadstraße 122
Garten und Zigeunermusik.

Restaurant Donauturm
22, Donauturmstraße 4
Essen mit Panoramablick in schwindelerregender Höhe.

Restaurant Napoleon
22, Kagraner Platz 33.

Gasthaus Schina
22, Quadenstraße 56
Internationale Küche, rund 160 Speisen, Garten , Terrasse.

Gasthaus Selitsch
"Vorstadtbeisl"
22, Gemeindeaugasse/
Konstanziagasse 17
riesiges Speisenangebot, Garten.

Gasthaus Mondschein
22, Wagramerstraße 8
Große Portionen, am Kaiserwasser, Garten.

HEURIGE

Zur Esslinger Furth
27, Eßling, Ende Kirschenallee
Live-Musik, Tanz, wer vor Gelsen nicht zurückschreckt --

Strandcafe
22, Florian-Berndlg.20

Hotel-Restaurant Watzal
22, Wagramerstraße 52

Rindauer
22, Langenzersdorferstraße 56

Rasthaus Lindenhof
22, Breitenleerstraße 256

Weghofer
22, Breitenleerstr.2

Pichler
22, Breitenleerstraße 102, große Poritonen

KAFFEEHÄUSER

Cafe F[illegible]k
22, Wagramerstraße 137
Durchgehend warme Küche, Treffpunkt von Prolos mit Poppereinschlag.
Ausgebaute Disco für Besucher, die vorhaben, im Kleinkindalter steckenzubleiben, 6.00 - 2.00 Uhr

Pony
22, Wagramerstraße 87
kleine Speisen

EISSALONS

Hermann
22, Biberhaufenweg 8/Aspen

Trento
22, Schüttauplatz 9/Kaisermühlen

G. Fausti
22, Donaustadtstraße 42/Stadlau

TIP

Safari-Lodge
22, Steinspornbrücke / Lobau, an der Neuen Donau, Afrika-Atmosphäre, kühle Drinks im schwimmenden Liegestuhl geniessen, am Wochenede ab 16h Live-Musiker aus Kenia

EXTRA-TIP

Knapp außerhalb Wiens : Groß-enzersdorf mit der **"Taverne am Sachsengang "**, Schloßhoferstraße 60
Exzellentes Essen bei ausgezeichnetem Service. Auch Hotel, Restaurant und Tanz.

LOBAU

Kaum zu glauben : das 2160 ha große Naturschutz- und Erholungs-gebiet ist erst seit 1945 frei zugänglich. Vorher : eingezäunt und nur gegen Entgelt begehbar. Oktober 1977 wurde die städtische Idylle zur" Biosphäre Reserve " erhoben.

Sehenswürdigkeiten: Lobaumuseum, Franzensfriedhof, Napoleonsteine.

Baden

1. Oberes / Unteres Mühlwasser (Asper n) / Husarenweg, Kap-pellenweg, Biberhaufenweg
2. Mühlwasser (Naufahrtweg) / Bus 92 A, 93 A
3. Dechantlacke (bei Frachtenbhf Lobau) - das Paradies für FKK-Fans und solche, die es noch werden wollen.
4. Donau-Oder-Kanal (auch zum Fischen), über Lobaustraße/Groß Enzersdorf erreichbar
5. Panozzalacke/Fasanengarten Arm (Raffineriestraße / ÖMV)
6. Oberleitner Wasser... Eßlinger Furt... Groß Enzersdorfer Arm

12 km. Radweg in der Oberen Lobau, in das Netz der Erholungsradwege auf der Donauinsel integriert.

ALTE DONAU

Ehemaliger Donauarm, der durch Regulierung stillgelegt wurde. Seit 1875 Erholungsgebiet der Wiener Bevölkerung. Heute Freizeitregion mit Bädern, Wildbadeplätzen und etwa zwanzig Bootsvermietern.

Saison
von April bis Oktober Verkehrsverbindungen:
+ Florisdorf : 31, 32, 208, S-Bahn-Station "Strandbäder"
+ Kagran : U 1 " Alte Donau ", "Vienna International Center",
+ Kaisermühlen : 90 A, 91 A, 92 A, 93 A.Strandbäder und Wild-badeplätze

"Schifferlromanze" auf der Alten Donau : eine Vielzahl von Bootsverleihen macht`s möglich. Circa-Preis für "Donau-Piraten" : 70 bis 80 ÖS/Stunde für Tretboot, rund 100 ÖS/Stunde für ein Motorboot. Surfbretter sind für 80 bis 100 ÖS zu haben und bei Ruderbooten schwanken die Preise je nach Anzahl der Mitfahrenden zwischen 35 und 70 ÖS.

Segel- und Surfschulen
"Was macht Columbus in den achtziger Jahren ?" - "Er lernt Surfen". Für einen einwöchigen Segelkurs legt er rund 1600 bis 1800 ÖS ab, Surfen ist auch nicht teurer. Und er hat die Wahl zwischen drei Schulen:

Ing. Irzl
An der Unteren Alten Donau 29,
Tel. 236743

Dkfm. Hofbauer
An der Oberen Alten Donau 184,
Tel. 23 67 33

J. u. P. Kukla
Wagramerstraße 48 d,Tel.23 22 33

SPORT

(überhaupt)
Nur eine kleine Auswahl :

REITEN

Reitclub Donaustadt
(mit Reitschule)
22, Zwerchäckerweg 28
Tel. 22 22 16

EISLAUFEN

Donauparkhalle
22, Donaupark
(bei U 1-Station "Vienna International Center")

TENNIS

Tennishalle
22, Anton-Sattler-Gasse 113a

TC-Equipe
22, Schüttaustraße 61/8

WASSERSKI

Internationaler Wiener Wasserskiclub
(am Baggersee " Süßenbrunn ")
Circa-Preise : 60 bis 110 ÖS/Stunde.

FITNESS

Fitness-Studio Donaustadt
Am Freihof 27
Tel. 23 49 68
Solarium, Body-Building, Sportlernahrung

Massage + Bräunungsinstitut
Hans-Steger-Gasse 2
Tel. 22 38 712

Hotel Kagranerhof
22, Wagramerstraße 141, Tel. 23 11 87
EZ 230 ÖS, DZ 410 ÖS (inkl. Frühstück)

Hotel Zur Kagranerbrücke
(an der Alten Donau)
22, Wagramerstraße 52
Tel. 23 12 95
EZ 310 ÖS, DZ 510 ÖS
(inkl. Frühstück)

Zum Grüß di a Gott
22, Erzherzog-Karl-Straße 105
Tel. 22 31 17
EZ 500 ÖS, DZ 640 ÖS
(inkl. Frühstück, DU, WC, Tel.).

Strandhotel Alte Donau
22, Wagramerstraße 51
Tel. 23 67 30
EZ 230 - 260 ÖS, DZ 320 - 350 ÖS

Hotel Höger
22, Erzherzog-Karl-Straße 98
Tel. 22 32 14
EZ 220 ÖS, DZ 440 ÖS
(inkl. Frühstück)

MUSEUM ASPERN 1809

22, Asperner Heldenplatz 9
Sonderführungen nach Verein-barung
Tel. 23 37 513

Sondermuseum zur österreichisch-französischen Schlachtgeschichte, die hier am 21. und 22. Mai 1809 um ein trauriges Kapitel reicher wurde (Aspern). Waffen,Pläne und zeitgenössische Bilder sind in der Sebastianskapelle untergebracht.

LOBAU-MUSEUM

22, Aspern, Lobau 256

Dokumente zur Geschichte des heutigen FKK-Reviers, immerhin hatte ja schon Napoleon........

ISLAMISCHES ZENTRUM

21, Hubertusdamm 17 - 19
Tel. 30 13 89
Besichtigung:Mo bis Do 9.00-13.00 Uhr, 15.00 - 17.00 Uhr
(Samstag und Sonntag nach tel.Vereinbarung)

Mohameds geweihte Moschee!

BEZIRKSMUSEUM FLORIDSDORF

21, Prager Straße 33

JUGENDZENTREN

Auffallend die Konzentration zahl-reicher Jugendzentren im 21. und 22. Bezirk. Allerdings eine logische Sache, wenn man diese Beton-siedlungen und Trabanten-städte vor Augen hat.

Floridsdorf
21, Pragerstraße 20
(Mautner-Schlößl)

Strebersdorf
21, Dr. Albert-Geßmanngasse 38

"Treffpunkt Marco Polo"
21, Marco-Polo-Platz 9

Donaustadt
22, Bernoullistraße 1

Großfeldsiedlung
21, Meistergasse 3

Rennbahnweg
22, Lieblgasse 3

Prinzgasse
22, Prinzgasse 3

DONAUINSEL

"Wiens jüngstes und billigstes Ferienparadies" oder "Lido der Wiener". Oder : So macht man in Wien aus der Not eine Tugend. Eigentlich dient das Ganze dem Hochwasserschutz. Aber die Stadtväter haben die Gelegenheit gleich beim Schopfe gepackt und ein 700 ha " Kunstareal " (von "künstlich") geschaffen.
Folgendes Grobschema soll die Orientierung erleichtern :

NORD: "Paradies für Segler und Surfer" - guter Wind durch Düsenwirkung von Bisamberg und Leopoldsberg; eher naturbelassener Teil der Donauinsel.

MITTE: Der Urlauber zwischen durch! Rasch erreichbar und auch für einen Miniausflug in der Mittagspause geeignet. Allerlei: Segelhafen, Uferpromenade, kleine Restaurants; architektonisch gestaltet.

SÜD: Am Rande der Au; für FKK-Anhänger (die aber auch im reservierten Drittel im Gänsehäufel ihr Sonnenglück suchen können), eher natürliche Gegend.

NORD:

Von der Landesgrenze Wien/NÖ bis zur Moschee (21. Bezirk)
erreichbar mit : S-Bahn (Strandbäder)

Straßenbahn 31, 32
Autobus 33 B
Auto: entlang der A 22

Bereich Scheydgasse:
Segelhafen Nord
etwas nördlicher: FKK-Strand

Bereich Ufer 19. und 2. Bezirk:
Motorboothafen
Gaststätte Donaurast 371698
DDSG-Fähre
Radverleih Hammermayer
374598

Bereich Überfuhrstraße/ Jedlseerbrücke:
Bootsverleih, Windsurfschule
u. Verleih Gmeiner
Radverleih
Feuerstelle

Bereich Nordbrücke - Floridsdorfer Brücke:
Feuerstelle
Radverleih Luef
Eissalon Da Ponte

Bereich Brigittenauer Brücke:
Sportplatz
Eissalon Breckner
Wasserrutsche (207 m lang) !!
5 x -Rutschen 20 ÖS

MITTE:

Von Brigittenauer Brücke bis Steinspornbrücke, erreichbar mit :

S-Bahn :" Strandbäder "
U-Bahn : U 1, " Vienna International Center " u. "Donauinsel "
Autobusse 91 A, 80 B, 18 A

Bereich Reichsbrücke:
Segelsee
Schuh-Ski-Haus: Rollschuhbahn u. -verleih, Rad- und Surfbrettverleih, Kanuschule
Kletterturm u. -schule
Pizza-Paradies

Bereich 2. Bezirk:
DDSG Schiffartszentrum

Bereich Kaisermühlendamm:
Tauchschule Peters Club, Beim Wehr 1, Tel. 230609
Aquarium/Wasserskidorf, Wasserskilift
Radverleih, Radspaßplatz , Tel. 23 11 71
Rollschuhplatz (20 ÖS/Std.)
Sportplätze
Grillplatz

Bereich Raffineriestraße:
Cyclodrom (1.500 m lang)
(S-Bahn , 91 A)

SÜD:

Von Steinspornbrücke bis Wasserschutz-gebiet Süd/Ölhafen Lobau, erreichbar mit

S-Bahn: " Lobau " und " Stadlauer Brücke"
Straßenbahn 1
Autobusse 18 A, 80 B, 91 A
Fähren vom 2. Bezirk Friedenspagode - Cyclodrom, von Endstation 80 B/ Freudenauer Hafen

Bereich Steinspornbrücke:
Freizeitzentrum Neue Donau
Radverleih, Surfbrettverleih, Tel. 227730
Fischbraterei Barl
Safari-Lodge

Surfschule Hawaii, Surfverleih
Surfschule, -verleih, Schistek
Grillplätze, Feuerplatz (Erlaubnis bei 42800/3102 erfragen)

Bereich linkes Ufer:
FKK-Strände

Waluliso-Fähre
Milchbar Göschl
Fischen ! (Erlaubnis bei VÖAFV Tel. 432176)

Bereich " Toter Grund ":
Öko-Zelle, Feuchtbiotop

FÄHREN:

Nordteil: von linken Ufer zur 1. Badebucht auf der Insel; vom rechten Ufer/DDSG Anlegestelle.
Mittel: vom linken Ufer, zwischen Brigittenauer Brücke und Reichsbrücke.
Südteil: vom rechten Ufer/Praterspitz.

ACHTUNG !! Auf der ganzen Donauinsel herrscht Camping-verbot, das Anlegen von Hausbooten ist ebenfalls nicht gestattet

LIESING

23. BEZIRK

Land,Land und nochmals Land. Kleine Häuschen und Villen, mit Garten, Vorgarten oder Gärtchen. Mutet manchmal wie eine amerikanische Vorstadt an, wo die Häuser zu Dörfern zusammengewachsen sind. Zwischen Feldern und Wiesen: Industrie, Lager- und Bürohäuser größerer Firmen.

MAUER, ATZGERSDORF, RODAUN, ERLAA heißen einige Teile. Ohne Auto scheint man hier fast verloren. Knapp außerhalb der "Fast-schon- nicht- mehr Stadt "befinden sich auch die Einkaufszentren, wie zum Beispiel die "Shopping City Süd" in Vösendorf. Die Südautobahn und ihre Zubringer fressen eine Schneise durch die Idylle.

PROFANES

in Rodaun (Stelzergasse 5) liegt ein von Maria Theresia erbautes Schlößchen, eine seltene Barocklaune der Kaiserin, die sich normalerweise an Schönbrunn-Pompösen delektiert hat.

WOTRUBA - KIRCHE

(Kirche zur Heiligen Dreifaltigkeit)
23, Wien-Mauer, Rysergasse.

Eindrucksvoller vielbetonquadriger Sakralbau nach den Plänen von Österreichs avangardistischem Aushängeschild-Bildhauer Fritz Wotruba. Farbige Glasfenster und nackter Stein kontrastieren mit dem hügeligen Grün rundum. Trotzdem: Ein interessantes Gefühl, wenn man die prunküberladenen Barockkirchen gewohnt ist, einmal wohltuende Schlichtheit zu spüren (gebaut 1974 bis 1976).

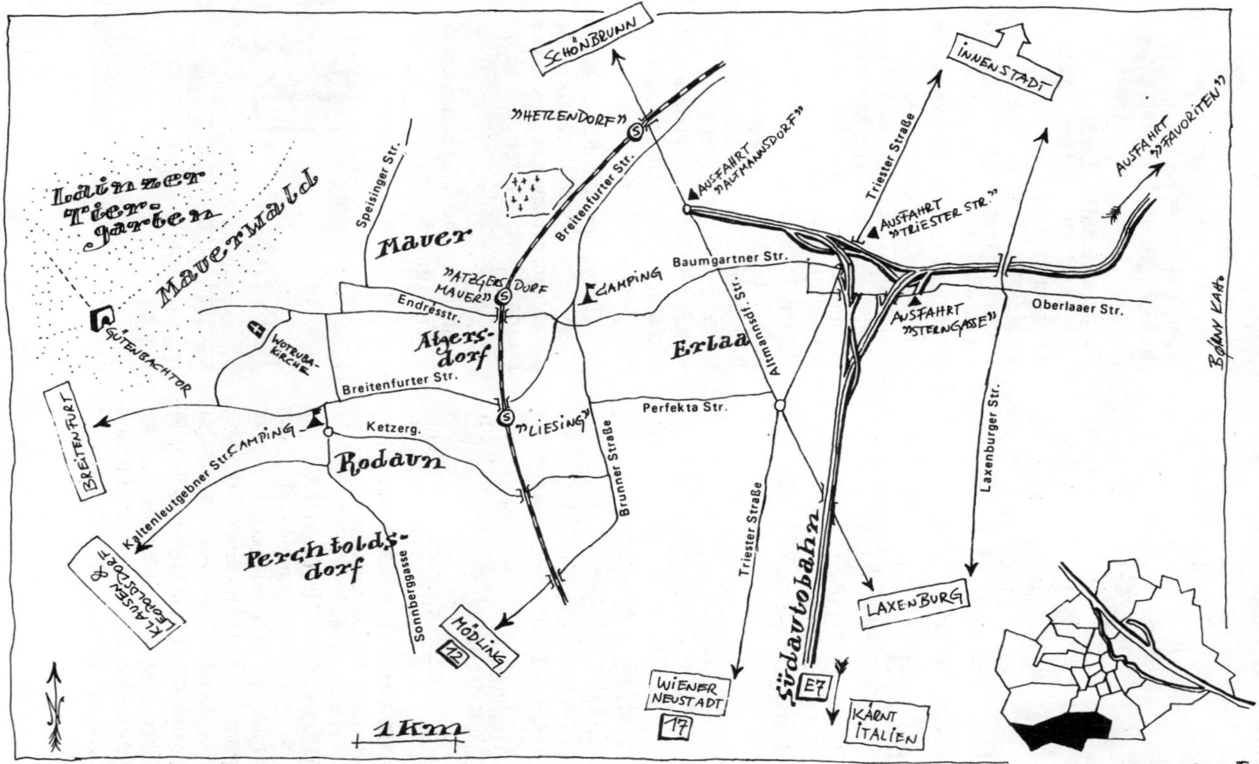

SCHÖNBRUNN
INNENSTADT
»HETZENDORF«
AUSFAHRT »ALTMANNSDORF«
AUSFAHRT »FAVORITEN«
Triester Straße
AUSFAHRT »TRIESTER STR.«
Lainzer Tiergarten
Mauerwald
Speisinger Str.
Mauer
Breitenfurter Str.
Baumgartner Str.
»ATZGERSDORF MAUER«
CAMPING
Endresstr.
Oberlaaer Str.
AUSFAHRT »STERNGASSE«
GÜTENBACHTOR
WOTRUBA-KIRCHE
Atzgersdorf
Erlaa
Altmannsdf. Str.
Breitenfurter Str.
Perfekta Str.
Laxenburger Str.
BREITENFURT
Ketzerg.
»LIESING«
Kaltenleutgebner Str.
CAMPING
Rodaun
Brunner Straße
Triester Straße
Südautobahn
Perchtoldsdorf
Sonnberggasse
KLAUSEN & LEOPOLDSDORF
MÖDLING
12
LAXENBURG
WIENER NEUSTADT
17
E7
KÄRNT ITALIEN
N
1 Km

23. Bezirk

Gasthäuser und Restaurants

Bei Lizzi
23, Ketzergasse 90

Zur Schießstätte
23, Maurer Wald
Ausflüglerlokal mit viel Grün.

Kaffehäuser

Melange
23, Ketzergasse 30

———— o ————

Wohn- und Sterbehaus Hugo von Hofmannsthals:
Ketzergasse 471
Hugo von Hofmansthal, ein Wiener, dessen Werk zum Inbegriff von Salzburg geworden ist. Schaurig dröhnt das "Jedermann" des gleichnamigen Stückes all-jährlich über den Domplatz (Fest-spiele). "Der Rosenkavalier", "Adriane auf Naxos", "Frau ohne Schatten".

Museen

Bezirksmuseum Liesing
23 Perchtoldsdorfer Straße 2/Lehnmanngasse 1
Engagiertes Bezirksmuseum des Wiener "Dorfbezirks" (Liesing besteht aus 8 zusammengefaßten Orten) mit rund 3.000 Exponaten, einem umfangreichen Ansichtskarten-, Urkunden- und Fotoarchiv, einer eingenen Museumsbibliothek und allerlei Volkskundlichem. Eine Sammlung von Ziegelsteinen (in Inzersdorf werkten einst Ziegelfabriken), topographische Bücher an den Wänden, Grenzsteine und Keramikreste aus den verschiedensten Jahrhunderten gehören außerdem zum Inventar der Museumsräumlichkeiten.

Broschüren über das Museum und über vergessene Keramik sind direkt beim Museum zu haben. Der Museumsleiter ist übrigens selbst Keramikspezialist.

Anmeldung unter der Nummer 86 96 17/23 zu empfehlen.

Kontakte

Jugendzentrum Alt-Erlaa
23, Anton-Baumgartner-Straße 44
(im Kaufpark)
Lokal 15

Jugendtreff im Trabenaten-Stadl.

SPORT

Kegelbahn
Josef Bruck
23, Ketzergasse 8
Tel: 67 21 69

ANHANG:

Kleines
"Wienerisch"–Lexikon

INDEX

WIENERISCH (keine erlernbare Sprache)

Den Wiener Wein kann jeder trinken, aber Wienerisch bleibt der Urbevölkerung vorbehalten. Wienerisch hat eine eigene unnachahmliche KLANG–STRUKTUR und verlangt außerdem auch noch eine eigene DENKSTRUK–TUR. Außerdem ist es dann auch noch eine Betonungsfrage. Das Wort "Oide" (Alte) kann so wechselweise für Mutter, Freundin oder Frau, irgend eine alte Frau, oder ein Mädchen, dem man näherkommen möchte, stehen.

Wie kompliziert das sein kann, zeigt der Satz "Gem's ma a a A" (geben Sie mir auch ein Ei). Von der Klangfarbe entspricht das Wienerisch der Mentalität der Donaumetropol- Bewohner. Raunzend, langgezogen mit der bunten Erinnerungskulisse des Vielvölkerstaates. Aber auch bunt, skurril-abwechselnd,– eine Sprache, die einen Karl Kraus erst hervorbringen kann, damit er sie kritisiert. Aber auch schlampig und schludrig, wenn es um Grammatik geht (wie bei Fällen und Artikeln).

Eine Spezialität: das MEIDLINGER "L" zum Beispiel. Mick Jagger von den "Stones" singt auf einer Platte "Evereybody needs someone he can lean on",– und dieses "Lean" hat es wirklich in sich: ein brutal langgezogenes "l", das fast zum langsam gesprochenen "ll" wird. Jagger Michl hat Chancen, ein guter Meidlinger zu werden.

Aber Wienerisch ist nicht gleich Wienerisch. In vornehmeren (oder solche, die es noch werden wollen) Kreisen verwendet man das SCHÖNBRUNNER-DEUTSCH. So hat auch der Kaiser gesprochen, leicht gefärbt, mit vielen Diminuativs (Kind - Kinderl), vornehm dezent. Und dann das urwüchsig brutale Wienerisch a la OTTAKING oder "FLURIDSDURF." Ein Sammelsurium aus Worten aus dem jiddischen Rotwelschen (Gaunersprache) und Neuschöpfungen.

Historisch gesehen ist das Wienerische dem Mittelhochdeutschen noch näher verwandt als das Hochdeutsch. Die VERKLEINERUNGSFORMEN dienen dazu, daß es gemütlich wird. Man bestellt sich also ein Viertel statt einem Viertel, ein Henderl oder ein Schnitzerl, und täuscht sich selbst über die Menge des Genossenen oder die Bedeutung des Wortes hinweg. Selbstbetrug a la carte. Oder, wie Richard Strauß es gesagt hat: "Falsch sind die Leut' überall, aber in Wien sind sie so angenehm falsch."

WIENERISCH LEXIKON

A ahaun (jem)	anbetteln, um etwas bitten
sich ahaun	über etwas lachen
anblasen	sich betrinken
jem. etwas andrahn	jemanden etwas verkaufen, oft : übervorteilen
mit jem. andrahn	mit jem. Streit suchen
anglahnt lassen	angelehntlassen =in Ruhe lassen
anhiasln	anmalen
anlassig	lästig, aufdringlich
auf die Schaufel nehmen	sich über jem. lustig machen
aufdrahn	sich steigern
(*"a "beinahe wie "o" gesprochen)	

B *achener*	Warmer, Schwuler
Backhendlfriedhof	Magen
Bahöö	Streit
Beisel (Aussprache Beisl)	(aus dem jüdischen: Baja=Haus) kleines Gasthaus
Beuschlreißer	starke Zigarette
Birn	Straßenbahn
Bißg urn	zänkisches Weib
blad	dick
blade Gurken	dicke, unangenehme Frau
Blasen (a=o gespr.)	Clique
Blunzen	Blutwurst
Bluza	Kopf, Schädel
Bock	Moped, Fahrrad, Mottorrad auch : Stiefel (Sigluar:derBock) Plural: die Bock)

braten, bei jem.	Flirten, sich beliebt machen
Brade	Ohrfeige (eher kräftig)
Bsuf	Angesoffener
Bummerll	Treffer beim Fußball, Verlust beim Schnapsen
Burenhändl	Burenwurst (siehe Kap. Würstland)
Burgenländer	Die Ostfriesen Österreichs. Opfer zahlloser, nicht immer gehaltvoller Witze
büseln	schlafen
Buserer	Zusammenstoß
Busserl	Küßchen

C*huzpe* (Ausspr. Kuzbäh)	Frechheit (aus dem jüdischen)

D*ipl neger*	total pleite
Dodl	Idiot
Drahrer	durchwachte Nacht

E*ing litert*	Mehr oder weniger betrunken
eing spritzt	"
eing viertelt	"
eingetankelt	"
einedrahn (jem.)	jem. hereinlegen
einedrahn (bei jem.)	angeben
einetheatern	Hineinreiten, hereinlegen

F*arb aufziehn, Farb aufreißen*	erröten
Federn	Haare
Federn lassen	Angst haben
fett	betrunken
Fetzen	Lappen o.Tausendschillingsschein
Fetzen=Fleck	Schulnote 5 (=nicht genügend)
einen Fetzen haben	betrunken sein
Fetzenschädel	Schimpfwort (unübersetzbar)
Fisch	Messer

fladern=flauchen	stehlen
Fratz	unartiges Kind
Frankist	ehrlicher Mensch
G*atsch*	feuchte Erde,Schmutz in halbflüssiger Form,
(sich) *geben*	anschauen (i gib mia an Film ; ich schau mit einen Film an)
Gelse	Stechmücke
Gfrast	Ekel (aber liebenswürdig, bewundernd gemeint).
Gfrett	Jammer, Not (halb so wild)
Gfries	Gesicht
Gluat	Rausch
Glumpert	wertloser Trödel
gneißen	erkennen, " überziehen "
goschert	frech
Gschaftlhuber	Wichtigmacher
glühn	schnell fahren
Goschern	Mund
Greißler	aussterbende Sorte kleiner Gemischwarenhändler
Griß um (etwa.)	starker Andrang nach
Großkopferter	anmaßender Intellektueller
Gschau	Gesicht (-ausdruck)
Gscherter	eig.geschorener; früher die Haartracht der Bauern, heute: Provinzler
Gs(ch)spritzter	ein Achtel Wein auf ein Viertel aufgespritz oder : Trottel (halbwohlwollend)
Gs(ch)topfter	(gestopfter) Mensch mit viel Geld.
H*abern (Musspr. Hawern)*	essen
Haberer (Ausspr. Hawara)	guter Freund
hackeln	arbeiten (Hackern = Arbeit)Häfen
Häfen	Gefängnis
haglich	Heikel, wählerisch
Häkl	Spaß
hamdrahn	umbringen (Aha! =Ham=Heim=Tod)
Haße	Burenwurst
hatschen	hinken, lustlos wandern od. gehen

Häusl	Toilette
Häusl, du	Dummkopf (nicht sehr bös)
Hieb	Bezirkl
Hirnederl	harml. Schimpfwort, unübersetzbar
Holler	Blödsinn
Ins Hirn schaun, stoßn	essen, trinken
(sich etw.) in die Venen pressen	sich ein Schnitzel in die Venen pressen, essen, trinken
in den Kreislauf pressen	" "
Jaukerl	Spritze
Karl (spr. Koarl))	Name oder Spaß (an "Karl "=Spaß haben)
Kelch(spr.Köch)	Kohl oder Streit
keppeln	keifen
kiefeln	nagen, kauen
Kilo	Gewichtseinheit, Hundertschillingschein
Klebeln	Finger
Legerl	Falle
Legerl baun	jem. hereinlegen
Leiwand	angenehm, sehr gut, super
Landl	Landesgericht
Leiberl reißen	etwas gewinnen
Meier gehn	verhaftet werden
Marie	Geld
maqschgern	nörgeln
Neger sein	pleite sein
nuscheln	Hans Mosersche Spracheigenschaft
Neandertaler	Niederösterreicher, in Wien durch die Autonummer N... zu erkennen
Nudelaug	Bebrillter,schmähend für dümmlich Intellektueller
Netsch	Kleingeld

Obezahn	faulenzen
Onzahn	sich anstrengen
im Öl sein	betrunken sein
oreissen	verschwinden

P *wie POLIZEI:*

Kibarei	Polizei
der Kibara	Polizist
Spenglerei	"
Mistelbacher	ehem. Polizeischule in Mistelbach
Greane	nach der Farbe der Uniform
Spinatwachter	"
Schmier	(aus dem jiddischen) Aufpasser
Schnittlauch	außen grün, innen hohl (bösartig für Polizei), tritt nur gebündelt auf
Heh (hö) (die)	Polizei

Panier	Kruste beim Überbacken Kleidung (i hau mi in die Panier =sich was anziehen)
Pappen	Mund
päule gehn	verschwinden
päulisieren	"
Platten (die)	Clique
Plutzer	Kopf
Powidl	Pflaumenmarmelade
es ist powidl	es ist egal, uninteressant
Pratzen	Hände
Pülcher	Ordinärer Mensch mit manchmal verbrecherischem Einschlag. liebevolle Bezeichnung (kommt von "Pilger", weil auch die manchmal was mitgehen ließen.....)
Papperl	Essen

Raunzen	jammern, nörgeln Das Raunzen, Lebensgefühl, permanentes vor-sich-hin-kritisieren, ohne das sich irgendwas verändert. Wiener Spezialität

(mir geht der) Reis	(ich habe) Angst
rollen (jem.)	mit jem. ein Späßchen treiben (i roll di)

Sandler	Wiener Clochard
Schale	Kleidung (meist besser)
Scheangeln	schielen
Scheanglprothesen	Brillen
Schlei	Schilling
Schleifen	Bremse
Schmäh	Charme, Witz, kleine Lüge Spezialität "Wiener Schmäh " Synthese von " Küß die Hand " - Gradezza mit lebenslustiger Wiener Urwüchsigkeit
Schmalz	Schweinefett, auch : Haftstrafe
Schmarrn	Gericht der Wiener Küche
an Schmarrn wert	nichts oder wenig wert Blödsinn reden
Schnorrer	Bettler, Ausborger, wird in Wien im kleinen Stil (Zigarette, Viertel) bis zum weltmännischen Nobelschnorrer betrieben
Schüttler	neuerdings für Poper, denen die Haare immer ins Gesicht rutschen
Schwarzer, Schwarzkappler	Fahrscheinkontrolleur, erkennbar an der schwarzen Mütze (neuerdings auch in Zivil)
Spä	Zigarette
den Stecken geben	Ende einer Beziehung
den Stecken erhalten	(jeweils vom anderen betrachtet)
steß `ma an Wuam (=Spä)	Gib mir eine Zigarette
Stier sein	pleite sein

Tachinierer	fauler Mensch
Taag	Teig und Geld
Tratschen	plaudern, ausplaudern, ausrichten
die Tratschen	Plaudertante (abfällig)
Tschick	Zigarettenstummel, Zigaretten (übrigens der Titel der ersten Platte von Georg Danzer)
Tschusch	Schimpfwort für Balkanbewohner
tschäntschen	herumtrödeln
Trampel	blödes Weib

Ungustl	unangenehmer oder unappetitlicher Mensch
urassen	verschwenderisch umgehen
überwutzelt	schon etwas älter

Verdrahn	verkaufen
verplempern	vergeuden
verzahn	verschleppen, irgendwohin einladen

Aufforderung zu verschwinden:

drah di	*reiß o*
geh die brausen	*(ver-) roll di*
hau die über d` Dächer, Häuser	*schlog a Wölln (Welle)*
hutsch di	*schleich di*
greul ma obe	*seil (säul gesprochen) di o*
loß di obe	*vaziag di*
putz di	*zisch o*

Wean	Wien
Watschen	Ohrfeige
Weh	hilfsloses Dummerl, Null, oft auch liebevoll gebraucht
den Weisl kriagn	Ende einer Beziehung, je nach Standpunkt
den Weisl geben	"
Wickel	Streit
Wuam(=Wurm)	Zigarette
Wappler	Stümper ,2. Wahl
Wams	Vernaderung (Polizei)

Zniachterl	schmalbrüstiger, unscheinbarer Mensch, Mauerblümchen
Zornbinkerl	zornige Person
Zuagraster	Wieneinwaderer der ersten Generation
zuwehaun	sich dazusetzen
zuwehkreuln	unangenehmer aufdringlicher Kommunikationsversuch
Zwetschge	Pflaume
Zuwiederwurzen	immer mißgelaunter Mensch
zizerlweis	kleinweise
zuzln	saugen

INDEX

P

R

S

"WIENER SZENE"

Fortsetzung von Seite 323

Vermarktung der Stadt. Voll rein in eine Wien- Präsentation der weißen Lippizanerhengste, der Wien er Sängerknaben, der Sachertorten und der Straußschen Walzerklänge. Garniert mit "Heurigem", Riesenrad, Wiener Schnitzel etc.

Und doch: Devisenbringer aus Nah und Fern hielten dieses "Wien- Make-up" der Fremdenverkehrswerbung der 60-er Jahre für das wahre Gesicht. Fragt man südamerikanische, japanische oder US- Touristen nach den bevorzugten Zielen auf dem "großen Europatrip": VIENNA (sprich Wien) steht an einer der ersten Stellen der Wunschziele auf dem Europa- Trip. WIEN als Kulisse - und seine Bewohner als Statisten.

"Die Phantasie der Macht" lautete das Schlagwort der sechziger Jahre. Es hat gedauert, aber sie kommt: - die Phantasie. Gerade in der Donaustadt hat sie Luft zum Atmen, oder wie Andre Heller dies formulierte "es gibt in Wien einen Freiheitsklima, wie es im ganzen deutschsprachigen Raum nicht zu finden ist..." und er mag recht haben.

Es lohnt sich, auf Entdeckungsreise zu gehen und die "Wiener Szenenluft " zu schnuppern.Eine Sache des Reinschnupperns, Suchens und Erlebens, - die sich nicht konsumieren lässt...

Wir hoffen, durch Insidertips Anregungen zum Eigen- Entdecken zu geben und freuen uns über Leserbriefe, wie´s abgelaufen ist . In dem Zusammenhang: dieser Führer ist ein Kreativguide, wo der Leser bei Neuausgaben mitmachen kann und durch Tips, was er selber entdeckt hat.

Vielen Dank für Tips und Hilfe

Sylvie Aichinger
Andreas Batna
Hannes Eichmann
Monika Eigensperger
Dorothea Erharter
Doris Esberger
Monika Esch
Peter "Fips" Filp
Dr. Andreas Frank
Edith Gagem
Walter Gröbchen
Brigitte Groihofer
Toni Groihofer
Doris Gschwendtner
Peter "Wumbo" Kacher
Berny Kah
Franz Josef Kaiser
Joschi Kneihs
Michael Koch
Micha Kolmer
Andi Kraus
Monika Lendl
Ingrid Lengheim
Andy "Burli" Lettmayer
Christian Ludwig
Peter Mandorf
Eduard Masek
Sabrina Masek
Kurt Martin Mayer
Michael Mazura
Edwin Möser
Angelika Müller
Davis J. Nemec
Tommy Nemec
Chris Neugebauer
Gerald Raab
Chris Radda
Thomas Rähmer
Wolfgang Ritschel
Elfie Römer
Clemens Ruthner
Albert Schittenhelm
Sascha Schlögl
Günter Schneglberger
R. Schreiber
Rudi Seifert
Uschi Simeth
Willi Sinkovits
Elisabeth Steidl
Ferdl "Öha" Stockinger
Fam. Sulzberger
Roberto Talotta
Diana Ujlaki
Raimund Wandl
Stefan Weber
Alice Wein
Franz Wieland

Wer TIPS hat, – Infos über Neuerungen, Kneipen, Veränderungen: die Redaktion vom WIEN-STADT-BUCH freut sich sehr über jede Zuschrift!

zum Ersten...

Zum Zweiten ....

NO

TIZEN

In eigener Sache:

Es liegt in der Natur der Dinge, daß bei der Fülle an konkreter Information, die dieses Buch enthält, sich im Laufe eines Jahres einiges ändern kann.

Deshalb bitten wir um Mitteilung von Abweichungen. Wer uns ansonsten irgendwelche ausgefallenen Tips wie neue Routen, schöne Hotels mit viel Atmosphäre oder ähnliches schickt, wird bei der Neuausgabe dieses Buches namentlich zitiert.

VERLAG MARTIN VELBINGER WIEN-REDAKTION

Bahnhofstr. 1o6 – 8o32 Gräfelfing/München

WIEN

Wenn der Platz nicht reicht: Schreibmaschienenpapier einspannen! Wir freuen uns!

NOTIZEN

NOTIZEN

NOTIZEN

NOTIZEN

NOTIZEN

NOTIZEN

Süd-Europa
— FÜHRER —

Band 21

alles, was der Kretareisende braucht: von der preisgünstigsten Anreise zu Tips Hotels, – Verbindungen, – Strände, – Wandern etc.

ca. 35o Seiten, – 22,8o DM
Velbinger/Bausenhardt

Band 23

Vollgepackt mit handfesten und nützlichen Tips und Infos zu Sizilien, Eolische Inseln, Egadische Inseln und Pantelleria. Günstige Anreise, Verbindungen auf der Insel, Strände, beste Rest taurants, Unterkunft etc.
ca. 5oo Seiten, – 26,8o DM
Hans Bausenhardt

Band 22

Herausgeber: Martin Velbinger, - geschrieben von einem Autoren-Team, das im jeweiligern Land sein Spezialgebiet hat.

Kompakt, – übersichtlich
jede Menge nützlicher Tips !

ca. 6oo Seiten, – 24,8o DM

Süd-Europa
FÜHRER

Band 14

vollgepackt mit Ferieninformationen zu Stränden, — Restaurants, — Camping, — Wanderrouten, Verbindungen, — Sport.

432 Seiten, — 22,8o DM
Hans Bausenhardt

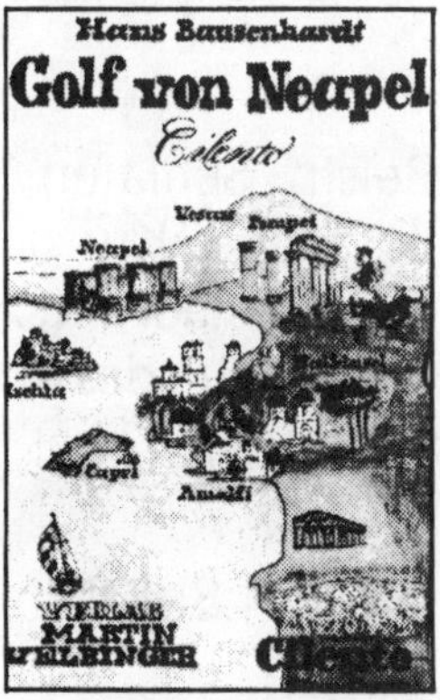

Band 15

einer der detailliertesten, konkreten Führer zur Region Neapel, — Capri, Ischia, — Amalfi, Cilento.

ca. 3oo Seiten, — 24,8o DM
Hans Bausenhardt

Band 16

Küste, — Inseln, sowie Inland. Viele Tips zu Sport, — Stränden, Hotels, Camping, Essen, — Wildwasser, Kanutrips, Höhlen, Eine Fülle nützlicher Tips, die vor Ort viel Geld sparen.

32o Seiten, — 24,8o DM
Schröder/Pagenstecher

Städte: —FÜHRER—

Band 7

Das Leben genießen.
Für Leute, die mal ein Wochenende ausspannen wolle, — oder länger. Viele Tips zu Hotels, Restaurants. Ungeheure Tipsfülle!

Hans Jörg Sing
356 Seiten, — 29,8o DM

Band 10

Wiener Szene, — Beisln, Schlafen, Shopping, — Musik, Szene, Kunst. Viele Tips zu Hotels, Restaurants. Geschrieben von Redakteur des Österr. Rundfunks, der Wien kennt.

48o Seiten, — 24,8o DM
Norbert Steidl

Band 20

Insider Tips zu Shopping, Sight-Seeing, Kunst und Kultur. Aber auch zu den besten Restaurants, Unterkunft, Szene und Umgebung, die einem viel Geld einsparen können.

ca. 35o Seiten, — 22,8o DM
Hans Bausenhardt

Süd-Europa
FÜHRER

Band 11

Die Toscana in ihren 9 Provinzen, sowie die Insel Elba. Anreise, – Verbindungen in der Toscana, Sight Seeing und Kunst, sowie eine Fülle nützlicher Tips zu Restaurants und Unterkunft.

ca. 35o Seiten, – 24,8o DM
Hans Jörg Sing

Band 12

Anreise, Campanien, Gargano, Apulien, Lucanien, Calabrien.

Unzählige Tips zu Hotels, Restaurants, Stränden, Verbindungen.

448 Seiten, – 26,8o DM
Hans Bausenhardt

Band 13

Kreativ Ferien auf einer der schönsten Inseln des Mittelmeers.
Wandern, Baden, Segeln, Tauchen, Hotels, Camping, Verbindungen, Essenstips.

ca. 35o Seiten, – 24,8o DM
Schröder/Pagenstecher

WIEN STADTBUCH

VERLAG MARTIN VELBINGER

Bahnhofstr. 1o6, - 8o32 Gräfelfing/München

DIESES vorliegende Buch erscheint als Band 10 einer Reihe unkonventioneller Reiseführer im Verlag Martin Velbinger:

Band 1: SÜDAMERIKA, 1584 Seiten/Neuaausgabe, 68,- DM
Band 2: SÜDL. KARIBIK, 512 Seiten, M. Velbinger, 39,8o DM
Band 3: ZENTRALAMERIKA + MEXICO, in Vorbereitung
Band 4: GRIECHENLAND, 416 Seiten, M. Velbinger, 29,8o DM
Band 5: PORTUGAL, M. Müller, 320 Seiten, 22,8o DM
Band 6: SÜDFRANKREICH, M. Müller, 320 Seiten, 19,8o DM
Band 7: PARIS, H. - J. Sing, 352 Seiten, 29,8o DM
Band 8: BAHAMAS & FLORIDA, 288 Seiten, 26,8o DM
Band 1o: WIEN, Norbert Steidl, 480 Seiten, 24,80 DM
Band 11: TOSKANA & ELBA, H.-J. Sing, 272 Seiten, 19,80 DM
Band 12: SÜDITALIEN, Hans Bausenhardt, 448 Seiten, 26,80 DM
Band 13: KORSIKA, Schröder/Pagenstecher, 240 Seiten, 22,80 DM
Band 14: SARDINIEN, Hans Bausenhardt, 432 Seiten, 22,80 DM
Band 15: GOLF VON NEAPEL/CILENTO, H. Bausenhardt, 24,8o DM
Band 16: JUGOSLAWIEN, Schröder/Pagenstecher, 320 Seiten, 24,80
Band 17: SCHOTTLAND, Franz Rappel, 384 Seiten , 26,80 DM
Band 18: SCHWEDEN, Marlen + Bert Baesgen, 416 Seiten, 26,80 DM
Band 19: NORWEGEN/Süd Mitte, Schröder/Pagenstecher, 26,80 DM
Band 20: ROM, Hans Bausenhardt, ca. 350 Seiten, 22,80 DM
Band 21: KRETA, Velbinger/Bausenhardt, ca. 350 Seiten, 22,80 DM
Band 22: INTERRAIL, Autorenteam, ca. 600 Seiten, 24,80 DM
Band 23: SIZILIEN & EOL. INSELN,H. Bausenhardt ca. 500 Seiten, 26,80
Band 24: IRLAND, Franz Rappel, ca. 350 Seiten, 26,80 DM
Band 25: BRETAGNE & NORMANDIE, ca. 450 Seiten, 26,80 DM
Band 26: FR. ATLANTIKKÜSTE/LOIRE, ca. 250 Seiten, 22,80 DM
Band 27: ENGLAND/WALES, Franz Rappel, ca. 400 Seiten, 26,80 DM
Band 28: SKANDINAVIEN- NORD, ca. 45o Seiten, 26,8o DM

Weitere Titel in Vorbereitung. Bitte Anfrage an den Verlag.

Illustrationen: Bettina von Hacke, Anda Pecher, Bernhard Kracht
Karten: Bernhard Kracht
Layout: Maria del Carmen Velbinger
Cover: Christoph Gloor
Cover- Rückseite: B. Kracht, M. Velbinger, Bettina von Hacke

Mehr erleben, mehr entdecken

ISBN: 3 - 88 316 - o11 - 3

ALLE ANGEGEBENEN PREISE sind ca.- Preise, auch wenn sie nicht als solche bezeichnet sind. - Für die Richtigkeit und Vollständigkeit aller Angaben, insbesondere der Abfahrtszeiten und Preise kann keine Gewähr übernommen werden.

DRUCK: Pressedruck Augsburg
COVER-LITHOS: Repro Union Augsburg
SATZ: Verlag Martin Velbinger, München- Gräfelfing
PRINTED IN WEST GERMANY

2. AUFLAGE 1987